全球化与新移民叙事

——《美华文学》与北美新移民文学研究

程国君　著

科　学　出　版　社

北　京

内 容 简 介

新移民文学是在全球化、新移民思潮影响下发展起来的，对于这种离散诗学、跨国诗学或全球性诗学的深入研究需要凭借全球化和现代性理论，本书依据这个理路对严歌苓、张翎、刘荒田、沙石、吕红、一平和陈瑞琳等新移民文学代表作家文本的全球化议题四维度的丰富主题和叙事追求作了深入阐发，并由此揭示了这些作家及其文本创造对于华语文学史的独特价值与贡献。

海外华语叙事具有重要的国家文化战略意义：其一方面讲述“美国梦”，一方面向世界叙述“中国故事”；一方面是中华文化现代化的重要参照，一方面也是未来世界创造的新信仰和新寓言，本书以此理路揭示了作为“华侨文化”体现的新移民文学的大量文本所展现的独特文化价值意义。

本书阅读对象为世界各地华文文学爱好者、研究者，中国现当代文学研究者、爱好者以及本领域的研究生。

图书在版编目(CIP)数据

全球化与新移民叙事：《美华文学》与北美新移民文学研究 / 程国君著. —北京：科学出版社，2017.6

ISBN 978-7-03-051232-1

Ⅰ. ①全… Ⅱ. ①程… Ⅲ. ①现代文学-文学研究-北美洲 Ⅳ. ①I710.065

中国版本图书馆CIP数据核字(2016)第322050号

责任编辑：王洪秀 冯晓寅 / 责任校对：刘亚琦

责任印制：张 伟 / 封面设计：铭轩堂

科 学 出 版 社 出版

北京东黄城根北街16号

邮政编码：100717

http://www.sciencep.com

北京凌奇印刷有限责任公司 印刷

科学出版社发行 各地新华书店经销

*

2017年6月第 一 版 开本：720×1000 B5

2017年6月第一次印刷 印张：20 3/4

字数：330 000

POD定价： 88.00元

(如有印装质量问题，我社负责调换)

国家社会科学基金《〈美华文学〉新移民文学研究》项目成果

陕西师范大学优秀著作出版基金资助出版

深到而敏锐的学术自觉

程国君教授擅长于研究文学社团和文人群体，先前研究新月派，再后来研究台湾女性作家群的文学创作，现在又研究《美华文学》杂志与北美华文学家群体。再三的学术成功使他尝到了文学群体研究的甜头，他在文学群体研究的领域开辟出了一条适合于他自己的个人化的学术道路。

在中国现当代文学和海外华文文学研究领域，相对于作家作品研究而言，文学社团或文人群体、文学期刊的研究颇见难度。这不仅仅是因为文学社团、文人群体以及文学期刊编著集体是由众多作家个体组合而成的，一个综合体在规模和构成方面总会比一个单体更为复杂。更重要的是，作为文学综合体的社团或文人群体，它们是一个有鲜明个性的“杂多”。千万不要以为将一个个作家个体进行简单相加，就可以得出一个“杂多”型文学社团、文人群体或文学期刊的基本状貌。鲁迅先生说得好：“文学团体不是豆荚，包含在里面的，始终都是豆。”①这正道出了文学社团和文人群体难以付诸简单研究的真谛。

毋庸讳言，一个再统一、再简单的文学团体，其内部的组成人员往往都带着各自的文学个性、文学倾向、文学风格，他们集合在一起并不能按照我们简单的想象那样立即会统一为一个社团共同的个性、倾向和风格，这就需要研究者千方百计在这种“杂多”的个性链接中寻找出文学的共性和文化的共性。其次，文学社团、文人群体往往会持续相当一段时间，在这样的持续期间主要成员或重要成员会常常发生构成性的变化，使得文学社团和文人团体的组成更为复杂，文学社团、文人群体包括文学杂志编辑

---

① 鲁迅：《〈中国新文学大系〉小说二集序》，《鲁迅全集》（6），第264页，人民文学出版社，2005年。

集体的研究必须适应这样的复杂性。再次，文人群体或一个文学性的杂志，其构成人员和承载内容往往并不一定局限于文学方面，例如程国君教授研究的新月派，简单地说是新月诗派，可实际上这个社团包括哲学家、经济学家、社会学家、政治家、思想家，甚至还与职业军人有关系，要想全面把握这样的文人群体，对于文学研究者来说是一种严峻的挑战。

程国君教授的《新月诗派研究》虽然避开了新月派人员构成成分的“杂多”，但并未回避新月诗派诗学倾向的复杂，诗人志趣“杂多”的事实形态，也未对新月诗歌群体进行简单化的学术处理。他的研究尽可能将学术触角展开到新月诗歌的各个层面，尽可能覆盖到新月诗派的全体成员，所留下的论述死角越少越好。毫无疑问，新月诗派这个文人群体不是豆荚，其成员之间的诗风差异远远多于他们的文学共性。程国君教授善于在他们诸多差异之中寻求“最大公约数”，得出了“生命诗学”的准确而精彩的学术概括，体现出程国君教授在学术上敢于挑战、不怕繁难的勇者风范。

在收获了新月派研究的成功与喝彩之后，他的研究转向海外华文文学。不过他仍然关注文人群体，这回他选取的研究对象是《美华文学》杂志，以及围绕着这个杂志的北美华人作家群体。文学杂志与文学社团研究固然有明显区别，但都可以在文人群体意义上进行学术定义，因而擅长文人群体研究的程国君教授依旧显得游刃有余，长袖善舞。他的学术开拓依然在处理文学团体不是“豆荚”的复杂现象方面得到了透辟的显示。

文学杂志研究的关键当然在于弄清研究对象的历史。历史稍长的文学期刊免不了包含复杂的沿革、变衍、重组等运作，特别是在海外，同人化的期刊往往由于背景资金的不稳定，主干人员的流动性，以及读者、作者队伍的频繁更新，其编辑策略和文学倾向、文化选择都会出现种种异数，这一方面增加了研究对象的复杂性和丰富性，另一方面也为相关的学术研究增加了难度。程国君教授的研究紧紧抓住《美华文学》所具有的种种复杂性展开，连同这个杂志编辑集体和作者群体的演变，杂志发表内容构成的丰富与变化，特别是围绕着这个重要杂志涌现出的重要华文作家及其各自的志业与成就等等，所展开的学术陈述与学术分析详密、生动而富有深度，与文学杂志构成的复杂性、丰富性颇相匹配。

其实，内部构成的丰富性与复杂性，是一个杂志社或文人群体发生种种运作的基本动因。研究者要将这种历史运作的内在动因揭示出来，则不能单单依靠一本杂志或一般平行出版物的读解，尚须研读和征引大量背景材料，研究各个成员的心志脾性，人际关系及其在特定历史条件下的相互影响。这正是程国君意识到的学术要求，因此他专辟若干章节，专题研究《美华文学》作家群中的重要骨干，将这个文学杂志所属的作者群体、编辑集体及其他们之间交叉、联合构成的文人群体，组合成汉语文学世界引人注目的文学存在，通过自己的学术阐述，调动几乎所有重要的美华文学的资源积累，呈现出当今汉语文学发展中无法或缺的北美板块，所取得的成就与这个研究对象的存在几乎具有同样的意义。

程国君非常清楚，《美华文学》这样的文学杂志、文人群体与一种文学社团的运作极为相像，因而必须将这个文学杂志当作一个文学社团来研究，这样才能立体地展示其丰富性、生动性。一个丰富而生动的文学群体有着自己鲜活而独特的文学作为，有着自己鲜明而成熟的文学志趣，有着自己特别而精致的文化关系、社会关系和人际关系，有着属于它自己的故事，它的得意，它的辉煌，它的艰难，它的各种各样的尴尬与无奈，也就是说，一个文人群体，文学社团，几乎就是一个独立的文学机体，审美机体，一种有生命的文学生物，一个具有立体性的文学存在。对于这样的学术对象的研究，需要研究者的立体思维，需要学术解析的生命感性与理论思维的活性，以免这种鲜活的对象因研究反而变得僵死不活。程国君的研究通过多向度学术审视和多维学术处理，非常精彩而且精致地完成了这样的学术任务。他把握住《美华文学》作为自由出版物的自由特征，努力还原其所具有的自由多样的文学实验运作与成就，将这个文学生物描述得相当丰富而充满活力："自由出版物产生自由多元的文学。自由出版物开辟了自由多样文学实验的园地。所以，在这个刊物上，我们既能够看到东方主义立场的文本，也能够看到西方主义立场的文本，耶稣、圣诞以他本真的面貌出现，浓郁的复活节显示着上帝的存在，假洋鬼子成了主角，东西文化竞相亮相。"他注意到《美华文学》的作者，虽然大多来自中国大陆，但他们的自由意识和多元视野决定了他们很少单一地选择中国或东方立场，而是常常从美国或西方文化立场出发进行写作，是他们"改变了早期华文创作诋毁西方或美国的立场"，他们以自己的开放性、包容性带着自己的文学站到了“一种新的文化坐标”之上。这个文学生物由此拥有了自己的灵魂，自己的血脉，自己的品格，因而也享有自己的自由。

文学杂志的研究需要紧扣历史背景。特别是在海外，不同的经济背景、政治背景、社会文化背景，对于哪怕是文学杂志的编辑指向都具有举足轻重的意义。《美华文学》这样的文学杂志往往处在典型的次边缘状态。一方面，它是有自身追求的文学生物，且与人们的心灵创造和文化情感表达的愿望紧密联系在一起，这对任何社会、任何时代、任何人群都是一种精神上的刚性需求，因而它不可能真正处于边缘化的状态。但是，另一方面，它毕竟处在北美的社会主流结构之外，其作为文学杂志和汉语文学创作的载体，对于主流社会、经济、政治甚至文化生活而言，又不得不自处边缘。对于一定的创作对象甚至阅读对象而言，它的主流状态非常鲜明；而对于它所处的那个始终活跃的经济、政治、文化社会而言，它又不得不自处边缘，综合起来，它所体现的只能是次边缘状态的文化。程国君的研究非常准确、非常深刻地把握到《美华文学》的这种次边缘文化形态，作者在《绪论》中就明确勾勒出这样一种属于《美华文学》自身的文化形态：“移民文学是文化交流的重要内容之一。《美华文学》实际上是中美文化交流的重要平台，因此，以《美华文学》杂志为主或作为一个突破口，把现代化与移民现象结合起来，并从当前涌动世界的全球化及其理论方法来展开北美新移民文学研究，不仅具有重要文学价值，而且也具有的重要的文化价值与意义。”因此，作者既注重文学文本研究，又注重文化研究，从现代性、全球性及其文化价值功能这三个方面确认这个文学杂志及其围绕它的文学群体的次边缘特性，使得它的文化地位和文化意义得到了精准而有分寸的学术阐示。

次边缘的文化状态不仅是把握《美华文学》文学群体的学术门钥，也是研究海外汉语文学与当地华人社会之间关系，海外汉语文学与属地汉语读者之间关系，以及海外汉语文学与中国本土读者之间关系的不二法门。程国君的研究充分地、立体地、全面地揭示了这种种复杂的文化关系。他从次边缘状态的文化特性出发，论定了这种文人群体和杂志编辑机构的文化意义及其在海外同胞心目中的价值地位，同时紧密联系到相当一部分美华文学作品在国内读书界和文化界的巨大影响，并从“新移民”群体的“跨文化写作”这样一个次边缘文化现象解释这样的现象：“跨文化写作是新移民文学的一个首要特征。像《曼哈顿的中国女人》《北京人在纽约》这类展现中西文化相遇及其复杂人生体验与感受的书写，在新移民文学里是一个最为常见的主题，也是一个恒常主题。《美华文学》杂志的相当多的文本，其小说创作，散文创作，诗歌创作和美术、摄影、书法，也多是表现这一主题的。从中国移植到美国，从东方文化移植到西方文化语境里，个体人生命运会发生极大的变化，原因就在于中西文化的巨大差异。”这实际上正是勾勒并凸显了《美华文学》及其文人群体的次边缘文化状态，它的文学显现往往是跨文化写作。

程国君教授对于《美华文学》以及北美汉语文学写作的研究相当自觉，自觉到他在理论感性方面已经感受到“中国文学”加上“华文文学”的概念面对其次边缘文化状态在学术和文化表述上的诸多不便。他觉得需要用“现代汉语文学”这样一个综合性更强的概念指认中国现当代文学和海外华文文学这个特定的文学整体。在本书的第一章第一节，程国君便指出：“与现代汉语文学的主要发展地中国大陆和台湾的文学刊物相比，(《美华文学》的）这些特点决定了它是典型的自由出版物——是美国自由文化语境下的自由出版物，是西方文化语境下的中国文学刊物。这也决定了它推动世界华文文学发展的独特向度。”程国君分明意识到，中国当代文学与世界华文文学实际上是一个整体，它们拥有统一的文化传统和美学惯性，统一的语言基础和文化趣尚，截然分成两块或者更多的确不便于学术和文化的论述。他选用“现代汉语文学”加以概括。钱理群先生也喜欢用这个概念，他曾写过《现代汉语文学走过的路》一文，曹万生还编著过《中国现代汉语文学史》。这样的命名反映出一种可贵的学术自觉：突破国家、地区的人为区隔，将世界范围内的汉语文学视为一个整体，即将通常所说的中国现当代文学与海外华文文学统一为整一的文化审视对象。这是一种历史理性的体现，也是文学学术发展趋势的要求。事实上，在任何国家和地区，用现代汉语写作的文学作品都会贯注“五四”新文化的伟大传统，体现新文学统一的语言新质、文化素质和审美品质，它们以一种整体的形态和魅力向世界文学展示自己的作用力和影响力，这时候，用国别文学和地区文学强行将它们分割开来往往显得非常勉强，因为它们早已形成了汉语的“文化共同体”，在任何时候、任何意义上都不妨称之为“汉语文学”。只是，为了区别于传统汉语写作，故而需强调“现代汉语文学”。而我在《汉语新文学通史》以及相关的文章中选择“汉语新文学”概念，只是考虑到“现代汉语”作为学科概念和学术概念已经非常稳固、成熟，“现代汉语文学”的表述面对过于强大的“现代汉语”概念会产生一种语感上的依附感，于是在“汉语文学”之间加一个“新”字，唤起我们曾一度非常热衷使用的“新文学”概念。其实，使用这种学术表述的“初心”与“现代汉语文学”的概念选择完全相通。在相当多的学术场合，我们确实需要将中国现当代文学与台港澳地区文学和海外华文文学整合为一个独立而统一的整体，这时候我们不妨使用“汉语新文学”或“现代汉语文学”概念加以表述。这不仅仅是一个概念的选用问题，更是一种学术理念和学术伦理的选择。程国君教授在这种迫不得已的学术选择中使用了“现代汉语文学”，在他的研究中体现出学术理念的自觉性和学术伦理的严肃性。

不过，作为世界华文文学的著名专家，程国君教授仍然希望将华文文学概念贯彻到底。在前引论述中，他将《美华文学》定义为“西方文化语境下的中国文学刊物”，乃是在华文文学范畴内突出这个研究对象的“中国文学”品质。这种学术感觉显然是准确的，虽然处身于美国、加拿大这样的“异国”，虽然在西方文化语境的笼罩之下，但它的语言特质、文化和文学素质与倾向仍然可以被界定为“中国文学”。这种处身“异国”的“中国文学”认知当年胡适先生也有过。上个世纪 50 年代，周策纵等在美国纽约的中国留学生组织了白马文艺社，在汉语新文学写作方面显得尤其活跃，胡适对此倍加赞赏，称“白马社是中国的第三文艺中心”。[①]另外两个中心则是在中国大陆与台湾。胡适当然不会真的将在美国发生的文学现象算作中国的文艺，而且还是中心意义上的中国文学，他在这里想要表达的意思是，白马社是那个时代汉语新文学写作的第三个中心，足以同中国大陆与台湾的文学界并列。当他将这样的意思表述为“白马社是中国的第三文艺中心”时，他的心目中的“中国”已经不是一个明确的国体概念，而只是汉语文化和文学的另指。在较为口语化的表述中“误”将汉语表述为“中国”，其逻辑性地显示的是国族意识的淡泊，以及汉语分量感的加

① 据周策纵回忆，见王润华:《被遗忘的五四：周策纵的海外新诗运动》,《文与哲》2007 年第 10 期，第 614 页。

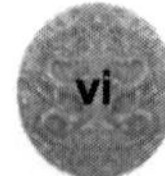

重。程国君教授将《美华文学》定义为西方文化语境下的中国文学，正体现了这样的文化逻辑和学术感兴。

这样的逻辑与感兴体现了一种学术文化趋势：必须尽可能淡化国族文学的地域属性而更多地强调文学语言的“文化共同体”特质，借取准当而精短的“汉语新文学”或“现代汉语文学”概括作为世界华文文学研究的助力，将内涵更加丰富、力量更加集中的“中国文学”因素全面纳入“世界华文文学”的整体考量之中。

朱寿桐（澳门大学教授，中文系主任）

2016年10月

这是跨海的“丰碑”

——世界华文文学研究的新视角和新突破

记得是2010年的3月21日，旅居加拿大的中国台湾老作家痖弦先生来到休斯敦。在休斯敦，他首次发表他关于世界华文文学的期待与展望。那也是我第一次听到他关于构建世界上最大华文文坛的倡议主张。他认为进入21世纪，世界华文文学的重大使命就是要努力建构华语文学在世界文坛之应有地位！他在演讲中有这样的话：“以华文文学参与人口之多、中文及汉学出版之广泛以及中文在世界上的热烈交流激荡等现象来看，华文文坛大有机会在不久将来成为全世界质量最大最可观的文坛。”[①]之后的2011年3月3日，痖弦先生将他这次休斯敦之旅的思考整理为《大融合——我看华文文坛》，正式发表在《中国艺术报》上，不久就引起了海内外的热烈反响和积极呼应。

关于近30年来的世界华文文学，其风起云涌的写作阵容，通常被学术界分为五大版图，即中国台、港、澳文学，东南亚华文学，北美华文文学，欧华文学及澳华文学。在这五大版图之中，最早被研究者瞩目的首先是台、港地区的文学，之后推向东南亚，而北美的华文文学被评论家广泛关注则稍后一些，但不可否认的是，近年来的北美华文文学成就斐然，无论从历史的深厚积淀来看，还是作家作品的数量和质量来看，它都一跃成为海外华文文学再不可忽视的重要部分了。

---

① 痖弦．2011-3-3．大融合——我看华文文坛．http://www.chinawriter.com.cn/wxpl/2011/2011-03-03/94807.html [2016-9-11].

2012 年秋天，应陕西师范大学世界华文文学研究所程国君教授的邀请，我回到西安讲学，主题是介绍北美华文文学的三个浪潮。我们在交流中形成了很多共识，深切感受到在当今的“全球视野”下，华文文学正处在与国际文坛接轨的前沿，尤其是美华文学，其重要的学术地位急待研究者发掘与整理。就在这一年，程国君教授远赴美国旧金山，历尽艰辛，全面搜集了在北美地区历史最悠久、影响最深远的华文期刊《美华文学》。他告诉我：“要从《美华文学》这个切口，来打开北美华文文学这个巨大的文学宝藏！”

仅仅在三年后，一部厚重的《全球化与新移民叙事——〈美华文学〉与北美新移民文学研究》书稿就摆在了我的面前。它的副标题就是“《美华文学》与北美新移民文学研究”。面对这部著作，我不禁惊叹，这绝对是一座具有全球视野的跨海“丰碑”！因为迅速崛起的世界华文文学，俨然已成为当代学坛的一门“奇学”。它的“奇”，一方面是向世界传播着源远流长的中华文化，另一方面则是在新的历史环境下进行着全球性的文化对话。程国君教授正是站在这样的制高点，从《美华文学》入手，为北美华文文学的研究奠定了一块极其重要的基石。

喜读《全球化与新移民叙事——〈美华文学〉与北美新移民文学研究》一书，我不由得感慨它的出现真是正逢其时。因为北美的华文文学研究在北美的高等学界一直遭受冷遇，华语文学仅仅被列为少数族裔的文学，从未进入到西方人文学科研究的重点领域。令人欣悦的是，进入 21 世纪以来，有关北美华文文学的梳理和研究正在国内外学界的推动下得以抽丝剥茧地展开。程国君教授的研究，正是如此。他从大陆背景作家云集的《美华文学》杂志切入，对北美“新移民文学叙事”做了别开生面的研究。

华文文学发展的历史事实是，从 20 世纪 70 年代末开始，随着中国大陆改革开放的浪潮，“海外新移民文学”逐渐成长壮大，尤以北美文坛阵容最为强大，被学界誉为是“美华文学的第三次浪潮”。比起中国台湾背景的“留学生文学浪潮”，北美新移民文学减却了漫长的痛苦蜕变过程，因其现代性因素和全球化浪潮而增进了先天的适应力与平衡感。从大量新移民作家的作品中，我们能闻到东西融合的浓厚气息，也能观览到“地球人”的广阔视野。这些文本弥补了中国当代文学所缺乏的某些质素，包括

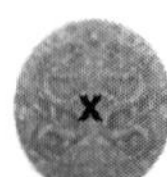

对生命价值的探讨、全球化视野下的“全球化”的宏大议题，甚至也包括给叙事技巧和表达策略带来的冲击。因此，从叙事美学的角度讲，毫无疑问，北美新移民叙事是一个相当重要的文化系统工程，是中华文化现代化的重要参照。正是在这样的大时代背景和华文文学发展的前提下观照，我认为《全球化与新移民叙事》做出了四个“首次”的突出学术贡献。

一、首次从文学刊物入手，发掘一个新的文学时代

1995 年，《美华文化人报》在旧金山诞生，1998 年后改为《美华文学》期刊。该杂志的创刊一举改变了海外华人创作仅仅在海外报纸副刊、台港澳地区和大陆华文期刊出版发表的历史，为华侨文化和华文文学的传播、发展开辟了新的纪元。程国君教授在他的研究中对《美华文学》的意义有如下评价：①在北美弘扬了中华文化艺术，展现了一代移民华人创造美国文化及其历史的伟大贡献；②在英语世界坚持汉语创作，开辟了异域创办华文文学纯文学刊物的先河；③促进了“金山作家群”的形成，培养造就了一大批北美华文文学的生力军，有力地推动北美新移民文学的发展；④在小说、散文和诗歌诸文体上多样探索，奠定了新移民叙事文学发展的基础。这是极为恰切的理性判断，因为这本美国本土化的文学刊物——《美华文学》杂志本身就开启了一个新的文学新时代，而该著则凭借对这份杂志的研究，挖掘了一个文学新时代。

二、首次站在“全球化”的视点，俯瞰北美现代化与新移民文学态势

纵观北美华人的历史，正是由黄运基所在时代的“海外孤儿”到中国台湾留学生文学的“失根”之痛，再到今天“一代飞鸿”的广袤移植而发展。这既是历史发展的一种必然进程，也是文学变迁的内在轨迹。在美华文学的发展长河中，仅仅“草根文学”的批判现实主义如何跨向“新移民文学”的文化融合，就是一个特别值得关注的文学史议题。程国君教授以“全球化”社会学理论为切入口，揭示了北美现代化、移民与新移民文学发展的内生动力，并由此客观如实地探讨了这个议题。

一个众所周知的原因是，北美新移民文学的发生，源于国人对于现代化的追求这种独特的社会历史文化思潮和个体自由发展的需要的新移民现

象的出现。在现代世界，移民成了现代人类世界一个极其重要的社会文化现象。移民本身，是个动态的人类运动。这个动态的人类迁徙行为，使固化的世界活起来了，也使世界混杂化，人类混杂化，混杂又使世界活了起来，引起了变动，并具有了某种内生生命力，尤其是国别、性别、族群、文化的主题也因为移民而得到深化，因而与此相关的移民叙事也因全球化而兴盛发达。程国君教授对此做了深入分析。我认为这正是程国君教授研究新移民叙事的合理的逻辑起点。因为新移民文学这种主题类型文学因移民而产生，移民如同奥林匹克运动一样是明显的全球性行为，以全球性视点来看新移民文学及其发展态势，也就有了必然性。

三、首次以“全球化”的高度，把握新移民文学的主题向度

程国君教授认为，世界华文文学直接参与并推进着全球化进程，尤其是新移民文学，对全球化的反映可谓是无所不在。现代意义上的移民，是追求的聚集，是自愿的移植，是“落地生根”，是走向新世界，是全球性问题。正是在这个意义上，解释新移民文学时，运用全球化这个全球文化和社会学的理论话语，比之用流行的离散诗学理论，更为合理，也更有普适性。

因为正如移民是一个全球化的重要现象一样，华文文学或者说新移民文学也是全球化的一个重要表征，而这个表征实际上正是华文文学或新移民文学的实质表征。新移民文学由于其涉及国别、族裔、语言、文化、文明及人性和人类性这些全球化议题，它与全球化的关联更大。由于作家的跨国身份、性别、处境、所处文化与文明的特别，其创作是有其自身的特点和独特价值的，所以，新移民文学或美华文学的独特价值，也只有在“全球化”这个高度，才能得到深入的解释和把握。程国君教授的《全球化与新移民叙事——〈美华文学〉与北美新移民文学研究》正是在这个前提下，首次以“全球化”的高度把握新移民文学的主题向度，从而为认识新移民文学文本丰富复杂的思想主题开启了新的思路。这在该著作第三章的作家分论中将会得到印证。因为对严歌苓、张翎、刘荒田等北美新移民文学的扛鼎作家，学术界的研究已经相当深入了，但在人类现代化实践和全球化视野下看，他们的文本的与此相关的议题就没有被触及。相反，《全球化

与新移民叙事——〈美华文学〉与北美新移民文学研究》却对其做了相当深入的分析，让我们看到了他们的文本在民族社会基础上的一系列丰富主题，如国家情感、爱国主义主题；个人，或者说根本上说是自我基础之上的人权、自由等一系列主题；民族社会之间的关系及其基础上的国际主义、世界主义；总体意义上的人类或全人类性思想主题；世界各国关于社会现代化实践的主题。这些范围宏阔的主题使新移民文学超越了单一社会和社会内部及其人的意义上的文学内涵，因而也就使其具有了更为宏阔的思想内涵向度。

四、首次阐释“跨国诗学”文本：精到的新移民叙事个案分析

程国君认为，作为新移民叙事的权威期刊《美华文学》，不仅刊载了大量新移民叙事的经典，包括对汉语文学诸文体如小说、散文、诗歌的探索，还记录了新移民文学的发展进程，并确立了新移民叙事的基本格局，尤其是凸显了新移民叙事的“跨国诗学”品格！

在其“跨国诗学”的分析中，除黄运基之外，作者特别选了北美新移民文学七家——严歌苓、张翎、沙石、吕红、刘荒田、一平和陈瑞琳，从小说、散文、诗歌和评论四个方面对于当代北美新移民文学代表作家的文本和创作现状做了分析研究：《走向世界与世界视野——严歌苓与新移民叙事的全球性主题》《从温州小城到“金山”世界——全球化与张翎新移民叙事的主题向度》《移民叙事的另类面相——沙石〈情徒〉与新移民叙事的美学维度》《“所有移民迁徙原因”——〈美国情人〉的现代内涵与叙事创新》《全球性主题与文化坐标体系建构——刘荒田散文的文化内涵和文体艺术创造》《美华诗歌与汉诗拓展——美华诗歌的多样探索与一平诗的开拓意义》《“开花结果在海外”——陈瑞琳与新移民文学批评》。由这七家的创作和批评，正可看到北美新移民文学的基本面貌和宏阔景象。我认为，程国君教授对“旧金山作家群”为代表的移民叙事展开的全面细致的叙述与研究，新见迭出，识见独到，真可谓学界之少见。其中，关于严歌苓的研究，关于刘荒田的研究等，都达到了一个崭新的高度。

回首移民文学的百年耕耘，百年收获，美华文学的长河正是在东西方文化的“交战”“交融”状态中艰难地成长起来。移民文学或者新移民文

学的可贵，首在解放了心灵，与世界、全球接轨。很显然，美华作家的努力，不仅仅是要告别“乡愁文学”的囹圄，更有对“个体生存方式”的深入探求及全球人类命题的思考。作为一个变革时代的文学思潮，移民文学的路途还将十分漫长。研究北美华文文学，面临的是全新的领域，所以研究者需要披荆斩棘，为后来人开拓出一条大道。程国君教授的研究实际上就是如此。他一方面做了大量的资料收集工作，一方面慧眼指出，近年来的世界华文文学研究，虽然呼声很高，但还是缺少文化战略意义的考量，也未能从文本外去探寻发展的动力依据，对于它产生于世界各国的原因一直没有得到很好的解释。基于对新移民叙事的价值和意义的这种考量，程国君教授从叙事学理论对北美新移民文学的研究，对北美新移民文学所具有的文化价值意义的研究，就有了更重要的开拓价值。

因为移民现象是一个全球性的社会议题，海外华人移民叙事对此有独到的反映。海外华人移民叙事描述的生动形象的前移民历史、移民人生和生活历史，给我们认识移民及其这一国际性的社会现象提供了丰富的文史材料，为我们了解在地球村背景下的“彼岸追寻”的现代移民的世界图景以及世界现代化实践的社会历史发展状况提供深刻的现实启示。同时，海外华人移民叙事的作者是一种独特的语言艺术世界的创造者。这一角色使其作品不仅成为了世界现实社会的反映，而且还是未来世界的表现①，因而其叙事的文化价值意义不言而喻，对其深入研究的文化价值意义也就更大。感谢《全球化与新移民叙事——〈美华文学〉与北美新移民文学研究》，它的完成不仅代表着北美的华文文学研究迈入了新的高度，也代表着世界华文文学有了自己的文化担当！此刻，我又忽然想起了痖弦先生曾经写下的两句话：“大风起兮；阳春召我以烟景，大块假我以华章！”

陈瑞琳

2016年9月12日

于休斯敦郊外

① 对于叙事的文化价值意义，法国文化史家维克多·埃尔的论述可能最值得参考。他认为诗人们（浪漫主义诗人）的“作品和雪莱的作品，都不是在表现一种世纪病，而是在表达对未来，对人类创造力的信仰……他们不是颓废派，而是新的信仰的预言者和捍卫者”。（维克多·埃尔. 1988. 文化概念. 上海：上海人民出版社：78.）

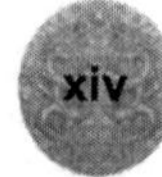

前言

1995年《美华文化人报》创刊。该报1998年后改为《美华文学》杂志（期刊）。创刊20余年来，该杂志对海外华文文学的发展，尤其是北美新移民文学的发展贡献甚大：该杂志的创刊一举改变了海外华人创作仅仅在海外报纸副刊、台港澳和大陆华文期刊出版发表的历史，为华侨文化和华文文学的传播和发展开辟了新纪元。本文对此作了详尽地分析和梳理，并以现代化和全球化社会理论对在此基础上发展起来的北美新移民叙事做了全新的阐释。

叙事、语言、风格和文化政治（话语权）之间存在着清晰的关系。叙事往往是不成文的法律，它以其生动的艺术图景将文化政治理念镌刻在人民心上。《美华文学》（本土外华文文学的权威纯文学杂志）和严歌苓、陈瑞琳他们的华人移民叙事，连接着中国和海外移民地两端。一方面，这种叙事将中华文化传播到世界各地，显示了中华文化及其意识的崛起，另一方面，它又展现了丰富多样的世界现代化图景，开拓了国人的眼界，促进了中外文化的交流往来。移民叙事是一个重要的文化系统工程，是中华文化现代化的重要参照。因为哪里有华人，哪里就有华人移民叙事，哪里就有华人文化。把华人作家的异国叙事（包括美国梦叙事）与“中国叙事”放到全球化社会思潮中研究，探究“美国梦”和“中国梦”的内涵，可以充分显示华文文学对世界文化、对全球社会文化发展的积极引领作用，使华文文学发挥艺术的强大文化功能，从而推进全球文化、文明建设的历程。

与以前的移民叙事（20世纪80年代以前的各地华人移民叙事及东南亚等地的移民叙事）不同，伴随着海外华人，尤其是北美华人由“叶落归根到落地生根”历史格局的变化，北美新移民文学叙事基本主题也从乡愁书写，移民史书写转向社会历史、文化文明、人性挖掘和自我认同与自我实现等多重维度。近现代以来，北美现代化的实践和政治、经济、文化的发展，以及一代代移民的“美国梦”内涵都发生着转变，而且“美国梦”的内涵也向多元化扩展。这深刻地改变了新移民叙事的思想内涵及其主题思想。例如，黄运基《巨浪》、沙石《情徒》、吕红《美国情人》等新移民小说就通过对“落地生根”“所有移民迁徙原因”的书写，深刻完整地呈现了这种转化。

新移民文学也被称为离散诗学。它也类似于杰汉·拉马扎尼的《跨国诗学》，但从更具体的主题学层面而言，它显然是全球性诗学或全球性文学[①]，因为新移民文学的显赫主题往往是全球性主题，它对于罗兰·罗伯森所说的全球化思想的四个方面或者主题范围几乎毫无例外的都有生动的表现。具体涉及的主题有民族社会基础上的一系列问题，国家情感、爱国主义等；个人，或者根本上说是自我基础之上的人权、自由等一系列问题；民族社会之间的关系及其基础上的国际主义、世界主义；总体意义上的人类或全人类性等，这些范围宏阔的主题使新移民文学超越了单一社会和社会内部及其人的意义上的文学内涵，因而也就使其具有了更为宏阔的思想内涵深广度。新移民文学的发展与全球性议题的凸显密切相关。所以，像《蜜月巴黎——在地球经纬线上》《家住墨西哥湾》《听雨密西西比》《曼哈顿的中国女人》《金山》《美国情人》《怡保之夜》等，正如题目的地域名称所显示的，“巴黎”“墨西哥湾”“密西西比”“曼哈顿”“金山”“怡保”为代表的这些地理城市恰恰显示了文学内容的全球性、国际化特性。置身全球性语境、关注全球议题，是华文文学作家面临的首要问题。关注这类议题，也使北美新移民文学有了其独特的诗学内涵与诗学特性，新移民文学也由此丰富并推动了世界华文文学的发展。

北美新移民文学是世界华文文学的重镇，目前正是其壮大发展的黄金期，富有才情和创造力的当代名家辈出。除黄运基之外，本文选了北美新

---

① 使用“全球化文学”这一概念，只是力图说明新移民文学在主题方面的特性，并无意用它来取代新移民文学概念或范畴的意图。实际上，华裔新移民文学在论述过程中更多意味着黄运基等倡导的“华侨文学”，与杰汉·拉马扎尼的《跨国诗学》的内涵也不尽一致，尽管我在一定语境中也相应使用了诸如“世界的”“世界”“全球化”“全球性”“世界主义”“国际主义”“跨文化”“地球村”“大同世界”等微小差别意义上的相关术语。

移民文学七家：严歌苓、张翎、沙石、吕红、刘荒田、一平、陈瑞琳，从小说、散文、诗歌和评论四个方面对当代北美新移民文学的现状做了分析研究：《走向世界与世界视野——严歌苓与新移民叙事的全球性主题》《从温州小城到“金山”世界——全球化与张翎新移民叙事的主题向度》《移民叙事的另类面相——沙石〈情徒〉与新移民叙事的美学维度》《“所有移民迁徙原因”——〈美国情人〉的现代内涵与叙事创新》《全球性主题与文化坐标体系建构——刘荒田散文的文化内涵和文体艺术创造》《美华诗歌与汉诗拓展——美华诗歌的多样探索与一平诗的开拓意义》《“开花结果在海外”——陈瑞琳与新移民文学批评》。除严歌苓、张翎、陈瑞琳和一平外，黄运基、沙石、吕红、刘荒田都是“金山作家群”的核心作家。尽管北美新移民文学达到他们水准的作家还可以举出多位，而且从不同角度来看，他们在文学史上的创造可能更大，像陈谦（以硅谷书写知名）、施玮（以“灵性文学”书写与倡导名扬海内外）及美东的那一大批新移民实力派作家，其成就就不逊上述几位，但由这七家的创作和批评，我们毫无疑问会看到北美新移民文学的基本面貌，看到它发展壮大的“风景这边独好”的宏阔景象。

进一步说，全球性主题的表现，丰富了新移民叙事的思想文化含量，丰富了世界华文文学的思想内涵。这在严歌苓、陈瑞琳等的创作及其批评文字中都有清晰的表现，而北美新移民文学何以成为世界华文文学的重镇，也可以在他们的创作中获得清晰的展现和明确的阐释。本书依据《美华文学》杂志，阐释了该杂志对北美新移民叙事发展的诸多贡献，揭示了新移民叙事的文化价值内涵，分析梳理了新移民叙事的发展轨迹及其主题价值取向。

程国君

2016 年 10 月 10 日

目　录

绪　　论

“1994 年深秋时，一群在美国旧金山的华文文坛耕耘多年的华裔文人，在旅美 50 年的华裔作家、企业家、老报人黄运基先生倡导下，创办了纯华文文学的大型园地《美华文化人报》。三年多过去了，每期八版、两大张，全美仅此一家的中文纯文学性报纸，风雨不改地出版了十八期，不但没有蹈先前若干同类读物匆匆开谢的覆辙，反而茁壮长大，成为这本每期 18 万字，80 页的杂志。这一飞跃绝不是编辑部几个人的心血所能奏效，它是旧金山各界人士：从‘美华文协’全体会员到旧金山的市参事，从侨团元老、社区首长、商界闻人到打工阶层、家庭主妇以至世界各地热心华文文学的人士奉献的结果。仅以 1998 年 2 月 1 日《美华文学》杂志社社长黄运基先生在旧金山中国城举办的一次募捐餐会为例，那天与会宾客竟达三百多位。这不光在旧金山，就是在北美也堪称一件罕有的文化盛事。这不是谁人对于杂志的偏袒与厚爱，而是历史的赋予与文学的委托。基于斯感于斯，我们将全力以赴把《美华文学》办成面向海内外，融会各种风格流派，兼及不同审美追求，以东方文化为根，取西方文化之长，鼓励多种文学创作之实验，长短咸宜，雅俗共赏，极富大家气象的刊物。它以刊登海外华人作家的作品为主，兼及国内优秀作家作品和世界各国名家名作的译介。它不但是名家的竞技场，也是新人的苗圃。它不独枯文学一味，举凡电影、绘画、雕塑、音乐、书法、舞蹈、戏剧，只要富于特色，都将予以推介。身为海外刊物，还要不避嫌，不讳议，理直气壮地为在海外各行各业奋斗有成的华人树碑立传。”

——《美华文学 · 编者的话》第 21 期

这是《美华文化人报》改办成《美华文学》杂志后的21期的“编者的话”中的一段。这一段话包含着有关《美华文学》杂志的丰富的信息和动态。它是我们了解《美华文学》杂志历史开端、编辑宗旨、编辑目标、编辑内容、编辑形式、编辑艺术追求的最佳“说明书”。

比之一般文学刊物的“编者的话”，这段文字值得我们注意的有以下五点：一是杂志的“身份定位”——该杂志创办于海外，是美国旧金山的华文文坛、华裔文人、“美华文协”所属的刊物；二是杂志创办的自由氛围及个性特色——身为海外刊物，要不避嫌，不讳议，理直气壮地为在海外各行各业奋斗有成的华人树碑立传；三是这本文学杂志涉及艺术的不同层面——它不独占文学一味，举凡电影、绘画、雕塑、音乐、书法、舞蹈、戏剧，只要富于特色，都将予以推介、刊登；四是文化气息与审美倾向——以东方文化为根，取西方文化之长，鼓励多种文学创作之实验，长短咸宜，雅俗共赏；五是编辑文本稿源的主体要求及其编辑策略。由这五个方面，我们可以初步定位这本杂志的基本特色。

该杂志出版了近20年，其反复出现的“约稿”要求，对于我们认识这份杂志的性质及其华文文学的特质也有很大帮助：

> “一、本刊为纯文艺性期刊。凡反映华侨历史和现状的作品，一律欢迎。二、本刊园地公开，欢迎全美华文作家来稿。小说以两万字，散文、评论以三到五千字，诗稿以三十行内为宜。手稿、打字和影印听随尊便。来稿一经刊用，即寄上本刊两本。恕不退稿，敬请原谅。三、文章题材以小说、散文为主，兼发诗歌及古体诗词、文艺评论。同时，刊登优秀美术、摄影及书法作品。四、凡曾经在美国、加拿大报纸、杂志一经发表过的作品，恕本刊不采用。五、编辑部对所有来稿有删改权。不愿删改者请予说明。六、来稿请寄《美华文学》编辑部。1600 Armstrong Avenue San Francisco，CA 94121.”

根据统计，在《美华文学》的80多份杂志中，这份“稿约”出现了不下30次。它们反复陈述了该期刊的稿件要求及艺术追求。创刊20年来，这份杂志多年来基本遵循着这种“稿约”要求。

从这个“编者的话”和“稿约”要求看，《美华文学》是极有特色的：

它的作家群体是海外华人，作品内容为反映华侨历史和现状。《美华文学》杂志是一份由海外华人创办的中文刊物。就文学的国别而言，这份杂志登载的是美国的华人文学。由于它主要由美国华人书写，由汉字表现，所以这份文学杂志的文化属性就极为特殊，也极有文化与艺术个性。进一步说，这是一份在新移民潮涌动的时代出现的杂志，也是在世纪之交的全球化进程中出现的文学杂志。随着全球化进程的深入发展，全球化思潮或全球化文学思潮也得到深入发展，与此相关的新移民文学更是得到繁荣发展。因此，《美华文学》有力促进了新移民文学的发展。

移民文学是文化交流的重要内容之一。《美华文学》实际上是中美文化交流的重要平台，因此，以《美华文学》杂志为主或作为一个突破口，把现代化与移民现象结合起来，并从当前涌动的世界全球化及其理论方法来展开北美新移民文学研究，不仅具有重要的文学价值，而且具有重要的文化价值与意义。基于此双重认识，本课题既注重文学文本研究，又注重文化研究。也就是说，本课题紧紧围绕能够体现华文文学独特性所在的现代性、全球性主题及其文化价值功能三个方面来展开研究。围绕一本杂志《美华文学》，我们可以对新移民文学的产生、特点及其各种演变形式和它的复杂文化属性、艺术追求做出比较全面的解释。因此，我们将用移民、现代化、全球性、文化文明和文化视野这几个重要的当代关键词来对其进行探讨。本课题的基本内容有以下四个方面：

第一，探讨《美华文学》杂志创办的文学价值意义，揭示《美华文学》杂志与新移民文学发展的内在关联，对于新移民文学的主要力量之一的“金山作家群”的创作做分析，了解《美华文学》杂志对新移民文学不同文体的创作实验。

第二，围绕移民、现代化、全球化等推动新移民文学发展的社会文化背景，探讨这种离散诗学和跨国诗学的属性及其基本创作主题。

第三，从全球性理论出发，探讨新移民文学七位作家创作的基本主题与叙事创新。

第四，探讨《美华文学》杂志对于“华侨文化”创立的基本价值意义及这份杂志对于中华文化这一系统工程创建的价值和意义。

一

《美华文学》杂志是“美国华文文艺界协会”所属的一份纯文学杂志，也是自1995年创办以来至今仍坚持下来的一份海外华人同仁杂志。它的创办、存在与延续，推进了新移民文学的发展，展示了世界华文文学的跨文化、跨区域的本体性特征[①]，给世界华文文学的发展以深刻的影响与启迪。20多年来，该杂志对于海外华文文学发展，尤其是北美新移民文学发展贡献甚大：①在北美弘扬了中华文化艺术，展现了一代移民华人创造美国文化及其历史的伟大贡献；②在英语世界坚持汉语创作，开辟了异域创办纯华文文学刊物的先河；③促进了“金山作家群”的形成，为北美新移民文学的发展奠定了根基；④培养造就了一大批北美华文文学的生力军；⑤奠定了新移民叙事文学发展的基础，使移民叙事得以繁荣发展。

《美华文学》杂志的创办者黄运基，既是一位文学家，又是一位文化活动家和政治家。他是美华文学、北美新移民文学真正意义上的奠基者。作为华侨领袖，黄运基和那个时代的中美文化交流和传播密切相关。他身体力行，从移民赴美、“中美关系”重建这些国际性全球化议题出发，对于华侨文化、移民文学和新移民文学做了重要贡献。从创作来说，他的长篇小说《异乡三部曲》中的《巨浪》，将移民文学的主题由乡愁、离散、族裔等引向“落地生根”的新阶段，把移民文学的主题从历史追寻、个体遭遇与异域奋斗引向政治、国际、公民和世界性交流发展的和平、发展和交往的新主题，全球性、世界性议题的表现在其作品中得到了初步表现。作为一个成功的美籍华人，黄运基心系母语、中华文化，以“美国梦”的深入书写，拓展了美华文学的文化内蕴，实际上，也正是因为黄运基的创作，新移民文学的现实主义美学风格得到新的开拓，华文文学由其上升到一个新的境界。

在《美华文学》杂志构成的作家群里，黄运基、刘子毅、老南、刘荒田、吕红、沙石、程宝林、曾宁等是核心作家。他们的创作，大都有非常独特的艺术个性。他们既是这份杂志的编者，又是勤奋的创作者。他们在

① 刘俊. 2016-3-24. 跨区域跨文化的新移民文学. http://wenhua.youth.cn/xwjj/xw/201603/t20160324_7771672.htm [2016-7-21].

小说叙事、散文、诗歌创作及文学理论的探讨上，都有可贵的探索，突出的贡献。例如，黄运基以其移民诗史书写，为移民史书写开辟了新路；吕红以其现代新移民的现代性自由追求的高远情怀，书写了现代新移民新的价值追求；沙石则对现代新移民的戏剧性处境做了书写，开拓了新移民叙事的别样风格；刘荒田、程宝林和曾宁则以其散文创作为新移民书写展现了新的文体新路。尤其是刘荒田，他的散文，更是在全球性思潮的意义上，展现了新移民文学全球化的独特主题和思想内涵，将新移民文学引向了深入发展的境地。

新移民文学的作家群，尤其是北美新移民文学的作家群，大体上可以归为五类：高行健、北岛、杨炼、马建、严力、一平等，他们可以归为离散作家群；哈金、严歌苓、张翎、施玮、沙石、吕红等，皆为1980年后留学美国的留学生和访问学者，可以称为留学移民作家群；王鼎钧、刘荒田、程宝林、黄运基、老南等，移民美国后在美国底层民间生存发展，可称为“草根作家群”；哈金、苏玮、李兆阳等散居北美高校及其企业，可以称为学院派作家群；周励、施雨、严歌苓、张翎、吴玲瑶、吕红、陈瑞琳、张慈等，是一批20世纪八九十年代后居美的女性作家，可以称为海外女性作家群，这群“文学女人”目前引领着移民文学的发展。

在这些作家群中，《美华文学》引领下的“金山作家群”或“草根作家文群”，是近年新移民文学发展中最有活力的一个作家群。所以，本课题研究以这个作家群为中心，深入探讨《美华文学》杂志对于新移民文学的催生和推动作用。

二

北美新移民文学，主要是指20世纪70年代末中国改革开放以来移民美国、加拿大的华人用华语来创作并形成的一种地域性的（地理空间）、主题性的（现象与主题学融合）类型文学。严格意义上来说，北美新移民文学，是在北美的美国和加拿大的现代化进程和目前全球化、地球村的背景下，在中西文化的交流碰撞下发生发展起来的一种具有独特文化价值的华文文学及其文学现象。

北美新移民文学，与近30年来的世界现代化和全球化进程发展密切联系。现代化及其全球化，是北美新移民文学产生的社会历史文化语境和条件。换句话说，北美新移民文学是在全球化、地球村、北美现代化进程及其移民和新移民潮流出现的必然结果。没有这些前提，北美新移民文学很难成为世界华文文学发展最主要的组成部分，甚至形成“风景这边独好”的发展格局。

对于现代化，人们通常把它理解成一种社会和文化变迁的现代驱动型发生现象。从这个意义上讲，北美的现代化，它至少包含这样四个过程：①技术的现代发展；②农业的现代发展；农产品的生产更多是用来作为商品，而不是自己使用；③工业化，信息化；④都市化。随着北美现代化的发生与发展，其社会文化各个方面都随之发生变化：官僚政治逐渐发展；学习的机会扩大；宗教信仰和传统习俗的影响减弱；人与人之间的关系发生变化；社会的流动性增加。按照莎拉·鲍威尔等人的理路，世界现代化进程实际上从工业革命就开启了。至今为止，世界现代化历程发生了两次重大变化：从农业社会向工业社会，从工业社会向知识社会。现代化是当今人类文明发展的必经之阶，而第二次世界大战（以下简称“二战”）后，北美是当今世界现代化的领头羊。源于这种现代化，世界各国的大量移民流向美国、加拿大，新的移民潮得以形成。这与我们对于现代化的理解是相一致的，就是说，现代化是指不发达社会通过社会改革获得较发达社会共有特征的一个社会变革过程。这个社会变迁过程是由国际之间或社会之间的交流所促使的。现代化是人类前行的方向。由于中美现代化发展的时间差问题，许多移民就因此移民北美，去做“美利坚梦”或所谓的“现代化梦”。

从文学的源泉意义上来说，北美现代化就是北美新移民文学产生的重要原动力之一。也正是因为如此，北美新移民文学有了自身广阔的表现主题。围绕这一主题，北美新移民文学蓬勃发展起来。这在《美华文学》杂志及其引领下的“金山作家群”的创作中被清晰地表现。这些作家寻梦美利坚，也把和他们一样寻梦美利坚的一大批移民的现代追寻历程及其体验展现了出来。例如，黄运基《异乡三部曲》书写了他那一代移民的“美国梦”，而吕红《美国情人》探讨了现代“所有移民的迁徙原因”，沙石《起风的日子》等作品书写了李约翰这一类移民屈死美国的荒谬处境，“美华文协的女作家们”则展现了一代华人女作家及其移民女性追寻现代化的独特历程。本文结合现代化的这种人类实践，探讨北美新移民文学的一些内在底蕴。

罗兰·罗伯森在《全球化——社会理论和全球文化》中将全球性议题分为以下四个方面：民族社会、个人和自我、世界形象和国际格局及其体系、人类和全人类性等。[①]20 世纪 80 年代以来发展起来的新移民文学的重要主题或最主要的表现议题，也与这位社会学家的罗列相一致，并在上述四个方面充分体现出来。例如，刘荒田是目前新移民文学中最有实力的散文家。关注全球化议题就是刘荒田这位散文家散文的一个重要特色。刘荒田以“假洋鬼子”的文化坐标与文化身份自信书写的散文，展现出如下与全球化相关的议题：①以“草根”移民日常琐事书写为主，表现了全球化时代最常见的多元文化主义旨趣、人类学主题、乡愁和基于个人实现的独特生命心性哲学，给人类文化学和思想史提供了丰富的启迪；②以移民城市旧金山这个所谓“自由之都”的文化内质书写为标志，展现了美国这个移民社会多元文化的丰富文化景观，揭示了许多黑色幽默背后的历史与人性谬误，展现了一代新移民的心路历程，给“国人提供了另一种人生、另一种观照、另一种感悟”。而新移民的“落地生根”也是一个全球性社会议题，黄运基则以《异乡三部曲》，尤其是《巨浪》对此议题做了全新的阐释。

严歌苓之所以“给当今整个华文写作定出了一个新的艺术标杆”，则源于以下三个方面的艺术创新和逻辑实证：①严歌苓走向世界而具备的创作主体的文化优势，使其为华文文学及其当代文学世界的写作队伍竖起了一面旗帜，引领了新方向：写作面向世界主题，克服跨越文化的壁障，展现出多元文化融合的丰富景观；②以深广的书写题材和广泛的世界性主题的表现，将移民文学的主题从乡愁、族裔和人性拓展到了广泛的全球化思想高度，拓展了华文文学世界的思想范围；③从女性主义叙事原则出发，以丰富多样的叙事探索，在叙事模式建构、叙事手法创新和“叙事声音”的

① “我的阐述比杜蒙特的阐述更具多面性，体现在我从四个而不是两个主要方面或者参照点进行思考。这些方面是：民族社会（national societies）；个人，或者更根本地说，是自我（selves）；民族社会之间的关系，或者说诸社会组成的世界体系；总体意义上的人类（mankind），为避免误解，我时常称之为全人类（humankind）。”（[美]罗兰·罗伯森. 2000. 全球化——社会理论和全球文化. 梁光严译. 上海：上海人民出版社：36）

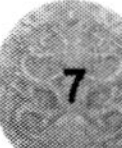

选择高度上，整体上提升了华文文学的叙事艺术及其美学的高度。因为具有了世界性视野，严歌苓才能够创作出具有世界或全球意义的文学文本。

移民及移民思潮的出现，是全球化的主要表现方式之一。张翎的移民经历和人生经验给了她全球化的视野。百年移民史及移民命运、现代新移民与全球化、全球化与现代化寻求和性别思考是其创作最主要的四个维度。她从温州到“金山”（此“金山”非旧金山，而是加拿大的温哥华）的全球化历程和经验，使其在故乡与异乡的比对描写与分析中，在地理空间与文化反差的比对中展现了新移民叙事固有的全球化特征。在叙事上，张翎则通过叙事结构的精心经营、叙事时间的巧妙安排、叙事声音的选择等策略，追求叙事的独特审美效益，造就了一种张翎式的独特叙事模式。张翎是一代移民叙事的真正代言人。少君的文化游记散文及网络文学，将旅游、文化多元主义这些全球性议题作为主要表现议题，有力地推进了新移民文学的发展。批评家和散文家陈瑞琳，她的《巴黎蜜月》《家住墨西哥湾》《他乡望月》等作品，以醒目的方式凸显了新移民文学的世界性的地域特征和文化乡愁等全球性主题。

全球性思想是一个醒目的当代思想或现代意识。新移民文学在此思想影响下，它的现代性意识（“当代意识”）明显凸显了。正如罗兰·罗伯森所言：“对全球性的反应很可能塑造未来几十年的社会理论、学说、意识形态和政治文化的特性。人们赋予单一社会文化实体的世界所面临的那些‘危险’意义（最突出的是，对人类作为整体的威胁，认同、传统的大规模相对化），成了正在形成具有巨大潜在重要性的重要思想熔炉。不仅如此，他们很可能是未来社会运动的焦点。关于性的生产力的启示和接着关于经济的生产力的启示之后，随之而来的便是全球人类状况的本身的大暴露。然而，这无论如何并不表明那些生产力的社会文化重要性的下降。相反，正如目前的全球经济公平、环境问题、本土的和地方的认同问题和有关争论所显示，他们现在明显是全球性的重大意义。”[①]全球性是继 18 世纪对人类性色生活关注和经济成为世界性主题之后改变世界特性的最主要议题。作为一种当代意识，它深刻地影响了作为文化组成部分的新移民文学象征意

① [美]罗兰·罗伯森. 2000. 全球化——社会理论和全球文化. 梁光严译. 上海：上海人民出版社：110.

义的建构。所以，由于具备了全球意识这种当代意识，华文文学或者新移民文学的现代性意义凸显了，因而也就有了全新的现代面貌。这是新移民文学深入发展的标志，它的突出贡献也在这里。

“那么现在最迫切的需要，就是从（经济因素）同样的意义上系统地探讨当代全球人类状况。换言之，全球性而非单纯的全球经济成为主题，是目前象征建构的客体。正如根据古典时期作者的看法，对现代性的分析需要密切注意人们应付法理社会时的文化方式，对全球现代性的一种多维度的视角，也应当对人们应付迅速出现的全球性的象征方式给予实质性的关注。确实，这里讨论的意象主要在于提出这样的命题：现代性问题已经扩展为——从某种意义上已经被归入——全球性问题。现代性的特定主题——生活世界的碎化、结构分化、认知和道德的相对性、经验范围的拓展、短暂性等——在全球化的过程中加剧了，而物种死亡的威胁更使他们大大加剧。”[①]当今世界华文文学或新移民文学的象征建构，尤其是北美新移民文学的象征建构，依赖于这种变化并对它们做了积极反应。全球性取向及全球性观念之上建立的世界形象观成了世界华文文学作家尤其是新移民作家创作的思想源泉。在这种观念之上建构出来的文本，其思想、主题、内涵及其审美内涵、艺术面貌当然全然不同于此前各个阶段的华文文学或移民文学。

依据美华文学发展的历史——从《逐客篇》（张维屏）、《金山篇》（黄遵宪）、《西学东渐记》（容闳）、《苦社会》到《天使岛诗歌》，从近现代中国留学生文学（如胡适《尝试集》中的一些篇章，闻一多《红烛》、徐志摩《翡冷翠的一夜》、《再别康桥》等）到林语堂《京华烟云》、梁实秋、张爱玲《小团圆》等的创作，从20世纪60年代白先勇《纽约客》、於梨华《又见棕榈，又见棕榈》等的“台湾留学生文学”到20世纪80年代苏玮《远行人》、查建英《丛林下的冰河》，20世纪90年代后的周励《曼哈顿的中国女人》、曹桂林《北京人在纽约》再到2000年后黄运基《巨浪》、严歌苓《扶桑》、张翎《金山》、沙石《情徒》、陈瑞琳《家住墨西哥湾》、刘荒田《美国小品》、吕红《美国情人》等的新移民文学，跨越百年的北美华文移民文

① [美]罗兰·罗伯森. 2000. 全球化——社会理论和全球文化. 梁光严译. 上海：上海人民出版社：95.

学一路走来，已经取得辉煌的成就——我们显然可以从其对于现代化和全球化的反映，看到这种象征结构内涵的演变。

在这里，《美国情人》具有标志意义。因为《美国情人》是一部更为典型的新移民小说，它深入探讨和表现了现代新移民迁徙动因——走向全球、走向世界及个人价值实现的主题，也对于全球化状况下的人类生存主题做了思考。它对人类性色生活的描述也上升到了全球意识的高度。从人的性色到人类的性色再到全球人种意义上的人类总体，吕红小说的全球意识非常明显。刘荒田“假洋鬼子”的生命心性哲学和旧金山这个世界城市形象的描述，以全球性思想为其基本思想资源。对于全球性人类问题的关注，是刘荒田散文的“世界”文学特色之一。具体说来，对于新移民人生命运的关注，对于人类生命本身的关注，对于人类生命始终（终极）的关注，甚至对于老年养老等人类福利问题及人类伦理等重大问题的思考，在刘荒田散文中也占得不少篇幅。最感人的莫过于《瓦特的破折号》、《又见“芸娘”》和《面对父亲》等文了。在后者中，我们看到一个出租车司机对于和他不一样人种、临终的80多岁老人的宽容、仁慈和付出，看到了人及其个体在老境中的可怜可爱，看到社会福利制度对于人类存在的重要性及伦理对于人生的不朽价值。这不是生态灾难、核毁灭和艾滋病等全球性的人类大问题，但它们显然和有关流产、用医学技术延长生命一样，是实实在在的人类性和人类学的全球主题。对于这些主题的表现，使刘荒田散文的思想境界骤然提升。尤其值得提及的是，严歌苓、张翎的叙事文本中，作为一种当代意识的全球性世界秩序观已经成为她们关照世界的基本分析框架。张翎《阵痛》里的主人公对于“美国的方向就是现代世界的方向”的讨论、《金山》里的北美国家移民政策的反复书写、国际主义意识、“女人生孩子不需要男人”的现代女权主义思想及严歌苓对于中国“革命”书写的世界现代性道路实践的思想，都来自这种全球性世界意识及其取向。具有了这种取向，新移民文学文本的思想内涵焕然一新。

换言之，《逐客篇》《金山篇》《西学东渐记》《苦社会》《天使岛诗歌》的书写内容，与《曼哈顿的中国女人》《北京人在纽约》《巨浪》《扶桑》《金山》《情徒》《家住墨西哥湾》《刘荒田美国小品》《美国情人》的内容完全不一样，因为后者的作者，是现代化及目前全球化的参与者和经验的经历者。熊国华在评王性初的《震后》一诗时说："王性初移民美国后的诗歌超越了种族和国家的界限，将诗歌视野投放到国际普遍存在的诸如宗教、战争、人性、腐败、赌博、暴力、恐怖袭击、贫富不均、生态环境、种族主义等社会问题，他以诗人的正义和良知，谴责强权政治，同情弱势群体，表现出深厚的人道主义精神，以及对人类命运的集中关怀。"[①]王性初这样的现代化、全球化的参与者和亲历者，其创作的主题相当一部分是全球化议题。就是说，在这一个阶段，由于全球化时代步伐的加快，全球化主题的表现，不管在叙事性文本、散文，还是诗歌中，已经成了新移民文学发展的主要界标。有鉴于此，本课题以全球化理论和全球化经验的敏感性、全球化的理性思考入手，对于目前的北美新移民文学的发展及其趋势做出勾勒和描述，并力图通过对文本的深入细读，从而对具有代表性的作家作品的思想和艺术特征做出概括和描述。

三

跨文化写作是新移民文学的一个首要特征。像《曼哈顿的中国女人》《北京人在纽约》这类展现中西文化相遇及其复杂人生体验与感受的书写，在新移民文学里是一个最为常见的主题，也是一个恒常主题。《美华文学》杂志的相当多文本，其小说创作、散文创作、诗歌创作和美术、摄影、书法，也多是表现这一主题。从中国移植到美国，从东方文化移植到西方文化语境里，个体的人生命运会发生极大的变化，原因就在于中西文化的巨大差异——

> "在中国过惯了在别人眼皮底下过日子的日子，到了美国就不一样了。从前的眼睛不见了，一夜之间他成了没人管、没人看的人。你不是要自由吗？给你自由。这下他反倒慌了，像丢了什么，少了什么，他开始到处寻找，到处巴望，虽然说不出在找什么，巴望什么。……人活着，不能没有主心骨，这是他的体会。可是在美国，什么都得自己挣，连主心骨也得挣。没有钱，哪来的主心骨？……中国和美国互为地球的反面，什么都不一样，什么都

① 王性初. 2012. 知秋一叶. 北京：大世界出版公司：104.

相反。中国人把姓放在前面，美国人放在后面；中国人在饭桌上先吃饭后喝汤，美国人先喝汤后吃饭，中国人说2003年4月26日，美国人说4月26日2003年；……李约翰既是中国人又是美国人，所以他才灾难深重。他记得曾经交了个黑人女友，原想深重的颜色才容易填补内心的空白，医治孤独和痛苦的最好办法是优越感。可才交了没几天，黑女人就不耐烦了，问，怎么还不见你行动？他说什么行动？黑女人脸一红，掉头走了，人走到门口还补充一句：难怪我们美国有句话说，slow boat from China，黑女人脸红的时候，脸色就像咖啡里撒了一把红砂糖。”（沙石《起风的日子》）

新移民文学，大体上都是这种中（美）西文化遭遇及其体验的书写。余国英的《好朋友》、沈宁的《落叶飘零——一个硅谷女工程师的故事》、曾宁的《硅谷人物扫描》、秋尘的《时差》等，这些作品大多展现了中西文化语境下的人生命运及困惑，甚至白先勇的吴汉魏魂归芝加哥，沙石的约翰李死于美国医生的好心治愈都是文化差异所致。

文化不仅仅是传统文化，它还包括现代文化，不仅仅是过去的风俗习惯、道德体系和社会组织结构，它还是现代的道德体系和各种社会组织结构、现代的物质技术水平及各个族裔融合创造的文化。所以，不管是原来的悲苦遭遇书写，还是新近移民当下的生活书写；不管是华人初到异地的冲突对抗，还是反观现代的新变化书写，从新移民文学来说，现代文化及现代体验的书写，显然是主要的书写内容。黄运基“异乡三部曲”的前两部和后一部长篇小说《巨浪》正是这种情形。后者展现了《巨浪》这部史诗应有的与时俱进的特性。因此，朝东对此论述到：“这部作品内容与现实生活的合拍，不管人们的主观愿望如何，带给读者很有意义的启示。一方面，小说以公民选举作为中心内容，虽然写的是政坛斗争故事，但传达的却是和平与理性的诉求，因为它以艺术形式展现了这块土地上政治生活的特色，那就是通过竞争、谈判和选举，来协调相处和共谋发展，而不是诉诸暴力和横蛮。另一方面，小说肯定了华人群体的参选活动和参政成就，夸赞他们既是华人政治热情的表现，也是华人决心‘落地生根’的标志。这也就否定了华人队伍中某些人遇事总是偏于截然对立和喜好斗争的思维定势，是在倡导以非暴力和建设性地方式参与社会政治生活。小说中有个人物黎浩然，长期热衷极“左”思潮和在唐人街组织红卫兵活动，最后竟幡然悔悟，回归旧日亲朋的怀抱。这个描写无疑宣告了对狂热骚动的暴动冲突和散发血腥气的阶级斗争观念的摒弃。《巨浪》在描写华人胡小慧和得到华人大力协助的黑人夏莲女士一前一后地获得两场选战之后，在喜庆的气氛中结束故事。读完这部长篇小说，读者掩卷回想，当能辨识‘金山客’作为一个群体在向社会公民真正转化时的蜕变轨迹。换句话说，这部作品里回响着华人移民在他们的新国土上自我提升和向前迈进的历史脚步声。”[①]黄运基这位新移民文学写作的领路人的这种书写，显然最具有代表性。

从文化角度看世界华文文学，一般人认为是个老生常谈的话题，或者认为这是题中应有之义而不必深入探讨。这实际上忽视了或者遮蔽了世界华文文学应有的主题和文化高度。因为就华文文学而言，它的主要书写内容无疑是世界不同文化碰撞和融合下的人生处境，文化问题是一个原初的或者说是一个基本的问题。因此，从文化交流和文化坐标的角度来看，世界华文文学或者新移民文学的发展，在当下具有更大的开拓性意义。“‘文化交流’的发展和‘欧洲中心论’的怀疑，有助于人们认识‘各文化间对话’的必要性。这不仅是出于社会文化的考虑，也是为了证明不同文化的存在，拒绝‘文化典范’，要求‘文化差异’和显示‘文化特性’便正是这种文化愿望的表现”[②]。站在世界主义的多元文化立场来看，文化体验书写是一批华文文学作家的先天优势，是他们的根本出发点。面对多样文化，华文文学作家以一种独特的文化坐标为基础来书写，视野更为开阔了，最终也就拓展出了新的文学主题，开拓了华文文学的新空间。新移民文学作为世界华文文学的重要组成部分，它有自身独特的个性特点和文化价值功能。除了创作主体的海外视野，现代化的全球语境，以及全球性文学主题的开拓和创新外，还有两个区域文学和国别文学不能替代的独特所在，即独特的文化坐标和文化交流的价值功能指向。一批新移民文学文本显示了这种特点。实际上，这也是新移民文学的重要特点所在。

然而，我们知道，海外华文文学，尤其是海外移民文学，在国内长期

① 朝东. 2012. 在书中聆听时代前进的脚步声——系列小说《异乡曲》读后感//黄运基. 巨浪. 广州：花城出版社：309.

② [法]维克多·埃尔. 1988. 文化概念. 康新文译. 上海：上海人民出版社：2.

存在严重被边缘化的文化困境。原因很复杂，其中，“不在场”也许是海外华文文学研究很不被重视的重要原因：①资讯欠缺，导致对海外移民作家创作现状的隔阂与疏离；②评论界存在缺乏具体生存经验孕育的现场感；③时空原因，文化政治及社会时代关注点的偏见，文学史叙述的结构及其对海外华文文学本身的漠视和无知。这使海外华文文学本身在我们的现代文学、文化研究中被严重忽视。我认为，回到“现场”也许是克服上述各种“隔膜”的手段之一，因此，本课题以创办在新移民文学现场——国际性都市旧金山的一个标志性的文学报纸和期刊《美华文化人报》和《美华文学》为标本，以“美华文协”和“旧金山作家群”这一个文学社团和一个作家群为基础，把海外新移民文学作为全球化文化工程的一个典型的文化案例来研究。当然，尽管资料在手，与这些活跃的海外作家也有联系，并时常讨论，但研究不可避免地带有个人的主观色彩，也肯定会留下些许偏见。因此，以此文抛砖引玉，我将虚心接受来自各方面的批评。

进一步说，对于《美华文学》杂志的研究方面，尽管黄万华教授对于这份杂志的“美华文学本土化”及其意义和价值也有过充分的论述，温明明2011年的硕士论文从其编辑、出版、传播和具体文本形式内容做了较为详尽的研究，但比较而言，近见的对于《美华文学》杂志的研究，大多还停留在比较外在和宏观的层面。例如，温明明大多从杂志本身及其编辑、传播等运行机制入手，能使我们对于这份杂志的面貌有清晰的了解，对于这份杂志的创作成就及其各种文体的发表情况一目了然，但可能由于研究杂志本身论域的关系，对于这份杂志从其叙事学、文本及其创作主题等问题的研究明显不够，而且从这份杂志的创办者本身（黄运基、刘子毅、老南、刘荒田等）、杂志引领的文学思潮（新移民文学）、杂志的主要内容、创作文本等更为深入的文学创新——比如叙事创新等诸端的研究，目前基本没有论及。所以，本课题从《美华文学》杂志与新移民文学关系的探讨出发，从文化、时代、创办者个人及编辑们的创作本身入手，来研究《美华文学》杂志与新移民文学的内在关联，从离散诗学、“跨国诗学”等内在学理入手，探讨新移民文学主要作家的创作内涵与叙事创新，以期了解《美华文学》这份杂志在推动一种文学思潮、推动文学在世界范围内向全球化、现代化发展的诸多开拓性贡献。

第一章　《美华文学》与新移民叙事

《美华文学》为旧金山著名华人领袖黄运基先生创办的一份纯文学杂志。该刊物自 1995 年创办以来已经有了 20 余年的历史，现在已经出版了 80 多期。该刊的宗旨是弘扬中华文化，促进华人文学创作。2011 年总第 78 期，《美华文学》由“美国硅谷女性联合会”和“美国华文文艺界协会”共同主办。新任社长是著名硅谷女作家张慈。在《美华文学》第 82 期上，登载了张慈社长的《卷首语》——办刊宣言和改革《美华文学》的具体措施和期刊理念。2015 年，《美华文学》社长由郎豪莉担任，主编改版后的《美华文学》杂志。

《美华文学》的前身是 1995 年黄运基创办的《美华文化人报》[①]，1998 年起改为定期期刊《美华文学》（基本为季刊，个别年头为双月刊）。这份杂志是一份在域外——美国旧金山这个“世界自由文化之都”的非母语环境中诞生的文学杂志。这种“域外色彩”，如“旧金山”“世界自由文化之都”、美国本土、母语、纯文学、汉语文学杂志等这些范畴和概念，标示出了这份杂志独特的刊物特质、内容特质和文化特质。

《美华文学》是海外华人同仁期刊，是由一群海外文学同仁创办的杂志，但基本由华人黄运基私人资助出版。刘荒田是《美华文学》杂志的重要编辑者和主编。作为亲历者，他对黄运基这位文坛缪斯的贡献做过中肯的评价：

> “至于我所亲历的，最为感人的就是他创办《美华文学》杂志。1994 年冬天，黄运基先生邀请老南、我、王性初、刘子毅、郑其贤等住在旧金山的文友商议，办一份文学杂志。他办报多年，岂

① 《美华文化人报》创刊于 1995 年。第 1 卷第 1 期于 1995 年 2 月 1 日出版。出版者为旧金山时代有限公司。该报设纪实文学、小说、散文、诗歌、专访、评论、文化短波（报道美国华文文艺界协会文化交流活动）。《美华文化人报》社长为黄运基，主编刘子毅，副主编老南、王性初。编委为王智、王性初、老南、池洪湖、李又蕾、李士君、李文育、陈中美、张子宏、喻丽清、刘子毅、刘荒田、郑其贤。这些编委实际上是金山作家群的主要成员。

能不晓得行情？……结果，办起来了。开头叫《美华文化人报》，以报纸的形式出版，后来改为杂志。一办就是16年（1994～2011年），直到2011年，他病体支离之际才交了棒。他这样坚持，绝非恋栈‘社长’职位，而是出于牺牲精神。在晚年，他把担子转给独生女黄小坚。这份杂志至今出版了80期，除了订户和少数赞助之外，他（还有他的女儿）是唯一的长期出资者、最主要的赞助人，笼统地计算，他一家投入了12万美元乃至更多，并无一个子儿的回报，纯然的付出。他绝非有钱人，尽管来美达60多年，夫妇一直辛苦工作，薄有资产，维持小康局面没有问题，但他急公好义，以金钱资助留学生、困难者难以计数，办杂志的开销，是他们夫妇从日常用度中省下来的。每当想起这位从不张扬的老人，拿着放大镜查字典，一字一句翻译美国凯撒医院系统专用的《医疗手册》，废寝忘食地破解繁难的医药专用语，把赚来的翻译费，花在弘扬中国文学的伟大事业上，我们这些熟悉他的朋友都感念万分。”①

在海外如此献身文学的人，恐怕黄运基是第一人。因此他的文学伙伴之一刘荒田等作家如此“零涕感恩”。

《美华文学》隶属“美国华文文艺界协会”，该刊物为该会会刊。该杂志创办以来，坚持“纯文艺性刊物，反映华侨历史和现状”的办刊宗旨。由此宗旨决定，《美华文学》的作者基本上是华人华侨。杂志的内容以反映一代代华人移民生活为主。20年来，围绕这个杂志形成了一个很有特色的作家群体——“金山作家群体”。这一作家群体是典型的新移民作家群体。他们和美国、加拿大其他大批作家一道，共同推动了新移民文学的发展。

在此，我们有必要重温这份杂志的创刊词《我们的期望》，来进一步了解这份杂志的宗旨：

“时代有限公司创办的双月刊《美华文化人报》，今天起与读者见面。我们愿借此机会与大家谈谈我们的期望。

美国是一块富饶的土地，开拓和灌溉这块土地的，也有我们

① 刘荒田. 2012. 巨浪•序//黄运基. 巨浪. 广州：花城出版社：6.

千千万万华侨先辈们的血和汗。在横贯大陆的太平洋铁路的建筑工程中，在开拓加州沙加缅度——圣华金三角洲地区、把四十多万英亩沼泽地变为良田的垦荒工程中，华侨先辈们叫山河让路，向土地要粮。但这些披荆斩棘的感人事迹，我们在美国的历史教科书里找不到影子，在美国的主流文化艺坛上得不到应有的表现。然而，我们华侨代代相传，为美国创造了财富，建设了文明，也创造了特有的文化——华侨文化。

美国华侨文化有两个特定的内涵：一是它在美洲这块土地上孕育出来的，但它又与源远流长的中华民族文化的脐带紧密相连；二是在这块土地上土生土长的华裔，他们受了美国的文化教育的熏陶，可没有也不可能忘记自己是炎黄子孙，他们在思想感情上、在言行举止上虽然与先辈们迥然有异，但却没有数典忘祖，他们也在觅祖寻根。

从旅美华侨到美籍华人这个历史转变中，从中国大陆、中国港台、东南亚以及其他世界各地涌来美洲的移民、留学生、和学者中，每天都有许多感人的故事在这块土地上发生，而这些正是活的华侨文化，有待我们去探索、去发掘、去表现。

我们是一群来自中国大陆、港台的老中青作家、艺术家、教授、学者，我们自觉地聚在一起，以饱满的热情和远大的抱负，创办《美华文化人报》，我们最大的期望，除了以文会友外，更要通过多样化的文艺形式——小说、诗歌、杂文、戏剧、评论、报告文学等等，从广度和深度上反映华侨文化，反映华侨、华人今昔创业的轨迹。我们愿意为开拓和耕耘这块园地做出无偿的、无私的奉献。我们也期待美洲各地的华文作家和其他文化人同样来当一位园丁，与我们一起共同努力把这份刊物办成真正属于所有海外华人的文化园地。”①

这份创刊词有重要的文化思想认识价值：第一，它以无可辩驳的事实再次重申了华人移民是美国财富和美国现代文明的创造者。第二，明确提

① 佚名. 1995-2-1. 我们的期望（创刊词）. 美华文化人报，1（1）：1.

出了“华侨文化”的概念，并对“华侨文化”的内涵做了全新诠释。第三，它坚守现实主义创作原则，以文学角度记载美国华人移民创造美国社会历史的事迹，重申了华人移民叙事的社会历史价值和意义。第四，对华人移民叙事的主要形式——小说、散文、诗歌和绘画叙事等艺术做了划分，尤其突出了“报告文学”（纪实文学）的地位。这个创刊词对这份杂志的宗旨表述也相当明确：发掘和表现华侨文化，推进代表华侨文化的主要表现形式的小说、诗歌、杂文、戏剧、评论、报告文学等艺术的发展。可以说，《美华文化人报》揭开了北美新移民叙事的新篇章。

一个社团，一份刊物，一种文学理念，一个作家群体崛起，一种新的叙事艺术的出现和发展，《美华文学》杂志就是在这样一个不同寻常的文化逻辑下出现、存在和运行，并有力地促进了世界华文文学的发展。所以，在文学社团意义上、在创作理念上、在文学观念上、在审美追求上、在一个作家群的群体属性上、在一种文学类型的发展壮大上，《美华文学》杂志都提供给了我们丰富的启发，值得我们深入研究发掘。下面我们从以下三个方面，并联系具体文本来做探讨：①《美华文学》与新移民叙事；②黄运基与新移民叙事；③新移民文学潮流及其发展进程。

第一节　《美华文学》杂志及其相关议题

一、“美华文协”与《美华文学》

美国华文文艺界协会，简称“美华文协”，协会地址在旧金山，英文简称CLAA。该会是1994年成立于美国旧金山的一个非营利的民间组织，现有成员100多人。他们是来自中国大陆、台湾、香港，以及东南亚等地的作家、画家、摄影家、书法家及文艺爱好者。“美华文协”的成员中，许多是卓有成就的作家和艺术家。首任会长是中国20世纪30年代现代派诗人（路易斯）、中国台湾20世纪五六十年代现代主义诗歌运动发起人、后定居美国的著名现代诗人纪弦。第二任会长是戈云。第三任会长是黄运基。黄运基是著名作家、报人、社会活动家。他出版了一系列著作，如长篇小说《奔流》《狂潮》《巨浪》《短篇小说集》《旧金山激情岁月》《黄运基文集》等。他独资出版《美华文学》杂志。第四任会长是刘荒田，第五任会长沙石，现任会长是吕红。

《美华文学》隶属于“美华文协”。《美华文学》的创办人，主要是该会的黄运基（黄运基为中美文化交流先驱，曾经为邓小平的中美恢复建交协商作过报道）。该杂志为中美文化交流做出过重要贡献。该刊物基本栏目有人物春秋——传记文学、“小说”（包括长篇连载）、“散文·随笔·游记”、“诗歌”、“评论”和“美华文讯”等。除戏剧外，该刊物发表了海外新文学文体的许多原创性作品，刊登了许多新移民文学的经典作品。该刊物的评论栏目，主要评论家来自中国和海外两个地区。海外评论家如宗鹰、李硕儒、陈瑞琳等，既是作家又是评论家，是海外华文文学的见证人、引路者、守护神，他们撑起了海外华文文学评论的一片青天。中国评论家大多是中国海外华文文学的奠基者，如饶芃子、杨匡汉、黄万华、刘登翰、陈公仲、王列耀等，他们把华人创作放到“世界文学”的高度研究①，推进了这一学科的发展。

由于《美华文学》隶属于“美华文协”，所以《美华文学》就具体承载和记录了“美华文协”的各项文学艺术活动，记载了北美华人的各类文化交流活动，也直接促进了中美文化交流。像该杂志的“美华文讯”②，就以报道的形式，直接报到了中美文化交流的大量成功范例。从《美华文化人报》到《美华文学》，这一栏目也几乎每期都有，显示着该协会和《美华文学》杂志的特殊关系。

《美华文学》10周年时有一篇报道，是登载在2005年夏季号的《美学文学》上，它具体陈述了“美华文协”与《美华文学》杂志的相关活动及其共存共荣共发展的状况：

> “2月7日中午，旧金山‘美华文协’在华阜康年酒家举行两项庆祝活动，宴开30席，300名人士参加，气氛热烈。一是庆祝《美华文学》创刊10周年。1994年末，黄运基先生和几位朋友在海狗山上的悬崖酒吧喝酒，商量办一份文学刊物，就此杂志诞生，走过10年。如今它是美国境内品位最高、影响力最大的文学杂志。

---

① “世界华文文学”概念的确认，应是1991年。

② 在《美华文化人报》期间，该栏目为“文化短波”，如创刊号上就登载了8则文化交流信息。报告美华文协理事陈中美的赠书茶会、报告陈中美在广东台山设“石窟诗林”、报告广东华侨艺术馆建设、加州“中乐团”活动、三藩市书写春联活动、非马“诗人之声”朗诵会、朱葵加州画展、史坦福大学音乐会等信息。这也能够证明“美华文协”与《美华文学》的相互关联性。

它的知名度，举一个小小的例子就足以说明：暨南大学和武汉大学获得国家的专项拨款，其单一用途就是研究这本杂志，因为它相当集中地体现了美国华文文坛这一在中国境外最大、作家最多、实力最强的中国文化平台的面貌。‘美华文协’会长刘荒田指出，提到美华文学杂志，不能不想到黄运基先生、夫人梁坚女士和他们的女儿黄小坚女士，是他们所主持的时代公司独自承担这一杂志的全部出版、邮寄费用的，10 年间，即使在相当艰难的处境中，他们也没有把杂志停办，如今，杂志势头发展良好，水平越来越高。其次，他还衷心感谢编辑部的主编刘子毅、副主编、编委、全体提供稿件的作家、画家、书法家们和读者们。

这次盛会也是美华文协一年一度的春节联欢会，这个团体正在发展壮大，新会员不断增加，凝聚力在增强。去年，该会举办了黄运基先生新著研讨会，和金山诗艺会联合举办了旧诗词研讨会。该会的会员刘荒田、王性初、招思虹、吕红、刘子毅、陈国英在去年秋天出席了江西的新移民文学研讨会、山东大学的海外华文文学研讨会和山东齐鲁晚报所举办的笔会。招思虹副会长牵头的‘金山之路’团队的影响扩大到故国。去年，美华文学的网络版《美化论坛》，由杂志网络编辑王明玉和文协秘书长曾宁主持，在众多文学网站中异军突起，点击率每月 18 万。中国总领事馆彭克玉总领事在会上致辞，表彰《美华文学》的重大贡献，《美华文学》主编刘子毅、网络主编王明玉也就杂志的发展作了介绍，会上还有丰富的文艺活动和抽奖活动。”①

此报道很具体地叙述了“美华文协”与《美华文学》杂志的直接关系、《美华文学》杂志的重大影响、《美华文学》对美国华文文学发展的促进作用，报道了“美华文协”的发展状况及它与其他媒体的关系。这种报道在《美华文学》杂志贯穿始终。其实，这既是“美华文协”的历史陈述，也是《美华文学》杂志的历史报道，具有弥足珍贵的史料价值。

由“文协”的“文艺”种类性质决定，《美华文学》实际上登载了大量

① 佚名. 2005. 三藩市“美华文协”春宴雅集，300 人庆《美华文学》10 周年. 美学文学，(58)：84.

华人移民的美术（绘画）、书法、摄影等作品。这使《美华文学》杂志的内涵空前的丰富了起来，其艺术性也从不同层面得到了扩展。在《美华文学》上，其艺术作品通常在其封面、封底上（也有穿插在具体文本中的副文本）。在其 80（80 期以前）多份杂志上，海外移民艺术家的大量作品被刊登，如绘画、书法、摄影等，每期数幅画、多幅书法、几幅摄影，把《美华文学》装点得艺术味十足。如果我们对《美华文学》的重要栏目“人物春秋”进行整理，还会发现它们大多是海外从事艺术卓有成就的艺术家的传记。它们是散文，又是艺术的导读物。文学性、艺术性兼胜。比如王性初，他是《美华文学》杂志上一位诗的守护神。他的那些摄影诗，具有把两种艺术交融的艺术美学效果。另外，像《美华文学》2009 年第 70 期的“华夏情——海外华人华侨画家与海上作家笔墨交流展”，也颇能显示其艺术维度。该辑中，上海杰出作家宗福先、陈村、毛安时、程乃珊、孙甘露、赵长天、王小鹰、王周生、赵丽宏等对蒋昌一、黄齐民、陈逸飞、丁绍光、李守白、陈逸鸣、陈丹青、赵尔俊、管齐骏、吕吉人、孔柏基、甘锦奇等艺术家绘画作品的口语品评和文字鉴赏，可以看作是《美华文学》文画交融的盛宴，体现着艺术的 “互文性”。毫无疑问，《美华文学》是一份艺术品位较高的文学杂志。美术、书法和摄影，被置于《美华文学》瞩目的封面位置。显然，我们首先能从对他们的审美中进入文学的审美世界。“在不晓得画家是谁，不了解画家个人经历和背景的状态下欣赏画家的作品，是一种直觉的单纯的审美经历，也会意外获得从感官到精神独特的真切感受”。[①]《美华文学》的编者们，很可能有这种“期待视野”。

美国华文文艺界协会定期推介和展销“美华文协”会员的作品，与《美华文学》杂志共同促进了“金山作家群”的形成。例如，2004 年 1 月 24 日开始在美国旧金山市立总图书馆举办“湾区（旧金山）作家作品展”，就展出了他们 25 位作家的 46 部作品：“把今年该会会员各作者出版的新书，包括小说、散文、诗歌呈献给湾区读者。参展作品有纪弦的《宇宙诗抄》《纪弦自选集》；喻丽清的作品集《象脚花瓶》《山水总相逢》五册；黄运基的长篇小说异乡三部曲第一部《奔流》、第二部《狂潮》、中短篇小说集《旧

① 王小鹰. 2009. 我看管齐骏古典戏曲人物画. 美华文学，（69）：16.

金山激情岁月》《黄运基选集》（三册）；刘荒田的散文、随笔《假洋鬼子系列》（三册）、《星条旗下的日常生活》《美国世故》《中年对海》等等；吴瑞卿的散文集《此心安处是吾家》《但愿人长久》；夏小舟的散文集《东方·西方》《爱的美丽与哀愁》；李硕儒的《彼岸回眸》《浮生三影》《爱的奔逃》；王性初的《月亮的青春期》《碟殇》；潘郁琦的散文集《忘情之约》、诗集《桥畔，我犹在等你》；程宝林的长篇小说《美国戏台》、散文集《国际烦恼》；老南的小说集《豪宅奇缘》《老南诗选》；老南、郑其贤、穗青合著的《旧金山的故事》；穗青的长篇小说《佳丽移民记》《金山有约》；刘子毅的《八年一觉美国梦》；招思虹的《金山之路》；梁应麟的《过阜情缘》《漂泊生涯》；阙维杭的《美国神话：自由的代价》《世纪之吻》；张家修的《诗选》和《嵌名联书法选集》；黄新的《诗选》；伍郁仕的《书法集》；邵丹的《燕燕于飞》《扭转乾坤》；梁培炽的《花笺记》《榕荫论稿》；李国雄的《金山诗集》；夏梦的《凄雨晓风》；等等；还有熊国华的《美国梦：美籍华人黄运基传奇》；黄万华编的《美国华文文学论》。”[①]由此可见，《美华文学》是美华文协会员发表作品的最主要园地。

21 世纪以来，美国华文文艺界协会不断调整，其所属《美华文学》杂志的编辑、编委不断更替、更新，它们共同推进着北美华文文学的发展。黄荣伙的《群芳馥郁——贺〈美华文学〉创刊十周年》以一首“七绝”来热情称道《美华文学》的发展景象：“美华文苑辟金山，/蝶舞蜂飞百卉繁。/幸赖春风施雨露，/群芳馥郁醉人寰。”[②]如今，《美华文学》杂志创办已经 20 年了，美华文学在其引领下也取得了巨大的成就。在这 20 年里，《美华文学》杂志为世界华文文学的发展开拓了一个崭新的天地，促进了金山作家群这一“草根文群”的形成，为北美新移民文学的发展奠定了根基，也使华文文学“开花结果在海外”，造就了移民叙事的一系列文学经典，并有力地推进着海外华文文学的发展。

二、“自由出版物”与华语文学空间拓展

《美华文学》具有十分独特的个案意义。由于它是私人出资、异域创办，

① 佚名. 2005. 三藩市“美华文协”春宴雅集，300 人庆《美华文学》10 周年. 美学文学，(58)：84.
② 黄荣伙. 2005. 群芳馥郁——贺《美华文学》创刊十周年. 美华文学，(58)：86.

是由华人身份、移民身份的文学爱好者共同创办的文学期刊，而且隶属于美国华文文艺界协会，因而其编辑理念、编辑队伍、作家构成和期刊栏目设置，都有相当明确的自身特色。它是海外文学期刊史上极其重要的一份纯文学期刊，多方面促进了北美新移民文学的发展。

进一步说，《美华文学》杂志有以下三个特点：一是它在美国旧金山市场上诞生，是市场诞生的刊物；二是它是旧金山杰出华人黄运基个人筹资创办的刊物；三是它是旧金山文学同仁集体心血的结晶。与现代汉语文学的主要发展地——中国大陆和台湾的文学刊物相比，这些特点决定了它是典型的自由出版物——是美国自由文化语境下的自由出版物，是西方文化语境下的中国文学刊物，这也决定了它推动世界华文文学发展的独特向度。

在中国，除台湾文学外，早期海外华文文学作品的出版、发表，主要靠几个与海外联系密切的重要出版社及部分杂志的零星刊载。近年来，由于海外华文文学的发展，国内读者对华文文学需求的增加，一些重要杂志和出版社才竞相出版海外华文文学作品，并以出版海外华文文学作品来显示自身的国际化视野和全球化视野。

这当然也促进了海外华文文学的繁荣，但是最为接地气的华文文学还有另外一个存在世界，那就是来自于《美华文学》的《华文文学》《红杉林》等纯文学杂志，以及像《世界日报》《星岛日报》副刊和类似《华人周刊》等刊登的华文文学文本。它们是在域外发展起来的华文文学。所以，从根本上说，《美华文学》推动华文文学的发展或新移民文学发展的一个最主要原因还在于，《美华文学》是言论出版自由的异域出版的“自由出版物”。这个在异域出版的杂志显示了华文文学本土化发展的趋势，对美华文学的发展助力极大。

真正自由意义上的文学，只能出现在自由出版物上。从这个意义上讲，《美华文学》这个异域产生的华文文学刊物就具有了别样的意义和价值。因为综览近20年来《美华文学》上刊登的大量创作及其批评文本，基本上是这样的自由意义上的文学。与大陆出版的华文文学作品相比，《美华文学》杂志上的作品受市场操控和来自多样的意识形态的影响是很少的。因为大陆出版海外文学作品，功利性的目的还是很强，这很难与美国多元文化自由出版物上刊登的作品相比。由此一来，《美华文学》这个独特的具有开拓性意义的文学杂志就具有了其自身的优势。它的美国本土、同仁刊物及业余性反而是其纯粹化的标示和标高。赵毅衡对这种情形的反问倒是很能够说明问题：

> 有些批评家认为，海外文学的一个无法摆脱的特征，是‘联谊会刊物’式的业余色彩，外行色彩。或许如此。但与国内的全部出版物相比，业余味的浓度，绝对不会更高。海外文学由于发表地公开，由于稿酬的微薄，业余作者，与专业成就极高者，会在网刊同一页出现，不像国内刊物的互相画圈，自行分等。有论者认为，世界各地的‘华人作家协会’‘环球诗人协会’，都是一些急于带上桂冠的外行。这点我觉得无可指责：全世界都是付会费就能当诗人协会会员（的情形），华人也不应当例外。有许多门槛的国内协会，专业程度又如何？至于国内一些专门刊登海外文学的刊物，例如《四海》《海峡》《小说界》，作品刊用，像专让票友演戏的俱乐部。①

由此也可看出《美华文学》这个刊物独特的价值与意义。

自由出版物产生自由多元的文学，自由出版物开辟了自由多样文学实验的园地。所以，在这个刊物上，我们既能够看到东方主义立场的文本，也能够看到西方主义立场的文本，耶稣、圣诞老人以他本真的面貌出现，浓郁的复活节显示着上帝的存在，“假洋鬼子”成了主角，东西文化竞相亮相。尽管《美华文学》的作者，大多来自中国大陆，深受中国传统文化的浸染，但很少站在中国或东方立场，而是从美国或西方文化立场出发写作，这是他们基本的坚守。这些作者，已经改变了早期华文创作诋毁西方或美国的立场，已经站在一种新的文化坐标之上进行创作。他们作品的思想向度改变了，但也开阔了，而且自由主义、个性主义思想成了《美华文学》基本的思想。以思想的开放为基础的华文文学得到了很大的发展。

众所周知，目前的北美新移民文学是当前世界华文文学的重镇，目前的北美华文文学创作阵容强大。《美华文学》造就的“金山作家群”是其主力军之一。这个作家群与中国台湾留学生文群有密切联系，纪弦、王鼎钧、

① 赵毅衡. 2002. 年年岁岁树不同——2001 年的华文文学. 美华文学，（44）：69.

非马、潘郁琦、吴玲瑶等是他们的同路人，但他们的写作与中国台湾去美留学生书写有很大差异。《美华文学》的黄运基、刘荒田、老南、刘子毅、穗青这批来自广东侨乡的新移民，书写的是他们在北美“落地生根”的进程和自信。而且，草根的勤劳、充实和机智使他们没有落入留学生文群那种由于疏离而生的彷徨、迷惘和颓废的情绪之中。黄运基、刘荒田、沙石、吕红等作家的书写，反映的是一代代移民在反种族歧视的生存斗争中与美国精神融合发展的情致。在新的自由、民主和现代化的国度，他们自由办刊物、自由书写，表达他们自由主义、个性主义的声音，这是《美华文学》这个刊物的重要特点。

同样，《美华文学》在美国本土创办，远离华人主陆区，能将一些敏感的作家作品自由刊登。这种特殊的自由氛围，使我们能够看到相当有分量的文学文本。黄运基的反映华人真正“美国梦”的经典作品“异乡三部曲”、刘荒田独特的“假洋鬼子”系列散文、严力展现中美文化各自畸形荒谬的讽刺之作《血液的行为》、一平《奥斯维辛、春天和复活节》等就是这样的文本，都在《美华文学》杂志上亮相。尤其像《奥斯维辛、春天和复活节》这种最有全球性思想深度，考究人类、人性和文明及富含宗教内涵的自由体诗作，也许只有《美华文学》这样的自由出版物才能够刊登出来。

《美华文学》刊登的是一代代华人追寻“自由梦”的篇章，书写的是现代华人的“美国梦”。这是现代最具有现实主义文学品格的一份杂志。它展现了一代代华人如何融入现代文明进程的磨难和尴尬，也书写了一代代华人融入世界现代文明进程后的种种样态，表现了乡愁的消失，消费主义的盛行，网络的普遍化与大众的关怀意识，全球化语境下的地域文化，游走世界的生命方式，饮食文化泛滥等后现代的现实命题。《美华文学》从多方面展现了现代华语文学发展的审美空间，这本身就是它作为一个自由出版物的收获。

三、《美华文学》与“金山作家群”

一个社团，一本杂志，往往能够促成一个文学时代的来临。《美华文学》的一些编者对此就有清醒的认识：“海外兵团巍峨峥嵘的万千气象，令学者震撼；所蕴含的丰富内涵，亦为文学史重写提供了参照。”诗人痖弦说过，

“现在写一首诗，老实讲在世界上的影响很渺茫，但如果刊物一纸风行的话，对社会的贡献就很大，如培养很多年轻作家，一个大时代就来了”。[①]美籍华人、著名作家、《美华文学》重要编委吕红的这种感受和体会当然极有远见。也许她主编《红杉林》杂志，也是源于她对文学刊物价值的这种认知。黄运基等人创办《美华文学》杂志，这种目标也相当明确。近 20 年来，《美华文学》促进了一个时代的新文学——北美移民文学的发展。作家邓治曾经动情地说：“《美华文学》引领着我”，“《美华文学》多年以来，不但已经成为我排解移民生活寂寞的灵丹妙药，它还引领着我在文学的海洋中游泳探索，使自己逐步得到充实”。[②]

诞生于美国旧金山湾区的华文文学期刊《美华文学》杂志，在当代新移民文学发展史上作用甚大。作为一份纯文学期刊，它的价值和意义表现在：它对现代纸质文学期刊及汉语文学走向世界、弘扬中华文学提供了许多可资借鉴的经验，对北美新移民文学的兴起和发展，既提供了创作的园地，又造就了一批创作队伍，促进了“金山作家群”的直接形成。当我们从移民叙事经典转到对杂志本身来进行研究的时候，对一份杂志和它引领的文学现象的认识就会更为明确。所以，就这一角度而言，《美华文学》杂志造就了新移民文学“金山作家群”的基本创作队伍。

首先，《美华文学》的主编及编辑是华人资深新移民，是清一色的旧金山湾区的资深作家。例如，第 30 期的主编和编委成员是黄运基、刘子毅、老南、王性初、郑其贤、穗青、李硕儒、王智、李建华、李晓军、吕红、陈中美、黄健威、喻丽清、汤晶晶、程宝林、刘荒田，共计 17 人。又如，第 82 期的社长、主编和编辑是张慈、严子、黄运基、明英、黎志滔、毕晓莉、孙燕、悠彩、郑琼、李贝蒂、奥依蓝、蒋素樱、刘荒田、王明玉、程宝林、王性初、沙石、章朝东、梁禾等，共计 20 人。他们是别具个性的新移民小说家、新移民散文家和移民诗人，甚至是移民文学的批评家和倡导者。上述作家无一例外地在《美华文学》上发表作品，是创作等身、名作多样、个性独特的移民作家，构成了《美华文学》的基本作者群，是新移

① 吕红. 2010. 穿越时空的回眸. 美华文学，(73)：6.

② 邓治. 2010.《美华文学》引领着我. 美华文学，(73)：10.

民文学的主要作家。新移民文学经由他们发展起来："在三藩市湾区的华人社会，写作者众多，名家辈出，在大陆和港台享有高知名度的少说也有两三打，但像德蓉这样，凭在报纸上一块千来字的'豆腐干'而赢得读者如此真诚热烈和直接拥戴的，似乎绝无仅有。"[①]

其次，《美华文学》也不断推出一些别具个性的作家，逼真地反映了旧金山湾区和硅谷这样的后现代商业城市移民生活的面貌。刘荒田推荐的德蓉这类作家就是如此。刘荒田认为，德蓉是具有"人性化兼具幽默感的风格"的作家。该杂志选登了德蓉四篇专栏文章《别浪费这好福气》、《世上如诺有几人》、《香奈儿语录》和《顺其自然之美》，阐释华人移民美国后生活的种种格调。德蓉这种专栏散文显示了华人创作的另一种新倾向，"专栏作家德蓉的热门，所折射的是功利社会中的一种干净关系：非出于利用而单纯为了欣赏。德蓉对读者无所求，除了她的作品。普通读者的推许，比之评论家，比之编辑乃至所有操裁夺之权的文化官僚，比之长相过从，为了义气不得不抬轿的哥们，具有高的多多的价值和诚信度"。[②]这种倾向就是所谓的"超功利"和对移民社会主流文化的认同，如倾听古典音乐，快节奏社会里求得悠闲的生活方式，穿香奈儿的合适性，广告时代晚年老人顺其自然的生活姿态。《美华文学》以"专辑"形式推出来的有个性的作家有一大批，像李兆阳、邵丹、陈中美、陈善燻等。因此，如果说《美华文学》杂志周围的知名作家有"两三打"，那么，像德蓉这类作家就更多了。《美华文学》杂志是集聚北美新移民作家最多的杂志。

再次，作为新移民叙事的权威期刊，《美华文学》不仅发表了大量新移民叙事的经典，而且开辟了"美华论坛"，壮大了"金山作家群"，促进了网络文学的发展。刘荒田不无得意地说，《美华文学》已经创造出了别具个性的独具文学史意义和价值的华文文学作品："有人说，来美国一个月，写得出一本书——那是猎奇的游记；来美国半年，至多写得出一篇——那是乡愁；来美国一年，什么也写不出来——对非文学的人生招架乏术，没有那份闲心了。好在异国人生在水土不服之后，还有无穷的续篇，《美华文学》

① 刘荒田. 2009. 旧金山湾区热门作家——德蓉. 美华文学，（69）：31.
② 刘荒田. 2009. 旧金山湾区热门作家——德蓉. 美华文学，（69）：31.

所集结的，是在新大陆活了十年、二十年、三十年的资深群体，他们给中国文学所贡献的，不但和国内浩如烟海的作品有差异，和青涩期新移民，浪漫期留学生比，也有别样的面貌和内涵。”（刘荒田《美华文学》编者前言）具有这样“别样的面貌和内涵”的经典就是《巨浪》《情徒》《美国情人》这类移民叙事文本。当然，所谓移民叙事文本，不仅仅包含小说，如后面我们所详细描述的，它们在其他文体上也有出色的表现。散文创作上，刘荒田、程宝林、张宗子、吴玲瑶、邵丹、少君等的名作，诗歌创作上，纪弦、非马、王性初、李兆阳、一平等的杰作也精彩纷呈。

《美华文学》对于新移民叙事的另一个贡献是它开设的网络版“美华论坛”，[①]精选“美华论坛”作品专辑，与“纵横大地论坛”[②]合作，非常有效地开拓了新移民文学的发展空间。例如，2009 年第 72 期，就登载了文刀、黑眼睛苏珊、依林、齐凤池、刘荒田、风中秋叶、翎翅、陈善燻、李国参、李兆阳、邓治、梦江南、小土豆、达文、冷蔚怀、陈九等 17 位论坛坛主的作品。各个论坛坛主或发表新作，或就同题文本相互批评、交流经验、发表感想，显示出网络文学作家及时同题交流的热闹文学场景。2010 年夏季号第 74 期，首栏就设计成“‘美华论坛’版主作品特辑”，集中发表了“美华论坛”的作品。刘荒田的“按语”很能够说明《美华文学》杂志与论坛之间互动的景致：“《美华文学》网站，开设于 2004 年 11 月，不但有杂志的网络版，还有‘美华论坛’，后者是开放的文学平台，五年多来累计注册 2300 人，点击率 2300 多万，发帖 13 万多，已成海内外华文网络文学不可忽视的重镇。论坛所在多有‘游客’到处串门，结帮拉派者自成系统，或处于友情惠然客串，或为了炫才傲然亮相，偶有打上门来的侠客或流氓，绝大多数网友登坛，是为了学习、交流、提高，为了满足发表欲，寻求友谊，消除寂寞，虚拟世界熙来攘往，令人目不暇接……为了表彰这群多数未见过面，一心‘结党营公’的义工，特组织这个专辑。”[③]在这个专辑里，我们能够看到关于文学的谈论（如《感悟文学——王鼎钧答问集锦》），关于男

① 温明明. 2011. 美华文学（1995-2009）研究. 暨南大学硕士学位论文.

② 纵横大地（www.Cross-Land.Net）是一个以文学原创和东西方文化交流为主旨的华文原创网络论坛。自 2004 年 11 月在美国加州创办，注册网友上千名。2006 年起，纵横大地的文学评论“第三只眼”以采访的形式介绍了一批活跃于海外华文文坛的华文作家，反响热烈。

③ 刘荒田. 2010. “美华论坛”版主作品特辑 • 按语. 美华文学，(74)：4.

人、女人的谈论（《男人三品》、《女人的友谊》），关于纸烟、咖啡的闲谈，关于旅游的记闻，关于旧体诗的探讨，不一而足。有些谈论，直如论文，像《打不死的神蛇》，对中国古体诗词命运的论述，堪称高质量的学术论文。有些谈论，像诗词评点，欣赏能力胜过专业批评家。例如，总版主文刀对版主冰花《跳舞》（“我退　你进/我进　你退/旋转在爱的舞池内/为跳出旋律的优美/都付出了小心翼翼”）的点评，“《跳舞》里面，有于人与事均有意义的大指引。不失时机，驾驭命运。该进时进，进它个一马平川；该退时退，退它个海阔天空。只要出于一片爱心，能跳出优美的旋律，肯定”就十分到位。该辑中，既有这些华人移民的旧体诗创作，又有李兆阳等高质量的现代诗创作（如《七月流火》）。所以，仅就这一视角而言，《美华文学》杂志就非常具有开拓性，它传播美华文学作品，尤其是新移民文学作品，从多层面推动着新移民文学的发展。

四、《美华文学》的个性追求及其审美品格

《美华文学》杂志有鲜明的个性追求与品牌意识，反映移民生活及生存体验是其主要内容。该杂志在穿插其中的无数篇“稿约”中都清晰地申述了这一立场。刘荒田在第 79 期的“卷首语”中明确地自审道：“在城市，路过报纸杂志摊位时，我自问：“如果把《美华文学》摆进琳琅满目的杂志之林里头，它该如何区别于如此之多、如此之精彩的‘同志’？……什么‘全部是义工的奉献’啦，‘美国纸质华文文学期刊杂志仅剩这一家，务必抢救’啦，也许能感动赞助者，但是，一旦进入市场，就必须是具有独特吸引力的品牌。也就是说，‘美华文学’必须姓‘美华’——既是美国的又是中国的；是文化交媾而生的杂种，贯通中西，华洋合璧，两头都有岸。要让四海之内的读者都感到，只有在美国浸泡几年，既有中国文化的根基，又有西方生活历练的作者和编者，才有本领制作出‘这一本’。”[①]事实上，经过近 20 年的努力，《美华文学》杂志的期刊特色、品牌意识已经建立了起来，该杂志也成了新移民最为心仪的期刊之一。

张慈对于这份杂志曾经这样定位：“我们在美国的华人肯定是与国内

① 刘荒田. 2011. 美华文学·卷首语. 美华文学，（79）：1.

的中国人不一样了。这个不一样是非常巨大的，不管我们意识到没有，在潜意识里都是巨大的。我们会讲英语，这就是根本的不同。语言使人具备两个灵魂，我们有两个名字，一个是中国带出来的中文名字，一个这边需要，天天被叫的英文名字。也许有些人仅仅是将名字改成拼音，但外国的发音和中国的不一样，所以，你实际上被叫的也是一个异化了的第二个名字；我们的后代根本与我们不是一条心，他们是美国人。你怎么办？林书豪就是一个明显的例子，他说他打球是为了在球场上显示上帝的光荣，在中国，你敢这样讲吗，不是认为你有神经病，就是你政治不正确，你还能打球吗？所以，我们身上的自由性，比别的地方的中国人，确实不一样了。我们有了西方人的勇敢和公正精神，还有对自由的意识，新闻自由和言论自由的意识已经是我们血液的一部分。我们华裔还具备自己是一个独立个体的态度，入党，选总统爱选谁选谁。美华的作家，起码也是知道要发出自己唯一的声音，而不是主旋律。我们要求作者，写出自己的转变，自己的认知，通过塑造艺术形象，表达精神。某一时间段，办杂志这种行为，看上去似乎是完全没有价值的，但价值是什么？人类一切正面的价值，不都是为着精神的愉悦和欢乐吗？边走边瞧吧。”①张慈的卷首语极为直爽，却也道出了该杂志的基本特色——追求移民叙事的心声。如后面章节所述，像《巨浪》《情徒》等一系列移民叙事的经典，就以此为题材，把新移民文学推向了新的发展高度。所以，《美华文学》以“美华”为品牌、以“移民”为主打刊物主题，成了新移民文学的摇篮、新移民叙事的一块圣地。

《美华文学》的期刊栏目设置，最充分体现了该刊物对文学艺术探索的虔诚性或作为一份纯文艺期刊的特色性。其主栏目按照文学题材、评论和美术摄影书法分为五大块，分别是小说栏、散文随笔游记栏、诗歌栏、评论栏和美术摄影书法栏。其小说栏目，或转载长篇小说，或发表原创中短篇小说，造就了新移民叙事的一批经典，像黄运基的《异乡三部曲》、沙石的一系列中短篇小说、张翎的一系列短篇小说，穗青的《雾都之恋》、招思虹的《金山之路》等，都是如此；散文随笔和游记栏目是《美华文学》质

① 张慈. 2012. 美华文学·卷首语. 美华文学，(82)：6.

量最高的栏目，刘荒田、喻丽清、程宝林、曾宁等的散文，或书写乡愁，或表达对于新文明的赞扬和认同，或书写个性和自由主义的美国精神，不少散文堪称绝笔，对于散文文体的创新与艺术探索，皆有独到的贡献；《美华文学》的诗歌栏目，新诗旧体诗词兼有，王性初、李兆阳们的新诗探索和诗学思考，为现代汉诗发展提供了不少启示。也许，为《美华文学》增色的还是它的“美术摄影书法”栏目，它的中西美术、摄影及其以中国独有书法艺术装帧的封面封底，首先给读者以美与艺术的诱惑和熏陶，也使这份纯文学期刊华丽无比、纯美灿烂。

另外，《美华文学》杂志从主编到编委再到一般作者，他们大都坚持现实主义的创作原则，以写实来表达移民的内在心声，描摹一代代移民在中西文化遭遇中的诸多生活面向，书写新移民的经历和体验。这是“金山作家群”作家的基本坚守。实际上，一代代金山作家在描述美国浮世绘、旧金山风情、唐人街生活面貌时，其基本坚守的精神就是现实主义创作精神，黄运基书写移民从“落叶归根到落地生根”的历史变化，老南、刘子毅、郑其贤状写移民奋斗史、成长史，刘荒田在全球场语境下，在中西文化坐标体系之上对移民生活及其生命的关照，以及吕红这类女性作家的移民现代性思考和自我实现的书写，无不贯穿着深刻的现实关怀，贯穿着现实主义的创作精神。而且，通观《美华文学》杂志的创作，其文学视野并不保守，一批具有浪漫主义和现代色彩的文学文本也大量涌现。作家们站在中西文化的交汇点上，坚持“美华”身份，在刊物的文学性和艺术性上正在做着新的调整。例如，他们强调诚心写作，以显示历史和现实的想象性场面，但这绝不是写故事，而是写思想性的小说；他们对于文学艺术品位的强调；以美国精神来接管刊物，都显示了他们的文学理念及其创办文学期刊的新理念。新任《美华文学》社的社长张慈似乎对此充满信心，她说：“原来的《美华文学》并不是一本好杂志，它登的是良莠不齐的诗歌散文小说，读之前就几乎知道是否值得一读。”①这当然仅是一个社长、主编的反思，但是，这也足以反映一个杂志负责人的态度和改革决心，即把《美华文学》杂志办成一部好杂志。当她以这样的文学新理念和态度来接

① 张慈. 2012. 美华文学・卷首语. 美华文学，(82)：5.

管《美华文学》的时候，我们知道，《美华文学》杂志的品味终将提高。由第 82 期的订阅广告与杂志定位可以看到，《美华文学》并未偏离它作为一份移民文学刊物的目标，它正在引领着北美新移民文学和移民叙事艺术健康发展。

> “《美华文学》由几代旅美名作家创办，用文学的方式记录美国华人的奋斗史，反映他们的现实生活，表达他们的心声。10 多年来，它全靠一群痴心文学的作者、读者和社区各界热心人士的大力支持及无私奉献，才得以不断改进、更新、发展下去。《美华文学》在面对难以预料的异国他乡的生活挑战之余，以一种特殊的生命意识和强大的使命感，在传统的东方文化和东西方美学交融的审美追求下，熔铸出一部部既是华人的、又不同于生存在地球任何空间的华文作家的作品。《美华文学》是华人移民们在北美洲的天空下，在英文世界里，携手开拓，以寄寓‘文化乡愁’的精神家园。如果把中国文化比作一棵大树，我们愿做这大树伸展海外的一枝一叶；如果把中华文化比作一条大河，我们永远是汇入这大河中的一股清流。”①

这实际上是《美华文学》审美特质的基本表述。

五、《美华文学》与汉语文学诸文体的探索

如前所述，《美华文学》为美国华人在其本土（旧金山）创办的纯文学刊物。温明明的硕士论文《〈美华文学〉（1995—2009）研究》认为，《美华文学》杂志发展经历了三个阶段：报纸化、杂志化和网络化。她同时也认为，《美华文学》为推动美华本土华文文学的传播和繁荣做出了重要贡献，在此基础上，该论文详细分析了《美华文学》杂志的四种主要文体——小说、散文、诗歌和传记文学的基本面貌。该论文颇有学术价值，她对北美最有影响和最具权威的纯文学杂志的研究对我们了解海外华文文学本土化发展的状况极有启发性。因为，除了极个别从事北美华文文学创作及研究的专业人员外，很少有人知道《美华文学》这个刊物的存在。

---

① 佚名. 1998. 编者的话. 美华文学，(21)：4.

详细研究《美华文学》杂志的诞生和发展，并考察它的基本面貌，我们也许会有另外的发现，即在它异域诞生的开拓性和发展变化的阶段性背后，实际上包含着这份杂志的创办者和作者对于近代以来中国汉语文学现代化的顺应和探索动机：①从《美华文化人报》到《美华文学》，这本身意味着这份杂志的内涵从文化向文学的转化。因为文化是个大概念，文学只是其中的一种形式，所以，创办《美华文学》杂志，把文学从这种包含关系中剥离，显示的是其对文学本体本身的自觉，而不仅仅是纸质媒介的变化；②从《美华文学》杂志的四种主要文体——小说、散文、诗歌和传记文学及评论的基本面貌来看，这份杂志的现代文体意识已经相当明确。仅从这一层面来说，《美华文学》杂志不仅有力推进了新移民文学叙事的发展，而且对汉语文学诸文体的发展也有重大贡献，尤其是在温明明列举的上述四种文体上。

对文体意识的强调就是一本杂志文学性的申述与追求的表现。因为不管一本杂志主编的文学观念怎样变化、如何多样，从文学的角度来强调文体，这必然反映了主编们和作家们对于文学纯粹性的追求。《美华文学》的编者和作者们的这种自觉追求，实际上强有力地推进了他们的文学自觉探索。研究他们的这种探索，显然是我们把握这本文学杂志的重要角度。

首先，在小说文体上，《美华文学》的主要探索集中在中、短篇小说这一领域。黄运基、沙石、吕红、王渝、余国英、伊人（曾宁）、虹影、张翎、严力等在短篇小说文体上都有探索，并都别具风采。例如黄运基的短篇小说，直面现实，且自然、质朴、清新；沙石的短篇，浪漫色彩浓厚，且奇异怪媚；吕红的短篇小说，文思散发，气脉贯通；伊人的短篇，则深沉幽婉，文字和篇章结构极有功力；施雨的短篇，繁复多变。由此可见，每位小说家的作品都有鲜明的标示度，尚能自成一格。英雄美人的几篇实验小说则显示出《美华文学》杂志对小说文体从外在的体式探索到内在虚构与神话思维方面的特别关注。虹影的《辣椒式口红》《归来的女人》《近乎恼怒的透明》等作品中的大胆的女性叙事与性别关注，张翎的《巡警理查逊》《女人四十》等作品对华人生存感受的书写，都是美华短篇小说中的神来之笔。

王渝、施雨的“俳句型”小说（超短篇）深得《美华文学》杂志主编刘荒田的欣赏。《美华文学》杂志选编了 10 篇她的此类型探索小说。刘荒田认为其小说具有“笔端饱含感情却不直露”、“恰到好处的剪裁”和“现代诗的技法”等三个特点。这当然是一个诗人和小说家的发现，其实从文体本身考察，这种小说确实可以在通常的短篇、中篇和长篇之外作为“小小说”的形式存在。它七八百字，有清晰的故事内核，以一个情节为主，但极有意趣，叙事完整，是快节奏时代极受读者喜爱的一种小说形式。从现代小说观念变化的角度看，它已经不是传统的那种为故事而故事的小说，也不是那种教训、训诫小说，而是典型的“意义”小说了。正如本雅明所说，现代小说是探索生活的意义，而不是其他。它写人生的一个瞬间，处理的时间也只是人生的一个短暂瞬间。像王渝的《吕太太的皮大衣》《她姨妈和他的礼物》《窗》《看画》《烦恼丝》《望君早归》《丈夫与朋友》等，都是这类小说，它们都在表现与书写现代人（新大陆人——北美华人）的存在感受，现代人悖于常理的荒诞体验与行为：吕太太在与别人攀比的心理状态下买了1000元皮大衣后的后悔心态，大姨妈买小摊货送礼给“我”的虚假面相，看画人为摆脱妻子的错位人生感受，烫发女人虚无荒诞的内在感受，不忠者拿钱买“叫喊”督促自己的荒谬行为，皆是现代人扭曲的心理及行为状态的表现。这种超短篇无疑是现代意义上的新小说或者新文体，在文学史上颇具创新意义。

长篇小说方面，《美华文学》杂志的长篇连载，有力地推动了这一文体的发展。最初连载的几部长篇小说，像黄运基的《奔流》《狂潮》，穗青的《双佩玉》《金山之约》《雾都之恋》，刘子毅的《侨办新宁铁路沧桑录》等，实际上是对海外作家无能力写出长篇小说这一“常识”的颠覆，也是《美华文学》从《美华文化人报》转化以来的一种新收获。也就是说，这些小说的出现改变了海外作家不能书写他们漫长生活画卷的谬说。在《美华文学》杂志的推动下，极有分量的一批长篇小说诞生了，像黄运基的《巨浪》、沙石的《情徒》、吕红的《美国情人》（《美国情人》的大部分在《美华文学》上出现过）及在美的一批作家的创作，就充分显示了《美华文学》杂志的这种催生和引领作用。

其次，《美华文学》的诗歌探索集中在两个方面。一是对“五四”以来汉语新诗文体的探索和实验。这方面的探索源于两个传统：一是中国台湾现代派诗人纪弦、非马等数位诗人的留美创作；一是大陆今天派的传统，其中，郑玲、王性初、刘荒田、一平、王明玉等延续了这一传统。对新诗文体最为关注的是王性初、李兆阳和刘荒田。《美华文学》杂志刊登他们的诗不多，但大多是他们的上乘之作。像王性初的《云的魅影》（组诗）、李兆阳的《节庆季不再忧伤》《致某某》，刘荒田的《水与波浪——赠郑玲大姐》等，都极有韵致。在《美华文学》的诗歌探索方面，最有标志性的诗人是非马（对其诗体探索下文有详尽讨论，此处从略）、王性初、李兆阳和一平。非马以短诗体创作见长，被称为“短诗大家”。王性初以诗体的多变见长，既有《美华文化人报》时的《中国基因》的朦胧诗创作，又有《心的版图》里的短诗实验。李兆阳以他“新诗歌宣言”的“新诗歌”的实验和创作取胜。《美华文学》的长诗探索从《美华文化人报》时的老南就开始了，像他的《淘金者和他的后代》自然畅达，是新移民诗里的颂歌：“届时他将准备把中国腾飞的讯息/作长诗一首，在那矿坑里朗诵/可让先祖的灵魂赶快回国投胎/二十年后，当一名幸福的矿工。”一平则以一首《奥斯维辛、春天和复活节》的长诗创作，把《美华文学》杂志的长诗探索推向了高峰，为长诗创作树立了标杆。

古体诗创作是《美华文学》杂志汉诗探索的另一个方面，这种探索从《美华文化人报》开始。例如，该刊2卷6期就一次刊登了张国良、杨远芳、谢伯叟、吴郁士、觉虹、陶汇章、马锦活、陈征、李植思、刘金鳌、蔡庆全、李炳恒、乔桥14人的古体诗17首。该刊3卷6期又登载了陈中美的“新律诗”四首。陈中美、周正光、黄建忠、张家修、黄荣伙等是该杂志中常见的古体诗作者，他们对于旧体诗的不同体式都有实验。古体诗（像刘逸生《戴妃曲》）、七言诗、五言诗、词、曲和令等都可以在《美华文学》杂志中见到。陈中美是这种探索中成就最高的诗人。他的“新律诗”创作实验，借鉴古诗词格式，用现代语言表达现代感受与体验，颇有情趣，具有相当高的文体学价值，如《中秋节忆旧抒情》《又梦旧》《芳园书地诗》《陪妻扫母墓》等，都是其新律诗的实验之作，极其自然地表达了一个华人丰富的精神情怀。而他的七言古诗《旧历新年赋》表现了“老人身是金山客”的喜悦心情。周正光是“海外乡愁诗人”的代表作家之一。明迪在《壮年听雨客舟中——记海外乡愁诗人刘荒田、王性初、周正光、梁以平》一文对其有深切的描绘：“周诗人退休后写过一首《日历上的美女》：‘搔首弄姿/别含深意地说：/明天/一直扯下三百六十五件衣裳/才知道自己受骗/空空的暮色里/只余一张废纸，海外漂泊三十多年，经商，写诗，写诗，经商，到头来空空如也，只余一张废纸，是自嘲，反讽，也是对于自身价值的反思。”[①]这些海外诗人用古体诗传达海外生活感受，对古体诗词在海外的传播起了很大作用，其成就不亚于东南亚华人的旧体诗创作。

最后，《美华文学》杂志对现代散文文体的探索实验，是当代华文创作里最有成就的部分。王鼎钧、刘荒田、郑其贤、曾宁、王性初、少君、张宗子、程宝林等的散文，代表了这个杂志的最高成就。该杂志的“散文·随笔·游记”这个几乎每期都有的栏目，实际上可以算作《美华文学》的标志性栏目。这一栏目和不时出现的“××散文专辑”展现了美华文学散文的基本面貌，一批富有个性的海外华文散文作家的作品都在该杂志上露脸。首先是“××散文专辑”，它刊登了目前华文文学中散文创作方面最有个性的一批散文家的作品，如“刘荒田散文专辑”“吴玲瑶散文专辑”“郑建青散文专辑”“张宗子散文专辑”“曾宁（伊人）散文专辑”“喻丽清散文（小）专辑”“施雨作品专辑”“李兆阳作品专辑”“潘郁琦抒情散文（小）专辑”“王瑞云散文小集”“陈瑞琳散文专辑”“李硕儒散文近作专辑”“怀宇作品专辑”“保护天使岛协会散文”等。这个栏目平均每期有五到六篇散文，到80 期，至少有 400 多篇精彩散文在这里呈现，文化散文是其中最有价值的部分。作家的跨文化处境和世界文化的交融发展趋势为这种散文的发展、繁荣提供了有利条件。随笔散文大多是文化散文。这种散文文体由于独特的优势在《美华文学》杂志上数目最多，质量上乘者比比皆是。刘荒田、吴玲瑶、曾宁、少君的散文，都从文化、文明的高度出发，从中西文化比较的角度生发开来，从他们生存的文化体验中融合提炼，赋予文化散文丰富的“文化”含量，推动了文化散文的发展。《美华文学》的重要栏目“人物春秋”，尽管多是为华人杰出人物立传，但那一篇篇“人物春秋”大多也是精彩的散文作品。它们有些是人物传记散文，有些是纪实性的报告文学。这些散文所叙的事迹感人，展现了华人，尤其是一个个艺术家在美奋斗拼搏的动人形象，文情并茂，实属优美散文。

① 明迪. 2004. 壮年听雨客舟中——记海外乡愁诗人刘荒田、王性初、周正光、梁以平. 美华文学，2004（55）：73.

“移”和“游”具有同义性，与移民是新移民文学的核心要素一样，“游”也完全是美华作家的创作起点，因为几乎每一个美华作家都有因他们的“移”产生的游记，几乎每一个美华作家都是有实力的游记散文家。游记散文是美华散文的最主要文体。在这一文体中，随笔和游记散文，是最能够显示世界华文文学的世界性和全球性特色的散文。我认为，就“金山作家群”而言，郑其贤是这种散文的引路人。在《美华文化人报》时期，他的游记散文《神秘之旅》《无限风光在险峰》《美京巡礼》《葡萄美酒醉游人》《金门桥的沉思》《霓虹灯下的疯狂》《深山猎取》等就是脍炙人口的名作。这些名作通过对美国人文景点的描述来展现美国这个现代富饶帝国的历史、文化、文明，传达对现代西方文化、文明的认同和赞扬之情，读来令人神往不已。这类散文在《美华文学》杂志上层出不穷，佳作如林。少君、陈善爋、吴玲瑶等都是出色的游记散文家。

换句话说，游记散文是《美华文学》杂志的新开拓。这当然源于现代技术的发展和全球化的趋势。“今天的旅游者中，很多是‘爱玩的’，对大量选择感到喜悦，而且更重要的是知道旅游是一种游戏，或者毋宁说是整个一系列的有多种文本的游戏，而不是一种单一的真正的旅游经历”①。可以断言，游记散文将会是全球化时代最有前景的一种文体。交通的发展，使人类能够游遍世界各个角落成为了可能；当旅游成为现代世界全球化的一个重要表征和一部分人的生命方式、一种修行之后，把它书写下来的文字便由此兴盛起来，旅游文学也就发展起来了。因此，《美华文学》促进了旅游文学的发展。事实上，就《美华文学》杂志整体的创作及文体而言，其散文创作成就远远高于小说、诗歌诸文体，这从游记散文中就能看出端倪。

第二节 黄运基与新移民叙事

黄运基被美华文学评论家陈瑞琳界定为“美华文学的一座丰碑”，这是

① 约翰·尤里语，转引自罗兰·罗伯森，《全球化——社会理论和全球文化》，2000年版，上海：上海人民出版社，第232页。.

当之无愧的。在他的丰碑上，最耀眼、最醒目的就是他在 1995 年创办《美华文化人报》（后改为文学期刊《美华文学》）。这为汉语文学，尤其是华文文学的发展开辟了一个新的纪元。从文化的广泛意义上来说，他对于中华文化和世界文化的发扬光大可能贡献更大：他与一批华人作家、艺术家一道，出于善良美好的愿望，在美国建立文化中心——创刊《时代报》，成立“美华文协”，专门从事艺术、文学和文化交流活动，为传播和繁荣华侨文化事业开拓了全新的道路。

对北美新移民文学来说，黄运基《异乡三部曲》（第一部《奔流》、第二部《狂潮》（沈阳出版社）、第三部《巨浪》），中短篇小说集《旧金山激情岁月》（珠海出版社），散文集《唐人街》（广州：花城出版社），《黄运基选集》第一、二卷（时代有限公司出版）等作品的出版，是更具有重大的界碑性意义的。《巨浪》作为其代表作，既为新移民文学的基本思想“落地生根”作了全新阐释，又为新移民叙事创立了全新范式。这对于新移民文学发展同样具有界碑性意义。

首先，黄运基的《巨浪》通过融入世界现代化进程中的华人三代移民的人生、生活、生命实践的书写，展示了美国这个移民国家社会生活的方方面面，展示了现代新移民争取民权、参与移民国社会基层活动、选举及参政议政和走向主流的过程；揭示与宣扬了“美国精神”及其普世价值观；宣扬了现代人必须具备的生活、生命哲学及其永恒性精神追求和价值实现的崭新理念。它对不同族裔移民形象的塑造及通过他们对移民史的书写，揭示了种族隔离主义的危害，张扬了种族平等和“人人生而平等”的人类主义思想，呼唤一种较为清明的人类存在环境的出现。其次，《巨浪》首次完整地呈现了一代代移民从“叶落归根到落地生根”的历史性过程，阐释了“落地生根”对于移民的终极性意义。

《巨浪》是新移民叙事的代表性作品。除了其思想的“现代性”以外，该书在叙事探索上也有独特贡献。小说的叙事内容既注重文化、政治等社会重大议题，又注重新移民的日常活动、行为的细节密度，关注移民国公民的日常生活，以个人民主权利叙述为重心，以一个个政治事件来关联结构，为现实主义叙事宏大的、正面的书写及其历史叙事探索铺开新路。

一、黄运基："美华文学的一座丰碑"

要了解黄运基其人，刘荒田的悼念性文字是最生动、最全面、最可信赖的。因为他是《美华文学》杂志前身《美华文化人报》的主要创建者和参与者，他与黄运基共同经营过《美华文学》杂志。刘荒田比黄运基年少几岁，但文学成就不在黄运基之下。作为华文文学中最有成就的散文家之一，他的文字给我们提供了最真实的信息：文学的、史料的。正如散文《漂向天堂的那叶舟》中所写的：

他知道，自己的大限已近。

近两年来，他每星期三次到医院去做血液透析。每次，都让他筋疲力尽，回到家要休息半天才有力气到电脑前坐下写作。这一年哮喘发作更加频繁，透析时还要在旁边加设氧气机帮助呼吸。不做透析，血液里的毒素便无法排除，会引起致命的尿毒症，可是他明确表示：不做。尽管声音很小，但态度十分坚决。他进一步要求，把身上所插的管子全部拔掉。医生满足了他的要求。

终于，他挣脱开所有束缚，自由了。

他患病前身子壮实，如今萎缩了，体重不到40斤。他睁开了眼睛，神志清明，脸上一片祥和——尽管医生的诊断已经下来：肝癌晚期。要不要做手术？他再次果断地决定放弃治疗。与其浪费资源，拖累家人，不如爽快地了结。

即将远行的人，逐个地和亲人告别。太太梁坚坐在床边，握着他的手，抚着那裸露的青筋。他无限深情地说："这辈子，和你一起，吃遍酸甜苦辣，我没有遗憾了。"太太连连点头，泣不成声。

是呀，没有遗憾！一同回望超过半个世纪的姻缘路，风云卷舒。他和她是同乡，少年时期在家乡广东斗门的小村已认识。他16岁那年远渡重洋，到了美国。她随后也来到旧金山投靠父母。她的父亲反对女儿嫁给他，理由是他不但穷，而且是危险的"左倾分子"。她当然晓得，他长期受包括国民党特务和联邦调查局探员在内的"右派势力"盯梢、威胁、打压，可她就是喜欢他的特立独行、有担当、有激情。结婚以后，两口子当过侍应生、花农，开过小餐馆，底层的辛苦受尽。虽然百般节省，可是工资到手很快就不见了。原来，他把所有积蓄拿去办报了，这是他卓尔不群的梦想。

1972 年，他凭着一台以 200 美元买来的旧打字机，创办了中英文周刊《时代报》，集记者、编辑、排字员、印刷工、推销员、送报人于一身。创刊号的头条是《尼克逊总统访华》。纽约的《美洲华侨日报》面临迫迁，危在旦夕，向全美的左派朋友求援，他把夫妻俩从牙缝里抠出来的 3000 美元积蓄全部捐出。几年过去，夫妻俩咬紧牙关，贷款在日落区买下了这辈子唯一的一栋房子，但在办报最艰难的时候，走投无路的他，还拿它作抵押物向银行借钱。上世纪 80 年代，他凭着翻译官方文件，拿到过一笔 4 万美元的酬劳，他以这笔相当于半栋房子的钱购买了一台印刷机，从此印报不仰赖别人。也是他，素来以慷慨著名，经他担保、资助来美留学的年轻人，数以十计，他却从来不求回报。由于他这个经济担保人的名字出现得太频繁，甚至引起了领事馆签证部的注意。她则一直默默无闻地支持着他，从办《时代报》到《美华文学》杂志，她都是最勤快的打字员和编辑。

没有遗憾，就在 2012 年 10 月 13 日，在旧金山的中华文化中心，他获得了“回馈社区终生成就奖”的崇高荣誉。没有遗憾，他完成了平生至为看重的写作规划——记载在美华人百年命运的长篇小说系列《异乡三部曲》。第一部《奔流》、第二部《狂潮》早已出版，最后一部 20 多万字的《巨浪》也在 2011 年 5 月脱稿。那已是靠洗肾维持生命的风烛残年，他“趁病魔打打盹”，支撑着病体坚持了下来。与这部恢宏之作同时问世的，是由宗鹰先生主编的黄运基作品评论总集《有话要说》。“该做的都做了。”他甚为欣慰。

“还有什么事没做完的，我替你做。”她说。她知道，他在写完“三部曲”以后，把从死神那里赢得的时间，用来赶写另外一部长篇《情锁金门》，每写完一章，他就打印下来，让太太提意见。

他勉力摇摇头，但神情并没有痛苦。“故事和人物都在我脑子里，陪伴我好多年了，算了，留点缺憾……”

然后，他要和独女谈。接下来，和两个外孙谈。在美国出生，小时候在外公的教导下能背许多首唐诗的少年，知道这是最敬爱的外公最后的叮咛。外公低声说着流利而简洁的英语，少年一个劲点头，泪水啪啪地滴在地板上。

该交代的都交代了。他要亲人离开房间，自己闭上了眼睛。次日早上，他停止了呼吸。当时，晨曦照进雪白的病房，一片宁静。

他，是为中美友谊、移民权益战斗一生的报人，为海外华文文学奉献一生的著名作家，《美华文学》杂志创办人和名誉社长，美国华文文艺界协会名誉会长——我们敬爱的黄运基先生。

他是那叶漂向天堂的舟。①

事实上，《美华文学》是黄运基的杂志，没有黄运基就没有《美华文学》。这份杂志的主编刘荒田是"在场"的见证者。2012 年，黄运基逝世，在黄运基网页首页上，一代散文家刘荒田发表了这篇影响深远的"悼文"《漂向天堂的那叶舟》。回想起刘荒田的那篇《旧赋》，两相比较，一个杂志同仁对于《美华文学》创办者的贡献极为清楚。当然，他的贡献，也许在诗人熊国华的《美国梦——黄运基传》和散文名家程乃珊的《崎岖人生路——记黄运基先生》里记载得更为清晰。

黄运基 1932 年 10 月出生于珠海市斗门区。1948 年随父赴美谋生。在美国经过 55 年艰苦卓绝的拼搏后，成为了一位令人尊敬的老华侨、老报人、老作家。1972 年，他创办《时代报》并任社长兼总编辑；1995 年，创办《美华文化人报》，1998 年 6 月改为《美华文学》杂志，历任社长；后任美国华文文艺界协会名誉会长。黄运基对华文文学发展的贡献还在于他在国外创立中华文化文学艺术中心，创办纯文学期刊，专门从事文化文学艺术交流，传播和繁荣中华文化，并且以现实主义笔法创作了移民诗史巨著《巨浪》，从而开辟了移民文学的新纪元。

黄运基在美国生活了半个多世纪，观察与思考美国生活，尤其是在中西两种文化的比较视野中观察与思考美国文化及诸种现象。在其小说中，黄运基展示了美国社会的各个方面，小到日常生活中的琐碎之事，如《有车的烦恼》《拖车》《生活费的困惑》，大到对文化现象的反思，如《暴力文化》《魂

---

① 刘荒田. 2013. 漂向天堂的那叶舟. http：//www.guoxue.com/?p=13073 [2015-9-21].

断双子楼》《后遗症》《反应过度》等。这些文本，是他一生心血的结晶，也奠定了他作为金山作家群旗手的地位。

在北美新移民文学的发展中，黄运基具有举足轻重的地位。按照通常所说的北美新移民文学作家群来说，黄运基似乎不是他们中的一员，他1948年就赴美了，而北美新移民文学的作家，则主要是指中国台湾“留学生文学”浪潮后一批从大陆去到北美的作家，他们主要是中国改革开放后聚集北美或移民北美的，但是，黄运基之所以成为了北美新移民文学中举足轻重的作家，原因在于他的主要创作都是与这批作家作品同时诞生，尤其是代表作《巨浪》更是如此。这部他生前出版（2012 年）的最后一部作品，是新移民文学的扛鼎之作。他创办《美华文学》杂志，促成了北美新移民文学中主要作家群“金山作家群”的形成和发展壮大。黄运基，是北美新移民文学的组织者和重要引领者。在他影响下的作家，像刘荒田、郑其贤、老南、刘子毅、沙石、吕红、曾宁、程宝林等一代新移民文学的主力军成长了起来，正推动着北美新移民文学的繁荣发展。

全球化语境下的移民，是一个极具文化、政治和经济意义的人类群体。因为超越以往狭隘的区域流动性概念和被动的成群迁徙范畴，全球化语境下的移民所具有的跨国界性、跨语言与跨文化性及文化融合特性，使这一人类群体具有了独特的国际政治、经济和文化的解构和建构的既对立又统一的双重意义。在这一意义上，移民族群仿佛是春江中的“水鸭”，最早“知春”，又仿佛是人类文明间的信使，非常复杂地勾连着人类生命个体及社会文明在诸多层面上的问题。

20世纪80年代以来，随着中国的改革开放，大批中国大陆人移民欧美，一个新的移民潮出现了。随着一批批移民出现，当代汉语文学这个关注生命、关注人性、关注文化的人文科学就增加了新内容，新移民文学应运而生：一批移民写作人纷纭涌现，严歌苓、张翎、虹影、哈金、北岛、严力、黄运基、刘荒田、沙石、少君、陈瑞琳等知名作家与批评家群体涌现，成了新移民文学的主力军；华人移民拥有了真正意义上的纯文学期刊《美华文学》，展现出现代汉语文学中“风景这边独好”的独特景观；一批极其富于美学个性且真实再现移民生存感受的经典文学作品诞生和出版了。其中，北美新移民文学的发展最为突出。1994 年诞生的《美华文学》杂志（前期为《美华文化人报》）成了促进这一文学潮流发展的最主要载体之一，而黄运基就是它的创办者。

2012 年，黄运基病逝。其好友、著名诗人王耀东写诗概括他的文化价值与意义：“哀音如电划长天，好友辞世别文坛。一生为国献心血，挥笔立著英雄胆。精神不朽人不朽，大义之情留华汉。美华文学花四溢，英名佳作青史悬。”美国华文文艺界协会向全世界报告了它的名誉会长去世这一噩耗：“著名作家、侨界领袖、华人权益运动的先驱者黄运基先生长期患病医治无效，于 2012 年 12 月 21 日晨在旧金山病逝，享年 81 岁。噩耗传来，美国华文文艺界协会成员和旧金山华人社区以及文艺界人士无不感到万分悲痛，人们用各种方式悼念这位文学界的长者和‘草根文群’的带头人”。

甚至可以说，黄运基是一个时代文学的代言人。陈瑞林的《美华文学的一座丰碑》一文，从美华文学发展演变的轨迹阐述了黄运基与他的时代的关系：

> “2012 年 12 月 21 日，81 岁的黄运基先生在旧金山辞世。他的离去，也意味着他所代表的那个时代的终结。
>
> 以‘金山派’作家群发轫并形成浪潮的美华‘草根文学’，如果与 20 世纪 60 年代在北美勃兴的中国台湾“留学生文学”相比，前者的特质主要表现在海外华人特别是底层华人在美国几代拼搏中所经历的血泪悲欢，后者所描写的是中国知识分子漂流异域的那种‘失根的乡愁’，在精神内涵上有很大不同。与此同时，作为承前启后的‘草根文学’，也与 20 世纪 80 年代后新一代移民文学中‘自我离散’的文化挑战迥然有异。纵观北美华人的历史，正是由早期的‘草根’族一步步演变为今天的科技‘新移民’，由黄运基时代的‘海外孤儿’到中国台湾留学生文学的‘失根’之痛，再到今天‘一代飞鸿’的广袤移植，这既是历史发展的必然进程，也是文学变迁的内在轨迹。
>
> 在美华文学的发展长河中，今天的‘新移民作家群’是在中国崛起的时代背景下移民美国的，他们继承着‘草根文学’自强不息的精神，从孤寂怅惘的‘花果飘零’走进了昂然自信的‘落地生根’。他们的创作主题除了表达‘生命移植’过程中的苦乐悲

欢之外，更多体现了寻求文化融合的努力。他们甚至在文化的皈依上表现出强烈的怀疑和反思精神，他们渴望在‘超越乡愁’的高度上来寻找自己新的人生目标。

在美华作家群中，旅居旧金山的作家刘荒田将‘草根文学’的历史内涵与‘新移民文学’的文化诉求完美结合，成为新时代‘金山’作家的典范。如果说黄运基的小说偏重于对老一代华侨奋斗历程的真实写照，那么刘荒田则以他的随笔散文表达了海外华人在‘落地生根’过程中所经历的种种文化挣扎，成为海外华人努力走出‘草根’世界并渴望寻找精神家园的心理写照。

纵看百年耕耘的美华文学，是在东西方文化的‘交战’‘交融’状态中艰难成长起来的，它的可贵首先在于解放了心灵，卸下了传统意识形态的重负，因而能够冷静地回首历史，反省内心。美华作家的努力，不仅告别了‘乡愁文学’的囹圄，而且对‘个体生存方式’进行了深入的探求。在漫漫长途之中，黄运基以他顽强的身躯，在寒夜中为后来者举起一把火炬，立下一座指路的丰碑。”①

作为华人重要作家，黄运基很早便开始创作，直到2012年完成他的绝笔之作——《巨浪》，他一直在巴金的《新生》《灭亡》的影响下钟情于文学②。仅从文学史角度而言，正如陈瑞琳所言，在美华文学发展史上，黄运基构筑了一座丰碑。他是一位继往开来者，他对美华文学的贡献巨大：他以弘扬中华文化为宗旨，使中华文化在美国这个西方文化的地图上传播开来；他以创建《时代报》、《美华文化人报》和《美华文学》等报纸和杂志的方式，为中美文化交流、美华文学发展筑起了平台；他把亲历“冷战”、中美建交和中美交流融合发展的新时代的前驱感受和体验转化成了一部诗史性的经典《巨浪》，开拓了移民文学的新局面，使新移民文学具有了更多族裔平等、国家联合、人权意识等普世价值的全球化新内涵。黄运基是一位时代的巨子，是中美文化新时代的开拓者，为全球化文化发展开拓了未来的新路。我们谈论新移民文学，应该从研究黄运基开始。

---

① 陈瑞琳. 2013. 美华文学的一座丰碑. http://www.chinawriter.com.cn/bk/2013-04-12/69115.html [2015-9-22].

② 据熊国华研究，黄运基1950年就开始创作。最初的小说是发表在《美洲华侨日报》上的《金门桥畔》和《菊花放红的时候》。（熊国华. 2004. 历史的心灵见证——评黄运基《旧金山激情岁月》. 美华文学，(55)：75-77.）

二、《巨浪》:“落地生根”与现实主义品格

（一）新移民与“落地生根”

像《奔流》《狂潮》一样，《巨浪》也在《美华文学》上连载。比较新移民文学的两部最主要作品——张翎《金山》和黄运基《巨浪》，我们会有新的发现。张翎《金山》书写19世纪末到20世纪初华人移民在加拿大的生活生命历程，黄运基《巨浪》书写20世纪初到21世纪初华人移民美国的生活生命历程。两部作品合起来成为两个世纪以来华人移民北美两国的社会历史画卷。前者以书写老一代移民为主，后者书写真正意义上的新移民。方得法这一代前清移民，淘金是其移民美国的首要目的，咏梅这一代现代新移民，对现代性的追寻，走向自主和精神的独立，是她移民的主要动机。从比较中我们还会发现，黄运基的《巨浪》是对“新移民”及其文化思潮作了集中描写的首部新移民小说。他的《异乡三部曲》的前两部《奔流》和《狂潮》的主要移民，并非本课题说的新移民。因为如果从时间上说，中国大陆赴美的首批新移民当从1976年左右算起，也就是中国改革开放的前后，而作品的主人公余念祖们是从新中国成立前就移民美国的，咏梅、刘珍才是这里所说的新移民。所以，咏梅是目前虚构性新移民文学文本中第一个出现的新移民文学形象。《巨浪》这部小说，其开篇就书写在太平洋赴美飞机上的这个新移民形象。因此，《巨浪》在这个意义上是当代新移民文学的“新移民”书写的首部小说，尽管它出版于2011年，比张翎等的书写还要晚。“刘珍望着咏梅这惶惑的表情，明白她此时此刻必定心事重重，她不知道该怎么安慰她。她只好跟她说：‘你是新移民，待会儿要从右边的几条通道办理入境手续。我是美国公民，我和我儿子要从左边几条通道入境。你不懂英文不要害怕，他们有翻译服务，必要时你可以要求他们派认为你需要的翻译。’”《巨浪》以新移民咏梅入境美国开始写起，比较全面地书写了咏梅和刘珍等人移民后融入美国社会的整个进程。1976年，粉碎“四人帮”后，咏梅和刘珍各自带着伤痕移民到美国。《巨浪》从她们两人乘飞机从香港到旧金山开始写起。该著作完成于2011年年底，新移民浪潮开启30多年后，作为一代移民的先驱，黄运基以其对于现代世界及其移民潮流的深刻体验及深刻思考，用生命心血记载下了这一具有世界意义的历史文化进程。

此外，《巨浪》在移民书写上的价值，不仅仅体现在余念祖这一代移民

的奋斗史书写上，最主要的还在对咏梅这一代新移民如何“落地生根”的理念传达上，因为这在移民书写上意义重大。《金山》叙事重心在方得法等老移民的“叶落归根”心态及其命运书写上，《巨浪》则表现新移民的“落地生根”行为：

“咏梅回到家里，把蔬菜水果放到冰箱，躺在沙发上，好像整个人轻松了很多。良久，她打开报纸翻阅，满纸都是粉碎‘四人帮’的报道。她当然为此感到欣慰。但她此刻最关心的，是找一份适当的维持生活的工作。虽然，手头拿着黎浩然依法分给她的 15 万美元，可以过一段日子，不必急于找工作，但她不想闲着无所事事。她翻阅《金门侨报》时看见一则广告，新桥互助社新设电脑初级班招生，上课时间是上午 8 时至 10 时，她决定报名参加，学一门技术。几天后，她又到一所学校报名，到为新移民而设的英语班学英语，上课时间是下午 6 时到 8 时。日间还有几个小时找一份散工，不管什么工作，只要跟她的学习时间没有冲突就行，这是她开始新生活的最主要决定。她为此觉得生活过得很充实，很愉快。

英语班老师是一个年约 30 岁的女青年，名叫胡小慧，班里新移民学生的年纪都比她大得多，但她和这些学生非常亲近，因为她的广州话和普通话都说得非常流利，互相沟通得很好。胡老师常在课余跟学生们谈东说西，介绍华人社区和美国社会人人关心的事物，这对新移民来说，是帮助他们适应新生活的最佳‘维生素’。‘我们的先辈，在美国走了很慢长、很艰苦的路，我们还有很长的路要走，学好英语是最重要的第一步。’胡小慧坦诚地说，‘因为学好英语才能进一步了解美国社会，融入美国社会。’‘你说得太对了。’咏梅表示同意她的见解，赞赏道。‘美国是个移民国家，所以它是个多族裔的国家，’胡小慧说，‘它的特殊就是既容纳少数族裔的多元文化，也发展了自身的独特文化。’……移民要融入美国文化而不应被同化，最重要的是保留本民族的传统文化，这才能彰显自身的独特品质。”①

① 黄运基. 2012. 巨浪. 广州：花城出版社：21.

咏梅在胡小慧的引导下成长，又成了胡小慧参政议政的得力助手。《巨浪》中的胡小慧是移民英语老师，也是华人市议员，《巨浪》以对她的书写为例展现了新移民民权争取的光荣历程。

咏梅是《巨浪》中最为典型的新移民形象。黄运基花了大量笔墨对这个 20 世纪 70 年代后期因为夫妻团聚移民美国的人物进行了书写，包括其入境、住公寓，学英语、学电脑技术求生存，到融入社区，成为美国公民，参加社区活动，参加选举，政治民主意识觉醒再到民权意识和个人独立品格坚守的整个过程。她的“落地生根”过程，是真正意义上的现代新移民的落地生根过程。《巨浪》塑造此形象表达了新移民未来的愿景。能够印证这一点的，还有以下事实：《巨浪》塑造的历史学家吴仲云形象，一个华人华侨历史学家，以他研究华人华侨历史为事实，展现了百年来美国华人移民波澜壮阔的历史。该形象的塑造，是《巨浪》最有历史文化品格及诗史品格的标志之一。他是咏梅这类新移民“落地生根”的见证者，也是移民史的书写者。该小说的结尾，是以奥巴马担任美国总统作结，以移民最终当选美国总统为新开端。这部新移民小说以奥巴马形象这个现代寓言，印证移民“落地生根”的结局，完成了对新移民的现代性书写，成了真正意义上的第一部新移民小说经典，也成了新移民文学中真正意义上的扛鼎之作。

（二）“落地生根”，何以可能？

鲜明的文化政治倾向性是《巨浪》这部小说的最主要特点。小说中的余念祖作为《金门侨报》的主编，与邓小平会面，参加天安门观礼台庆祝国庆，鼓励华人及其少数族裔从政，宣扬选举等民主意识，鼓励、支持和参与社区和谐文化建设，显示了他鲜明的政治意识。《巨浪》以这个世界性政治家书写为中心，堪称政治小说。小说的第 32 章，完整地呈现了余念祖书写的两封信，勾勒了这个世界外交政治家的水平与境界。

《巨浪》对美国这个当今世界最为现代化的国家的政治、经济、文化和公民社会生活都有全范围的书写，并初步申述了如下思想：在政治上，尽管美国在民主、人权上存在各种各样的问题，但它在人类文明现代发展阶段的最前沿探索和实践的轨迹，为现代世界政治现代化进程提供深刻启迪；在经济上，这个在 20 世纪就成为世界上最富有的国家的地位并没有改变，它给这个世界的和平与发展，尤其是经济为主的发展积累了丰富的经验；在教育、科学及文化的多元化发展上，更是积累了丰富的经验，引领世界前进；由它普及起来的民主、自由、平等和个性主义的普世价值观，也为人类共同遵循。可以说，《巨浪》是展现当今世界现代化发展的一部“圣经”。《巨浪》通过文学的手段，阐发的这些现代世界观念及人生哲学理念，是人类精神之光。在这个意义上，它也是现代国家及其移民叙事的元叙事经典。

进一步说，《巨浪》写的是关于世界历史的大事件，比如中国走向开放、中美建交、移民生存、移民的公民权利等。一些组织、领袖型人物的“行动”书写，也是这类小说的主要内容。熊国华认为《巨浪》是政治性小说，其主题在三个方面：第一，人权；第二，女性；第三，移民历史。①这是目前为止对《巨浪》做出的最为独到的认识。《巨浪》应是这类作品的典范。尤其重要的是，黄运基的《巨浪》通过对一代代移民形象的塑造，对奥巴马、胡小慧和余念祖等不同族裔移民的政治和生活实践的书写，比较透彻地揭示了种族平等和“人人生而平等”的人类理想。这是《巨浪》这部现实主义力作传达的一个重要思想。

我们知道，在北美开发，即美国和加拿大移民国现代化形成和发展的过程中，黑人、土著印第安人、数百万爱尔兰人、亚裔华人是做出了杰出贡献的，没有这些不同族裔的移民，就没有这两个移民国的历史，就没有美加的现代化。然而，这些不同族裔的移民，数百年来，却遭受了来自种族主义和人类不平等观念的极其恶劣的虐待和伤害。种族隔离主义、人种优劣论在美加的历史上甚嚣尘上。基于对美加历史上存在的这种卑劣思想的深刻反省，黄运基《巨浪》借助华人移民胡小慧、美国总统奥巴马的成功书写，张扬了种族平等和人人生而平等的世界大同理想，从而开拓了移民叙事新的思想高度。

《巨浪》尾声写道：

“初冬的寒气，弥漫大地。入夜时分，芝加哥格兰特公园，聚

① 熊国华. 2012. 从叶落生根到落地生根//黄运基. 巨浪（序二）. 广州：花城出版社：10.

集了十多万民众，人声鼎沸，温暖人心。他们都在迫不及待地等候美国第44任总统的到来，聆听他的胜利演说。奥巴马，一个非裔，当他以胜利者的手势和笑容、轻快的步履走上讲台，它的第一句铿锵有力地话‘美国的变革时代已经到来’，让全场爆发出雷鸣般的欢呼声。民众立刻回应：‘是的，我们能够！’多少人为奥巴马的当选互相拥抱庆祝。在群众中有一位黑人牧师、民权领袖杰克逊，正用手擦着两行热泪，他哭了。…………

奥巴马创造了美国历史！他的胜选道路看似很平坦，从角逐提名到击败众多对手，到获得提名一路所向披靡，一步一个脚印，走向白宫，终于成为美国历史上第一位非裔总统！然而，他是踏着千人铺设的通道圆了他的美国梦的！人们可以想象：从奴隶到总统，这条道路有多漫长，有多少艰难险阻。从1619年第一批黑奴被运到美国弗吉尼亚州詹姆斯镇那一刻开始，到1685年林肯总统颁布《解放黑奴宣言》，就经过了66个寒冬。从美国立国的1776年到奥巴马胜选成为总统，也经历了232个春秋。而在这漫长的历史长河中，美国的黑人从未停止过斗争，有时是流血斗争，即使在20世纪四五十年代，美国仍然有29个州禁止异族通婚，违者最高可判入狱10年。种族歧视、种族隔离一直延续到20世纪60年代末期。曾经发生过这样一个事件，吸引全球的目光：非裔舞蹈家约瑟芬·贝克和她的法国丈夫为了在纽约市住宿，奔走了36家酒店才找到允许他们入住的地方。种族歧视导致种族暴力。奥巴马此次竞选总统，曾受到500次死亡威胁。”①

我们也知道，移民遭受巨大不幸的根源是美加长期以来的种族歧视政策。程仁民案件曾经使胡小慧及一代华人移民遭受深刻的精神打击，所以，胡小慧不遗余力为程仁民案件奔波。当国会参议院就1882年《排华法案》向华人道歉的时候，华人移民一个个喜极而悲：

“‘还没有呢，有什么重大新闻？’余念祖好奇地问。‘国会参议院已经全票通过一项决议案，就1882年《排华法案》向华人道

① 黄运基. 2012. 巨浪. 广州：花城出版社：269-270.

歉。’胡小慧兴奋地说，‘众议院也会很快通过同样的决议案。’‘太好了，我们终于等到这一天了！’……

余念祖刚放下电话，见进来的是韩荍雯和咏梅。他们拿着刚出版的《金门侨报》来到余念祖家，韩荍雯把报纸给了余念祖，欣喜地说：‘华人讨回公道的诉求终于实现了！’余念祖拿着报纸，兴奋地盯着醒目的黑体大字标题：参院全票通过为《排华法案》道歉！副标题是：为美国华人了结百年耻辱，获得了迟来的正义。…………

这个决议案列出四项结论：一、承认排华法案与其他反华立法不符美国独立宣言的‘人皆生而平等原则’；二、承认《排华法案》和其他反华立法不符合美国宪法精神；三、早年具有歧视性的立法酿成错误且祸及华人及华人后代，参议院对此表示遗憾；四、参院重申承诺，将保障华人及其他亚裔在美国有与其他族裔完全相同的权益。决议案承认，许多华人在 19 世纪末和 20 世纪初来到美国，为美国的经济发展和西部开发做出了重大贡献，但却遭受到种族歧视与暴力的伤害。余念祖念着念着，两行热泪滴在报纸上。坐在念祖身旁的素云、咏梅和《金门侨报》的主编韩荍雯见状十分动容，他们都了解，念祖是喜极而泣。”①

移民创造了美国的文化历史及先进文明理念。小说结尾，借助于马丁·路德·金塑像揭牌仪式的细节描写，再一次重申了美国这个移民国的人类理想——“人人生而平等”这一光辉的思想。

以上这些是移民“落地生根”最主要的前提条件。所以，《巨浪》这部新移民文学的经典，就对美国的文化、政治、生存环境做了大量的书写，如对移民生活极其重要的族裔、种族、人权、选举权等的书写。黄运基为什么要如此描写？其意图当然很明确，因为新移民要“落地生根”，诗意的栖居在他乡，这些是必须具备的。我们知道，小说是要表达作者对生活的理解。米兰·昆德拉就常常用马丁·海德格尔的“存在”来表达它所理解的生活。黄运基在这里写移民史、移民生活，实际上最主要的是要表达这样的思想逻辑：移民要真正在异国他乡“落地生根”，上述条件必须具备，

① 黄运基. 2012. 巨浪. 广州：花城出版社：280.

否则，即使落地了也不能生根。又如，移民首先遇到的是家国概念。过去的家国概念，“有国才有家”的观念，如何对待？《巨浪》也通过主人公余念祖的政治理念表现，对国家间的政治关系作了阐释：国与国之间正常关系的建立，对移民具有至关重要的作用；因为跨国公司、移民的大量涌现，国的边际及其意识正在改变，国际大家庭和人类命运共同体意识正在形成。全球化、多元化的世界也创造了这样的环境，因此，“落地生根”的华人们在美国尽可安心安居。《巨浪》这部小说，就陈述了一个重要事实：黑人移民奥巴马做了美国总统，华人王小慧作了议员，咏梅们也已经能够在异乡的土地上幸福的栖居了。

（三）移民叙事新品格

黄运基的《巨浪》与茅盾开创的社会分析派小说属于同类。理性的分析和富于情感激情的叙事相结合使《巨浪》的叙事文本思想深邃而又文采斑斓。鲜明的政治倾向性，强烈的理性主义倾向，以人物外在动作行为书写为主，以现在进行时的叙事语调进行书写，是《巨浪》的一个重要叙事特征。换句话说，从叙事美学的角度而言，黄运基始终坚持现实主义的美学精神，不仅他的《巨浪》如此，他的《异乡人三部曲》中的《奔流》和《狂潮》也是如此，都是“美国华侨生活的历史画卷”。力图勾勒现代华人华侨历史画卷是黄运基小说的基本创作目的。谭元亨对此作了高度评价：“《奔流》（后）的第二部《狂潮》，第三部《巨浪》，作为黄运基的自传体式的小说，将会更为精彩，更为大气，也更有历史的厚度，当不弱于以写鸿篇巨制而著称的詹姆斯. A. 米切纳。迄今，没有任何一位美籍华人作家，如此全景地、历史地描述整个 20 世纪华人在美国的生存挣扎、艰苦奋斗到最终‘挺立’的历程。”①谭元亨精确地揭示了黄运基叙事的基本美学特征。

在《巨浪》中，黄运基把美国华人历史划分为四个阶段。第一个阶段，从 1848 年开始直至天使岛时期。那时的华工都是廉价的劳动力。第二个阶段，从 20 世纪 20 年代到第二次世界大战时期，华人抗争，迫使美国政府撤销排华法案。第三个阶段，从第二次世界大战到 1979 年，美国少数族裔

① 谭元亨. 2002. 文情并茂，史论双佳——评熊国华著《美国梦：美籍华人黄运基传奇》. 美华文学，（47）：62.

民权运动时期，华人有更多的机会进入美国各行各业中去。第四个阶段，从1979年至今，中美关系正常化，华人争取到了不少平等的权利，在全球化、多元化的世界潮流中，华人正在创造着美国的新历史。其《异乡人三部曲》基本遵循他的这种历史观，展示了后两个阶段的“美国华侨生活的历史画卷”，讲述自身体验的现代社会的风云变幻的移民史。这种书写内容根本上决定了这部作品的叙事特征——现实主义叙事风格特征。

在新移民叙事中，黄运基的这种叙事具有特别重大的开拓性意义，因为在目前的新移民叙事中，对新移民生活及其个体人生命运的叙事居多，这类叙事多集中在移民到新的文化社会环境里的冲撞、融合的层面，格局小，气势不足，而《巨浪》的叙事则把重心放在对宏大的全球化的历史生活画卷的勾勒上，从历史社会学高度提升了叙事的境界，叙事容量更为阔大，社会历史文化内涵极为丰富。进一步说，即使与新移民叙事的几部鸿篇巨制如《金山》《扶桑》《美国情人》《早安，美利坚》《北京人在纽约》等相比，《巨浪》也没有停留在对西方文化的批判阶段，没有只写华人移民艰难的生活史，暴露人性的丑恶，批判种族歧视的罪恶上，而是展现了一代华人移民如何直面现实、直面历史的宏阔精神品格。所以，《巨浪》在以下方面显示了它的超卓品格：①在社会历史文化的视野下看待移民议题，把移民的个人生命命运与移民国的社会历史结合起来表现，显示小说鲜明的政治思想品格；②弘扬中华文化优良精神，描述华人对西方文化的取舍认同，展现了“华侨文化”不同寻常的文明品格；③对比“叶落归根”与“落地生根”的移民心态史，否定了“叶落归根”的怀乡与乡愁心理，对新移民“落地生根”的现代性出路做了精心描述，扭转了移民叙事的批判诉苦和盲目颂歌格局，展现出新移民叙事的全新面貌。

《巨浪》展现的这种新移民叙事的美学，是典型的现实主义美学。直面现实，逼真展现。这给当今海外华文文学叙事提供了深刻的启迪。我们知道，现代心理学及其弗洛伊德“白日梦”的文学理念，使文学的思想厚度增加了，却也使文学的主题及其思想模糊化了，文学注重灵魂塑造了，但也使真正的人类思想灵魂的灵光丧失了，文学正能量消失了，所以才有“文学死了”的讨论。文学功能弱化导致的是文学意义和价值的丧失，诗人已经死了，文学已经死了的悲观主义论调甚嚣尘上。文学家、诗人是乞丐、流浪汉的夸大说辞，使人们害怕、恐惧人类的这一思想武器。然而，黄运基《巨浪》却在上述意义上对这种悲观论做了有力的反驳——它积极面对移民问题，从移民直接的生存现实出发，逼真展现了移民“叶落归根”到“落地生根”的现实道路，从而显示了新移民叙事美学的内在风采。所以，在这个意义上来看待《巨浪》，其意义就不可估量了！

小说题目《巨浪》，也是一个富有象征性意义的意象，它极其恰切地隐喻了现代世界移民潮的“巨浪”，也隐喻了这个世界全球化的“巨浪”。这个太平洋的“巨浪”，波涛滚滚，一往无前，永无止息。这个“巨浪”意象，连同它的前两个“奔流”和“狂潮”意象，共同象征了现代世界全球化的浪潮，现代世界融合发展的广阔前景。宏大意象表现小说叙事的宏大主题，《巨浪》在这方面为新移民叙事确立了全新的范式。

第三节 新移民文学潮流及“金山作家群”

一、新移民文学的发展进程

华人移民新历史的开端，应该在中美建交、中国的改革开放及中美交流的正常化以后。之前的北美移民历史，是一代代移民受辱受虐的历史，之后，随着中美关系正常化，新移民移民美国、加拿大的大量出现，华人移民历史揭开了新的一页。

美国、加拿大是目前现代世界最富有的两个国家，是“另一种”现代民主政治的范例之地，是文化多元、繁荣发展的现代文明之地，也是经济全球化、新的现代消费观念普及的地方，大量华人移民北美与此有关。就是说，全球化、现代化的世界文化潮流及其世界性的政治、社会、历史文化语境，促使移民潮流的出现。所以，这时候的移民，已经与从前的移民有了很大不同，他们更多的是为了现代化追寻，为了换一个活法，才漂泊，才移民。近些年来，移民北美洲的天空下，是不少中国人“圆梦美国”的理想。移民北美似乎是他们最向往、最得意的选择。

文学是人学，同时文学也是社会学、政治学、历史和社会文化的集中展现。所以一代新移民个人的生活，一代新移民在新的环境中的社会人事、政治，文学便必然要反映。新移民文学说穿了就是在全球化影响下新移民潮流出现以后发生的。随着移民潮流的发生及移民的大量出现，与此相关的反映移民及其生活和生命体验的新移民文学便兴盛起来。

何为新移民文学？在中国文学史上，它显然不仅仅是指中国的“美国移民文学”，也不仅仅是加拿大的移民文学，它通常是指用汉语创作的当代世界各地的华文文学，但是就本课题而言，它仅仅指中国改革开放以后的北美中国移民作家们创作的反映现代移民生活及其感受体验的文学。严格意义上说，此处的新移民文学，指20世纪80年代以后发展起来的华语北美文学，并非通常说的华裔美国文学（华裔美国文学多为英语书写），尽管它是华裔美国文学的一个重要组成部分。像黄运基的《巨浪》，严歌苓的《扶桑》，张翎的《金山》《阵痛》《白雪红尘》，余曦的《安大略湖畔》，施雨的《刀锋下的盲点》，沙石的《情徒》，吕红的《美国情人》，以及刘荒田、王鼎均、少君、程宝林、陈瑞琳等的大量散文及叙事文本，都是新移民文学的典型文本。

这里，我们把20世纪70年代末中国改革开放以后去美国、加拿大的华人称为美华新移民。北美新移民文学就是由这批人创造起来的。董鼎山在《浅谈美国移民文学》一文中说：

> “今天以老移民的资格来谈谈‘移民文学’。在我初来美国求学之时，华裔移民很少。由于美国规定了给中国的移民名额每年只限制105个。我们数千个在第二次世界大战结束后来美国的留学生，由于中国发生革命而被国会核准为‘难民’的身份留下，并成为公民。而今，情形完全不同了，中国移民人数的大量增加，也表明了爱好文学的作者增多，因此滋生了‘移民文学’。”①

董鼎山在这里所说的“移民文学”主要指他那一代及哈金等这类华裔作家创作的美国文学。因为在他看来，美国移民文学的主要作家是《洛丽塔》的作者弗拉基米尔·纳博科夫、《上了漆的鸟》的作者杰西·科辛斯基、汤婷婷、谭恩美和哈金等的创作，但我们谈的新移民文学的作者，却主要指少君、严歌苓、张翎、黄运基、刘荒田、沙石、喻丽清、陈瑞琳、吕红、穗青、程宝林、施玮等的创作。实际上，正是这些作者和他们的创作，推动了北美新移民文学的发展。

① 董鼎山. 1986. 浅谈美国移民文学. 上海：上海文艺出版社：67.

北美新移民文学的繁荣发展主要经历了三个阶段。1987 年创办的美南《北美行》杂志揭起了新移民文学的大旗，对北美新移民文学的发展起了重要的推动作用。1994 年黄运基创办了《美华文化人报》，后改为《美华文学》，隶属在美国华人文艺界协会之下，逐渐形成“旧金山作家群”。这是北美新移民文学兴盛的一个标志，这是第一个阶段。2004 年，中国南昌大学举办“首届国际新移民文学国际研讨会”，也正是在同一年，少君任北美新移民文学会长，《一代飞鸿——北美中国大陆新移民作家小说精选和点评》《北美经典五重奏》海外新移民文学大系丛书出版。2006 年，吕红的《美国情人》出版。2009 年，张翎的《金山》、余曦的《安大略湖畔》、施雨的《刀锋下的盲点》等出版，北美新移民文学渐趋繁荣，这是第二个阶段。2012 年，黄运基《巨浪》、沙石《情徒》出版，这是北美新移民文学出现里程碑之作的第三个阶段。

目前的北美新移民文学发展繁荣昌盛，这是美华文学发展的表现，也是中国大陆当代汉语文学发展的拓展与延续，其创作质量不亚于中国大陆作家的创作。北美新移民文学的推行和倡导者、最权威的批评家陈公仲先生充分肯定了北美新移民文学及其成就。他在《新移民文学的新思考》中说：

> “就一些表面现象来看，新移民文学在海内外的地位和影响，也已经相当令人瞩目了。先不论在海外已拿到手的诺贝尔、福克纳、龚古尔、全美图书奖等大奖，也不谈获得的台港地区的种种大奖（严歌苓一人就包揽了台湾九个大奖），就中国大陆的各种排行榜、各类期刊的大奖，新移民作家的作品也早已名列其中，而且与其他中国大陆作家的作品相比也绝不逊色。（然而，为什么会产生那种‘差距很大’的印象呢？我看，主要有两大因素：一是信息不灵，对新移民文学的文本研读太少。）现在仅北美就出了 200 多部长篇作品。几十家华文刊物，几百家华文报纸，每年上千篇作品，我们能读到多少？”①

公仲先生的这种理性反思，很能使我们看到新移民文学当今发展的蓬勃趋势。

① 陈公仲. 2010. 试评新世纪——新移民小说的发展. 美华文学，（74）：21.

事实上，北美新移民文学，是当今海外华语文坛最有成就、最为活跃、也最为醒目的组成部分。严歌苓、张翎、黄运基们书写了移民文学的一代诗史，北美新移民文学出现了一批经典性作品。严歌苓的《扶桑》、张翎的《金山》、黄运基的《巨浪》、沙石的《情徒》、吕红的《美国情人》等，都可以看成诗史性的作品；《美学文学》杂志周围的“金山作家群”引领移民叙事潮流健康发展，王鼎均、刘荒田、郑其贤、曾宁、少君们的游记随笔散文推进了真正意义上的文化人类散文的兴盛。其中沙石的书写则超越此前白先勇等为代表的中国台湾“留学生文学”表现的文化冲突与对立、精神“失根”、人性探索、文化融合、生存价值等主题的探索，将移民生命感受的复杂性作了深入的表现。尤其是沙石的短篇小说集《玻璃房子》和长篇小说《情徒》出现后的新移民叙事，不再是新移民生活指南类的通俗肤浅的以商业盈利为动机的广告故事的书写，而是以一种更为理性的姿态再现全球化、现代化的文化融合过程中新移民生存相态，逼真地再现具有深刻内蕴的人生故事。其故事的杂文化叙事结构探索和喜剧化美学倾向展现出了新移民叙事的崭新境界。沙石在黄运基、严歌苓、张翎等人的基础上把北美新移民文学推向了一个新的发展阶段，并以其独特的喜剧化美学个性，拓展了新移民叙事的美学空间，丰富了新移民叙事的个性风采。

对此，陈公仲先生有相当理性客观的分析。他认为，当前新移民文学的发展，已经超越了“留学生文学”和“输出的伤痕文学”阶段，至少在以下三个方面走向了深入发展的境地：①新移民小说在新世纪的发展，明显地体现在它对历史文化的掘进和开拓上。严歌苓、张翎、虹影、苏玮、余曦、施雨、沈宁、黄宗之、朱雪梅夫妇的创作，充分证明了这种创新发展；②表现在对人类普遍人性及其内心世界的深层挖掘上。严歌苓、张翎、沙石、虹影、陈谦、秋尘、曾晓文的创作，已经放弃宏大叙事，注重人类内在生命的书写；③表现在叙述方式、结构处理、文体创新诸多方面，刘荒田、张平、邵丹、余曦、陈河的创作，已经呈现出经典的品格和成熟的品质。在列举分析了近 10 年中国小说排行榜的《小姨多鹤》《谁家有女初长成》《余震》《羊》《雁过藻溪》《七宝楼台》《米调》《姑父》《特蕾萨的流氓犯》《洛城戏瘾》《玻璃房子》《你不合我的口味》等文本后，陈公仲先生做出了明确的判断：“这些作家和作品完全可以代表当下新移民文学以至世界华文文学的状况和水平，也完全可以和同期的国内当代优秀作家作品媲美。对他们的诠释和剖析，能看到新移民文学在新世纪发展的新景象和新特质，这样，我们就可以进一步来确认新移民文学在文化中国中的身份、地位和价值了。”[①]事实上，2014 年南昌大学“新移民文学国际研讨会”表彰的那数 10 位作家及其作品，就充分展现了新移民文学发展的成就及其发展趋势。

二、“草根文群”与“金山作家群”

有华人的地方，就有华人作家存在。对当今北美华文文学来说，情况更为特殊：北美华人聚居的地方，都有一个相对固定的作家群。纽约作家群、南美作家群（以休斯敦为中心）、芝加哥作家群、加拿大温哥华作家群、多伦多作家群、硅谷女性作家群和“金山作家群”等都是北美新移民文学的主要作家群。其中“金山作家群”又称“草根作家群”，这一作家群在北美新移民文学发展史上具有举足轻重的作用。

对于“金山作家群”做过研究概括的学者首推宗鹰、郑心伶。宗鹰在 1998 年撰写了《崛起在多元美国华文文坛的“草根文群”》一文，首次把“金山作家群”概括为“草根文群”。此文基于试图“纠正对美华文学评论的偏颇或偏见，还美华文学一个历史全貌，给日益茁壮成长的草根文群、硕果累累的草根文学应有的地位”的目的而写。[②]后来，宗鹰的《草根文学长篇新收获——从〈佳丽移民记〉到〈金山有约〉看穗青创作》一文，认为穗青的《金山有约》“在草根文群中，堪称突破和开拓”。“草根，往往是‘梦族’，怀着美国梦来美而又致力反映美国梦的一族。有美国梦的人们，不限于草根，但是草根与美国梦往往酷似孪生。穗青的长篇小说，正是草根文群中梦族文学的新收获。美国华人华文文学，历来以散文、速写、随笔、小品、诗歌见著，小说中袖珍、短篇以至中篇也显著，长篇小说则较为罕见。在以中国大陆移民为主的草根族中，尤其如此。除黄运基《异乡曲》第一部《奔流》和陆续在《美华文学》上连载并即将出版的第二部《狂潮》外，已经面世的长篇小说寥寥无几。潜心长篇小说创作，需要充足时间，更需耐得住

① 陈公仲. 2010. 试评新世纪——新移民小说的发展. 美华文学，（74）：21.
② 郑心伶. 2000. “流萤文群”速写——金山文谭之一. 美华文学，（36）：60.

悠长寂寞。……穗青耐得住五年相对寂寞，完成了《佳丽移民记》。又耐住六年相对寂寞，催生了《金山有约》。其所以相对寂寞，因为写作毕竟是打工之外的业余之事。打工时不寂寞，而且还为寂寞创作积累生活素材。但静下来构思、写作长篇时，那真得较长时间寂寞。正是这种相对悠长的寂寞，绽出了长篇创作之花。在草根文群中，堪称突破和开拓。”①

到了 2000 年左右，“草根文群”的创作已经形成气候，成了北美新移民文学中的一支重要创作力量。董乃斌在 1998 年受美国华文文艺界协会邀请时对该文群就很有印象，他说“这是我们第一次去美国，自然留下许多新鲜难忘的印象，而我觉得最大的收获是结识了当地的一批华侨作家——刘荒田、刘子毅、王性初、老南、李硕儒、招思虹、高德蓉、陈绮屏和本书的作者穗青先生等，并从和他们的交谈中近距离地了解了一些美华文学的创作情况，从而增添了不少感性认识。”②他在评价穗青的《双玉佩》时把该小说放到“草根文群”的大背景下对其做了充分的肯定：

> “这部小说无可替代的价值，就在于它以具体细腻得近乎琐碎的描绘(为如此才足够真实)，以三位女性的悲欢酸辛为典型事象，写出了 20 世纪八九十年代一大群炎黄子孙在遥远的异国、在那个虽然十分富有却异常冷漠的资本主义社会中的创业奋斗，写出了他们内在的刚强和柔韧，写出了与她们美貌风姿相辉映的内心世界的丰富、善良和多情重义。从某种意义上，我们不妨把这部小说视为上两个世纪以来华人移民美国之血泪史（这是草根文学的主要主题）的一个延伸，虽然具体的认识已经全然不同，他们背靠的祖国，也早已不是朽若无梦的大清政府。……我认为这不仅是《双玉佩》这一部小说的意义，也几乎是所有草根文学共同的意义和价值之所在。我的涉猎非常有限，但今从我所接触到的、由黄运基先生主编的‘美国华侨文艺丛书’(包括黄运基《奔流》、宗鹰《异国他乡月明时》、刘荒田《唐人街的婚宴》、老南《豪宅奇缘》)，从招思虹女士的为旧金山华侨生涯写照的人物特写《金山之路》以及去

① 宗鹰. 2003. 草根文学长篇新收获——从《佳丽移民记》到《金山有约》看穗青创作. 美华文学，(4)：66.

② 董乃斌. 1999.《双玉佩》序. 美华文学，(30)：75.

年的《旧金山浮生》、今年出版的《八年一觉美国梦》等，我都发现了这一点。把它们汇总起来，就能得到更深的感受。”①

在这些评论中，宗鹰对于这个作家群及其特征的概括比较符合实际。他对这个作家群的大多作家都有深入的分析。例如，在评价刘子毅的《八年一觉美国梦》时，他就对这个作家群的总体特征做了分析，又把它与中国台湾作家群区别开来。他认为是中国台湾的那一群作家影响了“金山文群”：

“在这个园地里，我感受过依依故国情怀，体验过拳拳游子之心，领略过铮铮壮志豪心，共鸣过嗷嗷悲叹之声，欣赏过沥沥鹦唱鸟鸣，浏览过悠悠山光水色。我不能忘怀，永远感激由聂华苓、於梨华、白先勇、吴崇兰、非马、琦君、纪弦、喻丽清、吴玲瑶、许达然……形成的‘台湾文群’，给我们提供了审美享受、文学滋润、生活启迪、心灵陶冶、情趣感受、笔墨示范。”②

他认为这个作家群的特征在于：

“这大陆诗群（指该作家群），同来自中国台湾的美国诗人比，有其不幸，也有其大幸。不幸有二：在中国大陆经历过某种人生坎坷和诗路坎坷；来美没有优越生活条件和写作条件。大幸者有二：在中国大陆的人生坎坷，造成了来自中国台湾的诗人所没有的丰厚人生体验；在美国的艰难生活，又造成来自中国台湾的诗人所难得的底层华人生活体验。因此，这个大陆诗群的‘以劳养艺’的特点，这显然不同于来自于中国台湾诗群‘以技养艺’的特点。”③

之后，宗鹰欣喜地对这个作家群体的崛起做了分析：

“我感到兴奋的是，在这个文群中，在这股崛起的文学潮流中，有一位与我经历相似、境遇相近、心境互通的作者，也就是比我晚年来美的子毅兄……如果说少年来美的黄运基，非‘土生’而实‘土长’，那么刘荒田、老南等等就是‘移植’，刘子毅则是垂老移植。一个颇有特色的大陆老侨（老移民）作者和大陆新侨（新移民）作者构成的‘草根文群’正在崛起。这个文群之所以被称

① 董乃斌. 1999.《双玉佩》序. 美华文学，（30）：76.

② 宗鹰. 1999. 草根深深润笔真——读刘子毅《八年一觉美国梦》. 美华文学，（30）：63.

③ 宗鹰. 1999. 草根深深润笔真——读刘子毅《八年一觉美国梦》. 美华文学，（30）：63.

为‘侨味’十足，皆因其中许多作家，长期或较为长期地植根于华侨社会的底层、深层，奋斗在美国社会底层、深层，他们的创作‘以劳养文’，凭借自己的艰辛劳力工作来供养生活和创作。他们的作品又较深入地反映了美国华人‘草根’人们的生活境遇和思想感情，其生活真正‘侨化’而深化了。”①

事实上，如前所述，“草根文群”是以旧金山华人领袖、作家黄运基创办的《美华文学》为核心而形成起来的一个极有实力的作家群。《美华文学》创刊近 20 年来，这个作家群体不断壮大，已经成为北美华文文学的生力军和主力军。

当然，旧金山发行量极大的《世界日报》《星岛日报》副刊，对这个作家群兴起也起了很大作用。尤其是《星岛日报》文艺副刊，美洲华文文艺杂志《红杉林》等，即使在现在，仍然是这个作家群的集结阵地。例如，2014 年 8 月 3 日《星岛日报》副刊（F4）就集体展示了吴玲瑶、刘荒田、吕红、展我、王性初、尔雅、聂崇彬七人的散文佳作。吴玲瑶的《一路走来要感恩》表现了这位华人散文幽默大师的散文个性和她对北美华文文艺做出的贡献及她的感恩心态，行文自然流畅。刘荒田这个“假洋鬼子”的散文《等候木棉》，表现了一代散文大师 40 余年海外生活依然未泯灭的故国情怀，海关的那颗木棉树及花朵，寄托了他的这种殷殷情怀。吕红的《烟花之夜》展示了海湾都市三藩美景，寄寓自己移民人生不倦的追求：“人过留名雁过留声，就好像烟花，挥洒自如创造辉煌，发出光亮照亮自己照亮他人。哪怕短暂，哪怕瞬间就消失在黑暗里，也要爆发出生命最光耀灿烂的一刻！”②展我“雅歌叙谈”的《孩子演出山火后》书写海滨晚霞的美丽，表现美式教育重自我和能力的特点。王性初“西窗剪语”的《看客的德行》，传达对如戏人生的德行的思辨，尔雅的《发呆》对婚姻、制度、欲望及读书的思索，聂崇彬的《一天内七宗幸福小事》表现生活的闲适如意，这些散文都显示了这群作家独特的文化人生思索。

“金山作家群”以《美华文学》杂志为中心，围绕旧金山五份中文报纸

① 宗鹰. 1999. 草根深深润笔真——读刘子毅《八年一觉美国梦》. 美华文学，（30）：64.

② 吕红. 2041-8-3. 烟花之夜. 星岛日报副刊，4.

《星岛日报》、《世界日报》、《侨胞》、《国际日报》和《金山时报》副刊，以表现华人生活、情感为主，创作了大量的佳作篇什。美国旧金山是他们脚下的土地，“草根”生活（“草根”非中国农村、农民和乡土，而是现代化都市美国旧金山商业社会的底层公民，洋味十足的“假洋鬼子”）和“旧金山风情”是他们展现的主要内容。因此，“草根”生活和旧金山风情书写是该作家群的总体流派特征。

“金山作家群”的团体流派特征明显，他们中的不少作家又都是个性鲜明、艺术探索多样化的卓越作家。黄运基有他的激情、开阔和朴实，穗青有他的细腻和丰盈，刘荒田有他的睿智、风趣和幽默，曾宁有她的灵秀和精致，吕红有她的飘逸、深婉和广博，沙石有他的奇警、诡异和反讽，王性初有他的纯美和博爱……该作家群在长篇小说、中短篇小说、散文、随笔、游记、小品和诗歌创作上，都有创获。旧金山作家群在艺术上以现实主义为主要创作导向，坚守文学艺术的纯粹品格，为汉语文学乃至世界文学贡献了一批上乘之作。“金山作家群”是北美华文文学，尤其是新移民文学的主力军。

三、《巨浪》与《情徒》：新移民形象及内涵变迁

21世纪以来，推动新移民叙事发展的是《美华文学》杂志的两位重要编委、“金山作家群”作家的两部重要作品：黄运基的《巨浪》（《异乡三部曲》最后一部）和沙石的《情徒》。这两部作品从新移民形象的塑造、中西文化融合的叙事、自我确认和自传叙事模式四个方面，分别展现了新移民群的现代历史和文化境遇，从而彰显了新移民文学叙事艺术的实绩。它们推进并丰富了通常所说的北美新移民文学的“三驾马车”的移民叙事，[①]并以其独特的主题内涵和叙事模式，展现了新移民文学的崭新面相。下面来分别阐述。

（一）新移民形象的塑造

从余念祖、吴仲云、咏梅、刘珍、胡小慧、何富、黎浩然到王大宝、威

① 著名评论家陈瑞琳认为，北美新移民文学的代表作家是严歌苓、张翎和虹影。这三人也被陈瑞琳称为北美新移民文学的“三驾马车”。在强调文学虚构性的本体意义上讲，陈瑞琳的判断无疑是成立的。但我认为，如果在移民叙事内涵和现实主义真实观的美学视野下看，黄运基的《巨浪》、沙石的《情徒》作为新移民叙事的经典地位却也不能否认。

廉等，《巨浪》和《情徒》以一系列移民文学形象的塑造、充分显示出移民形象的多样性特征，也拓展了新移民叙事的主题内涵。

余念祖其名，顾名思义，包含着“我是念想祖国（中国）的”这样的深层内涵。他想念祖国，弘扬中华文化，更注重当下作为移民的自身生存，落地生根，奋斗不已，事业有成，胸装华人，又心怀世界，是最具“移民”文化内涵的移民形象。余念祖是《巨浪》塑造的中心人物。这一人物形象是现代美籍华人黄运基依据自身经历和体验而塑造的——黄运基依据自身的生命体验，又以现代的“中美人民友好使者”的身份创作出来了这个新移民文学形象。他是黄运基的绝笔之作《巨浪》中最具思想内涵的人物形象。[①]该形象在新移民叙事中具有标志性意义，他是一个正面的移民形象，一改过去世界华文文学中移民形象的内涵及面貌，让我们看到了一代卓越的华人移民新形象。

这主要表现在如下几个方面：首先，他是为了和家人团聚，在 10 岁出头被父亲带去旧金山而移民美国的。他从侨乡广东台上出发到了旧金山，几经挫折才变成美国公民。成了美国公民，他靠办企业而创业，是一个创业者的文学形象；其次，他深感国家贫穷的华人在美国的屈辱地位，深感中美关系不正常下华人的不幸，于是设法促进中美关系正常化；他帮助华人，支持胡小慧的英语班，支持胡小慧竞选州议员；他自学英语，深入了解中美文化及其精神，办报刊为两种文化融合探索新路；再次，他支持美国的黑人，支持奥巴马当选美国总统；此外，他关心家乡的发展，为美华人权奔波，他念念不忘历史学家吴仲云的移民史书写，不忘美国社区基层民众的生活，他是移民之魂，是华人的精神领袖。因此，余念祖是一个极有文化内涵的现代移民形象。这一移民形象极具代表性，具有非常独特的典型意义：①这一移民形象，已经不是过去那种经商、探险、赚钱、漂泊，最终“叶落归根”的过客移民形象，而是华人新移民在美国如何“落地生根”，奋发图强的现代新移民形象；②与早期《金山篇》《逐客篇》[②]和留学

---

① 黄运基为中美文化交流使者，北美新移民文学的开拓者，《美华文学》杂志创刊人，2012 年 12 月病逝于旧金山。他的《巨浪》出版于这一年。

② 张维屏的《金山篇》中的早期华人是商人和金矿开采技术传播者的形象，黄遵宪的《逐客篇》的华人是因母国羸弱而备受屈辱的受虐者形象。这两篇作品作为美华文学的开篇之作，揭示了在弱肉强食世界中弱国子民的生活遭遇，极具有文学史意义。

生文学等美华文学中的华人形象比较，这一形象的“美国梦”也已经超越了怀揣“黄金梦”、追求个人更好的生活方式等世俗化、物质化的层面，他既代表华人族群的利益，又站在全球政治民主的高度来维护和实现全人类的共同利益，是一个真正具有宇宙公民意义的移民文学形象。这一形象赋予了新移民叙事中新“美国梦”的一些崭新的实质内涵，也展示了新移民叙事文化内涵的变化——从“叶落归根”到“落地生根”及新移民对自身文化和身份的定位问题，因而是新移民文学叙事中最为典型的“这一个”形象。

咏梅是《巨浪》中“另一个”新移民形象，同样具有非常独特的典型意义。她是和28年未见面的丈夫黎浩然在美国团聚而移民的。她的移民包含的历史文化内涵更多：作为中国解放战争中的游击队员，又作为社会主义社会先进生产者，更因为丈夫在海外被时时审查，直到中美建交，中国改革开放，她才以如此丰富的历史主体身份而移民美国与丈夫团聚。可到了美国，等待她的却是丈夫的背叛（几十年异地生存的隔阂）、生活的艰辛、内心的苦痛。这个新移民与刘珍等新移民代表了平民移民的总体。她们是那些在美国艰苦奋斗的正直、良善的华人代表。咏梅到了美国，尽管丈夫黎浩然与其离婚，她还是学习英语，融入了美国的人群；学习计算机技术，靠自身努力工作赢得了在异乡生存的资本。而刘珍则带着丈夫被大陆迫害的伤痕回到了美国，重新开始了新生活。后来，儿子上了斯坦福大学，她也坚强自立起来。因此，咏梅和刘珍们“落地生根”后的奋斗历程及生活姿态，展现了在20世纪80年代后的美国多元文化语境中新移民的真实生存面相。作为一代新移民，她们身上既有在特殊历史时期中美关系阴影下的文化龃龉，又有新的中美关系建构后各自奋斗的精神特征，中美两国关系深刻地影响了她们的命运，也给了她们生存发展的良好机遇。在中美上层开拓的友好关系下，她们在美国真正“落地生根”，化身为移民国的公民而生存下来。所以，作为女性新移民，她们超越一般移民叙事中“金山婆”们的依附性，独立坚强地生活在异乡他域，尤其具有新的启示性意义。

胡小慧形象的塑造展现了《巨浪》这类新移民叙事的另一个内涵维度：由边缘人、打工者、平民、获取博士学位到变成美国公民的内涵维度。她身上有邓式美、李伟良和余胤良等成功参政华人的影子，她是美国华人民主政治意识觉醒者的形象代表，也是现代意义上的“美国梦”实现者的代表形象。“金山作家群”著名作家郑其贤在《唐人街情怀》中勾画了唐人街150年历史的漫长道路，刻画了华人“不堪回首话当年”、“甜酸苦辣花旗梦”“中华文化代代传”到“创出政治一片天”的精彩华人形象。[1]胡小慧就是这个终结点上的一个典型。从这一形象身上，我们可以看到移民叙事中华人新移民经过漫长的奋斗之路——从淘金的苦难劳工到唐人街餐馆起家的老板，再从美国商会中活跃的工商富豪与知识精英到“创出政治一片天”的议员、市长的华人形象。他们已经在移民地“落地生根”，作为主人翁站立了起来！通观新世纪以来的新移民叙事，像胡小慧一样的华人新移民在现实生活中一个个渐次站立了起来，她们已经是严格意义上的现代美国公民，一个移民国的主人翁了，尽管其比例不算很高。

与《巨浪》中的新移民形象不同，《情徒》塑造的是另一类新移民形象。主人公王大宝也属于典型的新移民，是20世纪后期从中国大陆这个中国文化核心地区移民到海外社会的新移民形象。不过，与前述几个人物形象相比，他身上反映出新移民文学的一些别样的精神特质。这一移民形象和早期美华文学作品中的形象也完全两样，他不是留学生学成就业而定居美国，而是在中国新时期和平年代被文化商人运渡到美国去的新一代移民。哪里有更多更好的发展机会，就往哪里移民，移民地无确定性，无终极性。移民们的移民目的极端复杂多元化。这一移民形象本身，显示出新移民形象相当开放而别样的一些特征。

王大宝这个移民形象，个性相当独特，其身上首先聚集着特殊的中美文化及历史纠葛。他在出国前，经历过一些对中国人影响深远的重大历史事件，如“知识青年上山下乡运动”“文化大革命”“恢复高考”等事件，后来与美国女性冈布娜结婚，获得绿卡，定居美国，到美国当作家。其后，又与美国女青年歌唱家索菲亚有着千丝万缕的联系。因而这一形象内涵丰富而独特。性、政治、族群、文化和民间记忆在他身上紧密交织。他已经双名化，既是王大宝，又是查理斯，正常华人起的“大宝王”或者什么的，在他那儿不奏效。作为形象的内涵，他也双重化了，内心诚实但却行欺骗之实，行欺骗之实却又倍感懊悔，被完全异化了；作为情徒，在情感上却

① 郑其贤. 1998. 唐人街情怀. 美华文学，(21)：42-45.

根本不能自主。因此，这一符号反映了移民形象异化的过程和多样化的过程，非常复杂的身份冲突和文化矛盾意识构成了这个形象的突出特点。“中国制造的美国作家”[①]是这个形象的典型身份。“回国的时候才知道自己是外国人”是这个形象身份迷惘的典型概括。

从文本设计来看，王大宝（查理斯形象）首先是一个“跨国作家”（华人，中国人美国籍）的形象，他不是华商，不是留学生，也不是技术移民，而是被一个中外跨国经纪人威廉搞到美国去的中文作家。王大宝写了《夜壶的传说》这样的民俗故事，也写了《愤怒的橘子》这样的写董事长和小秘的故事，和威廉一起策划和书写了《情徒》和王大宝的故事。但这终究是在美国，作家生存得靠威廉和麦当那样的企业主。因此他被人利用、收买，最终失去了自己，和索菲亚逃到深山密林。显然，王大宝形象完全是一个失去母语土壤却又漂泊在异乡的现代作家的隐喻，一个作家在现代的困惑性处境尤其得到了充分的表现。

“种种迹象表明，我是一个极其缺乏自信的人，在许多方面表现出优柔寡断，特别是在处理人际关系问题上。……在现实生活中我确实是个无主张而又要为自己做主的人”。这部小说在审美表现上的种种特征如，“太诡异了，太沉重了，太叛逆了，太出轨了，太滑稽了，太荒诞了，太不正经了，太痞了，太黄了”[②]，实际上正从这个人物的个性特征上显现了出来。固执而又随和，爽快而又敏感，有正义感而又正气不足，忠于情感而又出卖情感，王大宝是一个地地道道的在情感的残酷和复杂性中挣扎的情徒形象。对于投机行为的顺从、抗辩及无力，显示了这个新移民非常奇特的个性特征。所以，与《巨浪》和此前美华文学中的新移民形象相比，王大宝具备了“圆形”形象的特征，他不再扁平、单一，显得立体而复杂，是一个冒险而又任性，执著而又轻狂，反复无常而又性情乖异，善良而又不无刁滑习性，聪明而又愚钝的现代作家形象。作品对于他的复杂心理及其矛盾内心的刻画，使其具有了相当的心理真实性。从文学真实的美学原则看，这一双重人格的人物形象，显然不亚于“三驾马车”们基于虚构文学论塑造的移民形象，他以其超真实性和复杂的心理内涵，显示了现实主义文学的独特魅力。

---

① 沙石. 2012. 情徒. 北京：大众文艺出版社：89.

② 沙石. 2012. 情徒. 北京：大众文艺出版社：89.

与通常的移民叙事不同，对这些人物进行分析我们看到，《巨浪》和《情徒》塑造了一个个鲜活生动的富有个性的新移民文学形象。这些新移民文学形象的塑造，给我们丰富的启迪，尤其是从正面形象余念祖到反面形象王大宝和威廉身上，我们可以看到现代移民的多样面相，看到移民们从商人、淘金者、餐馆打工仔到企业家、社会活动家、作家和“情徒”等诸多诸色人相，看到移民从“他乡沦落人”到他乡奋斗人和他乡主人翁（余念祖、胡小慧）再到移民庸众化、世俗化、平常化的形象变迁轨迹，看到华人移民身份变迁和精神成长的轨迹，也看到了移民叙事主题内涵演变的些许缩影。现实主义文学，尤其是现实主义的文学叙事，往往以形象塑造来传达思想和审美理念。新移民叙事的经典《巨浪》和《情徒》都是如此。

（二）异乡恋与文化融合叙事

与东南亚华文文学和留学生文学不同，以北美为代表的新移民文学，是更具有全新文化内涵的世界华文文学。它以旗帜鲜明的“移民”身份标志和移民叙事内涵而有别于中国台湾和香港文学、东南亚华文文学和留学生文学等华文文学的不同形态。一方面，这种移民叙事在全球化的开放语境下向世界展示了中国丰富的新旧文化，如《望月》《鸡笼中的中国人》和哈金的不少作品。另一方面，也许是最主要的，就是把世界多样的文化，尤其是美国为核心的欧美西方历史文化展现给了中国，对于世界各地多元化、多样化的文化生活有了艺术的描绘，如《扶桑》《巨浪》《情徒》等，就是如此，新移民文学的内涵特质更为清晰。

事实上，在当今世界华文文学叙事中，后者尤其是主体。由于移民形势良好，移民叙事受人欢迎，更由于移民政策和环境的变化，使得移民叙事的主题也发生了变化。所以，新移民文学专家陈公仲先生就直言，华文文学“不能只是一味消极地突出和暴露中西文化的差异、矛盾、对抗，而是应该更加积极地寻找发现中西文化的相通相融之处，并使其发扬光大”。①在这种国际理念的影响下，移民叙事基本上就成了华人移民与移民地的文化相融合的叙事了，有些移民叙事展现移民国的文化及日常生活，书写华人对这种文化及其生活的接受与认可。如《巨浪》讲述美国华人在美“落

① 陈公仲. 2009. 文学新思考. 南昌：江西教育出版社：60.

地生根”后争取选举、从政及社区公益事业等日常生活的故事，而《情徒》则讲述美国华人——新移民在美国后的精神、心灵和情感等人生探索及其生活方式选择的故事，具体的社会人生及情感故事是小说书写的主体。就是说，《巨浪》和《情徒》已经开始写在美国“落地生根”后全新平民的日常生活了，写新移民在底层个人奋斗、争取人权、政治权利的基本生活了。这是新移民文学主题内涵的崭新变化。

以“旧金山作家群”为代表的移民叙事也充分展现了移民叙事的这种主题演变趋势。“旧金山作家群”是典型的所谓“草根作家群”。“草根作家群”，顾名思义，就是以书写底层华人及其生活为主的作家群。该作家群除《美华文学》杂志基本编委近 20 人外，其他的作者包括美国和加拿大作家，约有 50 位。[①]黄运基、刘荒田等是其领袖代表。黄运基的《巨浪》书写了“‘金山客’作为一个群体在向社会公民真正转化时的蜕变轨迹”[②]，是现代美国华人的一部平民史诗。这部作品，在移民文学书写上具有里程碑式的意义。这主要表现在它从华人的悲情书写转向新移民的自主自信，展现出崭新的思想高度，也更符合现代历史文化事实真相。因为此作一出，像《金山客》《逐客篇》，甚至《扶桑》《白雪》那样的文本，表现悲情、被虐待的历史已经过去，而自信思考、具有崭新思想特质的新素养和新文明的书写时代已经来临。过去，移民叙事多与移民的“落叶归根”相联系，现在，移民叙事更多的书写移民们“落地生根”的进程。“落叶归根”，是因为没有融进现在的生存处境，而“落地生根”则意味着移民们已经扎根在存在的这片土地上了。美国人的关心就成了他们华人移民的关心。《落地生根——20 世纪美国华人社会发展史》，《巨浪》中的人物——历史学家吴仲云书写的这部书，实际上揭示了这批移民小说的基本价值倾向。

回顾华文文学的历史我们知道，过去的华文文学，尤其是欧美华文文学，实际上更多的是以对世界各地文化的批判为宗旨，如西方文化的侵略本质、资本主义的危害、族群的隔阂、宗教的野蛮等，《扶桑》就展现了美国为代表的西方世界文化的非人性、好侵略、自我独尊的卑劣品格，书写

① 《美华文学》杂志的主编和副主编基本上是黄运基、刘荒田、老南、沙石、曾宁等几个核心人物，但编委会成员变动较大。目前该杂志由美国硅谷女性联合会和美国华文文艺界协会联合创办、运行。

② 朝东. 2011. 在书中聆听时代前进的脚步声——系列小说〈异乡曲〉读后感//巨浪. 广州：花城出版社：309.

了在其文明中，中国移民的苦难、受辱的历史，展示了西方文化黑暗的一面。但全球化、地球村及世界经济、政治的发展态势，却改变了这种古旧的、狭隘的文化文学书写。《巨浪》和《情徒》的这种文化想象，就是如此。它们描述华人在美国文明建构中的实践活动，并描述华人在建构美国多元文化中的独特贡献。在人类社会已经成为一个地球村，电脑网络四通八达的现实世界，这是移民叙事更为现实的主体部分。所以，《巨浪》《情徒》在这个意义上，显示了华文文学移民叙事的主流趋势。

倪立秋认为，移民文学是“他乡唱出的原乡恋歌”。然而，新移民叙事的代表作《巨浪》和《情徒》却并非如此，尽管她们对原乡的情感很是纠结，但它们写的却是新移民在美国的社会生活、世俗日常生活及迷惘的情感内心，对原乡的恋惜、思念和爱已经不是主要内容，甚至连文化意义上的乡愁也很少见到或很少表现出来，而新乡恋倾向却表露无遗。陈公仲认为，“新移民文学的优势就在于处在文化的交汇点上，我们完全可以广泛地博采各种文化的精华来充实、丰富自己。生物学上不是有种‘杂交’优势的说法吗？”①移民叙事实际上就是这种“杂交”的产物，其叙事主题明显包含对其文化的偏爱，尽管其文化也存在不完善性。

移民现象是一种重要的社会历史文化现象，也是现代世界一个极其重大的社会文化课题，甚至是一个人类文化学的重大课题。新移民叙事，就涉及这样一个人类文化的重大课题。这种叙事，在中西文化的交汇点上，彰显了世界华文文学最基本的内涵。以黄运基为代表的“草根”叙事就是如此。在这种叙事中，叙事的主题从一贯的乡愁言说发展到文化融合主题的呈现，新乡恋成了必然，文化冲突方面的叙事被文化融合和文化创造所替代，悲情被昂扬的开拓精神和奋斗激情所取代，对于新文明的认同与感受书写成了主流。这改变了移民叙事必写乡愁的俗套倾向。②由于这种倾向与全球化、共享和平发展的崭新时代主题相一致，因而这种叙事成了当今世界华文文学叙事最基本的主题倾向。像“纽约的魅力”“旧金山风情”及

① 陈公仲. 2009. 文学新思考. 南昌：江西教育出版社：79.

② 写乡愁是华文文学的基本主题，但这里“愁”的内涵不仅仅是悲，而是有多义所指的，如故园情谊、美好的记忆、游子之怀、炎黄之心等，这就不是悲能够容纳的。实际上，很多移民叙事，写乡愁也只是展现其文化乡愁和心路历程的。

对金发碧眼和蓝眼珠的描述，又如陈瑞琳的散文集《家住墨西哥湾》《他乡望月》，少君的散文《凤凰城闲话》《未名湖》《菲尼克斯闲话》《人生自白》，宗鹰的《异国他乡月明时》，以及美华散文第一家刘荒田的散文，展现一批“假洋鬼子”生动的生命境况。这无疑证明了新移民叙事的这种新叙事倾向。

《情徒》的“和绿卡做爱”，其书写虽然有嘲弄情味，实际上却也反映了当今世界对移民及其叙事的基本态度，留恋成分占了很大比例。这种恋，反映了一种普遍性的移民叙事倾向，异乡恋几成趋势。但是，这种倾向又不是一般意义上的海外的广大中国留学生和海外华人对母语文化的认同和渴望，而是对异地异乡及其文化的留恋。例如，对情感和自由的寻求，最能见出美国文化的底蕴。《情徒》就让放荡而拘谨的王大宝展现了美国人这种情感性的个人日常生活，从而展现了西方文化的些许真谛，揭示了这种倾向。小说中，华人王大宝在美国女人冈布娜、索菲亚和中国情人林小野之间的情感纠葛构成主要情节线索。这些情节线索，或者说这些故事，就是移民恋美、恋其文化的生活细节。小说的38个片段连起来就是王大宝在美国一段刻骨的人生情感历程。小说依据这个情感故事，反映了移民对美国文化及其底蕴的追捧：个人情感和性爱的自由及其文化的自由。又如，对选举、政治及其政治生活的浓厚兴趣，是美国人天经地义的日常生活品格，《巨浪》真实地展现了美籍华人们的这种生活关注。小说《巨浪》的主导思想是余念祖、胡小慧们对华人社区群体的民主选举意识等美国精神的唤醒。近年移民叙事的现代主题似乎更倾向集中于此。所以，《巨浪》和《情徒》在新移民叙事上的代表性意义就在于，它们展现了西方文明的真实面貌及一些内在文化底蕴，展现了现代世界的一种异乡恋：对现代科技、教育、民主、自由、独立、个人权利等普世价值及世界文明进步的特定历史文化内涵的现代人的异乡恋。《巨浪》里，华人咏梅和刘珍在现代交通飞机上赴美，展现的是一个移民国家的发展前景。奥巴马执政，排华法案的消除，多元文化共存，个人主义、个性主义等文化观念也在《巨浪》中作了展现。《巨浪》中美国式的文明建构历程及华人和美国人民共建共构其文明的前景，《情徒》里的警察形象，市长对待老人及民众的举动，医院对待婴儿的文明举措，都是其社会文明的表现，都做了艺术的展现。这正是近年典型的移民文学文化叙事的突出倾向，移民叙事也因为这种文化的魅力获得无数读者的青睐。

（三）叙事与自我身份确认

新移民叙事明显包含对当今世界流行文化的迷恋性，但总体而言，叙事者们首先肯定的是全球化语境的多元文化的存在局面。从新移民叙事的动机和文本分析来看，其叙事主题更多包括新移民个体在多元文化语境中的文化共享、自我认同和价值确认等内在底蕴。这是当今新移民叙事重心的第三个层面。

对待语言的态度，在移民叙事中具有先在的意义。这也是新移民叙事文化认同的首要表现。因为华人在美国立足，首先是要与美国人打交道，进行语言沟通与交流。这是移民必需的生存要求。《巨浪》就书写了这种内容："英语班老师是一个年约 30 岁的女青年，名叫胡小慧，班里的新移民学生比她的年纪都大得多，但她和这些学生非常亲近，因为她的广州话和普通话都说得非常流利，互相沟通得很好。胡老师常在课余跟学生们谈东说西，介绍华人社区和美国社会人人关心的事物，这对新移民来说，是帮助他们适应新生活的最佳'维生素'。'我们的先辈，在美国走了很慢长、很艰苦的路，我们还有很长的路要走，学好英语是最重要的第一步。'胡小慧坦诚的说，'因为学好英语才能进一步了解美国社会，融入美国社会。''你说得太对了。'咏梅表示同意她的见解，赞赏道。'美国是个移民国家，所以它是个多族裔的国家，'胡小慧说，'它的特殊就是既容纳少数族裔的多元文化，也发展了自身的独特文化。'……移民要融入美国文化而不应被同化，最重要的是保留本民族的传统文化，这才能彰显自身的独特品质。"[①]在黄运基的《巨浪》中，胡小慧教在美国的中国人英语，开设英语辅导班，目的是让华人融入美国社会，在美国社会找到生存立足点，从而确认自身身份——华籍美国人身份。所以，《巨浪》这种移民叙事的真实深刻性也就在这里，它以实在的移民形象行为，展现了这种逻辑理路：学习语言的过程，就是自我身份的确认过程，而且这不仅是华人单纯的中国自我身份认同，而是多重身份的拥有，掌握了多种语言，就拥有了多重身份，拥有了多重身份，生活空间就越大，自我就越丰富，自我在移民国才能够真正确立身份，游刃有余地存在下来。

① 黄运基. 2012. 巨浪. 广州：花城出版社：22.

事实上，这也是当今移民叙事兴盛的原因之一。新移民掌握了两种语言，对两种语言及其代表的文化，也能够耳熟能详，所以他们就能够在多语言的移民国家生存下来；掌握了语言，他们就掌握了掌握这个世界的工具，所以，华人在华人、华语及英语的辨析中，更明确了他们自身，也通过叙事发出了他们自己的声音，在人、文字和叙事三位一体的构筑中找到了安身立命的依据。这与前期移民文文学或华文文学有了很大的不同。前期移民文学，写的是那些无身份、无语言的移民者的艰辛，当今的移民文学，表现的是移民拥有了多重身份以后的自信、自持及他们强大的话语能力。以《巨浪》为代表的新移民叙事，展示了这样的叙事及思想主旨。

叙事，也是华人确认身份、构建精神家园世界的重要途径。像秋尘这一类华文作家仿佛“在写作中找到温馨精神家园”，写作中的文化身份和自我确认宗旨就相当明确：“而我们固有的特色，可以是与文化相关的部分。我们之所以和其他的族群不同，是因为我们祖先传承下来的文化。虽然世界在感觉上越来越小了，但正因为小了，才反衬出不同种族、不同文化间更大的差异来。我们在彼此了解的同时，更应该看清的是我们的不同。我们的优与劣，我们的立足之本。”[①]华文作家通过叙事坚守自己的母语和文化，并以此来保持、回归、重塑自我，建构身份认同，并且乐此不疲。这与上述的移民叙事和语言掌握本质上并不矛盾。因为移民意味着生命移植到另一种文化语言环境中，接受、使用移民国语言——英语，但这并不意味着把华人的身份同化掉，身份被同化反而意味着迷失自我，自我需要在多样化的文化中建立。而且，叙事意味着发声，也最能充分地显示华人在多元文化中的话语能力，所以，在这里我们看到，文化、语言、叙事，是一代华人辨认族裔和个人身份的便利工具，也是在移民地融入另一种文化的工具。这里三者统一。所以，像《巨浪》和《情徒》这样的移民叙事，写华人的这种异乡感受和新乡恋歌，本质上是一回事。因为它最主要的内涵的是“落地生根”的一代华人的生存和生活感受。它们传达出这个世界是我们人类共有的世界，不同族裔、不同文化者相互融通，共构共建，相互确认，相互尊重，才能够拥有安稳的现实。尤其是在移民国家，更是如

① 秋尘. 2008. 在写作中找到温馨精神家园. 美华文学，（2）：11.

此。美好的未来人类世界是各种文化融合构成的世界。在这一世界中，每一个个体，都应有其独特的话语能力。

《情徒》写王大宝在多种文化身份中突围的故事，仍然是新移民叙事这种叙事倾向的延续。王大宝与林小野关系的书写，是中国文化身份中人物身份迷惘的表现；王大宝与冈布娜和索菲亚的关系的展现，是置身于美国文化中的华人处境的展现；王大宝与威廉的关系，是在两国之夹缝中游走的文化商人做派。《情徒》通过王大宝这一人物形象，展现了在全球化、地球村的现代社会历史语境里一个华人的文化身份和自我确认的复杂历程，在现代华文文学里具有特别的意义与价值。王大宝掌握双语，所以在美国他显得游刃有余，但是，他的灵魂又无处安放，他有多重身份，既是美国人，又是中国人，却又游走在精神探索的漩涡里，个体生命存在的价值意义究竟何在？何处才能找到灵魂的安放点？他苦苦挣扎，多方求索，所以，《情徒》正是通过王大宝形象的这种游走姿态，揭示了小说的基本主旨：移民的最终目标，不是虚荣的心理满足，“美国梦”不是“黄金梦”，而是自我的发展与完善，自我价值的确认与认同。这应该是一代移民首要的关注点。这种思考书写，显示出《情徒》等新移民叙事具有深刻的认知意识和思辨魅力。

（四）美国梦及其自叙模式

移民叙事在当今海外最主要的阵地是美国华文文艺家协会和美国硅谷女性联合会属下创办的《美华文学》杂志[①]。《美华文学》杂志的“稿约”要求就是“凡反映华侨历史和现状的作品”，因而，《美华文学》杂志登载的主要就是书写华人生活及其体验和感受，以“美国梦”为主的移民叙事作品。

华人赴美移民，心态复杂。新移民叙事，真实展现了移民的这种心路历程。例如，宗鹰的《镜花水月曼哈顿——〈梦碎梦圆金山月〉组曲之一》就是代表之一。该小说写一个名叫春莹的 17 岁少女初到美国担惊受怕的经历：先是受流氓姨夫胁迫，后受华人虐待，最后在姨妈和父亲朋友的帮助下在美读书，书写了实现“美国梦”的复杂路径。李国英的《李教授和他的女儿国》则写中国华人实了“美国梦”后深刻的心理与文化困境。哥伦

① 美华文学的社团、协会及期刊分别有数十种，少君、陈瑞琳等专门做过统计。目前纯文学的连续出版物为《美华文学》杂志、《红杉林》。《红杉林》的主编是吕红。吕红也是《美华文学》杂志的重要编委。我的“为知笔记”统计了 40 余种。

比亚大学的生物化学专家李教授有六个女儿，这六个女儿和他的妻子组成了一个女儿国。身为美国大学教授，他对女儿们的要求是不嫁白人，少与白人青年来往。然而，在美国的社会文化环境下，他的这种要求只是他一厢情愿的奢想。老大艾米嫁了白人青年，老二蓓蒂学医，嫁了白人青年比尔，远赴旧金山，老三也如此，和美国青年卡尔未婚同居，光天化日之下，在他面前与白人青年厮混，搞得他自己难堪无比，疯狂无奈，又哭又笑，而与此同时，五小姐伊莎为了安慰他，说她要听爸爸的话，不嫁白人，做一个女同性恋人。

灵莹的小说《弦月如钩》则写赴美华人萌萌和剑辉的感情纠葛。剑辉留学美国，获得全额奖学金，出国前与女友萌萌结了婚。当萌萌到美国后，剑辉发现萌萌和他的价值观发生了很大的冲突。萌萌以中国女性的价值观看待一切事物，发现剑辉的男友继东美国式的自由生活态度，很是欣慰，而自己丈夫剑辉却实际，无生活情趣，大男子作风严重，她无奈之下出走，剑辉陷入生活的困境。《老钱》写留学美国的老钱与太太的感情纠葛。老钱在美国很会省钱，生活过得很滋润。太太到美国后，却实在看不惯他那种吝啬的中国式消费观及为人作风，于是，两人工资分开，婚姻面临危机。美华文学的几位代表作家如张翎的《望月》（另名《上海小姐》）及严歌苓等的一些小说，都是叙述这种"美国梦"的经典文本。

如前所述，美华文学或北美新移民文学的一个基本叙事主题就是书写中国人的"美国梦"。这种"美国梦"的叙事，有以自叙传的方式叙事的，也有非自叙传叙事的。但是，我们看到，在这种典型的移民叙事中，由于市场、读者与传播、接收等认知叙事的多种原因，限制的自叙传叙事更多，也是最有代表性的叙事模式之一。20 世纪 90 年代以来，这种叙述明显增多了。黄运基的《巨浪》和沙石的《情徒》就是其中最优秀的叙事文本，它们以自叙传的方式叙事。

《巨浪》是华人移民黄运基移民叙事的代表性文本。这部小说叙事的一个突出特点在于它的自叙传叙事。它把自身经历投影到小说人物身上来叙事，有非常浓厚的自叙传叙事色彩。小说从与主人公（余念祖）有关联的咏梅的梦境叙述开始，又通过咏梅与刘珍引出主要人物余念祖，然后以余念祖为中心来叙事。整部小说叙事清晰而自然，把一个时间跨度达到百年而且现在仍然在延续的故事以现在进行时的态势叙述出来，展现了现代移民生活的真实面貌，“成为世界华文文学中黄钟大吕式的巨著”。

小说的主人公余念祖的原型就是黄运基自己。如前所述，黄运基是 20 世纪 40 年代末随父亲移民美国的典型移民，现代华人移民的优秀代表，杰出的移民作家和现代美国移民文学的垦荒者和引路人。《巨浪》把作者的自身经历转化成主人公余念祖的经历，并以此展开了叙事。而且，“书中所有情节记述，皆有所本。凡写人物言行，概非虚构。”这从熊国华的《美国梦——美籍华人黄运基传奇》中可以看到。黄运基与余念祖，实质上本为一人。所以，《巨浪》是一部典型的“自叙传文学故事”。余念祖即为黄运基，这为移民叙事模式提供了一个经典范例。因为我们读《巨浪》感觉十分亲切，原因就在黄运基先生自述生命真实历程，没有虚构，十分感人。

沙石开始创作以短篇为主，其短篇小说创作的一个重要特点是叙事视角的多样化。例如，其代表作《玻璃房子》讲述一个美籍华人阿德（来自中国的新移民）与美国少妇伊丽萨性爱纠葛的心理故事，用第三人称叙事。《罗斯山上的歌声》以“我”的视角透析了“我”对于性与爱的理解。《月亮绣球》则以一个现代女性及“我”的视角，展现了“我”在中国男人钢丝和纯种美国男人布朗克之间独特的性爱观念与心理纠葛。长篇小说《情徒》则把这种叙事探索引向了深入，作者以主人公王大宝的自我叙述作为中心，讲述了一个“中国人的美国故事”。这种叙述真实展现了一个现代移民在两种文化融合中的真实心理体验与感受，叙述艺术深刻影响了小说思想内涵的表现，展现了沙石对小说叙事意识的自觉追求。

《情徒》以主人公王大宝自我解剖的形式写成，把国外情感故事与国内情感故事交错叙述，两条线索并进，有序交织。《情徒》颇似郁达夫的浪漫抒情小说，有非常强烈的自叙色彩。自我暴露，第一人称叙述是其突出特点。这种叙述与《巨浪》的把人物（黄运基将自身转化成余念祖）转化成第三人称叙述相比，有其特殊的艺术功效，它突出了“自传性文学故事”的“自我”性，让一个通过特殊手段移民的移民者自叙身世经历，充分表现了“我是谁”这样一个追寻生命的意义、探索人生的价值移民的内在焦虑与紧张的心理氛围，树立了自叙传故事现代重构的典范。

现代中国自叙传叙事的开拓者是“五四”时期的浪漫抒情小说的作者

郁达夫、郭沫若等，他们以自叙的方式凸显了“五四”自我意识的觉醒和个性主义思想的萌芽。黄运基、沙石的自叙传故事也有此种艺术功效，而且与欧美的个性主义文化在内在理路上相一致。他们以自叙传叙事，凸显了海外华人移民的独特的生命经验、生存感受和哲理思考。尽管从艺术创造乃虚构和艺术高于生活的更高层面看，两者都是作者艺术创造的结晶，但这种后来者的、缘于叙事内容和时间因素的重写，显然有独特的艺术启示意义——让移民讲述华人自身异地漂泊的经历和感受及生命移植经验，不是浪漫的虚构，而是亲历的真实经验的传达，因而具有了独特的审美价值与意义。同时，因为有了移民的阅历，移民的生命体验与感受，从自身亲历的角度书写这种阅历，从受众和读者的角度而言，也许因为亲切性和近距离感，就往往更容易被人接受，这样一来，移民文学叙事最常见的叙事模式，往往就是这种自叙传叙事。因而，基于这种大众心理和审美原因的华文文学的自叙传叙事传统也就建立了起来。这成了现代叙事一种崭新的内容与方式。观察近年来新移民叙事的作家群体和总体作品，这种倾向似乎相当突出。尤其是华人女作家的创作，更是如此。华人女作家人数众多，以主观感受抒发为主，尽力书写个人感受，在自我书写中融进世界观和人生观的理性内涵，从而书写移民生命移植的方方面面，几乎成了移民叙事的一种重要模式。

移民叙事有多重吸引力：海外移民作家书写美国生活的点点滴滴、美国政要的现行活动，这对中国读者来说很新鲜，他们因此知道了地球那边发生的事，地球那边的人类生活，人本能的好奇心获得了满足，使这种叙事具有了大量读者；移民作家书写发生在中国的故事，或书写中国的民俗人生，使大批海外生活的移民看到了来自家乡的消息，长久在海外奔波，看到祖国、故乡发生的事，觉得倍感亲切，于是就有了了解的欲望、阅读的欲望，以满足其文化回望的渴望，这类小说就兴盛起来。例如，《美华文学》杂志上刊登的张立勇的《客来客往》，描述的是一幅小镇基层官场图，在其中可以透析中国人根深蒂固的官本位意识，以及现行政治、民主的情形，因而海外移民会倍感失望或振奋，所以这类叙事在海外就相当流行；华裔华人用英语书写的古中国和现代中国的历史、文化、民俗方面的故事，能够给欧美人带来一种迥然不同的异域文化冲击，也能够吸引西方人的眼球，如林语堂的《吾国吾人》《京华烟云》，谭恩美的小说，哈金的当代英语小说，就能够在英语界频频获奖，获得英语小说奖“三连冠”，这就是实例。

黄运基的《巨浪》、沙石的《情徒》为代表的旧金山作家群的移民叙事，兼具前述多种阅读需要与叙事魅力，因此，它们就成了最具文化价值和读者市场的世界华文文学的叙事范例之一。有学者认为，黄运基的《巨浪》为“世界华文文学中黄钟大吕式的巨著”：“华文文学，开创了另一个‘东方世界’，更开创了一部色彩斑斓的文学史！《异乡三部曲》当在其中占有特别的一席地位……成为这另一个‘东方世界’中的艺术奇葩，成为‘世界华文文学中黄钟大吕式的巨著’。”[①]也有读者说《情徒》“太诡异了，太沉重了，太叛逆了，太出轨了……太痞了，太黄了”。沙石的移民叙事继承了他《玻璃房子》的奇异写作风格而显示了新近华文文学世俗化、喜剧化的独特审美面貌，其叙事艺术的美学开拓贡献更大，也更具现代启示性意义。

四、新移民叙事：审美内涵的转化与张慈的新追求

从美华文学发展的历史进程而言，最早的移民叙事是上海图书集成局1905年出版的6万余言的《苦社会》。《苦社会》描述的是华人在19世纪80年代美国第一次排华浪潮期所遭遇的不平等待遇。书前漱石生序言云：“是书作于旅美华工。以旅美之人，述旅美之事，因宜情真意切，纸上跃然，非凭空结撰者比。故书内四十八回，而自二十回以后，几于有字皆泪，有泪皆血，令人不忍卒读，而又不可不读。良以稍有血气，皆爱同胞。今同胞为贫所累，谋食重洋，即使宾至如归，已有家室比离之慨。”[②]此时的移民叙事，多写早期移民的血泪遭遇，写移民生活和命运之悲苦。

移民叙事繁荣的时代是当今时代。《美华文学》也在其“当代性”意义上推动了移民叙事的发展。就是说，一个世纪后的移民叙事，如黄运基的《巨浪》、沙石的《情徒》，虽然题材依旧，但内容、面貌完全两样了。这时期的移民叙事，被称为新移民叙事。它已经不是诉苦的文学，而是一代新移民开拓新生活的文学。这种开拓新生活的文学，第一就是《美华文化人

① 谭元亨. 2011. 壮阔的太平洋的巨浪——读黄运基“异乡曲”第三部《巨浪》//黄运基. 巨浪. 广州：花城出版社：294.

② 张错. 2005. 繁华如梦：北美华人万花筒——序吕红《红豆絮语》. 美华文学，(58)：91.

报》上刊登的“从旅美华侨到美籍华人这个历史转变中，从中国大陆、港台、东南亚以及其他世界各地涌来美洲的移民、留学生和学者中，每天都有许多感人的故事”。[①]这也就是陈瑞琳在其《金山有约》里概述的下列文学：“张翎已经有《望月》《交错的彼岸》出版，程宝林有《美国戏台》《废园记颓》，钱建军（少君）有《人生笔记》《少年偷渡犯》等，海外纪实文学扛鼎作家沈宁《美国十五年》《战争地带》《商业眼》《点击美国中小学教育》《美国教官笔记》《陶圣楼记》，‘打工作家’‘假洋鬼子’刘荒田有《唐人街的桃花》《唐人街的婚宴》《旧金山浮生》《纽约闻笛》《纽约的魅力》《旧金山小品》《星条旗下的日常生活》，‘草根文学’的奠基作家黄运基有《奔流》《狂潮》，於梨华有新作《在离去遇到别之间》，虹影和赵毅衡夫妇有《饥饿的女儿》《K》等。”如果加上严歌苓、蒋吉丽、哈金、闵安琪、王性初、曾宁等无数作家的创作，美华文学或新移民文学将是一派昌盛局面。这种文学别具个性，其书写主题也全然不同于早期移民叙事。

陈瑞琳的散文集名为《他乡望月》，也充分地体现了这种叙事的基本主题。作为移民叙事的经典作品之一，其《他乡望月》和《家住墨西哥湾》逼真地反映了新一代知识移民跨越中西文化鸿沟，在移民地勤奋工作，自由而快乐生活的美好人生志趣，读后给人丰富的人生启迪：天下四方就是根系所在，有所作为，快乐生活，何须惆怅。在其散文创作中，我们看不到惯常移民叙事常见的那种文化的乡愁带来的苦闷和惆怅，而有一种生命的超越与灵慧在内，其散文总是充溢着一种向上的力量。淡化历史文化的背景与沉重，超越了语言交流的磕绊和不畅，在从容自信的个人尊严的支撑下写作、思考，陈瑞琳的散文在当代华文女性作家中独树一帜。也就是说，作为移民叙事经典，陈瑞琳的散文不在文化冲突和文化语言这些宏大叙事上取胜，而在一种美好的生命情怀孕育下如一泓涓涓清流欢快流淌，将你带到诗意和美的艺术世界。而且不管是长安城墙根下的日常生活还是在星条旗下的日常生活，陈瑞琳总能够在其中发现生活的情致，像一只勤奋的蜜蜂，酿造出甜甜的蜜汁，在美南的墨西哥湾，描绘出生命的温暖色彩。

进而言之，早期移民叙事和当今移民叙事存在很大不同。早期的移民

① 佚名. 1995-2-1. 我们的期望（创刊词）. 美华文化人报，1（1）：1.

叙事，大多数书写中西文化的冲突、撞击和分裂，如张维屏的《金山篇》，黄遵宪的《逐客篇》《苦社会》，“天使岛诗歌”，而现代移民叙事，大多数写中西文化的交流、融合与发展，如黄运基《巨浪》、沙石《情徒》、陈瑞琳《家住墨西哥湾》等文本，包括新移民文学的“三驾马车”们的创作，皆是如此。从文化发展的意义上来说，这种变化实属必然。因为这反映了百年来世界民族文化发展的基本事实——世界各国大都开放，随着全球化、区域合作成了必然，语言文化的交流也就成了必然，在多元文化的现实世界，民族文化从对抗走向交流合作也将成为必然。

全球化是叙事文本发生转变的动因。在全球化时代语境下，移民成了人类寻求和平和发展的一种重要行为主体，他们把移民当做一种自觉的、自然的人类文化行为而付诸实践了。《西安日报》2013 年 9 月 13 日第 10 版的报道《2.32 亿：全球移民人数创新高》提供了事实依据，“据新华社电：联合国 11 日发布一份报告，显示 2013 年移民人数达 2.32 亿，为历史最高。报告将移民定义为‘生活在所出生国家以外的人’。报告显示，全球移民人数 20 年来迅速增长，1990 年为 1.54 亿，2000 年达到 1.75 亿。大约 1.4 亿移民选择在欧洲和亚洲安家，占全部移民总数的大约 2/3；超过半数移民选择在发达国家居住。移民美国的人数最多，为 4600 万，其他移民人数较多的国家包括俄罗斯、德国和沙特阿拉伯，分别为 1100 万，1000 万和 900 万”。[①]美国欧柏林大学历史系教授迈克尔·费希尔（Michael Fisher）在其《移民：世界史》（*Migration: A World History*）中认为，近代早期，人类以殖民和强迫迁徙的方式实践着移民活动，加速了各大陆之间的交流。近代历史中，移民行为已上升到超越单一民族国家、跨国联盟的界限成为经济全球化时代下人类发展的一部分。移民，成了一个积极的人类行为[②]。简单说来，现代移民对于移民地趋之若鹜的原因，一般而言，大体有以下几种：第一，欧美具有强大的经济实力，有良好的社会政治和文化文明，大学及其高等教育的一流水平，科学技术的领先，生活质量品级高；第二，全球化和良好的历史发展机遇；第三，中国人经济实力的增强，中产阶级有实力出去；

① 佚名. 2013-9-13. 2.32 亿：全球移民人数创新高. 西安日报，10.

② Fisher, M. H. 2013. *Migration: A World History*. Oxford: Oxford University Press: 106.

第四，一些淘金者的出现，为了更好的收入出去；第五，交通与信息技术促成了这种潮流。例如，西安晚报 2013 年 9 月 16 日第 9 版的报道《留学移民首选澳新加》中说：读硕士或研究文凭容易移民。该报道实际上反映了目前中国人普遍的移民倾向。能够移民出去，似乎是某些中国人梦寐以求的事。正因为如此，移民叙事有了强大的市场，移民叙事书籍畅销，不同类型的叙事文本大量涌现，如《曼哈顿的中国女人》《北京人在纽约》《巨浪》《情徒》《扶桑》《金山有约》《美国男女》《美国打工日记》《假洋鬼子系列》等文本，都非常有市场，游记文学兴盛、“留学生文学”兴盛更是理所当然的事。因为有了移民叙事的写手，大量的移民生活经验，移民感受就被传达出来。

进一步说，移民叙事有两个文化根源与脉系，一是出生地的文化（中国传统文化和现代文化），二是移民所在地的文化（欧美为代表的西方文化）。所以，像《美华文学》引领的移民叙事，尽管以弘扬中华文化为宗旨，但也展现了中西文化融合发展的广阔前景。像邓治的《今年的圣诞树》、刘荒田的《听雨密西西比》、邓泰和的《路边拾宝》、郑其贤的《唐人街风情》、陈瑞琳的《家住墨西哥湾》及黄运基的《巨浪》等，已经不是“他乡望月”的悲伤，而是在移民地开辟新天地的日常生活叙事。就北美移民文学而言，大部分文本都是这种星条旗下的日常生活叙事：讲述在文化融合之下新移民的人生故事和体验，成了新移民叙事的主要旨趣。

这在黄运基、沙石、刘荒田和陈瑞琳等作品中得到充分反映。如前所述，黄运基的《巨浪》、沙石的《情徒》具有独特的意义，它们充分显示了移民叙事种种内在蕴含的演变及其叙事模式的选择倾向：①移民形象圆形化与立体化了；②中西文化融合共享发展的异乡文化叙事凸显；③多元文化和自我确认的理念凸显；④移民叙事中自叙传叙事模式凸显。像刘荒田这样的移民作家，就自诩“假洋鬼子”，非常自信地在“星条旗下的日常生活”中畅所欲言，幽默自信，痴迷语言文学世界，和王鼎均们一道，创造出了精彩的移民文学新境界。在这方面，沙石最有代表性意义，他的《玻璃房子》小说集和长篇小说《情徒》以独特的审美方式（黑色幽默），书写了移民潮流，并表现出移民叙事平凡化、普通化和世俗化的总体趋势，展现了移民叙事更为广阔的精神视域。又如，其《牌局》以轻描淡写的笔触，通过主人们娱乐调笑等细腻情节的铺展，勾勒了一批美国社会精英——华人移民们平庸的日常生活世界和乏味的精神心象。《情徒》展现了游走在中西文化边缘的华人的内在精神痼疾和在全球化语境下移民们的现实生存及人生走向，通过心理和情感两个内在的二维层面来讽刺与嘲讽移民的生活状态，对旧金山早期移民和新华人移民的复杂心态做出了独特的展示。该小说在主题的复杂性和深厚度上，在叙事艺术的娴熟创造上，在美学品格的展现上，都达到了新的境界，显示了从白先勇为主的“留学生文学”的悲情格调到北美新移民文学移民叙事喜剧化美学格调发展的清晰轨迹，是当代移民叙事新的创获。更有甚者，《情徒》同以往移民文学的悲情书写相比，还出现了戏剧性因素在移民叙事中不断增加的现象。

从另一个层面来说，《美华文学》弘扬和追求中华文化的创作宗旨，使新移民文学的叙事内涵得以深化。《美华文学》第 21 期“编者的话”陈述道：“‘炎黄子孙’是我们共同的标记；弘扬东方文化，是我们追求的宗旨。不论来自何处，国籍变换与否，异乡的炎黄子孙，其特有的苦乐悲欢，将形诸此，《美华文学》是移民在美国的天空下，在英文世界里，携手开拓，以寄寓‘文化乡愁’的精神家园。如果把中国文学比作一棵大树，我们愿做这棵大树伸展海外的一枝一叶，如果把中国文化比作一条大河，我们永远是汇入这大河中的一股清泉。身为编者，负此重任，喜忧参半。喜者，华文文学世界，人才济济，支持者众。路途尽管坎坷，前景毕竟辉煌；忧者，编辑部同仁的水平与力量有限，惶恐之余，生怕事倍功半，有负众望。走笔至此，生望海内外人士，随时不吝赐教。亦盼作者与同好，无论身在本土还是远在天涯，都惠赐稿件，并订阅本刊。中华文化薪传四海，正因了千万人，同您一样伸出热情的手。”[①]《美华文学》的这个创作宗旨，贯穿在其 20 年来的刊物实践中，它以生命移植的书写为中心，以移民的主体身份，在异乡对话故乡，抒发孤独怅惘的文化乡愁，有力地促进了移民叙事的发展。事实上，在全球范围内的移民文化潮流中，《美华文学》关于中美文化交融发展的叙事，既为中美文化交流提供了许多真实丰富的启示，又推进了新移民叙事文化内涵和审美的转变。

---

① 佚名. 1998. 编者的话. 美华文学，（21）：4.

目前，《美华文学》新一代主编们正在推进着这种新变，张慈对此充满信心："faith 信念，一定是写作和办刊物中最狐妖的东西，如果我们诚心写作，我们会去显示历史和现实的想象性场面，但绝不是写故事，而是去写思想性小说"；"我相信被哲学摸过的人，不可能是大众处女。这是人文的魅力，你知道天机，而多数人还是蒙昧的。……文学不是圣女，平凡才是它的最大特点。穷尽生命的体验和生命的思考完成一部著作，精彩的使命便结束了"；《美华文学》"能帮助人们转换及改变对于欣赏文学艺术的品位，不欺骗，特立独行，具有高度的智力，有很好的'家教'，很高的个人品位，很自在的心性，很多很多的见识"；"世界会终于见识到我的天才，提升它。人们一直在尽享着自己的独特个性与适宜于自己的生活，大家的孩子，大家的家，作者对关心的事物的静静凝视，读者用率真的心，看作者与世界和生活对话，这本身，已经很美。"①"显示历史和现实的想象性场面，但绝不是写故事，写思想性小说。"这是西方流行的现代小说叙事观念，也是弗尔兹·卡夫卡、马塞尔·普鲁斯特及诺曼·梅勒叙事知性化的导向。"转换及改变对于欣赏文学艺术的品位"，这是纯粹性的文学观念，"品味"是中国文学诗学最高的鉴赏要求，对于它的强调，意味着《美华文学》高品位的文学追求。"作者对关心的事物的静静凝视，读者用率真的心，看作者与世界和生活对话，这本身，已经很美"，这是文学审美的独特追求。以审美的态度"与世界和生活对话"，正是《美华文学》最高的文化追求。有这些保证，《美华文学》的文学艺术品味自然会提高，审美将会达到一个新的境界。

① 张慈. 2012. 美华文学·卷首语. 美华文学，(82)：5.

第二章　现代化、全球化与新移民文学

我们国家的发展在很大程度上是通过来自世界每个角落的各个种族的移民的才智和勤劳实现的。他们追求幸福的故事，构成了美国的诗史。他们用自己的智慧和臂膀开垦了我们的土地，推进了我们的农业，建设起我们的工业，发展起我们的商业，创造出新的发明，并使我们的国家成为众国之首……移民使这个国家强大，因为他们不仅提供了人力，带来了新的企业，创造力和繁荣，他们也带来了新的思想和新的文化。移民提供了使我们国家富强的无穷无尽的富有创造力的能力和思想。

——《我们应当欢迎谁？总统移民与归化委员会》

没有人类的探索和转变，就没有现在高度发达的我们。不，应该说没有那第一个爬上陆地的鱼儿，就没有现代的我们。寻找机会实现自身价值为所有移民迁徙原因。

——《彼岸追寻》

“安安这话又使余念祖大吃一惊，哪有这样的人，被人贩子卖到外国当奴隶般过日子的呢！然而，余念祖还隐约记得，《金门侨报》报道过这样的新闻，就像安安所叙述的那样。曾经有一位蛇头被抓，被美国当局控告偷渡人蛇、绑架、拘禁、勒索、洗钱等罪名，中国南方某个地方的村民，竟然敲锣打鼓声援这名蛇头，因为这个村庄有许多子弟都靠这个蛇头偷渡到美国！真是不可思议！

‘那你自己呢？’余念祖问安安，‘你在家乡不至于没有办法过日子吧？干吗冒这个风险？’‘说实在话，我在家乡的日子过得很好。’安安毫不迟疑地回答。她沉默了好一会儿，欲言又止。当余念祖站起身从裤袋掏出钱包时，她制止了他。她说：‘免了，下次再收费，保证再为你推拿两次就完全康复了。’

‘再次向我谢罪？’余念祖跟安安开了一个玩笑。离开他家时，她在门口向余念祖说了一句颇有哲理的话：‘我偷渡来美国，是为了换一个活法，是为了活得明白！’”

——黄运基《巨浪》

第一节　现代化进程与北美新移民文学

一、一些事实：北美现代化与华人新移民潮的关联

北美，通常指美国和加拿大这两个北美洲国家。中国人，尤其是华人，对于这两个国家的认知，近百年来存在着极端喜剧性的反复性变化。从显性层面上看，主要受意识形态控制的主流新闻传媒在每时每刻都制造着这种喜剧性。这种喜剧性，主要也存在于国际关系层面，存在于政治层面和经济层面。例如，长久以来，中国改革开放前的很长一段时间里，在一般中国人，尤其是中国基层民众的心目中，美国、加拿大是极其可憎的国家。因为这两个国家是帝国主义的代表，殖民主义者、侵略者、大老虎（纸老虎）、万恶的资本主义国家、人类罪恶的制造者等这些名词充斥于民众的脑海中。但是，自 20 世纪 70 年代中美建交后，主要是 20 世纪 80 年代中国开放后，人们的认识完全变了，这两个资本主义国家一点也不可憎了，它们成了国人梦想的天堂，因为它们富强、民主、自由，有先进的科学技术，有世界上最好的教育，最好的福利制度，有摩天大楼、别墅洋房，于是，“到美利坚去，到美利坚去”成了部分国人趋之若鹜的目标。这种认知上的变化，当然有其复杂的政治、经济和文化上的因素，但我们不可否认的是，从 19 世纪后期到 20 世纪以来，这两个仅有 200 多年历史的国家成了世界上最富有而强大的现代化的国家。[①]北美，成了当今世界现代化的一种榜样或

① 这里主要指第一次世界大战以后。由于科技的进步促进了劳动生产率的提高，大众消费市场的繁荣推动了工业生产的增长，美国一跃成为了世界上最富有的国家。（钱乘旦主编. 2012. 世界现代化历程·北美卷. 南京：江苏人民出版社：272.）

范式。它尽管存在财富分配不均，存在贫困和肮脏，存在枪杀案件频发等多种社会问题，但却是当今世界政治、经济、文化现代化的楷模，是当今多元世界中最主要的一极。

对于北美的现代化，人们有不同的阐释。钱乘旦在《世界现代化历程·北美卷》中说：

> "美国有的学者声称，美国在独立以前就是一个'现代社会'。乔恩·巴特勒在对英属北美的人口、经济、政治、物质和精神生活加以分析后得出了这样一个结论：13个殖民地早在1776年以前就已经成为一个'现代社会'，一个不同于欧洲和英国的'美利坚'社会。罗纳德·杜弗尔用现代化理论研究1630～1730年间马萨诸塞殖民地的社会变迁，并把这种变迁诠释为现代化的进程。另有学者认为，是'美国革命'完成了美国社会的现代化。戈登·伍德早年从政治文化的角度阐释'现代性'的形成，认为在1776～1787年，美国人的政治思维跨出中世纪而步入了现代，到制宪时期形成了一种现代'美利坚政治科学'。他在近期的著作中进一步指出，革命前的英属北美是一个和母国及欧洲没有本质差别的社会，是美国革命使美国人在'一夜之间'变成了'世界上最开明、最民主、最有商业头脑和最现代的人民'。也就是说，美国现代社会的诞生，乃是一场深刻的社会变革的结果。还有学者把现代化视为一个渐进的过程，其代表作是理查德·布朗《现代化：美国生活的转变，1600—1865》。他认为，现代美国形成于1865年至第一次世界大战之间。"①

事实上，北美现代化的实现，借鉴了欧洲现代化的经验，主要是由政治现代化、工业和经济现代化、西部开发和农业现代化、城市化及其社会改善和生活方式的现代化五个方面全面实现的。其现代化的动力主要是联邦政府引领下的经济现代化、内地开发和国内市场的互动、教育普及、价值观和政治文化及外来移民五个方面的因素。

熟悉世界史的人都知道，美国和加拿大都是典型的移民国度。北美的

① 钱乘旦主编. 2012. 世界现代化历程·北美卷. 南京：江苏人民出版社：4.

这两个国家都是来自世界各个国家和地区的移民共同创造和发展起来的。移民对美加现代化的贡献，在上述诸端中具有领先地位。所以，钱乘旦等学者的论述就相当中肯：

> “移民对美国和加拿大国民生活的贡献体现在方方面面。在政治、经济、教育、文化、艺术和体育等各个领域，无不留下移民的影响。每一个移民群体都在两国的社会发展中留下了自己的印记，每一个移民群体都对两国的国家建设做出了独特的贡献。移民作为消费者扩大了美国和加拿大的市场，作为生产者，直接参与了两国工业化和城市化建设，作为投资者，直接推动了美国和加拿大经济的发展，作为新技术的承载者和发明者，为两国的现代化提供了最为直接的动力。1953 年 1 月，杜鲁门总统任命的移民与归化委员会在其研究报告中指出，是‘五月花号’以来的 4000 万移民及其后代将美国建设成了世界上最为富强的国家。‘我们国家的发展在很大程度上是通过来自世界各个角落的各个种族的移民的才智和勤劳实现的。他们追求幸福的故事，构成了美国的诗史。他们用自己的智慧和肩膀开垦了我们的土地，推进了我们的农业，建设起我们的工业，发展起我们的商业，创造出新的发明，并使我们的国家如今成为众国之首……移民使这个国家强大，因为他们不仅提供了人力，带来了新的企业、创造力和繁荣，他们也带来了新的思想和新的文化。移民提供了使我们国家富强的无穷无尽的富有创造的能力和思想。”①

事实上，也正是人类新的生活及方式的追寻者——移民造就了这两个世界上富有而强大现代化的国家。当移民政策及其观念改变后，移民的贡献就被充分的首肯。

如今，全球化的进程又加速了移民在世界范围的流动，移民对其他国家的贡献也就更被充分肯定。记者张哲在《欧美学者探讨人口流动的极限影响——“人口流动”词条续编与当代欧洲移民问题》中说：“全球化加速了人口的跨国流动。如今全世界每一百人中至少三人是移民。据英国《卫

① 钱乘旦主编. 2012. 世界现代化历程·北美卷. 南京：江苏人民出版社：382.

报》近日报道，英国民调机构舆观调查网（YouGov）调查显示，英国民众对于移民的态度明显缓和，反对跨国人口流动人数比重从原来的 63%下滑到 54%。大规模的人口流动究竟是福是祸？人口流动是否可以推动全球经济复苏？人口在流动的过程中会给社会带来活力，那么，社会是否准备好迎接这些人？近日，本报记者带着这些问题采访了相关学者。”[①]采访的结果当然很肯定，移民在大量增加。因此，不管人们怎样看这种现象，全球化确实在加剧着移民的大量出现。下面这篇相关文章，也同样很能够说明移民潮盛行的原因。美加教育和科技的发展，成了世人追求的一个重要目标，而这种追求又加速了移民潮的凸显。如《一个中国留学生养活一个美国家庭?》中所写：

“又是一个高考放榜季，留学美国是许多孩子的选择之一。那么，留学美国的费用是多少?一个中国留学生每年的留学支出又是否和美国家庭的年均开支相当?

美国大学大部分是私立，对留学生的资金要求较高。张蕾就读于常青藤联盟学校麻省理工学院。这是一所位于波士顿的名校，学费相对较贵。张蕾说，按照麻省理工学院的官方预计，一个本科生就读一年的平均花销为学费 4.2 万美元，住宿费 1.2 万美元，书费约 3000 美元。另外，由于波士顿物价水平较高，一个普通大学生每年的膳食费、通信费加交通费合计大约需要 8000 美元。这样一来，全年费用至少每年 6.5 万美元。

另一所私立大学纽约雪城大学就读的雷雯然说，学费不停在涨，现在一学期大约 2 万美元。按雷雯然说法，雪城大学本科生每个学期最多修 19 个学分，多修学分需要补交学费，少修则不退学费。

相较硕士和博士生，本科生奖学金相对较少，申请起来更为困难。如果上社区大学，费用低很多，但学历含金量也大打折扣。雷雯然告诉记者，在美国留学，一年没有 5 万美元活不下来。

与雷雯然所指的 5 万美元门槛相比，美国劳工部公布的统计

① 张哲. 2013-6-28. 欧美学者探讨人口流动的极限影响——“人口流动”辞条续编与当代欧洲移民问题. 西安日报（新华社供本报特稿）.

数字显示，2011 年美国普通家庭的平均支出为 49 705 美元，甚至未过门槛。另外，大多数普通家庭的全年收入也不过和一个留学生的全年花费相当。据统计，美国一个普通家庭的年均税前收入为 63685 美元。留学生对美国经济的贡献可见一斑。

据美国国际教育协会数据，2011～2012 学年在美国大学及研究生学院学习的中国留学生人数同比增长 23.1%，为 19.4 万人，在外国留学生中连续三年排名第一。

在留学热门城市纽约，时任市长迈克尔 · 布隆伯格一直认为，外国留学生不仅给美国社会带来优质劳动力资源，推进技术创新，还拉动当地消费。在斯坦福大学本月举行的毕业典礼上，布隆伯格说，移民经济已经成为美国经济复苏的新动力。他呼吁美国政府改革移民政策，'每个学习科学、技术、数学和工程的毕业生都应该在领取毕业证书之时得到一张美国绿卡'"。①

在这个传媒全球化的时代，我们有时对有些报纸新闻相当怀疑，但这却是事实，而且它还具有普遍性，并非个案——尽管那些调查因为个人私密等原因而不够严谨，但大体却是真实可靠的，所以，我们看到北美的现代化进程和当今移民思潮有极其重要的内在关联：对现代化和现代生活方式的追求，促进了移民潮的发展。

具体说来，华人移民怀着多样的动机移民美国和加拿大，又被这两个北美国家接受，这也是事实。所以，抛开国际政治经济文化的原因，从世俗意义上讲，新移民移民北美的美国和加拿大，是为了追求现代化和更好的生活质量。当然，移民潮的出现，也有其他方面的原因，如全球反殖民化的合法化，对世界文化的多元化、多样化的普遍认可，民族歧视的弱化，对帝国主义、霸权主义的普遍厌恶，对文明多样性的肯定等。

进一步说，有了宽松的移民文化环境，有了移民的内在需求，帮助移民的大量机构及其人员便出现了。例如，仅仅一个"黄唯律师事务所"，每年就能够办理 4000 例移民案件，使数以万计的个人和家庭来到美国成为永

① 庞勇. 2013. 一个中国留学生养活一个美国家庭. 新华网. http://news. e23.cn/content/2013-06-28/2013062800296/.html. [2013-06-28]

久居民和公民。黄唯还使奥巴马姑妈也能够移民美国。也正是黄唯，在全美设立五个分部，为移民服务。据统计，至2011年，美国华人430万，占美国人口12.8%，至2012年，加拿大华人120万，加拿大人口3600多万，华人占人口3.3%。[①]所以，全球化、地球村，北美现代化进程，是移民及其潮流发生的前提。新移民文学就是在这些基本的社会文化命题下诞生的：在现代化的追求中，一代代华人奔赴美国、加拿大，移民潮流得到强化、发展壮大，形成现代世界一个极其复杂而又颇具现代意味的社会现象和文化现象。

这里有必要指出的是，当今世界，新移民移民美国、加拿大的动机已经世俗化了，它不是中国近代洋务运动或“五四”以后精英知识分子、政治家富国强兵的“西学东渐”行为，而是基于对欧洲工业革命和北美19世纪以来的现代化的政治民主、繁荣的市场经济、高度的城市化、都市化的社会生活方式及现代福利制度等的世俗追求。美国，是世俗人心目中的“天堂”：“加利福尼亚实际上是一个自给自足的地方，但对所有美国人而言，它具有奇妙的诱惑力和兴奋力——甚至某种恐惧感。正如加州人所见，正大光明，无拘无束，大家一道群居，寻欢作乐，正是加州的好处所在。这些安乐乡的公民们似乎永远是懒洋洋地闲荡在游泳池畔，饱享日光浴，身背行装穿山越岭，裸着身子在海滩上游戏，每年长高一点儿，忙着从圣诞树上取钱，不着上装四处兜风，在红杉林里跋涉——停下来喘口气时，他们面对嫉妒的世界在照相机前搔首弄姿。‘我看到了未来，刚从加州回来的人说’，‘它是闹着玩的时代’。”[②]这是丹尼尔·贝尔通过引用描述的现代美国景象[③]——一个充斥着现代时髦时装、摄影、广告、电视、娱乐和旅游的新世界。所以，当国人惊羡于他们先进的科技、教育、文化、生活和民主、自由的政治及良好的福利制度时，他们的“美国梦”也就诞生了，美国和加拿大，这两个在西欧现代化城市化经验基础上发展起来的现代的后现代国家，成了一代代国人顶礼膜拜的偶像。“到美国去，到美国去”的欢呼声

① 黄唯. 2012. 移民之道——一位美籍华裔律师教你如何合法移民美利坚. 北京：中国人民大学出版社：16.

② [美]丹尼尔·贝尔. 1989. 资本主义文化矛盾. 赵一凡，蒲隆，任晓晋译. 北京：生活·读书·新知三联书店：118.

③ 丹尼尔·贝尔对美国这种现代化的景观充满忧虑。但是，他也从另一个层面生动地展现了现代资本主义社会——美国的富裕悠闲的生活景观。

成了当今部分中国人追求国际化、世界化的崇高声浪。移民的天然本性得到了尊重民权、民意和现代化、国际化、世界化的现实生活的印证，尽管这包含极其复杂的悖论，甚至是一种文明终结的征兆。①

当然，移民现象历史上“古已有之”。然而，在现代国际社会和全球化的历史语境下，这一问题的重要性却显得异常突出了。尤其是在世界性的开放经济环境下，跨国、跨境人口流动已经是不可避免的国际性现象。近年，像中国这样的高增长的新兴经济体，像美国和西欧这样的高度发达的后工业化西方社会，移民问题更加凸显。这与现代化的发展进程有极大的关联。事实上，除了近期大量的欧洲难民事件外，移民是美加现代化的动力之一，北美的现代化，又吸引欧洲和世界各地的一批批移民，这形成了一个不断循环的过程。换句话说，基于对现代化、现代文明的向往，世界各国人民纷纷移民美国、加拿大，这也是基本的事实。因此，北美高度发展的现代文明，是移民潮流形成的主要原因之一，而且，华人移居北美是北美国家和华人移民积极共谋的结果。

二、新移民文学的现代主旨和价值内涵

对于北美的现代化进程，《世界现代化历程・北美卷》一书的作者从政治现代化、工业和经济结构的变迁、美国西部开发和农业现代化、城市化和城市生活的变迁、生活方式的变革五个方面做了描述。他总体上认为，上述五个方面分别构成北美现代化的动力，而外来移民则是美加现代化的基本动力之一。这主要表现在以下五个方面：①外来移民带来了大量资金，为美国创造了不可估量的巨大财富；②不同族裔的外来移民为北美工业化、农业现代化做出了突出的贡献；③19 世纪末到 20 世纪初，大批移民来到加拿大，给美加带来了大批劳动力。他们是美加工业化、农业现代化的生力军；④大量移民对美加科技和教育发展做出了贡献。目前，美国仅大学就有 4000 多所，100 多所属于世界一流。这使美加成为了世界上的教育科技大国；⑤大量移民的到来，也带过来或必然地造成美加社会和文化的多元化。下面的具体数字，就更有说服力，“在美国历史的发展中，不断涌入的

① 周斌. 2019-3-31. 福利主义、末人与文明的终结——给福利民主制度的一曲挽歌. 南方周末，D24.

移民增强了美国社会与文化的多元化。如 1909 年，芝加哥一家工厂的 4200 名工人来自 24 个族裔，而芝加哥市人数在 1 万人以上的族裔群体使用的语言至少有 14 种。在 1937 年，美国共有 1067 种外文出版物，使用 38 种语言。仅在纽约市，就有 225 种非英语出版物，只有佛蒙特、犹他以及 6 个南部州没有外文出版物。在 20 世纪初的纽约市，流行着 66 种语言，出版了 49 种外文报纸。在纽约市的一所学校（Mulberry Bend），学生来自世界上的 29 个民族。随着后来美国移民的不断涌入，美国社会与文化的多元化特点不断得到强化，为第二次世界大战后美国多元文化主义的兴起奠定了厚实的基础”。[①]“从 1820～1920 年间的两次移民浪潮来看，移民比较喜欢聚居在城市。这对城市人口的膨胀和美国城市化的完成起到了直接的推动作用。1900 年，外国出生的美国人在 2500 人以上的城镇和城市人口中的比例占 66.3%，在 10 万人以上的城市中占 38.3%。而当年本土出生的美国人在人数 2500 以上的城镇和城市中仅占 36.1%。到 1920 年，外国出生的美国人或者父母至少一方是外国人的白人中，至少有 71.6%居住在城市地区，而住在农村地区的只有 28.4%。……到了 1920 年，美国的城市总人口首次超过农村人口，表明美国实现了城市化”。“经过 19 世纪后期到 20 世纪初期中层和上层所推动的各种改革，不仅资本主义的商业原则被成功地运用到了政府管理之中，而且城市规划和城市社会问题也得到了极大的改善，北美城市不仅具备了现代化城市的外形，而且按照现代化的规则运转，成为了真正意义上的现代城市。不过，就在 20 世纪实现了从乡村社会到城市社会转变之时，北美社会也开始向新方向转变，即从城市化转向大都市化和郊区化，从集中为主转向大范围的集中和小范围的分散相结合的阶段”。[②]

由这些数据我们看到，《美华文学》“发刊词”的“美国是一块富饶的土地，开拓和灌溉这块土地的，也有我们千千万万华侨先辈们的血和汗”的历史真实性：这些先驱是美国历史的创造者。后期移民，更是如此。因为美国从 20 世纪初就实现了城市化，华人移民大多集中在高度都市化、商业化的城市，如纽约、芝加哥、底特律、旧金山、洛杉矶等，这些新移民

① 钱乘旦主编. 2012. 世界现代化历程・北美卷. 南京：江苏人民出版社：390.

② 钱乘旦主编. 2012. 世界现代化历程・北美卷. 南京：江苏人民出版社：389.

奔赴这些城市，他们就是这些现代都市的积极建设者。他们大量集中在这些高度现代化、工业化和商业化的城市，推进着美国现代化的发展，改变着北美社会面貌的根本变化。

文学是现实世界和生活的反映，新移民文学逼真反映了北美现代化历史进程的移民生活及其命运，反映了他们创造北美现代历史的具体生活情形。换句话说，自 20 世纪 80 年代以来，移民北美两国的大量华人作家对当今世界正在发生的美加现代化这一世界性现象做出了反映和描述，新移民文学便由此诞生，如严歌苓、施玮、张翎的小说，以及由《美华文学》促成的“金山作家群”的创作，无不如此。其中，张翎的《金山》与《阵痛》具有代表性。

《阵痛》这部长篇小说的独特价值就在于，它通过人物自身语言隐秘地宣告了美国的方向就是人类世界发展的方向的预言：

> “‘武生，要不，咱就不走了吧，有爸在。’宋志成掏出兜里的手帕，擦了擦女儿的嘴角。眼泪毫无防备地涌了上来，武生赶紧扭过了脸。从拿到签证那一刻起，她就期待着有人说这句话，可是没有，谁也没有。刘邑昌得到消息后立刻报了一个托福培训班，准备花一年的时间攻克外语，争取明年和她在美国相聚。母亲拿着她的签证看了一遍又一遍，喃喃地说美国才是世界发展的方向[①]。她以为阻拦的话终究会来自外婆，因为外婆是一家人里最守旧的一个，可是外婆却说，想做的事就得乘着年轻去做，免得老来后悔。从一开始，父亲在这件事上一直保持着沉默。然而父亲从来话少，她很难从父亲的缄默里猜度他的心思。她只是没想到她期待了很久的一句话，竟会来自向来寡言的父亲。
>
> 她虽然一直等着这句话，可是她明白她绝不会被这句话左右——她终究还是要走。她只是想知道有人贴心贴肺地牵挂着她，而不仅仅是拿她当指望。现在她终于掏到了这句话，她突然觉得心落在了实处——她终于可以放心地走了。”[②]

---

① 这是世俗社会常见的口实。现代国人并不完全认同。张翎在这里借人物之口说出，只是反映一种社会偏见，并非就是她自己观点。而且，对于一个移民作家，她对于移民现象出现造成的某些国家、民族及其文化认同的问题，还是有清醒性的认识的。

② 张翎. 2014. 阵痛. 北京：作家出版社：275.

这段话逼真再现了北美现代化吸引中国人移民北美的主要原因：尽管移民歧视仍然存在，移民北美却是不少中国人的梦想。上面的武生和其母亲的梦想即是典型。《阵痛》中人们移民美国的这种态度和倾向，实际上反映了北美现代化与移民潮流的内在联系性。

当然，这实际上也有极其深刻的思想历史动因。因为过去，我们把移民与逃离者等同，与叛徒视为同义词，在这种二元对立的思维惯性和 20 世纪革命性世界大潮的影响下，移民创造历史的社会历史价值与意义被全然否定了。同时，由于近代以来西方世界的殖民主义和帝国主义、法西斯主义思想的嚣张，复杂的种族歧视下移民的价值被一笔一笔抹杀。然而，和平与发展的世界性时代主题确立后，这种观念被根本地翻转，移民的角色被重新确认，价值与意义得到了肯定，所以才有武生的这种断然决定。

这种思想也反映在张翎的另一部小说《金山》里。《金山》中，六指和锦绣母女的对话似乎可以看出移民在近代被复杂化的过程：

“六指翻了翻锦绣的书，书名是《向导》。锦绣看的那一页上，说的是‘帝国主义……封建买办……协助军阀……压迫国民革命’，云云。六指看得云里雾里的，只觉得锦绣现今看的书，跟自己年轻时看的，竟是全然不同了。她虽看懂了每一个字，却是不懂到底是什么意思。就问锦绣帝国主义就是洋番不？

六指不回答。只问阿妈你听没听说过前几年沙面租借英国，法国人机关枪打死中国人的事吗？六指说死了那么多人，怎么不记得？锦绣说可是阿妈你知道他们为什么死的吗？六指摇摇头。锦绣说先是东洋人在上海的沙场打死了中国工人，上海的市民上街抗议，叫英国人打死了十三个。广东香港的人，原是支援上海市民，才遭了害的。东洋人西洋人，在自己国家知道老实守法，到了我们国家，倒是为所欲为。

六指就叹气，说谁叫我们国家穷呢？狗瘦遭人踢，人瘦遭人欺么。锦绣说，不怕穷，就怕无知。所以要努力办学，以后大家都读书觉醒了，就不叫洋人爬到我们头上作威作福了。六指说，可是你阿爸阿哥，要不是靠洋番吃饭，咱们能买得起这些田，盖得起这些楼吗？锦绣的两个眉毛一挑，声调就高了起来：‘若没有阿爸他们拼了一条命修出铁路来，金山还是荒滩呢。是阿爸养活了金山，不是金山养活了阿爸。'"[①]

在帝国主义、殖民主义时代，在一个革命为主题的时代，我们很难对移民创造历史的意义和价值有充分的认识。但是，现代最早觉醒的一批知识分子，实际上早就看到了移民在北美现代化进程中发挥的作用："若没有阿爸他们拼了一条命修出铁路来，金山还是荒滩呢。是阿爸养活了金山，不是金山养活了阿爸。"一部《金山》，以小说的方式诠释了中国移民与北美现代化的内在联系，所以，就此我们可以看到，北美现代化与新移民文学发生的深刻内在关系，以及当代新移民文学发生的崭新价值与意义。

吕红的《美国情人》这部长篇小说，也是一部充分挖掘和肯定现代移民的内在动因的、具有现代视点的新移民小说。它对现代新移民移民动因的揭示与展示，对旧金山这个现代移民城市"城市之光"的展现，也使我们看到现代移民聚集北美等现代城市的根本动因。"没有人类的探索和转变，就没有现在高度发达的我们。不，应该说没有那第一个爬上陆地的鱼儿，就没有现代的我们"，"寻找机会实现自身价值为所有移民迁徙原因"。[②]这部小说以迥异于张翎小说的创作旨趣反映了现代移民的移民态度与动机。因为在这部小说中我们看到，芯和倪蔷薇等一批新移民移居美国，源于她们这些艺术家对孕育了现代艺术的美国都市旧金山的"艺术氛围"的内在渴望。这与《金山》中的方氏家族已经完全两样。前者是华人移民移居后工业化的西方社会，后者是华人移民移居早期北美工业化时代的城市。其中，北美的现代化与新移民文学的关系被淋漓尽致地表现。该小说第 29 节充分展示了这种景致：

"夜晚下班之后，如果气候比较温暖，海风比较温柔，心情不那么恶劣，精神也不那么疲惫，蔷薇最喜欢沿着北滩的主要街道哥伦布大街散步。沿着林林总总的旧式意大利咖啡馆，男男女女坐在街边饮酒喝咖啡，温馨洋溢而消闲，或调剂情绪，或寻找感

① 张翎. 2009. 金山. 北京：十月文艺出版社：340.

② 吕红. 2005. 彼岸追寻. 美华文学，(59)：28.

觉，让她观看灵异世界的人生，就像看电影式的。人生太沉重，有时不妨给自己一点消遣，享受咖啡、电影或音乐，来一点别样的轻松也是好的。

山水起伏有致的旧金山，可以说是人见人爱，上镜率颇高。据说以这个明星城市为背景或主题的电影已经超过 500 部。早期电影有《富瑞斯客孩子》《旧金山》等，后来的电影包括《来自深海》《头晕目眩》《修女也疯狂》等，都诞生在这里。据说，北滩街景和巴黎的城市风格巧合，似乎平添了几分异国的浪漫情韵。在这条街上漫步，不时也感受那些终日对酒当歌、作诗、听爵士乐，还有在浓咖啡催化之下的夸夸其谈。新旧并存，传统与现代杂呈，东方和西方混合，构成了最具风味的地域特色。汇聚民俗风情的意大利区、中国城、越南埠头、日本城、韩裔区、西班牙及墨西哥城等，凸显五光十色之斑斓景致。

大陆有位女作家，偶尔旅行到这里，海边感叹：美国虽好，但不是我们的。但蔷薇却很想说，既然我来了，我也是，也应该是主人。

沉浸在如此氛围里，怎不令人思绪飞扬、灵感奔腾？作家杰克·伦敦在此出生和成名；这也是赋予杰克·克罗杰亚和‘感恩者死’组合乐队创作灵感之都。文艺家们得天独厚，借助文学杂志不断地发表文章锻炼手笔。最早 1852 年创刊的《黄金时代》，刊登了排字工人哈特的早期诗歌和随笔，而短篇小说《咆哮营里的幸运儿》使其名声大振。与哈特浪漫主义并驾齐驱的是马克·吐温的诙谐幽默。另外还有不少饮誉文坛的诗人、举止古怪的艺术家等。19 世纪 80 年代的比尔斯，他撰写专栏以黑色幽默妙语连珠抨击时政，出版了《魔鬼词典》。当年艾伦·金斯伯格的《嚎叫》诗歌一出，响彻全美。在旧金山一破旧的汽车修理厂改建的第六艺术馆，他向一大群艺术家朗诵，在诗中怒骂：‘我看到我们这一代最有才华的人才忍饥挨饿，歇斯底里，衣不蔽体，遭受着愤怒的打击。’福利伯格出版了这首诗后一下子奠定了其文学地位，却不料因诗歌吟脏话而锒铛入狱。他在辩词中称以‘嚎叫来反抗疯狂的文明’。第一修正案的审判吸引了全美关注，最终宣告以无罪释放。

蔷薇偶尔会在劳伦斯·弗林格蒂的‘城市之光书店’驻足流连。建于半个世纪之前的这个书店，自诞生起就成为文艺节活动中心，从早到晚吸引了一批爱读书的人，被誉为美国文学的里程碑。弗林格蒂用卓别林的一部电影来命名书店，显然也是颇有意味的，反映了小人物与庞大的冷酷无情的世界的对抗……

对艺术家来说，独特的艺术氛围与自由创作的环境让敏感的艺术细胞无形中催生发酵，孕育出奇异的作品。旧金山的包容就是要鼓励那些艺术家、质问家以及探索者，表达自己与众不同的思想。无怪乎有人感叹，这里最大的优势就是提供一个新的环境，让你以全新的眼光看待和诠释这个世界——或是以公开的手段，如金斯伯格的《嚎叫》，或是以含蓄的方式，如亚当斯所拍摄的照片、影片。透过阴影斑驳的壁画和橱窗里泛黄的旧照片，她仿佛看到那批在伍德斯托克与主张推翻垄断资本的愤怒的一代，集马克斯·韦伯的清教工作狂与杰克笔下的流浪分子于一身，以标新立异企图摆脱身份危机。

在维苏韦尔咖啡厅的外墙壁上用油彩涂抹着一首诗：

当蝗虫的阴影
盖住了田鼠的小径
仿佛一轮红日自清脆泥泞的草地上飞跃而起
在西方的地平线映出清晰的轮廓
仿佛瘦小的肌肉绷紧的印第安战士
张弓拉箭，瞄准目标
直对着你，是该喝另一杯马爹利酒了。

啊，风霜感的咖啡厅是文坛巨星的卵化地，弗林格蒂、凯罗亚科、金斯伯格和其他作家诗人艺术家钟爱的聚会场所。被称为‘垮掉的一代’，那群叛逆者在20世纪60年代，游走在道德边缘，终日与酒精、爵士乐、放荡不羁的性爱和毒品为伍，以其标新立异、自由反叛的思潮，引出震撼世界的嬉皮文化。

旧式酒店和咖啡厅，为风靡一时的文艺运动营造出绝无仅有的氛围。整日咖啡座厮混做白日梦的嬉皮大佬杰克·凯萝丝的《在路上》，以爵士乐手法连续不断地打印出长长的一大卷纸。它的出现打破了美国文化墨守成规、自我满足、停滞不前的状态，而那种永远在路上的感觉成为人们精神上寻找的象征……人的一生中，应该有一次到荒野里去，体验孤绝，依存孑然一身的自己，然后才会认清自己真实的隐藏的潜力，小说《寂寞的旅程》之语——竟在今日席卷书市的日本小说家村上春树的作品中流传。”①

《在路上》《寂寞的旅程》是新移民生存状态的实际写照。《美国情人》这一节书写了美国现代都市与新移民探索转变和自我实现的内在关联。这是文学作品对移民这一问题的反映，或者说是作家对新移民移民动因的想象，其实，这类文学反映和思考，几乎每一部华人移民小说都有涉及。像黄运基的《巨浪》，这是一部书写华人在美国争取人权、反对种族歧视和唤醒华人在美主动争取选举、参政议政的一部小说，但其对华人移民美国多样动机的审视，却也使我们能够看到华人移民北美更为复杂的原因。余念祖的父亲移民美国是为了淘金，他移民美国却是寻亲，咏梅、刘珍移民美国，是新中国成立后那一段极“左”路线促使下的结果，安安偷渡移民美国，是为了换一种活法：

“安安没有立即回答余念祖的问题，却向他解释道：‘我在美国已经10年了，几经艰辛在3年前拿到了绿卡。我还是第一次向别人透露我的身世，许多人都认为我们这些人很可怜，认为蛇头太没有人性。错了，多数偷渡客对蛇头还真感恩不尽呢！’

安安这话又使得余念祖大吃一惊，哪有这样的人，被人贩子卖到外国当奴隶般过日子的呢！然而，余念祖还隐约记得，《金门侨报》报道过这样的新闻，就像安安所叙述的那样。曾经有一位蛇头被抓，被美国当局控告偷渡人蛇、绑架、拘禁、勒索、洗钱等罪名，中国南方某个地方的村民，竟然敲锣打鼓声援这名蛇头，因为这个村庄有许多子弟都靠这个蛇头偷渡到美国！真是不可思议！

① 吕红. 2006. 美国情人. 北京：中国华侨出版社：93-96.

‘那你自己呢？’余念祖问安安，‘你在家乡不至于没有办法过日子吧？干吗冒这个风险？’‘说实在话，我在家乡的日子过得很好。’安安毫不迟疑地回答。她沉默了好一会儿，欲言又止。当余念祖站起身从裤袋了掏出钱包时，她制止了他。她说：‘免了，下次再收费，保证在为你推拿两次就完全康复了。’

‘再次向我谢罪？’余念祖跟安安开了一个玩笑。离开他家时，她在门口向余念祖说了一句颇有哲理的话：‘我偷渡来美国，是为了换一个活法，是为了活得明白！’”①

在这里，我们看到，芯、安安这批移民，她们移民美国是因为更为深层次的个人目的：追求转变与自我实现。在这种动机之下的新移民文学，展现了最近移民文学的重要思想内涵。

移民问题是一个关乎国际社会政治、文化和社会发展的重大问题。《中国社会科学报》上发表的梅新育的《西方福利制度加剧跨国境移民管理难题》一文就在这个基点上专门探讨了这类问题。②而且移民现象，又是一个十分复杂的问题。在当代世界，它又是一个十分敏感的世界性议题。对于这样的议题，北美新移民文学必然会做出反应，实际上，新移民文学也正是在这个社会历史基础上发展起来的。

分析过资本主义文化矛盾的丹尼尔·贝尔尽管得出过晚近资本主义社会与其文化存在着断裂，但他也承认，社会结构和文化之间，尤其是文学，总体上呈现着一致性，至少大多数情况下是这样。“从历史上看，多数文化和社会结构都呈现出统一性，虽然免不了存在着一些较小的社会团体，他们总要表现自己隐秘和异端的、往往是放纵无拘的价值观。古典文化通过它的理性和意志在追求美德时的和谐如一体现出自己的统一。基督教文化在以天堂地狱差别去复制秩序井然的社会等级和教阶制度时，在寻求它的社会价值观念的神谕天命时也反映出相应的一致性。现代社会的早期，资产阶级文化和资产阶级社会融合成一个特殊的群体，并围绕着秩序和工作

① 黄运基. 2012. 巨浪. 广州：花城出版社：188-189.

② 该文只是从社会管理层面上讨论问题，其观点与《美国情人》的主人公并没有关系。因为其主人公明确宣称，其移民早已超越了物质主义陋习。（梅新育. 2014-12-19. 西方福利制度加剧跨国境移民管理难题. 中国社会科学报，A06.）

要求形成了自己独有的品格构造”。[①]《美国情人》展现在清教精神影响下和后现代主义快乐道德观主宰下的国际化都市旧金山的现代社会结构就完全一致。所以，由此可以看到，目前新移民文学的关注重心及其主题内涵与它的后现代商业化社会变化具有一致性。后工业时代的商业社会与此前张翎展现的百年前的美国社会相比，发生了很大变化，所以，它的文学文化的变化趋势就是移民史及相关主题的书写渐趋式微，在全球化、信息化时代世界性公民的生活及感受体验的书写渐成主流。换句话说，随着晚近北美社会——经济向后现代性的转化，《美国情人》（吕红）、《情徒》（沙石）、《青城的夏天》（伊娃）、《空白》（怀宇）、《枪响之后》《三叔的豪宅》（伍可娉）等一大批全球性的都市化文学就出现了。先前北美新移民文学，主要书写先期移民在移民过程中的种种艰难生活和非人待遇，也有一些则是写19 世纪到 20 世纪移民史的，张翎《金山》写的就是“19 世纪的后半叶和 20 世纪初”“被近代史教科书称为先侨、猪仔华工或苦力的那群人”[②]，但是，现代新移民文学的主流无疑是前述文本，其主旨价值旨趣发生了重大变化。

三、新移民文学的主要主题及“离散诗学”[③]

北美新移民文学的发展具有以下优势：

第一，本论题所标称的这批新移民作家，大多是移民，有来自中西文化的丰富修养，有真切的移民体验。这是他们自身的经历与学养优势。陈公仲对此持肯定的态度，他说：“他们大多在国内外受到过良好的高等教育，文化素质普遍较高，可属于‘精英文化’阶层。同时，浪迹天涯的经历，打开了眼界，丰富了生活，又得天独厚地享有中外多种文化传统的滋养。再加之，经济生活平稳安定下来，他们的写作，已经纯乎一种爱好，一种精神寄托，一种情感的宣泄和精神的追求。他们远离了世俗名利的追逐，他们的精神是完全可以达到创作心灵的‘自由王国’，是有望攀登文学的新

① [美]丹尼尔・贝尔. 1989. 资本主义文化矛盾. 赵一凡，蒲隆，任晓晋译. 北京：生活・读书・新知三联书店：82.

② 陈公仲. 2009. 文学新思考. 南昌：江西教育出版社：138.

③ 离散诗学是近年海外文学研究，尤其是移民文学研究的主要理论话语。饶芃子、刘登翰、李湘萍等人对此议题及其理论价值有详细阐释，颜敏论文对此做了阐释。（颜敏. 2007. “离散”的意义与流散——兼论我国内地海外华文文学研究的独特理论话语. 汕头大学学报，23（2）：69-72.）

高峰的。”[①]“金山作家群”的作家，陈瑞琳所谓的“三驾马车”的严歌苓、虹影、张翎及少君、苏玮、程宝林们，无不是这样的作家。他们已经站在了当今汉语文学的高峰，创造了今天新移民文学的一部部经典文本，为世人所瞩目。

第二，“新移民作家由于脱离了本土，来到了‘天外’，完全可以站得更高，看得更远。新移民作家大多有深厚的乡愁情结，但这种情结‘我们应该把这乡愁情结、中国情结融入新世纪的‘地球村’里，形成一种国际主义、世界公民情结，重新开辟天地，创立新业。这种天外有天、广袤无垠的题材，该是多么的鲜活、生动、诱惑人啊！’”[②]陈公仲在这里描述的是新移民作家的离散经验。新移民作家的这种独特的离散经验，既是地方的，也是世界的，也因此给我们带来了丰富的人文世界。这是新移民作家的又一个独特创作优势。

第三，“新移民文学的优势就在于处在多元文化的交汇点上，我们完全可以广泛地博采各地文化的精华来充实、丰富自己，生物学上不是有‘杂交’优势的说法吗？叶维廉也说要‘异花受精’。数学上有‘离散数学’，文学上有‘离散’新说。诗人郑愁予就主张诗人要流浪、漂泊。汤吉夫提出新移民文学要从传统中剥离出来。这样完全可以产生出一种有别于传统文化和其他多种文化的文化新质来，这也许导致新移民文学的新生机、新出路。

而且，从人类的本能本性来看，各种文化的形成，都是后天环境所致，而同处这‘地球村’的后天环境中，人性、人情和人道都是相通的。可以说，世界上各民族人种的各种文化千差万别，然而，不可否认，毕竟同大于异。而且随着人类文明和经济的发展，同者日显，异者日微，古人所谓‘大同世界’，终将是人类的最终归宿。文学不是讲历史使命、社会责任吗？促进这大同世界就是我们的使命和责任。所以，作为新移民文学的作品，不能只是一味地突出和暴露中西文化的差异、矛盾和对抗，而是应该更加积极地寻找发现中西文化的相通相融之处，并使其发扬光大。遗憾的是，这类作品也并不太多，倒是张翎、林媚最彰显的人类普世博爱和石小可所宣扬的中外学人共有的正义、正直、善良，给人们以清新、惊醒。”[③]“全

① 陈公仲. 2009. 文学新思考. 南昌：江西教育出版社：58.

② 陈公仲. 2009. 文学新思考. 南昌：江西教育出版社：59.

③ 陈公仲. 2009. 文学新思考. 南昌：江西教育出版社：60.

球化时代，交通便捷，两岸三地门户大开，旅游经商，来往方便，加上网络发达，留学生和移民得以通过电子邮件和电话与国内亲人经常联系，乡愁不再深浓。近年来，两岸三地经常召开世界性的华文文学会议，全球各地的作家学者彼此交流切磋，高等学校开设海外华文文学课程，北美华文作家的书写已从花果飘零走向众声喧哗，从局促一隅到跨疆越界。”①北美作家的书写属于越界书写，事实上，正是这种独特的越界书写，丰富和补充了离散经验，成就了北美新移民文学。地域间的交流、寻根、海归、候鸟、跨州和跨文化语境写作，使美华文学作者具有了全球化和世界性的视野，所以，历史上没有哪一个时代的世界作家像今天的移民作家这样具有如此丰富的潜在的写作优势。文学是创作主体内在精神的产物，作家的境界决定了文学的境界，北美新移民文学的境界也由此可以得到反映，也由其决定。

伴随着北美现代化这一独特社会结构发展而来的新移民文学，在近 30 年来获得繁荣发展的机会。尤其是北美华人新移民文学，它伴随着中国的开放，伴随着世界全球化的发展，其发展势头令中外学者交口称赞。知名海外文学评论家陈瑞琳对它的发展描述带着惊叹：“这是一个怎样的海外文坛！职业各异，贫富不均，执笔者对写作一往情深，但却很少有人将生存的重但压给心爱的铅字。这样的创作不为名利，只为灵魂。从雪山脚下的瑞士小城，到郁金香盛开的荷兰都城，从北国枫叶如盖的加拿大，到环抱墨西哥湾的北美海岸，只要有华人打拼的地方就有汉字创作的文学！文学真正是一种最奇异的生命。有灵魂的地方它就会生根、发芽、开花、结果，而尤其在酷热文化交战的土壤，文学则更顽强地为历史与现实留下一丛丛鲜活迷人的奇葩。……当我们环顾‘海外文坛’的八面来风时，一方面为华夏文化走向世界而感到自豪，一方面为研究一群身份模糊、笔墨无拘的创作群体而感到困惑。‘文坛’这两个字在内涵和外延的判断在这里遇到了挑战。……更值得注意的是，由于网络文学的兴起，文学的交流超越了国界，其影响日益浩大。在海外文学的大园地中，随着新移民队伍的迅猛发展，新移民文学出现了雨后春笋般的蓬勃局面。年轻一代如何在海外创立

① 陈瑞琳. 2006. 横看成岭侧成峰——北美新移民文学散论. 成都：成都时代出版社：8.

华人的新形象，如何在经济、政治地位上寻求新突破，如何营造自己民族的文化环境，已经成为新移民文学声势浩大的主旋律。毫无疑问，北美是新移民文学的重镇，这里有声名卓著的华文报纸，几乎所有的华文媒体都与新移民文学系着不解之缘。从风靡美加文化人的《世界日报》《星岛日报》《明报》到《国际日报》《侨报》，再到雄踞一方的《南美新闻》《达拉斯新闻》《美中时报》《神州时报》，还有各类特色的周刊、周报，几乎每一个副刊的栏目都出现了新移民作家的名字。有趣的是，一向以中国台湾作家为主要创作群体的《世界日报》，竟然征文'新移民之声'，并大规模刊登大陆知青'洋插队'的新移民人物故事，一时间竟然蔚然成风。而特别应该提到的是在休斯敦创办了十年之久的文化刊物《北美行》，多年来致力于新移民文学的耕耘发展，曾举办全美征文，各路作家云集，培养了众多文学爱好者，影响深远。而近几年南加州创办的《美中时报》，尤其侧重推出新移民的创作园地，深受读者喜爱，成为为新移民文学推波助澜的又一典范。"[①]国内新移民文学最主要的推动者公仲先生、江少川等认为，新移民文学不仅繁荣，而且出现了经典，发展到了它的成熟期："他从一个方面验证了世界海外文学发展的格局中，新移民文学作为一支生力军、一股中坚力量，已经走进了人们的视野，走进了主流文学的行列。如果说《北美华文小说精选》近五十位作家的集体亮相，是从数量和广度上显示了北美新移民文学的规模和声势，那么，'北美经典五重奏'丛书的揭幕，则在质量和深度上，表现了北美新移民文学所达到的艺术水准和历史的新高度。五重奏的乐手，一位来自加拿大，四位来自美国，三男两女三部小说，一部散文，一部评论，这些数字都颇具代表性，似乎可以看出北美新移民文学的现状和它的精彩配置。"[②]显然，近几十年来，北美新移民文学得到了繁荣发展，这已经成为文学史事实。这其中，"美华文协"和《美华文学》杂志造就的"旧金山作家群"，也是推进北美新移民文学的主要力量。他们和东部纽约作家群、中部美南作家群、加拿大温哥华作家群一道，推进了北美新移民文学的繁荣发展。这批作家，与中国大陆的汉语文学写作的作家

① 陈瑞琳. 2006. 横看成岭侧成峰——北美新移民文学散论. 成都：成都时代出版社：3-4.
② 陈瑞琳. 2006. 横看成岭侧成峰——北美新移民文学散论. 成都：成都时代出版社：1.

群相比，他们的移民、离散、跨文化经历与身份书写构建的离散诗学，是当今汉语文学美学的重要开拓。因为如果说海外流散本身能够导致本国经济和私人利益的增长（中国和印度都和海外侨民保持强有力的联系，这种情况也逐渐在非洲出现），那么，像新移民文学这样的流散文学无疑也会丰富汉语文学美学园地，拓展汉语文学的思维空间。

新移民文学的主题内涵也极其丰富与复杂。从现代化、全球化的社会理论和离散诗学的维度来分析，至少有六大主题：情爱性爱主题、文化冲突和融合主题（包括乡愁主题）、种族平等主题、全球化与多元文化主题、人性主题和人际交流与共享发展主题。这六大主题是当代新移民文学最主要的表现主题。仔细分析，沙石的《情徒》、张翎的《阵痛》等的主题可以视为性爱主题，黄运基的《巨浪》表现的是文化冲突与融合主题，张翎的《金山》《阵痛》充分展现出反种族主义的文化主题，严歌苓的《扶桑》是人性探索主题的代表，风中秋叶的《我给老板做婚宴》等展现的则是人际交流和共享发展主题。新移民文学丰富的主题，丰富了人类的思想文化，张扬了普世价值观，传播了人类文明思想，是中西文化交流的桥梁。上述文学主题，为完成文学的这种社会历史使命做出了极其重要的贡献。

具体说来，像张翎的《金山》和黄运基的《巨浪》对移民故事或移民诗史的书写，就非常形象地张扬了文化融合、种族平等、全球化与多元文化的积极意义、人际交流与共享发展的全球化时代的主导思想。它们通过移民这一美加现代化的生力军的书写，张扬了自由、民主、正义和平等的人类普世价值观，彰显出人类文明的新发展趋向，具有非常重要的价值意义。

事实上，相当多的新移民文学文本则写现代新移民的生存感受和体验，写当代新移民在追寻现代化进程中的遭遇、人生感慨，颇类似 20 世纪 30 年代新感觉派的都市文学。这些小说被称为华工小说。从 2011 年夏季号《美华文学》的四篇小说的抽样分析，也许能够看出这种变化。陈河的《怡宝之夜》以“我”探秘的形式，写许玉叶夫妇这对罪孽深重的汉奸——日本虐杀华人的帮凶在马来亚怡宝苟且偷生的孤单晚景，揭示了这对有几百命案的战争罪犯夫妇在马来亚、日本的罪恶行径，也从侧面书写了法西斯日本的战争罪恶。这是一篇写异国华人在第二次世界大战中的异国遭受虐待的短篇小说，题材相当特别，书写也颇有特色。陈谦的《谁是眉立》写华人移民可雯移民美国的因由和在美国后的生存感受。小说以可雯在旧金山处理房产开始写起，中间大部分笔墨交代她与晓峰的赴美动因和她在美的人生奋斗经历，最后写了可雯与晓峰的机场相遇，以晓峰的被物化和忘却结尾，透露出对人性的深刻顿悟。

眉立是於梨华《又见棕榈，又见棕榈》的人物之一，牟天磊的初恋所在，但该小说中的这个人物过去是可雯和晓峰链接的纽带，可雯为了不蹈眉立的人生覆辙，追随晓峰，可最后却仍然成了眉立式的人物，重新蹈了其覆辙，而晓峰却早已忘记眉立是何许人也，人真的有时是难以说得清，道得明。《又见棕榈，又见棕榈》曾经是赴美小说的代表作，书写了 20 世纪那一代中国台湾人的失根情怀，但《谁是眉立》显然是新移民文学现代生活及感受的书写，是真正意义上的新移民书写。《谁是眉立》把人物现在的经历和过去的经历交织书写，在对比中嘲讽了人生的荒诞。

怀宇的《当生命以癌的形式重逢》写一位援藏军人和红遍中国的歌星的恋情和两人垂老之年重新相逢在美国癌症化疗室的故事。洛杉矶和西藏，成了一对生命一生中反思生命、观照生命的奇特地方。《梦工厂》则写在洛杉矶硅谷从事计算机工作的一对夫妻创业的故事，小说提供了一种独特的美国经验。

又如，新移民文学中相当多的文本，都把在美国的感受书写作为第一关注点。如张慈的《失败者》，写画家程忆蕾在硅谷的生命存在感受。她在硅谷，这个一夜产生 60 多个百万富翁的地方成了令人羡慕的富太太，又经历了婚变，成了失败者，加之患了直肠癌，看到了青春生命的自杀事件，她懂得了生命，还是嘲讽了生命？还是懂得了活着重要的道理？生存感受和感悟的书写，成了新移民文学书写的重心。与早期华工小说不同，这些小说可以被称为“新华工小说”，也可被称为是“现代都市小说”。

黄运基的《巨浪》书写了已经工业化和高度城市化的旧金山湾区，一代新移民的政治文化诉求，也是真正意义上的现代都市小说。这些文本的叙事观念也发生了重要变化，小说不重故事性，而重感受性的书写，小说不再是叙述一个简单的故事，而是探讨生存的意义。现代小说观念逐渐被确立起来。

如前所述，北美新移民文学的发生，源于国人对现代化的追求这种社会历史文化思潮和个体自由发展的内在需要。实际上，正是这种发生学语境的变化，使北美新移民文学的主题呈现出新的思想倾向。现代化使国际移民现象普遍了起来，一些国家的高度现代化吸引了大批发达国家和发展中国家的人前去移民，移民成了现代人类世界一个极其重要的社会文化现象。移民是个动态的人类运动，这个动态的人类迁徙行为，它使固化的世界活起来了，也使世界混杂化，人类混杂化，混杂使世界活了起来，引起变动，具有了生命力。

移民也使国别、性别、族群、文化等人类古老的制度、观念的内在含义从保守向开放包容扩张。移民使国籍问题凸显了，族群意识凸显又转而消融了，文化及其人类生活方式诸种问题的差异和融合凸显了起来，也使单个的性别意识发生内在的分裂破坏。移民现象的凸显使我们对上述问题的审视显得异常敏感，异常刻不容缓。

国别、性别、族群、文化的主题也因为移民而得到深化，或者说新移民文学最主要的这些主题在《巨浪》出现后有了历史的纵深感。国家冲突和族群战争被和平、发展、共享、交流、交通的思想主题所代替，狭隘的地方保护主义意识被开放、包容、助他意识压倒，性别、文化这些身份意识有了新的内涵。《巨浪》、《金山》、《情徒》及“假洋鬼子”系列等全范围地描写了这种变化，深化了这一主题。对于这些文学新主题，用离散诗学的理论来关照，也许最为合理，所以，我们有必要从这一学理来探讨。

第二节　全球化与新移民文学的主题向度

一、全球化范畴及相关认识

如同“现代化”是新移民文学的一个重要命题一样，全球化也是与新移民文学密切相关的一个命题。何为全球化？这个范畴在不同人心目中的内涵不完全一样。一些社会学理论家，如莎拉·鲍威尔、罗兰·罗伯森，甚至马克思、克劳德·昂利·圣西门，都有关于这个概念的系统看法。政治学家有自己的观点，经济学家也有他的看法。像“中文国际”这样的电视频道，也在向世俗民众普及着关于全球化的理念，像《美国情人》《奥斯维辛、春天和复活节》《曼哈顿的这个女人》《刘荒田美国笔记》，像“美国梦”“中国梦”，像移民、海关、关税、留学、国际化等等文学文化的问题，都涉及这一议题。全球化，显然是今日世界的一个热门话题。我们有必要首先来对这一范畴进行一些大体的梳理。

莎拉·鲍威尔的《全球化》一书对“全球化”下的定义为多数人所知和认可。今天看来，莎拉·鲍威尔在《全球化》中所指的全球化，指的是“20 世纪 80 年代出现了一个单一的世界性大市场，跨国公司占据了主导地位，其显著特点是私人资本在各国间自由流动”这一世界性的经济现象。“人们对于‘全球化’或者其早期同义词‘美国化’——这反映了美国的全球性权势和影响——一词的积极理解主要是，开拓新的市场（往往位于偏远地区），创造新的商业机会和投资机会”。[①]就是说，按照莎拉·鲍威尔的看法，全球化是 20 世纪 80 年代以来在世界范围日益凸现的国际性社会现象，是当今世界经济发展导致的世界性基本特征。

莎拉·鲍威尔是按照很传统的经济及其人类贸易行为的变迁来理解全球化的。“今天的全球性市场经济可能追溯至区域间贸易通道、市场及移民的出现，而后者的出现更得益于强大的区域性帝国——其中一些可能延续了数百甚至上千年——的建立”。按照莎拉·鲍威尔理解，这种全球性实际上从人类历史上第一批帝国如中国、罗马时代就开始了，所以他说：“在汉朝的统治下，中国商队将丝绸和玉石生意扩张到了西伯利亚、印度、波斯和地中海地区……公元前 1 世纪，罗马取代希腊成为地中海霸主，建立起了一个强大的帝国，……与相距遥远的中国和印度建立了贸易关系。”[②]“16 世纪，西方葡萄牙、英国等各个殖民帝国的兴起，像东印度公司的创办，资本主义市场经济的理念传播开来，全球化的趋势渐趋形成。19 世纪，由于移民涌入，人口迅速增长和铁路运输的兴起，美国、加拿大等北美新型国家崛起：“由于创业者以及外来移民的技能、新拓居住地的开发、欧洲的投资以及无与伦比的基础运输设施，到 20 世纪早期，美国一跃成为了世界上最富裕的国家。在德国惨遭‘一战’沉重打击之后，美国最终确立了其全球性经济力量的地位。”[③]现在，欧盟、“金砖四国”的全球化榜样也

① [英] 莎拉·鲍威尔等. 2011. 全球化. 杨凯译. 北京：世界图书出版公司：40.
② [英] 莎拉·鲍威尔等. 2011. 全球化. 杨凯译. 北京：世界图书出版公司：12.
③ [英] 莎拉·鲍威尔等. 2011. 全球化. 杨凯译. 北京：世界图书出版公司：15.

被确立起来。这种认识当然有合理性。全球化显然是一个世界性的崭新趋势。依着这样的理路，我们对全球化的理解，对它的历史深度的认知可能会加深。

按其理解，从更为严格的意义上说，全球化由来已久。16、17 世纪亚欧地区之间的交流，欧洲工业革命后对世界各地的殖民化运动，全球化就发生了。所以有人简单地这样叙述全球化发生的事实：那个时候移民是容易的，入境管理并不严格，护照也可有可无。美洲就是在那个时代开始住满移民，中国人就是从那时开始改穿西式服装，改用西式笔墨，扛洋枪、住洋房、用洋火、使洋钉，以及下南洋、闯西洋、赴东洋。100 年前就有很多中国人在外国人开办的银行里存钱、取钱、借钱。那时的货币可以自由兑换。所以，从物质形态看，全球化是指移民、货物与资本的越境流动。它经历了跨国化、局部的国际化及全球化这几个发展阶段。货物与资本的跨国流动是全球化的最初形态。在此过程中，出现了相应的地区性、国际性的经济管理组织与经济实体以及文化、生活方式、价值观念、意识形态等精神力量的跨国交流、碰撞、冲突与融合。

一些社会学家认为，全球化的问题是一个过程性问题。如果说上述我们对它的理解，更多从现象等诸多现实事实层面着眼的话，那么，罗兰·罗伯森从社会、个人、国际关系和全人类四种主要成分描述的那个全球场模式，则从结构主义、社会学理论给我们理解全球化提供了全新的视角，能够为我们理解该问题提供更多的启示。先看罗兰·罗伯森绘制的理解全球化的这个图式（图 1）。

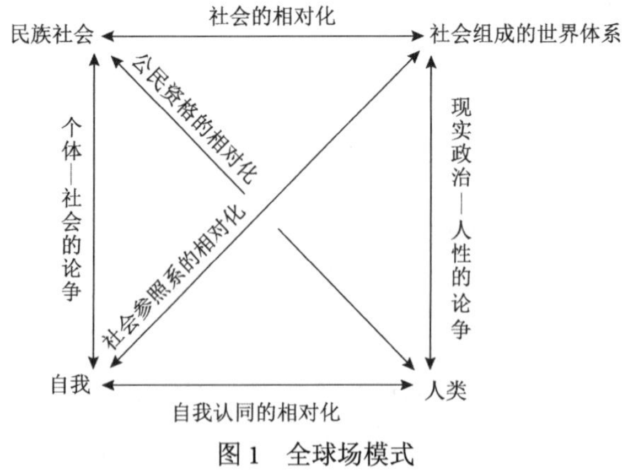

图 1　全球场模式

罗兰·罗伯森的这一图式，为我们从不同层面了解全球化提供了生动的直观化的展示。这个四方形的四角是罗兰·罗伯森所谓的全球化包含的四个维度。它的四条边联系起来了复杂的四维度构成的六种关系。四边形的对角线和上下边说明了这种关系的相对化程度。我认为，到目前为止，罗兰·罗伯森对于全球化这个概念的界定，是最具有说服力的。而且，最为重要的还在于他从全球秩序、现代化理论、文化、文明等多层面对全球化进行了研究，也为我们全面认识这一课题建构了比较全面的知识框架与知识谱系。

进一步说，罗兰·罗伯森还依据他先辈的研究，描述了全球场的历时性阶段，揭示了不同历时阶段的全球性主题。为全面了解不同阶段的主题内涵，此援引罗兰·罗伯森的原话来说明：

“我大致地提议，可以将走向目前很高程度的全球密集性和复杂性状况的时间—历史路程描述如下——第一阶段——萌芽阶段。在欧洲，从 15 世纪初期延续到 18 世纪中期，民族国家共同体开始成长，中世纪‘跨民族’体系的作用开始降低。天主教会范围扩大。个人观念和人道思想得到强化。世界日心说和近代地理学开始出现；阳历使用范围扩大。

第二阶段——开始阶段。从 18 世纪中叶延续到 19 世纪 70 年代，主要发生在欧洲。向同质性、单一性的国家观念迅速转变。形式化的国际概念成型，标准化的享有公民权利和义务的个人概念和较具体的关于人类的概念成型。与国际和跨国调节和交往有关的法律公约和机构迅速增加。国际性展览会举办。‘国际关系’‘接纳’非欧洲社会问题开始出现。民族主义—国际主义问题成为讨论主题。

第三阶段——起飞阶段。从 19 世纪 70 年代延续到 20 世纪 20 年代中期。在此，起飞是指这样一个时期，在此期间，从前时期和场所发生的日益全球化的倾向让位于一种以下面四个参照点因而也是制约因素为中心的单一的、不可抗拒的形式：民族国家社会，一般意义上的个人（但具有某种男性偏向），单一的‘国际社会’，某种日益单一但并不统一的人类概念。‘现代性’问题初步成为讨论主题。关于可接受的民族国家社会的‘正确轮廓’的观念越来越具有全球性，关于民族国家认同和个人认同的思想成为主题。一批非欧洲社会纳入国际社会；国际间的形式化和人道思想的尝试性实施。移民制约的全球化。全球交往形式的数量非常迅速的增多，速度非常迅猛的提高。第一批国际小说出现。全球性宗教世俗天国运动兴起。全球性竞赛形成。世界时间的实行和接近在全球范围内采用阳历。第一次世界大战。

第四阶段——争霸阶段。20 世纪 20 年代中期延续到 60 年代后期。出现围绕起飞阶段结束时确定的主导型全球化过程的脆弱条件展开的争论和战争。国际联盟以及后来联合国的成立。民族独立原则确立。相互冲突的现代性观念，随后高度的冷战。因大屠杀和原子弹使用而使人们尖锐地焦距于人类的本性和前景。第三世界成型。

第五阶段——不确定阶段。从 60 年代后期开始，并在 90 年代初显示出危机趋势。60 年代后期全球意识增强。登上月球。重视‘后物质主义’价值。冷战结束，拥有核武器和热核武器和‘权利’问题变得明显突出出来，拥有的范围扩大。全球性机构和运动的数量大大增加。全球交往手段迅速加速。各社会日益面临多元化和多种族问题。因性别（gender）、性（sexual）和民族与种族的考虑而变得复杂的个人观念。公民权成为一个全球性问题。国际体系更加不稳定——两级体系终结。对作为一个物种共同体的人类的关注大大增加，特别是通过环境保护运动。尽管出现了‘族群革命（the ethnic revolution）’，但对世界公民社会和世界公民的兴趣高涨，全球传媒系统加固，包括各方面的对立加剧，伊斯兰成为一种逆全球化再全球化运动，里约热内卢地区环境首脑会议。”①

仔细分析罗兰·罗伯森关于建立全球化理论的四个参照点和五个发展模式及历程，我们会发现全球化不同时段面临和出现的主题是极其丰富的。比如，第一阶段，主要主题是“民族国家共同体”“跨民族”“天主教”“日

① [美]罗兰·罗伯森. 2000. 全球化——社会理论和全球文化. 梁光严译. 上海：上海人民出版社：84-86.

心说”“个人观念和人道思想”“阳历”等；第二个阶段的主要主题是“国家”“国际”“公民权利”“个人”“人类”“法律公约”“民族主义”“国际主义”“非欧洲社会”“国际展览”等；第三个阶段的主题是“民族国家”“个人（男性）”“世界大战”“全球性比赛（比如奥运会）”“现代性”“移民”“国家小说”“民族认同”“个人认同”“全球性宗教”“世界时间”等；第四阶段的主要主题是“国际联盟”“联合国”“民族独立原则”“现代性观念”“冷战”“原子弹”“人类本性”“第三世界”等；第五个阶段的主要主题是“全球意识”“物质主义价值”“多元化”“多种族”“公民权利”“个人观念”“性别”“性别主义”“两级体系”“物种共同体”“人类”“族群革命”“世界公民”“全球传媒”“伊斯兰”“全球环境”等。随着全球化进程的加剧，这些主题和话语几乎成了这个时代的最流行的议题和话语。只要我们置身于这个世界现实，我们每时每刻都会遇见它们。

但是，仔细分析，这些主题却各自悖论，相互纠缠，尤其是在近 30 年来，它们已经影响到我们生活的方方面面①。这些问题当然需要深入的探讨。这些问题实际上不是我们通常所说的欧洲文化及其文明提供的，其中的好多主题，实际上是世界各国参与这个世界才形成的。比如，“第三世界”、宗教的问题、文化的问题、文明的问题，它们是世界各国甚至不同文明共同参与的结果，绝不仅仅是一个洲，如欧洲，一个国家，如美国就能造成的。像社会主义、资本主义这类人类现代化的不同实践，在 20 世纪能够成为世界的主题，并形成各自褊狭的对立二元论，又与在一个时间段上人类的认识能力和实践密切相关。就以欧洲文明为例，它的社会福利制度影响着全球，但由于它内在逻辑上的混乱却有可能毁了它的文明根基。比如，当多元文化成了一些吃福利的少数族裔争利益的口实时，福利制度的财富

① 此段引文引自网络。目前对于全球化的理解随着现实在逐步推进。因而一些事实的罗列可能有助于我们深入理解这个世界范围内正在实践的社会学命题。事实上，“全球化压力下的世界文化”呈现着极其复杂的面向。这我们在赖纳・特茨拉夫主编的《全球化压力下的世界文化》一书中可能会得到丰富的信息。该书展现了不同国际学者关于全球化乐观主义者、悲观主义者和现实主义者丰富多样的全球化观点。并讨论了以下七个问题：a. 处于不同文化圈中的人们对全球化这个作为现代美好社会预言的最新期望是什么？b. 鉴于自身的文化价值和制度，他们最强烈的担心是什么？对一切规范标准进行改造还是摆脱正在失去活力的传统？c. 调整困难和危机现象应该归因于外来因素还是由内部改革造成的？d. 哪些行为体（国家、民族、集团）将从经济和文化的全球化中获得最大利益？e. 谁是全球化的受害者——即为边缘化和社会排斥所威胁的民族和团体？f. 全球化对地方和国家民主是一种挑战吗？g. 作为全球化的后果，利益表达、价值和世界的全面趋势是否可信？——（在全球民主斗争文化的意义上）什么能够增加和平解决冲突的机会？（[德] 赖纳・特茨拉夫. 2001. 全球化压力下的世界文化. 吴志成，韦苏译. 南昌：江西人民出版社：28.）

再分配遇到世俗平均主义的抗争时，再公正的强制政府也不可能消除其本身暗含的悖论。这些全球性议题，极其复杂多变，需要多层面长时间的考量。我认为无论如何，罗兰·罗伯森的描述，最能够给我们理解全球化的这些问题提供启示，而且其本身就是一个“对作为整体的世界而完成的意义重大的理论”。

对于这样一个复杂的人类文化社会学问题，我这里掉书袋似地罗列、援引和辨析，根本目的无它，仅是为了新移民文学研究，因为新移民文学本身就是一个复杂的人类文化社会学问题，与全球化、世界性社会学理论等密切相关。上述列举的数十种主题，新移民文学几乎都会可能表现到。

实际上，从目前的世界现实而言，我们存在的世界，本身就是一个四分五裂的存在，又是一个多面合作交流的共同体。从历史、现实和未来交汇的角度来说，从远古人类分散在地球各地而不相知，到如今信息、交通、经济合作、国家国际交流和文化交通，形成一个地球村，可以说，全球化正在逐步实现中。对这种大同世界或全球化，人类一直在追求，如托马斯·莫尔的乌托邦，马克思的共产主义，儒家的“天下为公”，佛教的极乐世界。很显然，全球化是人类的一个永恒命题，也是我们时刻面对的一个现实命题。文学，尤其是新移民文学，与这个命题有十分独特的关系。

换句话说，4000 万海外华人中的优秀叙事者，创造了辉煌的世界华文文学。世界华文文学在全球化进程中的作用，如同在世界城市中出现的“唐人街”、体育界出现的奥运会和世界经济中的达沃斯论坛一样，直接推进着全球化进程。作为华文文学“重镇”的新移民文学，对全球化的反映，无所不在。如果我们打开《刘荒田美国小品》，就会看到红尘琐碎中的中国关照，翻阅《金山》（张翎的长篇小说），“世界形象”、全球形象、种族问题和文化差异等社会学议题马上会映入眼帘，而严歌苓，则干脆将中国现代历史实践放到世界现代化的全球意义上考量，所以，关于一本本新移民文学的文本，我们很难从所谓“离散诗学”的理论话语来概括，因为现代意义上的移民，是自愿聚集，是积极追求，是“落地生根”，是走向新世界，已经不是消极意义上离散了，所以，多年的新移民文学研究，我们能够找到的一个重要理论，就是全球化理论。全球化，是我讨论新移民文学最有认知意义的一个范畴和条目。所以我认为，全球化这个文化和社会学的理论话语，比之用目前流行的离散诗学理论解释新移民文学更为合理，也更有普适性。全球化应该成为我们研究海外华文文学，尤其是新移民文学的一个重要理论术语。

二、文化全球化及“地球村”意识

全球化既是一个现实课题，也是一个重要的文化与理论命题。随着全球化一词的普及，文化全球化一词也就经常出现在各种媒体上了。而且，文化全球化比之全球化，是一个更为复杂的命题。何为文化全球化？比之全球化这一现象，可能更难回答。因为世界上的一切文化以各种方式存在，在“融合”和“互异”的同时作用下，在全球范围内的流动更为内在和深刻。文化全球化作为一个过程，比之经济全球化更为内在隐秘。然而，文化全球化是全球化的一个重要方面，如同全球化一样，文化全球化也是一种客观存在的现象。20 世纪 90 年代以来，随着信息技术、网络技术的发展，在经济交流来往和政治互动的国际环境下，世界各国各民族人员往来交流成为常态的情况下，文化全球化也成为不可阻挡的发展趋势。

文化全球化与全球化文化，是有差异的。如果我们对这样一个概念范畴深入发掘，我们会发现，“全球化文化”（globalized cultures）中的“全球”，实际上更强调一个极为广大的人群概念，而不是一个地域概念和流行的经济学概念，而且由于它与价值观联系，全球化文化这一范畴的内涵就更为复杂。这里，我们参照俞可平《全球化的悖论》①和王宁《全球化与后殖民批评》②的观点对这一范畴做一些辨析。

第一，文化全球化的深层价值意蕴，是一个国家、一个民族在跨国界的文化交流、文化交往等实践基础上通过一段时间在文化价值观、文化模式方面的冲突、磨合与整合而建构起来的新的文化关系、文化模式。它具有整体性，根本性。例如，马克思主义的中国化，从文化全球化的价值层面分析，可以说是马克思主义传入中国以后，在中国革命和建设实践中，逐渐融入中国的政治、文化制度，并被中国共产党人在实践中确立起来的

① 俞可平. 1998. 全球化的悖论. 北京：中央编译出版社.

② 王宁. 1998. 全球化与后殖民批评. 北京：中央编译出版社.

一种新的文化关系、文化模式。对于它的理解，需要我们结合中国近代现实和中国革命的实践进程来理解。因为文化作为人类实践活动的产物，它的发展离不开实践。全球化时代，人类的实践随着信息化、网络化的拓展，以跨时空的交往、跨时空的实践，突破了原有时空的限制，实现了文化传播、文化交流、文化交往等实践方式的全球化。这样一来，对此全球化就要放在不同价值观基础上分析研究，否则，我们就不能正确区分西方马克思主义和中国化的马克思主义的确切含义，从而造成价值观的错乱。又如平均主义、福利主义侵蚀个人责任，但不同文化文明如果价值观颠倒了，对它的理解就会面目全非。一句话，对此我们需要真正的价值理性。

第二，文化全球化也不是一种单一的状态，而是一个进程或者一组进程。在文化全球化的进程中，这种文化又类似于一个“结构化”的过程。因为文化全球化不是单个人、单个地区、单个民族、单个国家的行动，而是全球无数个人、无数个单位、无数个民族、无数种制度在文化交流和交往实践中相互间累积性互动的结果。所以，文化全球化不会消除不同民族的文化差异，也不可能解决原有文化发展上的不平衡。换句话说，文化全球化不仅反映可能现有的不平等、不公正的等级模式，而且在文化全球化的过程中会产生新的冲突和融合模式。这是伴随着文化全球化的结构化而产生的文化的分层化，但这种分层化又不是给不同文化、文明分层，既是分层，也不是区分那种文化优秀，那种文化低劣，也绝没有拿文化、文明去羞辱的含义。所以，在这个意义上，我认为如罗兰·罗伯森所说，拓宽文明化过程的思想范围，在关于全球化讨论中就有了绝对性的意义和价值，[①]如果用所谓“文明的标准”、文化的高下一类概念来讨论，那么，绝对会导致对这一概念的模棱两可，也不利于我们理解文化全球化。

第三，全球化文化也不是我们通常理解或假定的某一种文化的扩张和垄断。像人们经常说的“美国化”“中国化”及“儒家文化”“西方文化”，就不是所谓世界上的主要文化的扩展和垄断的问题，而是指代一个区域和地方的文化的一种说法。又如美国文化，其文化是吸收其他国家的文化因素所构成的，因为美国文化首先是一种移民文化，一种多元化的文化，因

① [美]罗兰·罗伯森. 2000. 全球化——社会理论和全球文化. 梁光严译，上海：上海人民出版社：173.

此，我们不能简单地下结论说，文化全球化就是美国式的同质化或者说美国化，也不能说中国的复兴，就是搞中国霸权。进一步说，当今世界存在着各种文化和文化群体，它们在世界融合的过程中为了维护各自的特征、自我肯定和认同，不可避免会发生冲突，产生多种多样的文化接触和抵抗。这些矛盾和冲突不是表现为某一两种文化的对抗，也不只是与主要文化有关，而是一种历史存在。它们在其存在发展过程中，形成了各自独特的有别于其他文化的精神内涵，它们至今还是各个民族发展的内生动力，对各民族产生不同影响，它不是能以扩展和垄断两个字所能够概括说明的。这就要求我们，对待全球化中的任何一种文化，不要化约主义，不要普遍化，也不要特殊化，以一种断章取义的方式认识全球化中的任何现象。

第四，全球化，不是殖民化，文化全球化的结果，也并不必然就是文化的殖民化。这要求我们不带意识形态的框架去理解和认识它。例如，对美国及其文化，我们就不应该如此看待。因为，一方面，美国依赖其在国际社会中的经济、政治地位的优势，强行推销自己的文化产品和价值观念，其渗透力、影响力借助传媒和互联网而日渐增强，这是任何一种文化或一种民族在成长过程中必然会产生的结果，但这并不是殖民化的必然，对此，我们必须充分重视；另一方面，全球文化的多元化、异质化，不仅抵制和制约着美国文化的殖民化，而且在“全球社会”“全球场”进行文化关系、文化模式的新的生产、交流和互动也为各民族相互发展所需要。用罗兰·罗伯森的话说就是，当代文化的生成、发展与演变是在“全球场”中进行的。不同民族、国家伴随着文化全球化的进程，在“全球场”中展现自己的变化，并与其他文化相遇、相撞、相融合，进而生成新的文化范式、文化关系。因此，文化全球化又是一种兼具同质化和异质化的过程，是同异质文化在“全球场”中相互交融实现新的文化创造的过程。所以，在我看来，在这个意义上，所谓文化全球化，实际上就是世界各地不同文化的接触、交流及沟通的普遍化、大众化。全球化，首先带来全球多元文化，这是人类文明发展进步的标志和趋势，无可抵挡。殖民化，首先强调的是在外在战争侵略下产生的一种结果。否则，各个民族相互影响都可以成为殖民化，这纯粹就是有意为之的夸大说辞。

第五，尽管全球化可能会带来国家统一和文化认同等等诸多不利的危害，但全球化对国际社会和人类，正如有人所罗列，至少有10大积极影响：①有利于生产要素优化配置；②促进了国际分工及其新的组合；③促进了经济结构合理优化；④促进经济向多极化的发展；⑤促进经济发展模式创新；⑥促进国际利益融合；⑦促进安全内涵扩展；⑧促进国家主权转移；⑨推进国际体系转型；⑩推进人类文明进步。对于这里提到的10大积极影响，作为一个积极的全球化文化的支持者，我当然认可，而且我断言，如果我们能够积极回应这种趋势，那么，人类就有可能在全球化、全球性问题、全球利益和全球治理基础上，形成人类新的共同价值观念和新的人类文明，打破西方在人类文明中的主导地位，实现对西方文明的总体超越。[①]

当然，本课题的目的并不是系统的探讨这类复杂的社会学、国际政治学、经济学、哲学、伦理学、教育学及文化传媒学等复杂的学科问题，也不讨论全球化的诸如对社会安全与国家认同等的命题，但全球化文化的发展及其讨论，却有利于我们深入探讨新近30年出现并得到充分发展的新移民文学这种极为独特的文化现象。因为新移民文学，就是一种极为独特的全球化文化现象。这种文化全球化或者全球化文化，其出现和发展，至少从思想及思维模式上让我国思想文化界实现了两个超越：超越了传统的“中—西”思考模式，超越了简单的“资本主义—社会主义”意识形态划分模式，确立了在“复杂性中思维”的新模式。这是人类思想文化史上的巨大超越。我们不能够否认。事实上，正是这种变化和超越，我们发现，近年来的新移民作家具有了更为广阔的思想视野：它使具有跨文化优势的海外作家不再局限于传统二元思维模式，而是站在全球立场对上述全球性议题作全面看待。也因此，从这个意义上来说，新移民文学有了自己的新视野、新关注点、新主题。严歌苓、张翎、刘荒田等一大批新移民作家的创作就是如此：在全球化文化基点上他们贯通中—西，在全球化基点上他们认识、谈论人类的资本主义和社会主义这类现代化实践，他们的文本也由此具有了全球化时代的独特文化价值意义。这我们在第三章“全球化主题的凸显与新移民文学的发展”的第七节的讨论里将会看得异常清楚。

---

① 本人对这个议题的认识，完全同意大众网络一些学者的见解。此处引用是为了解决与本课题相关的一些问题。如新移民文学，实际上就是全球化文化的一个重要组成部分。从学科分类的角度来说，新移民文学也许是全球化文化中最为形象生动的组成部分。在刘荒田、张翎、陈瑞琳、沙石、黄运基等一大批新移民文学作家的文本中，人类在全球化中面对的一系列问题，都有生动的展现。

一个最简单的事实是，这些移民作家出国、移民的经历给了华文作家“地球村”的意识。新移民作家刘荒田就是其中的一个典型。翻看他的散文，我们会异常清楚地看到这种情形：“到了 80 年代，我和妻小出国。在侨汇历来不少于国民生产总值的侨乡，俗语成为‘出路’的出国，乃是人人向往无比的发财捷径。不管人在海外，是靠在剪线头为生的车衣场工人还是电脑程序设计员，在家乡的标签就是划一的：‘金山客’。我家族从父亲一代起就中断的‘侨路’从此接通，在乡人中，面子增添了好几分。不过，琐碎而周密地投射到家乡人际关系中的差别待遇，小而至某次请客是否有资格占上座，大而至是否可参与讨论宗族产业的售价（我家和刘友家都属于最阔气的‘自尊祖’先人在香港置下价值港币数千万的楼宇），都与我无关。如果说艰难的青春时代，在乡间耳濡目染，使我多少抱着‘为家族争气’的信念，在海外谋生多年后，宗族观念更遭‘地球村’意识稀释。”[①]而这种“地球村”意识就直接催生了全球意识，进一步地说，这种全球意识又使华文作家实现了之前所说的两个超越，站在了现代思想的制高点上。刘荒田如此，严歌苓、张翎、吕红、一平、陈瑞琳们都是如此。所以，如果我们认识到了这一点，那么，我们对于新移民文学的思想内涵及其价值意义将会有全新的认知，对文化全球化及上述列举的——文化殖民化、美国化、中国化、文化结构化、文化主体性、马克思主义中国化——也会有科学理性的认知。马克思主义中国化是全球化的重要表现，全球化不可能也不会就是美国化，全球化不是资本主义化，全球化也不是所谓的中国化，甚至全球化不是殖民化，全球化不会像阿兰·卢格曼《全球化的终结》断言的一样会“终结”，全球化过程中文化的主体性也许会加强，但不会丧失，全球化有可能会丰富主体性，尽管这些议题可能会存在上述诸多争议。

三、“跨国诗学”与全球化主题

新移民文学，由于其表现全球性议题，并把它作为最重要的议题，从这个意义上说，它可以被称为全球化文学。这里的学理依据就在于，新移民文学对罗兰·罗伯森所说的全球化思想的四个方面或者主题范围几乎毫

① 刘荒田. 2015. 贵叔·他的和我的家族//程国君. 刘荒田散文精选. 南昌：百花洲文艺出版社：264.

无例外的都有生动的表现。而且，正是其表现的这些主题：民族社会基础上的一系列问题，国家情感、爱国主义；个人，或者根本上说是自我基础之上的人权、自由等一系列问题；民族社会之间的关系及其基础上的国际主义、世界主义；总体意义上的人类或全人类性主题等范围宏阔的主题，才使新移民文学超越了单一社会和社会内部及人的意义上的文学内涵，因而也就使其具有了更为宏阔的深广度。《蜜月巴黎——在地球经纬线上》《家住墨西哥湾》《听雨密西西比》《曼哈顿的这个女人》《金山》《美国情人》《怡保之夜》等所显示的，正是这种特性。因为关注全球议题，并置身其中，这是华文文学作家首先意识到的问题。事实上，北美新移民文学正是在这一基点上丰富和推动了世界华文文学的发展。

事实上，我们这里论及的全球性文学，与杰汉·拉马扎尼《跨国诗学》也是一致的。因为杰汉·拉马扎尼建立他的《跨国诗学》的依据就来自于文本的语言、意识形态、文化、族裔、国籍及其结构诸如此类复杂的领域。就是说，“跨国诗学”建立的典型依据是《飞翔号——大帆船》这类文本：“我只不过是个热爱大海的红脸膛黑人，/我曾受过良好的殖民地教育，/我身上流着荷兰、黑人和英国人的血，/于是，要么我谁都不是，要么就是一个民族的跨地域的忠贞与遗传。”这类文本的“《Lawino 之歌》把西方自由诗中长而生动的独白与 Acoli 歌谣中复沓与快节奏口语结合起来，诗中把 Lawino 词语和半翻译的俗语与粗鲁的非洲化的英语纠缠在一起”的诗学实践[①]，充分展示了这种跨国诗学的理论旨趣。所以，根本上说，全球性文学就是跨国诗学，与上面我们提及的离散诗学内涵也一致。可以说，跨国诗学、离散诗学和全球化文学，是一体三面，内涵接近的，在空间和主题层面是相互指称的。例如，黄运基的《巨浪》、吕红的《美国情人》、严歌苓的《扶桑》和张翎的《金山》等华人作家文本，这些新移民文学的代表作品，都在这种指称范围内，它们既是离散诗学实践的产物，又是全球诗学和跨国诗学的典型文本。

如前所引，全球化是我们全人类面对的一个基本课题、基本文化背景。同时，全球化又为我们理解这个世界及其文化提供了一个基本视角。所以，

① 杰汉·拉马扎尼. 2003. 诗歌、现代性和全球化. 周航译. 世界文学评论，（16）：79.

有学者就认为，全球化为不同文化的交流融合提供了一个新的坐标体系：“从积极意义上来理解全球化，全球化是全球政治、经济、文化的结构性转换和重建，它将形成一种新的价值依托和文化经验以及一种全新的生存方式，并迥异于东方西方对立的二元论，是建基于人类的共同利益和共同要求之上，在世界各民族文化的相互作用中形成的。它将成为世界各种文化形态理解自身的一个新的坐标体系和理解范式。在这一新的坐标下，中西文化之争有可能摆脱二元逻辑的阈限，在一个更高的平台上重新理解：中国传统文化的改造必须走创新之路，其重要途径之一就是吸收借鉴世界各民族文化优长。同时还应当强调，这种借鉴一方面要依据我们传统文化的价值坐标，另一方面要全球化建立的超越东西方对立的新的坐标，还有参照异己的各民族文化本身的坐标系——只有在几种坐标的重合作用下才能避免把任何借鉴都变成一种同化。”①从文学作者的角度来说，通常我们很熟悉的“假洋鬼子”这一文化身份，其实就是一种文化坐标体系确立的标志。新移民作家，华人作家，华裔作家等都是全球化作家、离散作家或跨国作家。华文文学，就是一种建立在中西文化坐标体系之上的文学，就是全球化文学，就是跨国文学。刘荒田这类作家，就是跨国诗学或全球化诗学的主要实践者。因为作为散文家，他的散文就是一个“假洋鬼子”的生命言说，是一种跨越民族、国家的生存经验和文化感受的言说。因此，从理论层面上来说，称其为跨国诗学或跨国诗学的实践产物就未尝不可。因为就此而言，新移民文学这一生动形象的全球化文化的载体，其跨国性本身就是客观事实。从文化的角度来说，华文文学或北美新移民文学，其作为一种全球化的文化现象已经成了世人关注的重要问题。华文文学反映的是华人与中华文化在世界性的现代化潮流中开拓创新的历史进程中的诸多现象，它全面地吸收其他族裔文化、中华文化及西方文化等多种文化的诸多精华，把它们视为自己的文化资源并且转化为文化资本，正在引领世界文化融合发展的崭新方向。

所以，按照跨国诗学或全球化诗学的内质来看，新移民文学或世界华文文学这种跨国诗学的主要主题应该至少包含以下诸端。

① 丁立群. 2014-9-24. 从文化哲学视角看和谐文化建设. 中国社会科学报——马克思主义月刊，B01.

第一，从全球化及现代化的立场，对人类现代化追求中的多样的社会政治、经济、文化活动的多元、多样的历史生活场景做生动的艺术描述，尤其是对欧美各国资本主义的现代化实践、中美两国的社会现代化实践及其重要的事件过程做深刻的思考。从这个意义上来说，黄运基的小说最能够展现这种社会文化图景及其主题。他的三部曲中的《巨浪》实际上从侧面展现了美国这个高度现代化的国家政治民主发展的进程：从华人小慧的竞选成功到黑人奥巴马成为美国总统，我们能够探知到北美国家政治现代化发展的脉搏，或者能够看到北美这样的国家克服种族歧视，追求政治现代化的曲折进程。

有人把北美现代化追求称为“美国梦”，其实，这种包含民主、富强的现代化“梦”也就是人类之梦。它作为普世价值，毋庸讳言，当然是全球化的重要议题。新移民文学相当多的文本都涉及这一议题。

第二，把整个世界的自然景观、人文景观带到了世人面前，开拓了文学表现生活的时间、空间，既有世界自然景观主题，又有丰富的人文生活主题。过去的世界各地文学，表现生活只是在一个国别区域内展现，如今的世界华文文学，尤其是北美新移民文学，却极其充分的以世界性眼光，展现了丰富开阔的世界生活图景，主题丰富而多样。这种“世界”意义上的文学，其世界性就更为显赫。《美华文学》的重要栏目“散文·随笔·游记”大概最能体现这个世界图景。其中的“游记”，开拓了旅游文学的新天地，也最能展现这样的世界图景。随意翻开《美华文学》的“散文·随笔·游记”栏目，这类游记文学大多精彩而富有魅力。像余国英的《中爪哇之旅》、叶琦玲、穆京虹的《女孩走天下》两文：《火烧中国城》《人人该有双插翅膀的旅行鞋》等，就把华人旅行印尼、观光美国的全新体验展现了出来，尤其是余国英《中爪哇之旅》、叶琦玲的《火烧中国城》，展现的印尼独特的人文景致，叫人对世界文化的丰富多样景观称奇。这样一来，文学史的地图成了圆形地球的立体平面图。

第三，比较人类文化学、比较文学意义上的主题被大量拓展。董乃斌在《刘荒田与文化人类学》一文中对此作了深入的阐发。其实，不仅刘荒田，几乎所有华文文学作家的文本都充分反映了这个主题。

进一步说，这种离散诗学、全球性诗学和跨国诗学，把社会、世界体系、国别、性别、族群、文化的主题深化，或者说全球化最主要的这些主题在新移民文学中都有了深宽度的历史纵深感的表现。国家冲突和族群战争被和平、发展、共享、交流、交通的思想主题代替，狭隘的地方保护主义意识被开放、包容、助他意识压倒，性别、文化这些身份意识有了新的内涵。因此，就此意义上来说，新移民文学有力地拓展了世界华文文学的思想主题内涵。这在严歌苓、陈瑞琳等的创作及其批评文字中都有清晰的表现，而北美新移民文学何以成为世界华文文学的重镇，在此基点上我们就可以获得明确的解释，找到清晰的理由。实际上，当我们就《美华文学》杂志对北美新移民叙事文化价值内涵及其主题价值取向分析的时候，对此的认识就更加明确。

如一些学者所言，全球化是一个以经济发展为主导的文化融合运动，它预示着“人类由追求社会的、物质的、科技层面的进步将演进到注重‘心灵’‘精神’层面的探索，找到超越人种、肤色、民族、国籍及宗教派别的人类心灵的共同点，认知人类的‘同源性’和‘平等性’，从而达成四海一家与和平的远景”①。方兴未艾的华文文学或新移民文学，在这一文化融合的历史进程中，担当着承前启后的重任和独特的文化角色。再进一步说，在全球化时代，北美新移民叙事对这个时代的世界性变迁变革及其人事境遇做了全范围的反映，是这个时代文化领域，尤其是文学领域的最新、最重大的思潮与现象之一，作为跨国诗学，其有重要的文学史和文化价值。也许少君编写的“海外新移民文学大系”丛书之一的《硅谷浮生》的出版说明，能够充分揭示海外新移民文学独特的文学史意义和价值。“《硅谷浮生》讲述了：20 世纪 80 年代以来，中国大陆掀起了一波又一波海外移民浪潮，其范围广及美国、加拿大、澳大利亚、英国、法国、德国以及日本和东南亚等许多国家，全球五大洲几乎没有地方不曾涉足。新的移民浪潮将中国大陆和整个世界更为广泛地联结起来。它不仅萦系着移民者与数百万国内家庭珠连丝结的关系，而且在他们海外异样人生的体验中，打开新的视野，掌握现代科技，重新审视传统文化，其对国家未来显在或潜在的影响，将难以估量。移民者的文学，是他们海外生存经验的倾诉，渗透着他

① Swami Mukananda. 2005. 拙火——生命的秘密•总序. 王季庆译//吕红. 海外移民文学视点：文化属性和文化身份. 美华文学，(60)：91.

们海外人生酸甜苦辣、愁喜哀乐的心路历程。不管他们的创作，最终将有多少进入经典，这一庞大的写作群所提供的这一特定历史阶段跨域的文学书写，都将成为一份见证。见证着我们国家经历的这一历史转折，见证着有着数百年历史的中国海外移民，他们的生存境况发生了怎样的变化，以及他们将对中国发生怎样的影响。这是在文学意义上拥有的另一份文化意义，具有一种特殊的文献价值。出版海外新移民文学的多重意义之一，也在这里。”[①]当然，“海外新移民文学大系”只是新移民文学作品中一部分的展示，新移民文学内涵比之它展示的要丰富复杂得多，对全球性议题的表现就更为复杂多样。这从下一章的个案分析中会看得更为清晰。

① 少君. 2007. 硅谷浮生. 成都：成都时代出版社：67.

第三章　全球化议题凸显与新移民叙事的拓展

从文学史的角度来看，从《逐客篇》（张维屏）、《金山篇》（黄遵宪）、《西学东渐记》（容闳）、《苦社会》到“天使岛诗歌”；从近现代留学生文学（如胡适《尝试集》中的一些篇章，闻一多《红烛》，徐志摩《翡冷翠的一夜》《再别康桥》等）到林语堂《京华烟云》、张爱玲《小团圆》等的创作；从20世纪60年代白先勇《纽约客》、於梨华《又见棕榈，又见棕榈》等的“台湾留学生文学”到80年代苏玮《远行人》、查建英《丛林下的冰河》到90年代后的周励《曼哈顿的中国女人》、曹桂林《北京人在纽约》再到2000年后黄运基《巨浪》、严歌苓《扶桑》、张翎《金山》、沙石《情徒》、陈瑞琳《家住墨西哥湾》、刘荒田《美国小品》、吕红《美国情人》、少君《人生自白》等的演进发展进程来看，跨越百年的北美华文移民文学一路走来，已经取得辉煌的成就。

在这一文学史链条上，北美新移民文学成就辉煌。北美新移民文学已经成了世界华文文学的重镇：“新移民文学是世界华文文学的新的生长点。它为世界华文文学注入一股新鲜血液，并逐步形成了一支新生的主力军。它所创造的欣欣向荣的文学新景观，必将成为世界华文文学走进新世纪的新成就的新标志。”①近30年来的北美新移民文学，是世界华文文学发展中最可称道的部分。对此，新移民文学批评家陈瑞琳以“海外星星数不清”和“横看成岭侧成峰”做了高度概括。②这已经成为有目共睹的事实，已被学界所公认。

进一步说，北美新移民文学经过30多年的发展，比较而言，无论在思

---

① 陈公仲. 2010. 试评新世纪——新移民小说的发展. 美华文学，（74）：21.

② 这两个能够概括华文文学发展趋势的术语都来自陈瑞琳。（陈瑞琳. 2006. 横看成岭侧成峰——北美新移民文学散论. 成都：成都时代出版社.）（陈瑞琳. 2014. 海外星星数不清——陈瑞琳文学评论选. 北京：九州出版社.）

想还是艺术创新方面，都已经超越此前发展的各个阶段。在这一个阶段，由于全球化时代步伐的加快，全球化主题的表现就成了当下一个很现实的议题，尤其在北美新移民文学里，这一主题更为凸显。所以，从现代化、全球化这些视角对这种文学现象作出阐释，就有足够的理由，也具有大的学术价值。因为全球化、现代化是新移民文学催生发展的原动力。北美移民文学在不同阶段，有不同的题材与主题表现类型，除了新移民文学在对历史文化的开掘、人性的探索和艺术上都有全新的拓展外，最主要的拓展是对全球化议题的探索与拓展，正如移民是一个重要的全球性现象，新移民文学也是一个极其复杂的全球性文化命题。现代化（包括技术现代化）使移民成为一个很世俗的话题，全球化也成了今日我们每天都看得见、听得到甚至触摸到的日常现象，并且正在成为人类日常经验的一部分，新移民文学全范围地书写了这些内容。所以，从这一角度来说，当今新移民文学超越过去诸阶段并能够充分发展，就与其对全球化主题的密切关注相关——对全球化议题的关注，使新移民文学的思想主题内涵更为丰富。换句话说，正是全球化主题的凸显，新移民叙事才得到了长足发展。因此，本课题从推进新移民文学发展的《美华文学》这一重要杂志入手，以美国、加拿大这两个北美国家的现代化发展及其理论为突破口，把新移民文学作为全球化及文化全球化的一个重要层面，深入探讨了晚近北美新移民文学的繁荣发展的景观。

下面我们从一些代表性的小说、散文和诗歌创作为例，从思想和艺术两个方面来考察、研究这一世界性的文化文学现象，以期获得对新移民文学全面而深入的认识。

第一节　走向世界与全球主题
——严歌苓小说的全球性主题与叙事探索

严歌苓是目前华文文学作家中最为杰出的女性作家。在华文文学发展史上，严歌苓的意义，首先在于她高品质的创作质量显示的里程碑高标上。著名作家、海外文学评论家苏玮曾准确地描述过严歌苓的文学史意义："就创作实绩而言，严歌苓，或许是将近二十年来，整个华文文学世界里（包括海内外、东西方）作品量最丰厚、创作力最充沛的一支健笔。仔细关注严歌苓的写作，从 20 世纪 90 年代中期开始，她几乎每一两年就要为华语世界交出两三部成色新亮、力度超凡而引发文坛震动的作品，从‘横扫’海外各大华文文学大奖的长篇《扶桑》（写海外早期移民）、《人寰》（写文化大革命）开始，她的一支如椽豪笔，就以‘横扫’之姿，做着打通这两个维度、两个战场——此岸与彼岸，海外与中国，历史与现实等的非凡努力，《扶桑》《魔旦》《风筝歌》《少女小渔》《海那边》等，写海外几代移民生活；《人寰》《白蛇》《天浴》《谁家有女初长成》《一个女人的史诗》《第九个寡妇》《小姨多鹤》（包括《雌性的草地》著者加）等，则直写中国大陆从土改、到‘文化大革命’的当代故事；到了影视作品《梅兰芳》《金陵十三钗》与长篇电视连续剧《幸福来敲门》等，她的笔致，又一下子从清末民初、抗日战争的历史烽烟跳进当下京上广的都市言情、家庭伦理上。海内、海外，部队、地方，地主、农妇，戏班、青楼，西国、东瀛……就题材的辐射面和写作的宽广度而言，严歌苓与哈金一样，同样是无所不能写、无所不敢写，而且每一出手——从题材角度、人性挖掘到叙事章法，都显得别具匠心、别开生面也别具高度。完全可以这么说，因为严歌苓的出现，给当今整个华文写作定出了一个新的艺术标杆。”①

根本上说，移民海外，拥有世界性视野，才是严歌苓为“海外华文文学定出了标杆”的关键因素。换句话说，严歌苓之所以“给当今整个华文写作定出了一个新的艺术标杆”，主要从下面几个方面显示出来：①严歌苓走向世界所具备的创作主体的文化优势，使其为华文文学及现代文学世界写作队伍竖起了一面旗帜，引领了新方向：写作面向世界主题，跨越文化的壁障，融合多元文化；②以深广的书写题材和广泛的世界性主题的表现，将移民文学的主题从乡愁、族裔和人性拓展到了广泛的全球化高度，拓展了华文文学文学世界的思想范围；③吸收中外现代叙事艺术的成功经验，从女性主义叙事原则出发，以丰富多样的叙事探索，在叙事模式建构、叙事手法创新和叙事声音的选择高度上，提升了华文文学的叙事艺术和美学的高度。

① 苏玮. 2014. 此心宽处即家园——读《海山苍苍》// 江少川. 海山苍苍——海外华裔作家访谈录. 北京：九州出版社：9.

一、走向世界与全球视野

20 世纪 70 年代末到 80 年代中期，是中国改革开放、再一次“面向世界，面向未来”的新时代。这个时代，一批批知识分子或留学或移民海外。新移民作家群就是这个时代形成并崛起的。近 30 多年来，这个作家群掀起了新移民文学思潮，促进了华文文学的大发展，实现了世界华文文学中心的转移——北美为代表的新移民文学成了华文文学新的重镇。在这个作家群体中，严歌苓是最主要的一个。她“与时俱进”，时代给了她机遇，她也给时代添上了浓墨重彩的一笔。

首先，在新移民文学作家群中，严歌苓是少有的在国内已经成名，到异域后仍然创作不辍的海外作家之一。她 1958 年生于上海，1970 年入成都军区，成为一名跳红色芭蕾舞的文艺兵。1978 年发表处女作童话诗《量角器与扑克牌的对话》，1979 年赴对越自卫反击战前线，成为一名战地记者，并发表小说处女作《七个战士和一个零》。1980 年她发表了电影文学剧本《心弦》，后又出版长篇小说《雌性的草地》及短篇小说《天浴》和《少女小渔》多部。1992 年与美国人劳伦斯在旧金山结婚，1993 年开始做好莱坞编剧，2009 年编剧《梅兰芳》。近年连续推出《扶桑》《吴川是个黄女孩》等表现移民主题的杰作。严歌苓还创作了海外华文文学的代表作品《扶桑》《金陵十三钗》《陆犯焉识》①等文本。她也被陈瑞琳称为海外文学“三驾马车”之一，是目前新移民文学创作成就最高的作家之一。个体的经历、经验和全球化时代社会变迁发展的生活历练，是她创作意识萌发和创作思想形成的源泉。移民使她成为了全球化的弄潮儿。严歌苓们走向世界，具有了超越地域、国别作家的新的文化坐标体系，拥有了不同文明及世界体系的政治、经济和文化的新理念，使其创作显示出不同于国内作家如莫言、贾平凹等的艺术特色，其创作成就与他们相比也毫不逊色。

其次，对严歌苓这样一批知识人来说，走向世界，她（他）们最大的收获便是世界性视野和全球性意识——当严歌苓有了出国留学和劳伦斯结婚的经历后，作为一个在中国已经成名的作家，她的视野和眼光也扩张了。

① 《陆犯焉识》已被张艺谋、巩俐等拍成电影《归来》上演，影响巨大，但《归来》已经全然没有了长篇小说丰富的思想内涵，比如全球化的主题。

这种世界性视野和全球性意识使她的创作取材和主题表现有了很大的变化。在国内时期，她的创作集中在历史、人性的复杂关联性思索上，如《雌性的草地》《一个女人的史诗》《第九个寡妇》等，在国外时期，关于人类文明、族裔、文化、现代化、人类性及世界性的全球性主题就日益凸现出来，《小姨多鹤》《吴川是个黄女孩》《扶桑》《金陵十三钗》等一批新移民文学的代表性作品大量出现。事实上，对于 20 世纪 80 年代以后移民海外的一批作家来说，大都有这种创作转向。严歌苓的贡献在于，她引领了这种新方向。

进一步说，严歌苓走向世界和对全球化主题的书写经历，对新移民作家来说，具有特别的象征性意义。因为严歌苓移民后的许多作品，虽然依旧写她在国内的记忆，但最终还是有了全球性视野。比如《一个女人的史诗》，反思“文化大革命”，但其反思的视野却是西方的视点：“后来小菲的大事年鉴中把‘文化大革命’的开始标记为欧阳萸父亲的移居。其实‘文革’在老爷子搬来之前已经开始了半年，只是谁也没料到，它将是影响好几代人，引起世界上好些个哲学家、心理学家、人类行为学家们震惊并研究的大事件。90 年代小菲陪欧阳萸见了一位外国文学家，他说他羡慕中国的文学家，因为他们有这场历时十年的‘文化大革命’。这个九百六十万平方公里之广、十年之久的大舞台上有多少人性登场，把人性的各种动作都表演足了。民族受害，国家受伤，只有文学家受益，可以写几百年，可以给许多代人写出宗教的、政治的、心理的文化的启示录。但小菲的‘文化大革命’是从欧阳萸父亲的突至开始的。”[①]这很能够说明严歌苓观照国内题材的眼光：全球性视野使严歌苓的创作即使是书写国内题材，实际上也将其置于世界和全球的舞台，并把国内题材也提上到世界高度看待。又如，对于中国革命及新中国成立后的社会主义现代化实践，严歌苓的书写很多，《一个女人的史诗》从田苏菲的“革命”写起，《第九个寡妇》从中共抗日到解放写起，直到“文化大革命”、知识青年上山下乡运动以至国内的开放，《雌性的草地》把新中国成立后的革命、知青历史实践与过草地的红军历史结合起来写。《陆犯焉识》写中国革命初期被定位反革命的陆焉识在历次革

① 严歌苓. 2013. 一个女人的史诗. 北京：北京联合出版公司：208.

命运动中的非人待遇，都是从这一角度来写的。中苏的社会主义道路和实践，是众所周知的世界大事件，本身就是世界性全球性议题。严歌苓书写这些世界性议题是基于这样的逻辑理路：不把中国的社会主义实践当做孤立的地域性事件，而是把它看作与资本主义世界现代化实践平行的世界性议题来看，来书写。究其原因，这与严歌苓等新移民作家共同具有的这种走向世界并拥有全球性视野的背景有很大关联。实际上，正是这一点，他们的创作就与改革开放后大陆的伤痕文学、反思文学后的当代文学，甚至新中国成立以来的当代文学具有了很大的不同。例如，对于解放战争、土地改革运动、反恶霸、四清运动、反右运动、“文化大革命”、知识青年上山下乡运动等许多社会主义现代化实践中的政治行为的书写，新移民作家不拘于意识形态要求及其规范看待，而是把中国社会实践中的这些事件置于世界性的现代化实践进程中看待。新移民作家大多有这样的写作理路，严歌苓最具代表性。严歌苓不管是国内还是海外的作品，始终没有离开这个理路。这可能是当代华文文学极为重要的一个特点，也是华文文学内涵高远的一个表现。

也许最该讨论的还是严歌苓的长篇小说《小姨多鹤》，它的故事主体部分是中国故事，写二战日本投降后中国一对夫妻和日本逃难女子多鹤之间在 20 世纪后半期的中国社会主义现代化实践中荒诞、辛酸的喜剧性人生故事。但小说的主题却丰富复杂，一方面，该小说表现中国建国后的社会主义现代化实践的种种混乱及迷雾般的怪诞社会问题，展现了张俭、小环等中国民间百姓在动乱中生存力量的顽强；另一方面，表现二战这样的世界性大战对于世界各国民间人生的残酷性及其灾难性这样的全球性主题，尤其对移民这样的全球性议题问题也做了深度思考。随着多鹤重新返归日本，其子女们中的丫头、大孩等移民日本，国人对移民的渴望，都是这个议题深度思考的表现。《小姨多鹤》这个文本表现移民问题这样的全球性主题的主旨立意相当明确。实际上，《小姨多鹤》这样的文本不仅放在法西斯主义、世界大战这样的全球化议题下看有价值，放在中国社会主义、共产主义实践的世界性前提下，也是有特别的意义的。因为世界的法西斯主义战争，民族仇杀会给不同国度、不同种族的社会人生带来极大的伤害。绮户村 500 多人源于惧怕中俄军队和人们的复仇、为作“好样的日本人”的种族毁灭性集体自杀，日本的满洲垦荒团数千人的逃难及数万人因饥饿而死亡的残酷，当它们一次次的由竹内多鹤及周遭的无数人，至少不下15次的反复呈现，使这个文本的这个主旨异常凸显。当今天的人类面对这样触目惊心、惨绝人寰的世界性灾难时，可能最先意识到或唤起的，就是人类对世界性议题和全球性议题的思考，而不仅仅是关于多鹤这个日本女子与中国夫妻间的暧昧及重婚罪等世俗问题琐碎、荒谬的闲聊非议。

《陆犯焉识》里的陆焉识，留美博士，精熟四国语言的语言学家。尽管是新中国成立之初无端被定位为“反革命”的犯人，被押往苦寒的西北青海改造，但这一形象本身就是一个具有世界参照意义的人物——他的留美博士身份，精熟四国语言的技能，足以显示其世界性身份了。所以，小说后半部分，陆焉识被“平反”后回上海，陆家人观照陆焉识及他所经历的改造等中国历史书写时，就是以世界性的眼光来审视的：“1982年，我哥哥冯学雷去美国西部留学。我的大姑母丹琼回国探亲。冯学雷属于在国内到处愤怒、一出国就特别爱国的那种人。他几乎成个统战干部，在电话里一再向他的大姑母介绍祖国大好形势，向她担保，以后再也不会像五十年代、六十年代、七十年代，中国发展出几亿政治运动员。学雷跟他的参议员大姑父一再辟谣，说世界上的人对于中国社会主义的理解全都是丑化和歪曲。他在电话里替他的中国死爱面子，也替他的社会主义人民拍胸脯，担保大姑母回国绝不会受到监视、监听、跟踪、绑架。至于那种全世界著名的叫做红卫兵的坏人，早就被送到农村去，让几亿农民收拾的老老实实了。冯学雷的统战工作做得非常成功，1983 年春节，冯丹琼带着她的两个女儿三个孙子和七个箱子回到了上海。”[①]所以，根本上讲，《陆犯焉识》的主题是通过陆焉识这个身陷囹圄的语言学专家的经历来演绎其对自由这个普世价值的重新理解，然而，小说最明智的做法却是将陆焉识放到了具有世界性背景之下书写：

“从那以后，焉识彻底自由，恢复了他爱好的所有体育运动，也续上了所有的狐朋狗友的情谊。下一年，二十四岁的陆焉识披上了博士袍，戴上了方帽子。

① 严歌苓. 2014. 陆犯焉识. 北京：作家出版社：376.

一个美国教授悄悄地问他，是否愿意留下来与他合作。合作是两人演双簧，教授出文章题目，焉识捉刀写作，教授署名，焉识得一份研究助手工资。一句话，教授做真人，焉识做影子。除此之外，教授还需要焉识翻译其他语言的参考资料。会四国语言，教授使用起焉识来很方便。学校不会聘用中国人，就像它不会录用犹太人、非洲裔美国人一样，因此焉识不如继续修学，做博士后，修双博士，……有的是合法名目，容他待在美国，待在名校的校园，待到美国最终容忍中国人、犹太人、黑人来教育他们的子孙这一刻，焉识感到心里那个活生生的念头：留下来，彻底逃离冯一方和冯婉喻。就像那次旺达告诉他，她的木材商叔叔可以为他们提供一座伊甸园，他也有过一刹那逃离的向往。

但他还是登上了回国的邮轮。这时他已经缺失了那一点使机会、勇气、动机合二为一的不成熟。”①

《陆犯焉识》是严歌苓走向世界的产物。进一步说，新移民叙事中最好的一部分小说，还是像严歌苓、张翎等海外华文文学作家对百年中国的现代历史的叙事。严歌苓的《一个女人的史诗》《雌性的草地》《第九个寡妇》《陆犯焉识》，张翎的《金山》《阵痛》《何处藏诗》这些文本对 20 世纪中国历史的书写，远远超过伤痕文学以来的中国当代小说的反思力度。这些叙事大多站在世界主义立场和全球视野的高度来叙述。第一次世界大战、第二次世界大战、苏联以来的全球共产主义实践、中国的第三世界理想、无产阶级革命，皆为世界性的人类历史实践。这些实际上都是具有人类性和世界性的全球性主题。严歌苓等人就是以这样的立场与视野进行书写的。由此我们可以清楚看到，严歌苓叙事的真正旨趣，是站在全球性、世界性的立场，看待全球性、人类性的宏大命题。严歌苓作为华文文学标杆作家的标界也体现在这里。

二、移民生存图景与全球化主题

当然，对于移民这一全球性主题的书写，也是严歌苓这类新移民文学

① 严歌苓. 2014. 陆犯焉识. 北京：作家出版社：97.

作家创作的重心所在。因为移民无疑也是世界性的一个重大文化命题。当今时代，全球化的步履不仅深刻影响着现代中国的现代化进程，也深刻影响着国人的日常人生。当全球化的浪潮再一次推动中国走向世界的历史进程时，移民问题也将是作家们，尤其是世界华文文学作家们最为关注的议题。严歌苓以这个重大文化命题的书写而立名、扬名海内外。就是说，对于移民这个全球性主题的书写，也是严歌苓书写全球化主题的一个重要方面。

然而，移民议题，不管是在历史上还是今天，都是一个叫人欲说还休的话题。它是一个老话题，又是一个新话题。它是一个私话题，又是一个公共话题，它是一个国家性议题，也是一个全球性的人类议题。所以，新移民文学对此议题的书写，既有重要的社会历史文化价值，又具有全球性和现代性的实践价值。严歌苓这一议题创作的意义在于，她探究了这一议题的复杂性，既书写了中国近代先侨们那一段晦涩灰暗的历史真相（如《扶桑》），也书写了全球化议题下谜一样的这一段现实历史（如《少女小渔》《吴川是个黄女孩》和《小姨多鹤》等），这一议题在新的世界性局势下仍然继续着、循环着，人类能够超越它们吗？严歌苓的不少小说对这一议题做了深刻地审视。

《扶桑》以一个现代新移民（叙述者自身）和 19 世纪的老移民（淘金移民带出去的妓女）穿越时空的心灵对话，书写了自古而今移民面对的艰难晦涩而复杂的处境："你刚到这里一个月，还没好好看看这座叫金山的城市。你不知这座城市怎样恶意看待来自遥远东方的梳长辫的男人和缠小脚的女人。他们在一只只汽船靠岸时就嗅出了人们深厚的战乱和饥荒。他们嘀咕：这些逃难来的男女邪教徒。他们看着你们一望无际的人群，慢慢爬上海岸。他们意识到大事不好；这是世上最可怕的生命，这些能够忍受一切的、沉默的黄面孔将在退让和谦恭中无声息地开始他们的吞没。就像我们这批人涌出机场闸口，引得人们突然向我们忧心忡忡地瞩目一样，警觉和敌意在这一瞬间穿透了一百多年的历史，回到我们双方的内心。"①小说由此契机开始了对百年前移民海外不幸人生命运的书写。然而，我认为，这个文本的重心不在于通常所说的人性、女性的妓女性以及母性，而在于

① 严歌苓. 1998. 扶桑. 沈阳：春风文艺出版社：15.

对早期华人移民移居海外所受的非人遭遇的书写上。扶桑这样一个被拐卖到海外的女性，其独特的经历、所受的非人虐待，超出了一般海外移民百倍。严歌苓塑造这个形象，将移民问题上升到人类学、种族与性等人类性议题的高度，并对此做了深刻地审视和思考。

《吴川是个黄女孩》是典型的新移民小说。小说书写了一个典型的移民事件：写一对姊妹在芝加哥的移民人生经历。小说精心描述了美国移民政策下惨不忍睹的血腥景象：

“最后三分钟。你不说，我们就要对不住了。女经理醉心自己的上流腔调。她是墨西哥人，从德克萨斯的海域偷渡过来的。或者是从新墨西哥的沙漠上徒步走来的，一同走的几户人家大概要丧生一半。也许是两三户人一块走的，通过沙漠后就被打他们埋伏的警察发现了。逃入境的可能只有一个父亲，一个女儿。女儿出息成了这个没人味只有香水味的女经理。移民往往对移民冷酷无情。美国政府阴暗恶毒，利用人性中这个谜一样的特征，把移民们驯化成边防警官、移民局官员，以及眼前这类头目。他们对美国人不留情是自然的，而对与他们经历相仿的移民更心狠手辣。他们当初是九死一生的幸存者，决不能便宜你，让你顺顺当当地在这个国家落了脚，和她分享自由女神阴影下的幸福生活。

脱了她的衣服。女经理对两个女保安说。干！我向后退了一步，脊梁恰好抵在天花板的下斜线上。猫科动物把防御和进攻同时放在这个动作中：将脊背塑成完美的拱形。我想死给他们看看。我想死给黎若纳看看。肝病隔离区和烧伤病房的幸存者要用死来告诉她：她造成的里里外外的疤痕比我的私部更隐秘。我只要一口气，谁也别想看见那粉红色的常春藤怎样爬满我的胸脯。可这间怪异的屋里连自我行凶的物事也没有。她们三个人向我围来，我要被她们吃掉了。下面的事我再也无法理清。一定是我拼命反抗，她们警棍齐下。…………为什么挑选了我作为迫害对象？一眼看去我比一大群抢购服装的人更适合迫害？这是个著名的白人区，一个亚洲人显得刺目？在我关闭的眼皮外面，吴川的嗓音尖利起来。她质问护士长：为什么后来的人先做处理？护士长见过的血淋淋的面目远多过正常脸容，也见过野蛮粗暴的陪护者。……”①

移民之间相互伤害的事实，不仅仅在20个世纪的旧金山发生，在当今的现代都市芝加哥仍然存在。《吴川是个黄女孩》描述了这种发生在现代的惨剧。

严歌苓对移民历史及其生存现状有深刻的透析。在目前的新移民女作家中，对移民的痛苦和伤害书写的最主要的作家大概就是严歌苓和张翎了。张翎以其《金山》、《阵痛》和《世界上最黑暗的夜晚》等作品，展现了近代以来直至现代移民的生存状况，而严歌苓则以《扶桑》和《吴川是个黄女孩》等文本，对移民史及现代移民的生存状况做了描述。

总览新移民叙事，目前出现了堪称诗史的一批经典之作，黄运基的《巨浪》再现了20世纪后期移民在北美“落地生根”的融合历程。严歌苓的《扶桑》以一个现代新移民和19世纪的老移民穿越时空的心灵对话，书写了自古而今移民面对的艰难晦涩而复杂的处境。张翎的《金山》通过一个家族四代在加拿大淘金奋斗历史的详尽书写，揭示了移民史上移民的家国观念与人生命运之间复杂纠结的历史陈迹。吕红的《美国情人》挖掘现代新移民的移民动因，展现现代新移民自由、高韬的超越性人文境界。沙石的《情徒》以“绿卡”作为中心意象，以另类移民形象的塑造展示了华人等少数族裔移民的迷惘及国人的复杂心态。这些可以称为上乘、上品的新移民叙事巨著的出现，是当代新移民文学发展的标志，也是当今华文文学成熟发展的标志。严歌苓是其中的佼佼者和经典的创造者。

移民叙事具有重要的认识价值。因为新移民叙事以其丰富的世界性、全球性状况的书写，增强了我们对目前世界的认识，它关于世界意识、全球意识的现代思想，它关于不同文明和文化多元共存的崭新意识，它关于族裔、性别、文化和文明的全新的现代秩序和伦理理念，它关于和平、发展、融合和共享的世界性时代主题思想的张扬，给现代世界提供了丰富的思想理论基础与文本支撑。《扶桑》书写百年前早期移民的悲剧或闹剧，但却传达了上述的全新观念。比如其结尾，大勇，这个移民蛇头的束手就擒，

① 严歌苓. 2012. 吴川是个黄女孩//张颐武主编. 全球华语小说大系. 北京：新世界出版：169.

上绞刑架；白人克里斯拯救扶桑并放弃种族偏见，“我”与白人丈夫的婚姻和爱情的象征性书写，都展现出这种思想及其发展前景。因此，严歌苓作为移民的创作主体身份所具备的优势，使其为华文文学及现代文学世界写作队伍竖起了一面旗帜，引领了新方向；走向世界，跨越文化的壁障，融合多元文化，使其具有了世界性视野。惟其如此，她才能把中国国内题材的书写也放到全球性的世界高度书写，加之她出色的语言驾驭能力，才开拓出华文文学创作的新局面，才能追赶世界顶级作家的脚步。在当代汉语写作史上，严歌苓是以自己实实在在的创作成果为其同行“定出了一个新的艺术标杆”的杰出作家。

严歌苓对全球化主题的表现当然并非局限于移民问题，全球化主题的表现范围有多广，严歌苓的书写范围就有多广。罗兰•罗伯森所列举的数十种全球性主题，比如民族国家共同体、个人观念、人道思想、公民权利义务、人类概念及民族主义、国际主义、全球性、现代性、移民、宗教世俗化、民族独立原则、人类的本性与前景、多文化多种族，因性别、性、民族和宗教的考虑而变得日益复杂化的个人观念作为一个物种的人类共同体、世界公民、逆全球化等主题，严歌苓的小说几乎也都涉及。实际上，就这一角度来说，严歌苓等“三驾马车”的写作极有文学史意义。他们以移民海外身份投身全球化，以全球化视野展现全球化，对目前的全球化思潮做了深刻的透视，极大地丰富了世界华文文学的内涵，推动了华文文学的发展。

三、性、族裔、暴力（恐怖）与革命书写

移民主题是全球性主题，性与人类性、种族和国家间的关系、人类文化融合、人类极终生存、社会主义革命、世界资本主义道路实践、世界历史的现代化实践等也是具有全球性意义的重要主题。严歌苓对华文文学的这些主题，都有深刻的表现。事实上，严歌苓小说的创作对后几类主题的表现，更能彰显其作为一个华文文学作家的艺术深度和思想高度。

站在女性主义的叙事立场写性及人性，是严歌苓小说创作的基本主题。尤其是写性，是严歌苓小说一个恒常的话题或议题。她的小说的主题也基本由此伸展开来。性与政治、性与历史、性与女性，可以说，性与人类的

各种主题严歌苓的作品都有表现。在这方面最具代表性的是她的两部长篇小说《扶桑》和《雌性的草地》。后者借小点儿这个人物直接道出了她的创作目的。

> “小点儿是一个美丽、淫邪的女性，同时又是一个完整的人性，她改邪归正的过程恰恰是她渐渐与她那可爱的人性，那迷人的缺陷想脱离的过程。她圣洁了，而她却不再人性。这条命运线诠释了许多生命的命运——要成为一匹优秀军马，那就得去掉马性，要成为一条杰出狗，就得灭掉狗性；要做一个忠实的女修士，就得扼杀女性。一切生命的性都是理想准则的对立面。性被消灭，生命才得以纯粹。这似乎是一个残酷而圆满的逻辑，起码在那个时代。写此书，我似乎为了伸张性。似乎该以血滴泪滴将一个巨大的性写在天宇上。以此书，我也企图在人的性爱与动物的性爱中找到一点共同，那就是，性爱是毁灭，更是永生。”①

借写性来表现特定时代和历史下人类的基本社会问题，是严歌苓一贯的写作特性。对此，严歌苓有她的基本的逻辑理路：“性被消灭，生命才得以纯粹。这似乎是一个残酷而圆满的逻辑，起码在那个时代。”女性与族裔、历史和社会问题紧密联系着。这些复杂的人类社会的问题通过女性及性等敏感性词汇被清晰地展示出来。例如，在《雌性的草地》中，一个正义时代的荒谬性是通过写一群草地“牧马班”的“女知青”的命运完成的：对红军的探索以及由此引发的人类社会的世界性议题，在女性及性的书写中得到了充分表现；在《一个女人的史诗》中，土地改革运动、“文化大革命”等这些发生在中国的社会变革和现代化历史实践借以女性田苏菲一生的人生经历得以展现；在《第九个寡妇》中，“葡萄救公爹义举的前提是，公爹孙二大本来就是个清白的人。他足智多谋，心胸开阔，对日常生活充满智慧，把自然万物视为同胞，对历史荣辱淡然置之。在这漫长岁月中，他与媳妇构成同谋来做一场游戏，共同与历史的残酷性进行较量——究竟是谁的生命更长”。②小说反思的是新中国成立之初镇压“反革命”、历次社会主义革命实践中个人的非人遭遇。这种将家国、历史等宏大命题表现交织在

① 严歌苓. 1998. 雌性的草地. 沈阳：春风文艺出版社：5.

② 陈思和. 2006. 第九个寡妇·跋语//严歌苓. 第九个寡妇. 北京：作家出版社：307.

生命个体的人生遭际中的创作手法，显示了严歌苓创作的智慧。

在《扶桑》中，严歌苓把历史移民问题与族裔、女性、性与人性等更具人类性的普世议题相结合，通过妓女扶桑的性受虐史及命运的书写，展示了华文文学基本的全球性议题：

> “让我来告诉这是怎样的奇迹：两千多个白种男童向中国妓女求欢，其中最小的八岁，最大的十四。史书上把这称为‘最奇特的社会现象……风化上的一次最猖獗的传染病……百分之五十的男童对中国妓馆有规律性造访，百分之九十的男童嫖妓经济来源为校中餐费和糖果花销’。
>
> 我看着你在烛光中的模样。我看不出丝毫‘价钱低廉’的痕迹。一切记载都强调是中国妓女的‘价钱低廉’将白种男孩吸引的。就像二十世纪末声势浩大的唐人街仍然以它的廉价餐馆、廉价杂货和瓜果吸引我这样一穷二白的最新移民，也吸引五洲四海的游人。”①

种族意识、女性、性与人的本能和文化文明冲突相纠缠，严歌苓始终将其放到全球性高度来书写与思考这类议题。

严歌苓的族裔、性别、暴力（恐怖）和革命的书写，始终和女性形象的刻画联系在一起。严歌苓小说中，女性形象的塑造极为成功。小渔、王葡萄、多鹤、扶桑、田苏菲、冯婉喻、红霞、小点儿等，都可以称之为当代世界文学中最为精彩的形象，相当典型的“这一个”。与过去女性形象塑造的价值基点全然不同，女性的世俗性真实人类性欲望等价值基点被充分肯定。基于此，严歌苓的女性形象丰富立体起来，女人像女人了，女性更生活化了，更有人情人性味了。事实上，族裔、性、革命以及由此引发的暴力及恐怖的书写，是严歌苓小说的精彩所在。也许最典型的还是《扶桑》。小说对族裔、性和文化冲突下的暴力、恐怖等人类罪恶的书写力透纸背。中篇移民小说《吴川是个黄女孩》里，移民间的绑架、虐杀、仇恨被逼真地展示。《小姨多鹤》逼真展示了日本女子多鹤在社会主义革命的中国担惊受怕的受虐待史，也展示了在法西斯战争观念下人类毁灭自身的自杀场面

① 严歌苓. 1998. 扶桑. 沈阳：春风文艺出版社：13.

及战争逃难中的恐怖局面。《第九个寡妇》真实的书写了王葡萄和其公爹 20 多年的恐怖逃难史。《陆犯焉识》展现了囚犯陆焉识的残酷受难图景，这些都是严歌苓小说的意指重心。严歌苓的独特就在于把它们和女性与性等议题结合，并放到世界性议题的高度来刻意审视。

也许受女性主义理论中“性政治”范畴的启发，世界意义上的族裔、性、革命与暴力恐怖等全球性议题的丰富复杂性得以充分展现，严歌苓对此心领神会。《雌性的草地》《小姨多鹤》，甚至《一个女人的史诗》都是这样的文本。多鹤这个形象反衬的不仅是法西斯战争的恐怖，更反衬出种族、族裔相融合作为人类性世界性议题的重大意义。《一个女人的史诗》则反映红色革命这一世界现代化历史实践的偏激、简单化与性的偶然交织所产生的带有喜剧性的荒诞感。田苏菲人生命运的起伏变化极其充分地展现了这个全球性主题。

严歌苓颇爱女性话语和女性议题。《一个女兵的悄悄话》《一个女人的史诗》《雌性的草地》《小姨多鹤》《少女小渔》《扶桑》《吴川是个黄女孩》等，都是例证。也许这与女性作家写作不被拒斥、不被质疑和不被妖魔化的社会心理有关系，大众社会已经到了能够对公开的女性声音公正对待的境界了。因为这种社会文化语境和文明表现，女性议题就更加引人注目了，成了一个世界性的热门人类话题。同时，女性写作也更受欢迎了，成了人类社会精神文明进步的一把标杆。严歌苓把握住了这一时代社会心理，因而对此多有开拓。

四、叙述声音与叙事艺术实践

严歌苓的几个重要的长篇小说，如《雌性的草地》《扶桑》《陆犯焉识》《第九个寡妇》等，大多采用了 20 世纪 80 年代中期先锋派小说家马原、孙甘露等的叙事策略。在《扶桑》里，女作家——故事的讲述者对扶桑这一代老移民的历史细节有深入的研究。在此基础上作家对整个故事的编制程序、人物的活动及其命运做了大量反复的刻意说明。基于这种叙事设计，小说以“我”与 150 年前的移民妓女扶桑（“你”）跨越时空的对话方式，讲述了早期移民在种族文明差异中的悲剧性处境，很好地对移民这一世界性议题做了判断，并且给了十分有见识的评析。《雌性的草地》中，对“女子牧马班”的女知青红霞、柯丹、老杜等传奇般的人生故事的讲述，也采用了这种新叙事模式，对献身理想反而被理想残酷对待的革命行为作了判断。如同《扶桑》开头的“你”和“我”的对话开端一样，《雌性的草地》的 Z 部分即结尾部分，当严歌苓把一群女子牧马班的七个姑娘的故事讲述完的时候，其中的“你”和“我”的对话让人马上想起马原、孙甘露等人的叙述套圈实践。“你也兴冲冲来了，踢着草地里‘可口可乐’彩色的空听。我在红男绿女中看见了你，我对你说这里的女人过去不抹雪花膏抹牛血。你来了情绪，让我讲述这里的过去。我一路跟你讲了这么长这么乏味的故事。劳驾你把这故事听到此了，最初我有大批的听众，可最后只剩下你。”“以上是我在多年前对我几个文学朋友谈到的小说的几个隐情节。我扼要地谈完后，一个朋友直言说，‘不好，不真实，一个少女怎么能去参加杀人？我说那是二十世纪六十年代。”“我关掉录音机，终止了几年前与朋友的那场讨论。我得接下去写小点儿这一节，我捉笔苦思。”“让我们回到从前年代的这个故事上来。”“其实距离女子牧马班那段故事，已经许多年过去了，我一摊开这叠陈旧的稿纸，就感到这个多年前的故事我没能力讲述它，因为它本身在不断演变等我决定这样写的时候，它已变成那样了。”[①]《雌性的草地》A 部这些远离故事行为本身的陈述与直白，清晰地展现出严歌苓叙事的这种叙事设计：当“我”把这群女知青故事串讲起来的时候，这种叙述模式帮助严歌苓表达了对那段历史的反思与思考，以及对生命的尊崇和热爱。

仔细分析起来，严歌苓的这种叙事模式的核心就是设立一个叙事视点，把故事人物的行为和女性作家的表述性行为融合起来组合叙事结构，具有“让作家从虚构叙述内部往外投身社会文化，参与有关文学、社会和知识界的讨论”的叙事效果。G.热奈特认为，“任何叙述者都是一个潜在的发声者的‘我’（I）”，而且，这导致了“异故事”的产生。[②]苏珊・S. 兰瑟由此出发提出了她关于叙述声音的理念。她认为“作者型叙述声音”就可以表示出一种“异故事”的、集体的并具有自我指称意义的叙述状态。“这样的叙述声音产生了或再生了作者权威的结构或功能性场景”，它是一种“超表述”

① 严歌苓. 1998. 雌性的草地. 沈阳：春风文艺出版社：405.

② [美]苏珊・S. 兰瑟. 2002. 虚构的权威——女性作家与叙述声音. 北京：北京大学出版社：17.

性行为，能让作家从虚构叙述内部往外投身社会文化，参与有关文学、社会和知识界的讨论”①严歌苓的叙事，也受到女性主义叙事声音这种叙事模式及其理论策略的启发。对于严歌苓来说，对这种叙事艺术的设计及追求是相当自觉的。她说：“明显的，这部小说（《雌性的草地》）的手法是表现，而不是再现，是形而上，而不是形而下的。从结构上，我做了很大胆的探索：在故事正叙中，我将情绪的特别叙述肢解下来，再用电影的特写镜头，把这段情绪若干倍放大、夸张，使不断向前发展的故事总给你一些惊心动魄的停顿，这些停顿使你的眼睛和感觉受到比故事本身强烈很多的刺激。比如，在正叙故事中，我写到某人物一个异常眼神，表示他看见了什么异常事物，但我并不停下故事的主体叙述来对他的所见所感做焦点叙述，我似乎有意忽略掉主体叙述中重要的一笔。而在下一个新的章节中，我把被忽略掉的这段酣畅淋漓地写出来，做一个独立的段落。这类段落多属于情绪描写，与情节并无太多干涉。这样，故事的宏观叙述中便出现了一个个被浓墨重彩地展示的微观，每个微观表现都是一个窥口，读者由此可窥见故事深部，或者故事的剖切面。”②《扶桑》最令人心仪的叙事视点的多重设计。全知叙事人、意识流式第一人称和第二人称叙事三个视点的交错使用，使得叙事立体化的效果凸显。作者、隐含作者和叙述声音交叠，使得叙事的反思性特征变得明显。《陆犯焉识》把“我”囚犯爷爷的日记、笔记整理出来，再讲述，更是这方面的典型。“本书以深远的济世情怀，将知识分子陆焉识的命运铺展在政治这块庞大的坚硬的底布上，监视了残酷岁月里生命可能达到的高度。她的笔触往返于主人公盛年时留恋的浮华地美国、上海和其后半生被禁锢的流放地西北大荒漠，事态的炎凉和命运的多诡尽收眼底。她的讲述冷静与幽默同行，温情与练达并重”③。在该小说里，暴力、血腥、恐怖、混乱的现实呈现与魔幻现实交叠，同前述两篇小说一样，叙事颇具南美魔幻现实主义的叙事风格。

严歌苓的小说叙事艺术受到新历史主义叙事的影响，也有独特的创新性。从《一个女人的史诗》《雌性的造地》到《扶桑》，从《七个战士和一

① [美]苏珊•S. 兰瑟. 2002. 虚构的权威——女性作家与叙述声音. 北京：北京大学出版社：19.
② 严歌苓. 1998. 雌性的草地. 沈阳：春风文艺出版社：4.
③ 严歌苓. 2014. 陆犯焉识. 北京：作家出版社：415.

个零》到《金陵十三钗》，再到《陆犯焉识》，严歌苓小说的叙事探索从没有停止过。对此，陈思和把她放到与 80 年代新历史叙事中进行评论："我以为鲁迅梦中的'慈母大王'对应结构的意象，在中国社会变动中具有深刻的含义，普及开去，像《古船》《白鹿原》《故乡面和黄花》等新历史叙事作品，都未脱这样一个叙事的模式。其差异的主要标志是如何来认识'慈母之泪'，真正发生艺术震撼力的重心也都落实在这里，而变幻多端的'大王旗'只是场面而已。张炜是比较能够理解此中三昧的，所以他把艺术叙事的重心确定在隋抱朴的苦读和冥想（包括对马克思主义和屈原《天问》的探究）中，以隋水和赵火两家的风水轮流为轨迹，揭示出中国现代历史的独特的悲剧。……这以后，以家族故事象征民间，铺张宏大历史叙事的历史小说并不少见，但家族的历史往往迎合了历史轨迹的演变而演变，民间与历史构成了同谋的关系，前者成了后者的注脚。如《白鹿原》，便是其中典型的一例。在这样的历史背景下阅读《第九个寡妇》，我觉得严歌苓是绝顶聪明，她惯于以记叙个人传奇故事而非家族故事，把家族故事凝固在一个点上：守寡的王葡萄如何救护被判为死囚的公爹。"①的确，严歌苓对 80 年代以来直至 90 年代的新历史主义叙事美学情有独钟。她的《一个女人的史诗》《雌性的草地》《第九个寡妇》《陆犯焉识》等，书写世界意义上的共产主义革命实践大多采用了新历史主义的叙事逻辑。

严歌苓对叙事艺术有多样化的探索，对叙事美学有深刻的理解。这在严歌苓这里是相互促进相得益彰的两个方面。正是得益于此，严歌苓为新移民叙事树立了标高。如《一个女人的史诗》大体上看，遵循传统叙事以一个人物为中心的现实主义叙事原则，以田苏菲和欧阳萸的一世婚姻为中心，但整体上在这种大框架下的叙事探索却令人眼花缭乱：田苏菲的内心意识、欧阳萸家族在革命中的魔幻经历，并非通常线性故事的写法，而是跳跃跨脱处理；文本多个叙述声音的涉及，多重视点的交叠，回溯和无数预叙的设置，使整体文本叙事给人震撼的审美效果，已经完全与经典叙事的格局拉开了距离。《雌性的草地》在叙事上，受《百年孤独》魔幻现实主义叙事的痕迹很明显，甚至欧陆意识流、心理小说和南美魔幻现实主义叙

① 陈思和. 2006. 第九个寡妇•跋语//严歌苓. 第九个寡妇. 北京：作家出版社：306.

事交织，构成其基本特点。

江少川对《第九个寡妇》的叙事艺术有过评论。他认为，该小说“娴熟地运用和吸收了西方现代小说的艺术技巧”，如小说开头反故事的回顾叙事，中间大量采用了魔幻现实主义的人物穿越生死、赋予动物人性、人的意识，以动物的感受写现实和历史真实以及西方现代小说最常见的预叙方法”[①]。江少川的认识显然有其独特的发现。事实上，严歌苓在叙事上，既受中国 80 年代新潮小说的叙事如新历史小说的叙事模式、先锋小说“叙事圈套”的影响，又受西方加夫列尔·加西亚·马尔克斯、米兰·昆德拉、玛格丽特·杜拉斯的影响，叙事美学艺术达到了极高的境界：在借鉴中外叙事艺术和对叙事美学充分理解的前提下，创造了她自身的叙事模式，既没有先锋派叙事怪圈的生涩和虚无，也没有西方现代叙事的玄虚——拉美魔幻的离奇，而达到了随心所欲、自由发挥的高超境界。在目前新移民文学作家中，还没有一个作家能够与严歌苓在叙事艺术的探索相媲美。在自觉的叙事美学追求下，严歌苓有独特的叙事模式，极富魅力的叙事艺术，其叙事声音类型设计将其表现的华文文学的全球性主题全面而深刻地揭示了出来，从而整体上提高了海外华文文学的叙事艺术水平。

五、全球性主题与严歌苓创作的意义价值

严歌苓的小说创作之所以“给当今整个华文写作定出了一个新的艺术标杆”，不仅在于她的小说有经典叙事学的“好故事”和叙事艺术，最主要的在于其在多方面深化了全球性议题的范围，也拓展了华文文学的主题内涵。

陈瑞琳认为，“再回首海外华人的百年历史长河，中国人走向世界的道路幽微艰难而曲折，更伴有耻辱的血泪。追溯至 20 世纪的中叶，海外的华文文学才真正具有了自己的声音。四五十年代不少从中国出来的中国留学生，徘徊在‘去’与‘留’的挣扎，成为海外‘留学生文学’的初试啼声。直到 60 年代，中国台湾掀起‘出国潮’，涌出一批年轻的作家，于是有了以於梨华、白先勇、欧阳子等为代表的‘纽约客’系列，其作品充分表现出海外留学生文学所具有的基本特质，在‘无根’的精神痛苦中，在‘接

---

① 江少川. 2006. 文化视野·人性开掘·现代叙事——评严歌苓新作《第九个寡妇》//刘中树等主编. 世界华文文学的新世纪. 长春：吉林大学出版社：291.

受与抗拒’的文化冲突中找到自己的位置，同时在事业、国家、爱情、婚姻的漩涡中走进了‘移民文学’的前沿，并创造了海外华文文学的第一个高峰。与此同时，以旧金山‘天使岛诗文’为发轫而形成波澜的‘草根文学’也成为美华文学的重要一支。海外的新移民文学则发轫于80年代后期，滥觞于90年代，经历了浮躁、粗糙到沉潜、过滤的初级阶段，从单纯描写个人沉沦、奋斗、发迹的传奇故事，已经逐渐走向对一代人命运的反思，对中文化夹缝里的新移民文化心态的表现，进而对生命本身价值的探讨”。[①]依据陈瑞琳的描述，我们明显能够看到，严歌苓们以走向世界的全球视野，把华文文学的主题从“从单纯描写个人沉沦、奋斗、发迹的传奇故事，已经逐渐走向对一代人命运的反思，对中西文化夹缝里的新移民文化心态的表现，进而对生命本身价值的探讨”扩大到由罗兰・罗伯森描述的全球化模式的五个阶段的种种全球化主题，比如民族国家共同体、个人观念、人道主义、公民权利义务、人类概念、民族主义、国际主义、全球性、现代性、移民、宗教世俗化、民族独立原则、人类的本性与前景、多文化多种族，以及因性别、性、民族和宗教的考虑而日益复杂化的个人观念和作为一个物种的人类共同体、世界公民、逆全球化等丰富复杂的全球化主题。因此，严歌苓对华文文学创作的文学史价值正在这里：她以华文文学新的中心母题——全球性主题和人类性主题的创造及表现，将华文文学推向了新的高度和深度。对此，苏玮的概括可以印证：“观察今天全球化语境和中国改革开放大潮背景下的海外华裔作家的写作，如果还是囿于‘乡愁’的老框框和窄框框，我们就要out了——落伍了，……近年海外华语作家写作的蓬勃兴隆的文学实绩，及其群体性的崛起，已然成为整个世界文学和中国文学版图的一支实力不可小觑的文学生力军。所谓‘生力军’者，在我看来，其‘生’‘新’之处，恰恰就是这么一个‘宽’字，这么一种打通的力量，把文学写作的疆域充分拓宽，从两洋、中西、内外这些‘距离’和‘距离感’中打通和贯通；而这些作家，恰恰正是充分利用了‘距离’和‘距离感’的武器，升华了自己的视野和视界，拓宽和扩大了表达的题材，而把海外华裔作家写作的天然劣势（离开故土、远离母语和远离华语

① 陈瑞琳. 2014. 镜子里的人与时代//江少川. 海山苍苍——海外华裔作家访谈录. 北京：九州出版社：4.

读者），变成了宽广无限的驰骋天地。”①从乡愁、个体奋斗、个体存在价值反映到移民世界性主题的表现，华文文学主题不断扩大、深入，也越来越向其最本质的内涵辐射、延展。如前所述，严歌苓新移民叙事的全球性视野，严歌苓从女性主义叙事立场对族裔、性别、战争和革命等全球性现代议题的书写，都是华文文学从单一的乡愁（文化乡愁）到全球性主题扩展的突出表现。可以说，经过严歌苓等一批华文文学作家的努力，华文文学的内涵极大地丰富了。这是华文文学内涵丰富的表现，也是其学科特征（包括作家群体特征、文学现象特征）凸显的重要表现。因此，从近30年世界华文文学演变的角度来说，从全球化时代与文学的跟进关系来说，如果说北美新移民文学是目前世界华文文学发展中发展最好、最为繁荣的部分的话，那么，严歌苓等北美作家创作对世界性、全球性主题的深入表现，则显然就将华文文学的全球性、世界性特征凸显了，也很好地推动了华文文学的思想进程。事实上，在当今以和平和发展为主题的全球化时代，世界华文文学与时俱进，极好地反映了这个时代，有力地推进了当今世界文学的现代化进程。因为正如陈瑞琳、苏玮们的理解，新移民文学显然是继“台湾留学生文学”后把华文文学推向了新阶段。这一阶段的主要作家中，陈瑞琳所言的“三驾马车”的叙事、少君的网络文学和旅游文学、刘荒田的“假洋鬼子”散文创作，都对这一主题做了不同程度的开拓，但毋庸置疑的是，严歌苓是其中最重要的一位。

第二节　移民主题与性别关注
——张翎新移民叙事的主题向度与叙事探索

随着跨国公司贸易、世界经济一体化和国际交往、交流活动的大规模出现，全球化实践正在成为当今世界首要的现代化实践。20世纪80年代后崛起的新移民文学，对当今世界的这种全球化及现代化实践做出了积极的反映。像严歌苓、张翎、虹影、黄运基、沙石、吕红、刘荒田、陈瑞琳等一大批新移民文学的主要代表作家出现，就是其重要标志。他（她）们从

① 苏玮. 2014. 此心宽处即家园——读《海山苍苍——海外华裔作家访谈录》//江少川. 海山苍苍——海外华裔作家访谈录. 北京：九州出版社：8.

书写一代新移民的异国人生故事开始，并由此反映这种全球化趋势。《扶桑》、《金山》和《阵痛》等是反映种族、国家意识和性别主题的文本，《蜜月巴黎》和《家住墨西哥湾》张扬不同族裔的人们相互融合的生活状态，《他乡望月》张扬乡愁，刘荒田“假洋鬼子”系列散文传达人类共性和个性的文化命题，《北京人在纽约》书写文化、文明冲突等全球性主题，随着全球化视域下新移民文学的蓬勃发展，许多具有独特创作风格的作家涌现了出来，张翎就是其中的一位。

从《邮购新娘》《交错的彼岸》《望月》《雁过藻溪》到《金山》、《阵痛》《余震》和《一个夏天的故事》等，张翎的创作大多以移民题材为主。《金山》对移民史、移民命运作了全面审视，《阵痛》从帝国主义、战争战乱描写出发，对女性主义与全球化作了深切关注，短篇小说集《一个夏天的故事》对现代全球化世界移民的喜剧性存在境遇作了描述，《余震》则以非人类性自然灾难——地震这种全球性事件书写出发，考辨了“个体”和“全人类”意义上的人性依赖于这些全球性主题的表现，张翎成为了世界华文文学“三驾马车”之一和新移民文学的翘楚。

张翎从中国南部沿海城市温州出来，大学毕业后从北京移民加拿大（金山），加入了移民作家的行列。从小城温州到全球化都市“金山”的历程，是张翎的生命轨迹，也是张翎迈向世界的轨迹。因此，张翎的新移民书写以这两个走向全球化或现代化的象征性地标为切入点。张翎新移民叙事的结构安排，也与“温州”（指中国任何一个侨乡）和“金山”（泛指任何一个欧美全球化都市）这两个地理城市相关。“温州”和“金山”的交错腾挪构架起张翎移民叙事的基本结构。因此，从张翎的温州故土到“金山”世界的新移民书写，可以清晰发现张翎等一代新移民叙事文本的内在底蕴及主题向度。

移民是全球化的表现方式之一。张翎的移民经历和人生经验给了她全球化视野。百年移民史和移民命运，现代新移民的现代化寻求和性别思考是其创作最主要的四个维度。她从温州到金山的全球化历程和经验，使其在故乡与异乡的比对描写与分析中，在地理空间与文化反差的比对中展现了新移民叙事固有的全球化特征。张翎能够成为新移民文学的翘楚，源于她对全球世界体系和全球性人类状况的关注。张翎新移民叙事的价值由此得到确立。在叙事上，张翎通过叙事结构的精心经营、叙事时间的巧妙安排、叙事声音的选择等策略，追求叙事的独特审美效果，造就了一种张翎式的独特叙事模式。可以说，张翎是一代移民叙事的真正代言人。

一、百年移民史与移民书写代言人

张翎是知名华人作家，浙江温州人。1983 年毕业于复旦大学外文系。1986 年赴加拿大留学。英国文学硕士、听力康复学硕士。20 世纪 90 年代中后期开始在海外发表作品。主要作品有《邮购新娘》《交错的彼岸》《望月》、中短篇篇小说集《雁过藻溪》《尘世》等，中篇小说《羊》、《雁过藻溪》和《余震》分别进入中国小说学会 2003 年、2005 年度和 2007 年度排行榜。曾获得人民文学奖、世界华文文学优秀散文奖、十月文学奖、中山杯文学奖特等奖等，《金山》《阵痛》等是其新移民书写的代表作。

在北美新移民文学创作潮流中，张翎被陈瑞琳称为海外华文文学的“三驾马车”之一，是北美新移民文学的旗手，北美华文文学最为重要的七作家之一。她的“加拿大华工故事”的书写，尤其是《金山》，是北美新移民文学“诗史”中的翘楚。《金山》作为张翎名副其实的代表作，不仅突出展现了移民过程中伤害的具体主客观对象及其心理，而且明确指明了移民受伤害的根本障碍物——种族歧视、狭隘的民族主义和殖民主义等，从而启发人们对移民遭受的痛楚的思考。张翎的《一个夏天的故事》包含四个中篇小说：《生命中最黑暗的夜晚》《一个夏天的故事》《阿喜上学——金山系列故事之一》《何处藏诗》。作者在四个故事后有一句注释，交代了该书完成的背景：“本书的部分内容是作者在担任世界温州人研究中心驻会作家期间完成。”前两个故事，书写的是华人在国内期间的故事，后两个故事重点讲述华人在国内和国外移民、在加拿大异国生存的故事。其中《阿喜上学》的副题是《金山人物系列之一》，算是一篇书写准华人异国生存体验的小说，可以与其长篇小说《金山》看作姊妹篇。从方得法家族到宋武生家族，她始终以移民的历史、社会和国族为大的背景铺垫，来书写百年前的老移民、现代后工业化时代的新移民，既书写加拿大华人移民，又写当代美国华人新移民，叙述的时间跨度极大，是当代新移民书写史上最耐心最持久、最全面、最深入地展现移民生活画卷的新移民作家。

在新移民作家中，书写跨国经历、文化冲突与融合、文明遭遇及其相关的婚恋、个人际遇的文本非常多，也很普遍，但从现代化及全球意识、世界意识出发的作家不多，刘荒田、王鼎钧、痖玄、张翎等是少有的几位。新移民叙事中女性作家占多数，张翎就是其中卓有成绩的一位。罗兰·罗伯森描述的全球化模式的五个阶段的种种全球化主题，比如民族国家共同体、个人观念、人道思想、公民、权利义务、人类概念及其民族主义、国际主义、全球性、现代性、移民、宗教世俗化、民族独立原则、人类的本性与前景、多文化多种族、因性别、性、民族和宗教的考虑而变得日益复杂化的个人观念、作为一个物种的人类共同体、世界公民、逆全球化等主题，张翎小说几乎都涉及。[①]从现代化、全球化角度来书写移民及移民问题，是张翎小说最为醒目的特点。而且，在叙事声音的选择上，第三人称全知的作者型叙事声音也是其主要特点。《金山》最能显示这一点：

> “六指就叹气，说谁叫我们国家穷呢？狗瘦遭人踢，人穷遭人欺嘛。锦绣说不怕穷，就怕无知。所以要办学，以后大家都读书觉醒了，就不叫洋番爬在我们头上作威作福。六指说可是你阿爸阿哥，要不是靠洋番吃饭，咱家能买得起这些田盖得起这样的楼吗？锦绣的两个眉毛一挑，声调就高了起来，‘若没有阿爸他们拼了命修出铁路来，金山还是荒滩呢。是阿爸养活了金山，不是金山养活了阿爸。’
>
> 六指望着锦绣，忍不住眯着眼睛笑，说你茄瓜大一个女仔，如何就知道这么多事呢，锦绣说是欧阳先生告诉我的——欧阳先生大名叫欧阳玉山，在锦绣和阿元的学堂里叫国文，通晓天下事，平日里最受学生欢迎。六指听了，就说你阿爸年轻的时候，也认识一位欧阳先生，叫欧阳明，也是天下事无所不知的，不知道这两个欧阳是不是一个族里出来的呢？”[②]

这里的“修铁路”和“天下事”的议题，和后文提到的孙小桃关于“美国的方向就是世界的方向”的说辞，尽管是小说人物的话语，但很显然是张翎的思想借人物之口说了出来。可以说，张翎的小说创作，在现代化、

① [美]罗兰·罗伯森. 2000. 全球化——社会理论和全球文化. 梁光严译. 上海：上海人民出版社：115.
② 张翎. 2009. 金山. 北京：十月文艺出版社：340.

全球化的世界视野下，对世界近现代历史与国人命运的关系做了深入的思考。《金山》写近代满清衰落史与中国加拿大移民命运的关系。这篇小说通过华侨移民方得法和儿子方锦山、方锦河和女儿方延龄及孙女艾米四代在加拿大温哥华（金山）一个多世纪的人生命运的书写，描绘了华侨移民在19世纪到20世纪中后期100多年所受的深重灾难和痛苦的底层经历，以此揭示了北美现代化进程中表现出来的种族主义罪恶，揭示了这种种族主义思想和意识对为北美现代化进程做出贡献的华人移民的伤害：①修建铁路却被遗弃的悲惨命运；②谦卑劳作却时时遭受种族暴力的侵害；③帮助白人种植大庄园却被驱逐；④司法不公，华人的公民权利被剥夺。

《阵痛》里也包含这种思想。《阵痛》的历史分四段，以四个人物为中心：上官吟春（1942～1947年），写日本入侵给普通百姓像上官吟春、大先生（陶之性）等小人物的生命带来血腥摧残和巨大的变故，孙小桃（1951～1967年），写新中国成立到“文化大革命”开始期间“征服者自身营垒的内耗”这样的大历史对勤奋婆、孙小桃等女性命运的破坏；宋武生（1991～2001年），写开放后的大历史和新移民宋武生的人生命运的内在关联；杜路得（2008），写21世纪的世界公民“无前史”（无历史）的单纯与实用。小说以女性孕育生产—“阵痛”——这一血淋淋的生命意象贯穿起来：逃产篇——危产篇——路产篇——论产篇，反映出历史与这四代人之间复杂微妙的关系。张翎的另外两个短篇《阿喜上学——金山系列人物之一》和《何处藏诗》同样书写社会历史与个人命运之间的关系。《何处藏诗》中，加拿大移民何跃进在“文化大革命”期间的遭遇，令人唏嘘不已，他的那些诗歌记录了他与“文化大革命”历史极其微妙的关系。

陈瑞琳认为，张翎的独特之处在于，不仅写出了社会历史变革给个体生命带来的种种伤害，而且还把这种伤害从躯体体验上升到心理感受等更为内在的涉及骨髓般疼痛的境地，展现了疼痛的悠久绵长和无法愈合。事实上，当张翎把这种有形无形的多样疼痛展现出来的时候，人们对法西斯主义、种族主义、民族主义和殖民主义等多样的制度观念的谬误及其罪恶就有了刻骨铭心的领悟和警觉。在这里，张翎似乎把当代文学中的“伤痕文学”的内在精髓移植到了她的创作中。曾宁有篇散文《尘归尘，土归土》，揭示了大历史的想象逻辑如何叫一个仅仅是小偷的人物毙命，而众人却有噤若寒蝉、无动于衷的内在心理。张翎对种族主义、民族主义和西方的堕落道德对移民的伤害的书写，甚至超越了这点。

弱国子民必受欺辱，尤其是那些移民到充满着种族主义思想和意识的国家的时候。《金山》表现出张翎这样的一代新移民极其矛盾却又深刻的家国意识。《阿喜上学——金山人物故事之一》也是这样的文本，同样充满了这种情绪：

> “‘命，我的命。’阿喜哽咽着说。
>
> 四眼佬也不劝，由着阿喜呜呜咽咽哭完了，才摸出自己的手帕递给阿喜。阿喜接了捂在眼睛上，眼皮给轻轻地割了一割——是一片干得卷起角来的鱼鳞。
>
> ‘那不是你一个人的命，一个大清国的人都没好命。’
>
> 阿喜说我命苦，跟大清国有什么关系。四眼佬说干系大了，一朝昏君，一国庸政，才害得南北百姓受苦。百姓里头，你这样的女子最苦。阿喜听了这话，就害怕，说阿叔别说了，传到皇上那里，要杀头的。四眼佬却哈哈地笑，说谁不晓得清朝要完了，还不知是谁杀谁的头呢。就是这样的昏庸国制，才叫你这样的女子不得自由近学堂读书，不得自由找个自己喜欢的男人。”①

张翎写新移民实际上是既写移民国的种族歧视，挖掘人类在相处与融合过程中的复杂情状，又将人物置于原乡背景，揭示移民的自身命运和家国关系的内在关联。陈公仲在《一曲百年沉重的移民悲歌——〈金山〉读书笔记》里，对此有深入的论述。他认为，《金山》堪比《百年孤独》，“而我们的《金山》，更是一部从清朝同治年间 1872 年直到 2004 年的横跨三个世纪 130 年的中国海外移民史，也可以说是中国海外劳工的百年血泪史……《金山》与《百年孤独》的魔幻现实主义手法不同，它没有借想象、神话、传说来魔幻化现实，曲笔以批判现实；它坦荡胸怀，秉笔直书，以忠实的现实主义精神，真实地记录了游动于大洋两岸社会底层的方氏家族一个世纪的生活境况和悲苦命运。无言的真实，无情地批判了北美当年的种族歧视，同时，也深刻地揭露了百年来的战乱、运动给百姓带来的空前灾难。

① 张翎. 2013. 阿喜上学——金山人物故事之一//一个夏天的故事. 广州：花城出版社：125.

这就是历史，这就是枯燥的历史教科书所无法比拟的生动、真切、泪吟吟血淋淋的文学中的历史。文学的深厚度和深刻度就尽在其中了。”①从目前现有的所有新移民叙事文本来看，张翎的这种书写，显然最具代表性。一代代移民奔赴“金山”，走向全球，走向世界的苦难历程，一代代移民在全球化不同时期所遭受的最苦难的生活被张翎逼真地展现了出来。尤其是她的家族史叙事使新移民叙事的这种普遍性得到充分表现。就历史社会价值而言，在华文文学史上，张翎小说的贡献无人堪比！

二、移民、现代追求及全球化

移民，在今天看来是一个十分光鲜的事情，甚至被神圣化，谁移民了，众人就羡慕不已，尤其是移民到欧美，更是被复杂多样的社会心理赋予美丽的光环，而当我们说“寻找机会实现自身价值为所有移民迁徙原因”时，移民就更在一种超前的价值基点上被崇高化了。事实上，当我们了解了移民史，当我们理性地看待这一问题时，或者说当我们真正有了移民经历和生活的在场性经验后，我们的感受就会复杂起来。张翎的《金山》、《阵痛》和《何处藏诗》等就给我们提供了这样的文本，提供了新移民的种种现代化追求。

进一步说，世界全球化进程为移民创造了全新的条件和机遇，移民动机也发生了巨大的变化。张翎的新移民书写，就在这种视野下展现了这种变化的前后移民的生存境遇。离开惯常的文化冲突书写，转向世界各国相互依存、现代化人类文明的追求的书写上，使张翎移民书写的思想内涵异常地丰富了起来。就是说，当我们放在全球化这一背景之下来观照张翎的移民书写时，会发现张翎新移民书写不同于许多新移民作家的地方。

《金山》里，基于全球化视野对近现代中国历史的反思，甚至对方得法等一代移民移民原因的书写，都颇具现代启发性。小说的那首民谣“喜鹊喜，贺新年，阿爸金山去赚钱，赚得金银千万两，返来买房又买田”，实际上揭示了近代中国移民离开故土、前往异乡的缘由。

《阿喜上学》这个短篇小说的叙事也在探求华人离乡的动机。在近代，

① 陈公仲. 2009. 一曲百年沉重的移民悲歌——《金山》读书笔记//文学新思考. 南昌：江西教育出版社：138.

像加拿大这样的移民国家，其民权意识也比落后的近代中国要深厚得多。例如，叫阿喜命运转折的，是金山官府自身超越华人思想意识深处女子不能上学的浅陋观念，让华人地子女能够接受教育。在这里，拯救阿喜命运的，既是四眼佬，又是金山官府的举措：

“四眼佬把笔从阿喜手里拔下来，咚的一声扔到水杯里，说阿寿你是糊涂了，就让这鸡屎的事给难倒了。你不知道金山官府鼓励唐人细仔上学堂，凡报了名，上满一年学的，就退返过埠税银？阿元要的是钱，你还以为他真稀罕你这个破药铺？他不懂医术，拿去了也是一样废物。你这个女仔有灵气，写的几个字，四四方方，若是上了学堂学了番佬的学问，将来大事小事都帮得了你。阿爸将烟头恨恨地掐在茶缸里，拍着脑袋说我急糊涂了，怎么就忘了这事——也是的，就没想到金山女仔也读书。可是，一年，那个狗阿元怎么肯等一年？

四眼佬想了半天才说，叫大家凑一凑，能凑多少是多少，再让你老婆手松一松，卖几样首饰，凡借了钱的，无论是豪是厘，都写个契，画上押，叫会馆的恶人做个证，明年这个时候一定还。阿爸连连点头，四眼佬哼了一声，说下回别光叫人吃剩饭了，出门不靠朋友，行得了路吗？阿爸说了声，‘我老婆，咳。’脸上就有了几分尴尬。阿喜膝盖一软，差点瘫坐在地上。‘大慈大悲，观世音菩萨。’”①

金山官府的政策，比大清庸政更利民生，所以，阿喜的命运有了转折——不用忍受14岁寡妇的歧视，有了自主，有了读书的机会。张翎新移民叙事的故事情节链条很漫长，尤其是晚近的新移民叙事已经压缩得和目前当今世界的走向——单一共同体和全球多样化的趋势一致了。又如，《阵痛》依然思考移民与现代寻求的问题。多数人都认为，美国的方向就是人类世界的发展方向，移民趋之若笃。事实果真如此吗？张翎似乎对此颇具警惕性。张翎的移民叙事对这些问题作了深度思考，因而其移民叙事分外有思想分量：

① 张翎. 2013. 阿喜上学——金山人物故事之一//一个夏天的故事. 广州：花城出版社：122.

"'武生，要不，咱就不走了吧，有爸在。'宋志成掏出兜里的手帕，擦了擦女儿的嘴角。

眼泪毫无防备地涌了上来，武生赶紧扭过了脸。从拿到签证那一刻起，她就期待着有人说这句话，可是没有，谁也没有。刘邑昌得到消息后立刻报了一个托福培训班，准备花一年的时间攻克外语，争取明年和他在美国相聚。母亲拿着她的签证看了一遍又一遍，喃喃地说美国才是世界发展的方向。她以为阻拦的话终究会来自外婆，因为外婆是一家人里最守旧的一个，可是外婆却说想做的事就得趁年轻去做，免得老来后悔。从一开始，父亲在这件事上一直保持着沉默。然而父亲从来话少，她很难从父亲的缄默里猜度他的心思。她只是没想到她期待了很久的一句话，竟会来自向来寡言的父亲。

她虽然一直等着这句话，可是她明白她绝不会被这句话左右——她终究还是要走。她只是想知道有人贴心贴肺地牵挂着她，而不仅仅是拿她当指望。现在她终于掏到了这句话，她突然觉得心落在了实处——她终于可以放心地走了。"①

《阵痛》中宋武生母亲孙小桃对女儿的一席话"美国才是世界发展的方向"和宋武生得到养父的理解后"放心地走了"的安然，对于我们理解新移民的内在心理提供了深刻的启迪。

《金山》小说文本实际上存在断裂。它一方面反复地书写移民史、移民悲剧性命运及遭际，另一方面，却以现代世界的生活实践经验的角度重新审视移民现象。例如，小说中反复出现的方得法与六指（关淑贤）修建的碉堡，申报"世界文化遗产"的细节（历史不再指向真实，真实降格为景观），艾米对这个碉堡及其历史的冷漠态度，区燕云和区大头等人进行社会进步阶级斗争的合法性基础丧失，这都使《金山》的主题内涵异常丰富起来。又如《阿喜上学》中，结尾的"一九八五年夏天，中国文化部派出一个代表团，参加温哥华的一个城市艺术节"的国际交流，从中可以看出现代移民处境的更多变化。"中国文化部"代表中国，与移民国之间的合作交

① 张翎. 2014. 阵痛. 北京：作家出版社：275.

流行为，昭示了移民环境的新变化，全球化、现代化语境下，个体移民的动机也将会有新的变化。《何处藏诗》写了移民如何谨小慎微地与移民官周旋的戏剧性情景，一方面展示了全球化背景下世界移民的普遍性，另一方面也写了现代移民到移民国艰辛奋斗的生存真相，给读者深刻的启迪。

“现代西方社会的发展方向，与卢梭曾经寻找过的方向是背道而驰的：在经济上追求个人利益，满足个人贪欲；在文化上增进自我，扩展自我。人们常常牺牲公众家庭的利益，从而在市场追逐个人经济利益的积累。为了个人奋斗‘成功’，人们从世界文化的储藏中自由地选择一个个人生活方式，将形形色色的文化产品融成一体，仿佛它们是文化方面的独立成分，与过去的延续性和传统毫无瓜葛”①。宋武生到美国以后的经历有两条线索，第一条是和生父布夏教授的相遇但不能相认以及生父的突然瘫痪中风的经历，第二条是和杜克结婚和无爱生子的境遇。这两条线索都揭示了“美国方向”和生命安顿的背离。宋武生和杜克之子杜路得在上海国际学校的“我外婆和我妈妈都说，女人生孩子不需要丈夫”的“我的理想”，又似乎造就了一个崭新的女权主义者。这说明，在移民及其动机上，张翎的书写实际上充满了张力。《金山》中的欧阳和移民艾米对移民史的冷淡，《阵痛》中的乔琪娜（宋武生）及其后代杜路得的观念变革，《何处藏诗》中何跃进和梅岭的移民生活及奋斗境遇，都反映了张翎书写的这种复杂性。

《生命中最黑暗的夜晚》也是很具代表性的。它书写一批华人为主的游人的欧洲之旅。全球化中的人类，是小说的基本主题。旅行本来是现代世界个体的人娱乐身心、增长见识的健康行为，当人类以旅行的名义畅游世界各地时，旅行就成了把全世界联系在一起的最佳方式。该小说借助这样一项人类性活动的书写，展示了消费主义盛行的现代世界一批华人的生存面相，从而表现了“全球化世界中的人类”这样的宏大主题。本来，小说写一群华人为主体的游客的欧洲之旅，从旅行目的来说，小说应该写得充满欢乐，表现这群旅人的快乐之旅，但作品却展现了这群旅人“生命中最黑暗的夜晚”，小郭、导游、徐老师和芯园的生命中最黑暗的夜晚，成了这群旅人的内在痛苦的书写。为什么有这样的变化？作者为什么这样写？其

① [美]丹尼尔·贝尔. 1989. 资本主义文化矛盾. 赵一凡，蒲隆，任晓晋译. 北京：生活·读书·新知三联书店：315-316.

意图其实很明确，在这个多元化多样化的世界上，每一个有历史的人，都有可能都会遭到不可预测的“命运”的捉弄和打击，经受“生命中最黑暗的夜晚”似的疼痛。这难道是这个全球化的多元世界中人类的宿命？小说带着夸张的成分，却也是内在生存现实的印证。

换句话说，该小说实际上是隐射张翎之痛。张翎在《金山》等小说获得巨大成功后，声名鹊起，但有人，有些“批评家”就开始以大量的抄袭为证，攻击张翎《金山》抄袭了加拿大作家的不少原文。这空穴来风的诽谤，让张翎难以忍受，却有口难辩。这篇小说可能是一种回应。《生命中最黑暗的夜晚》的主人公芯园，是个作家，又是位记者。她在小说被改变成剧本之后声名大振，可是，来自多方面的嫉妒和攻击纷至沓来，使其遭受了无法言说的内在之痛。这个芯园或许就是张翎的替身。小说借这个故事，展现了全球化中复杂多变的人类存在之痛，批判了人性中的某些劣根性。

但是，《金山》、《阵痛》和《何处藏诗》等新移民书写，在改变过去移民书写批判种族歧视等主题的同时，也可以看到或读到一些与走向世界方向一致的世界华文文学理应张扬的积极思想主题。《金山》中欧阳和国家政府对海外华文移民的积极态度，外部世界对侨乡独特性的重新认识，都反映出这种思想倾向。《阵痛》在传达张翎 “女人生孩子不需要丈夫”的别样女性观的同时，对女性“像男人一样追逐全球化”的主题也表现得相当强烈。《何处藏诗》对移民过程喜剧化细节的书写中，也包含了对移民这一全球化流动倾向的肯定。所以，张翎的新移民书写，表达的基本主题应该是：全球化世界是一个充满变数的世界，却也具有必然性，人类世界的联系正在加强，相互的依赖性也在增强，世界是一个多样化多元化的世界，人类走向统一的世界，又各自走向独立、自由的个体。这样的主题与《北京人在纽约》和《曼哈顿的中国女人》书写的文化对立冲突主题、文明差异主题已经有了明显的区别。在全球化、现代化的建构意义上讲，它显然就具有了别样的思想深度。

三、“女人生孩子不需要丈夫”

对移民、种族歧视与全球化问题的关注，对性别与全球化问题的关注，构成张翎创作的两个集中焦点。在当代海外女性作家中，张翎的女性书写传达了“女人生孩子不需要丈夫”的别样女性观和性别观，十分引人注目。

作为一个女性作家，张翎新移民书写中塑造的最好的人物要数女性，像阿喜、六指、上官吟春、宋武生等。[①]比之严歌苓笔下的扶桑，吕红笔下的芯和蔷薇们，描写更为细致，更有典型意义。她以六指、上官吟春、阿喜等形象的塑造，全面地展示了女性地位的底下，命运的悲惨。但张翎的女性书写，视角和其他女性作家是有差异的，撇开清算夫权文化、现代女性生存困惑、女性独特生命与性别体验、女性权利、性别平等和差异等女性文学的基本主题，而是从女性移民、女性现代自我界定、个体和人类等全球化视角关注性别，是极有思想深度的。这使其创作开拓了女性文学的主题范围，丰富了女性文学新的意义向度。在张翎对孕育、母亲角色、母性、终极至善和和平主义定位的女性观的反复审视与书写中，这得到充分表现。《阵痛》是此方面的典型文本。

《阵痛》写了“三代女人，三次阵痛”。张翎写作该小说的材料源自她的女性长辈们独特的女性经验给她的启发：“我外婆一生是一次次孕育经历，最后存活的子女有 4 人——这在那个儿童存活率极低的年代里几乎可以视为奇迹。作为老大的母亲和作为老幺的小姨之间年龄相差将近二十岁。也就是说，在外婆作为女人的整个生育期里，她的子宫和乳房几乎没有过闲置的时候。外婆的身体在过度的使用中迅速折旧，从我记事起，她就已经是一个常年卧床极少出门的病人了，尽管那时她才五十出头。易于消化的米糊，从不离身的胃托和劣质香烟成了外婆在我童年记忆中留下的最深刻烙印。”[②]强调性别差异的女性主义者萨拉·鲁迪克对女性生儿育女为人母的经验特别重视，认为不管她们是否生育过孩子，妇女都对孕育生命承担某种义务，由于同样的原因，自然也就反对摧毁生命。对女性的孕育和和平主义倾向的肯定，使张翎的这种书写具有了重要意义。张翎的女性书写从这一理路出发。

《阵痛》以时间为序，写了上官吟春、孙小桃和宋武生三位女性孕育、生产和作为母亲的故事。孕育、生产和母亲的角色及母性等女性经验和经历，被作者反复书写。上官吟春的生育是在战乱和大先生的无比憎恶中进

① 马萧萧. 2011. 缺失、挣扎与确认——论《金山》女性角色的主体意识与婚姻道路选择. 美华文学，(80)：79.
② 张翎. 2014. 阵痛. 北京：作家出版社：335.

行的，勤奋婆的生育是在毁灭人性的内战枪炮下进行的，宋武生的生育却在异乡他国的出租车上。张翎强调生育和母性气质的书写中，我们仿佛看到了萧红《生死场》和《呼兰河传》中的人物影子。比之萧红，张翎的书写将萧红不动声色的客观呈现转化成了具有强烈的主观感受的描写，将女性生育之痛象征性的上升到了女性作为一个独特性别的人类高度，这种审视，反映出张翎女性书写的一种高度。

张翎女性书写内涵深入的标志还在于，她以三代女性对比，强化了她的思考。“在《阵痛》里，前两代的女人身上有一个惊人的相似之处——她们生来就是母亲。她们只会用一种方式来表达她们对于男人的爱，那就是哺乳。上官吟春只懂得用裸露的胸脯抚慰被爱和恨撕扯成碎片的大先生，孙小桃只知道用牙缝里省下的钱来喂养被理想烧成了灰烬的黄文灿。然而故事到第三代的时候，却突然出现了一些意外的转折。在我的最初构思里，宋武生应该是与外婆母亲同类的女人，她依旧会沿袭基因记忆，掏空自己的青春热情来供养她的艺术家男友。可是笔写到了这一程，却死活不肯听从我的指点，它自行其是地将武生引领到了一个全然不同的方向。武生摒弃了那条被她的母亲和外婆踩得踏实的路，拒绝成为任何人的母亲——那个任何人里也包括她自己的孩子。这个颠覆多少有点私心的嫌疑，因为我已经被上官吟春和孙小桃的沉重命运牵制的几近窒息，而宋武生终于在压得低低的天空上花开了一条缝，于是才有了一丝风。当然宋武生没能走得多远最终把她拉扯回我的故事框架的，依然还是母性——只是她和我都没有意识到它的存在而已。”①

实际上，宋武生的转化，有她留学和移民而获得的全球视野对她的影响。如果不是出国和移民的经历，她与画家结合，可能还会用她女性的胸脯滋养男人，然而，她从个人主义出发，吃避孕药，拒绝孕育，否定了女性孕育、母性的行为。这就衍生了女性文学的新的主题，如女性移民、现代女性的自我界定、个体和人类等全球化视角关注性别等，这样，其女性书写的新意义向度就产生了。

《阵痛》的结尾颇有意味。这部小说一共 28.5 万字，由四大部分组成。

---

① 张翎. 2014. 阵痛. 北京：作家出版社：336-337.

但最后一部分显得十分短。这部分题名“论产篇”，只有700字左右。这个极端短小的小说结尾，以“豹尾”般有力的叙事魅力，极其清晰地张扬了张翎的女性观，以女性主义的理论对全球化做了分析或回应，或者在全球化视野下表达了她的女性主义思想。

杜路得这个国际学校的一年级女生，亚裔女孩，她的“理想”——关于女性及女人人生的选择的观念，来自于其前辈的生命基因记忆、儿童的纯真和国际性全球化的开放语境：

> “老师注意到坐在后排的一个高瘦的亚裔女孩，从进课堂起就一直很沉默。老师微笑着鼓励她发言，说杜路得，你呢？你想挑选什么职业，等你长大了？
>
> 女孩沉吟半天，才说医生。
>
> 老师心想终于有一个靠谱的了，就问你想当哪个专业的医生呢？
>
> 女孩这回没有迟疑，开口就说接生。
>
> 老师吃了一惊：很少有七岁的孩子会说出接生这个词。就问你是不是昨天看了企鹅爸爸陪企鹅妈妈生孩子的动画片，才有这个想法的？
>
> 女孩深深地看了老师一眼，眸子里的忧郁刺得老师退后了一步。
>
> ‘那部电影在撒谎。’女孩严肃地说，‘我外婆和我妈妈都说，女人生孩子不需要丈夫。’
>
> 天哪，这是什么样的一个孩子啊！老师暗叹。”①

这个国际学校的亚裔女孩为什么会有这种看法？女孩实际上说得很清楚，她的这种想法来自她的外婆和妈妈的女性人生经历和体验。就是说，她那天真而理性的眼光，她那毋庸置疑的观点，来自于历史——她的上辈女性们的体验，也来自于科学、理性——现代孕育及技术进步。这里，女孩“眸子里的忧郁”意味着什么呢？它是现代女性处境的象征吗？张翎没能明言，但肯定包含着许多无法言说的东西。实际上，可以肯定的是，张

① 张翎. 2014. 阵痛. 北京：作家出版社：333.

翎赋予这个世界公民亚裔女孩充满挑战的女性话语，是全球化语境下女性新的自我认知的宣示。所以，张翎的《阵痛》以富有张力的叙事，张扬了她的女性观：男女两性是有差别的，男性并非女性的天空和依赖，作为个体和人类的女性，在全球化的语境下，她们也像男性一样追求全球化，但有时却没有男性那样不靠谱。全球化会给女性带来更为复杂的处境，也会带来新的希望。

演员徐帆对张翎女性书写的基本倾向有深刻的体会。她说，“女人，尤其是母亲，不管经历着怎样的一种世道，都会以她的坚强和隐忍，以她的蒲苇一般的柔韧和坚韧，支撑起一片可以躲避风雨的天地”。[①]张翎的女性书写，得到女性普遍的认同。亚裔女孩的女权主义倾向，张翎并没有否定。看来，张翎也是个坚定的女权主义者，对女性的隐忍和牺牲，对女性的强大生命力给予赞美的同时，她也多了份理性的世界眼光。作为新移民作家，“三大洲四城市”的时空给予她女性书写的全球性视野。这是张翎女性书写内涵丰富的主要原因。

四、时空交错的叙事结构

张翎极会书写宏大的历史故事。近百年中国历史和世界历史，都在其文本中有生动的展现；她也极会写居住在异国他乡的移民生动的喜剧性生活。例如，何跃进和梅岭在移民局面对移民官的场面，就写的相当有戏剧性，且意味深长。在目前的新移民作家中，张翎是很会讲移民故事的一代杰出故事家。

与她齐名的严歌苓说，“天生具有好的语感，可张翎还嫌不够，还要‘语不惊人死不休’地锤炼她的小说语言。小说《阵痛》就是以她锤炼成金的语言，讲述了三代女人从中国到海外的世纪故事。张翎使我们越过文学熊市看到文学的希望。”[②]“讲述……从中国到海外的世纪故事”，而且讲得风生水起，令人神往。严歌苓作为一代叙事能手，直觉性地发现了张翎叙事的特色。从《邮购新娘》《交错的彼岸》《望月》《雁过藻溪》到《金山》《阵痛》《余震》《一个夏天的故事》等，张翎一路写来，形成了独特

① 徐帆. 2014. 封面推荐语//张翎. 阵痛. 北京：作家出版社.

② 严歌苓. 2014. 封面推荐语//张翎. 阵痛. 北京：作家出版社.

的叙事特色。

“那年夏天我离开了渐渐热闹起来的京城，忐忑不安地踏上了加拿大的留学之旅。……我突然明白了，他们是被近代教科书称为先侨、猪仔华工或苦力的那群人。……其实，我是可以写一本书的，一本关于这些在墓碑底下躺了将近一个世纪的人的书。”①张翎新移民叙事的最大特色，在于创造了一种适合于描述人物生存状态的时间、空间交错的叙事结构。就是说，张翎的小说故事在一个全球性的时空框架中发生。如前所述，这与张翎的移民身份有关。张翎从温州出来，大学毕业后从北京移民加拿大（金山）。从温州到“金山”，是张翎的生命轨迹，也是张翎迈向全球化的轨迹。张翎书写这两个地方也是以现代化为切入点。张翎叙事的结构安排也与“温州”和“金山”这两个地理城市相关，温州和“金山”的交错腾挪构架起张翎移民叙事的基本结构——广东开平自勉村和加拿大卑诗省温哥华两地交错呈现，社会学家欧阳和艾米 2004 年的碉楼探秘共同构成了《金山》的叙事结构。

如前所述，《金山》讲述一个家族四代移民走向全球化的故事。1872 年广东开平自勉村也和近代以来的沿海一样，战乱兵灾不断，内忧外患，人民民不聊生。方得法这一年跟随金山客红毛远去加拿大打工赚钱。先是替人开荒种地，后来到处打杂工。白天去卖炭，晚上住在华人的春成杂货铺。1881 年，太平洋铁路工程全面开工。方得法和成千上万的华工一样，开始修铁路。五年后太平洋铁路完工，方得法又一次失业。经过周折，方得法开了洗衣馆，终于给母亲寄回了 300 美金。10 多年后，方得法回乡娶亲六指，见到欧阳，接受了西方新国体的思想。生下锦山后又一次来到加拿大开衣馆求生淘金。在白人工头瑞克的支持下，方得法洗衣馆生意日盛。李鸿章欧美考察，募捐保国，方得法将洗衣馆卖掉捐钱，又一次从洗浴工这种工作做起。后来加拿大开荒兴盛，方得法借钱开荒，接回了长子锦山。生意做大后遭白人的嫉恨，被白人排挤，设法抢夺了他的生意。又开洗衣店，却被又一次的排华浪潮所吞没。

方得法无奈之下只好打工度日。长子锦山被加拿大的中国保皇党陷害

① 张翎. 2014. 阵痛. 北京：作家出版社：3.

投海，遇到印第安女人桑丹思，后来念家，回到父亲身边，在神父帮助下救了妓女猫眼一起度日。次子锦河来到金山后，方得法安排在瑞克家当佣，一做就是 20 多年。与瑞克夫妇产生了畸形的恋爱关系。瑞克夫人死后，锦河接受了遗产。大半捐给了中国抗日大业。后来为加拿大服役，战死法兰西。方家的第三代延龄在存在严重种族歧视的温哥华长大，与白人生女艾米，并以白人标准培养艾米，将艾米培养成了一代社会学家。艾米后来回国，在方家碉楼里和美国哲学家马克举行了婚礼。婚礼的主持是方家数代启蒙老师欧阳，欧阳是中国侨史研究专家。就是说，为了全范围展示方得法家族四代移民的人生故事，在全球化视野下展现移民跨越上百年的家族奋斗史，张翎成功地创造了一种非常醒目的时间、空间交叉的叙事模式。《金山》主体部分八章，前有引子，后有尾声。整体故事以两条线索展开，一是方得法家族四代的移民史讲述，二是艾米和欧阳在 2004 年对方家历史的追溯。

仔细分析这两条叙事线索，这种叙事模式的理路就能清晰地展现出来：引子、尾声两部分确立了一个现在进行时的叙事方式，《金山》以此方式展开叙事。“2004，广东开平”在叙述中总共出现五次。引子、尾声前后挽结，中间三次穿插期间，把方家的故事包裹在其中，结构完整统一。这里，叙事频次（五次）的安排颇有意味。它们交错在整体部分之中，与主体叙事部分交错呈现。主体部分八章，小说叙事采用顺序的方式展开叙事，方家一代代移民轨迹就清晰可见了。方得法从 1872 年移民加拿大，直到 1972 年其孙女方延龄病逝，前三代移民移民加拿大的历程得到清晰展现。这里，叙事时间的安排颇有情味。一个是现在探究的时间——2004 年，一个是 1872～1972 年百年后中加建交的时间，它们形成了探究与回溯的交错时间效应。一方面，百年移民史及移民命运的展现，需要以一个家族人物为中心，另一方面，对移民及其相关的全球性主题的表现，需要拉开审美的距离。所以，张翎选择一种引子、尾声的叙事方式，增加了叙事的“审美的距离”，将作品思想引向了更深的文化哲理层次。小说空间的安排也是跳跃穿插，一个是广东开平和安乡自勉村，一个是加拿大英属科伦比亚省（卑诗省）咸水埠。以一代移民活动场景为经纬，编织了小说的叙事时空，充分展现了一幅跨越太平洋两岸和上百年历史的全球场景图。这里，张翎超越主体部分以时间叙事的单一时间叙事模式，以一种悲悯的情怀俯视移民这群处在特殊情景中的人物，以全球性世界性视野来思考移民生存的处境，认知目前的全球化思潮，故而时间、空间两者交叠出现，交错使用，成功地创造了一种非常醒目的时间、空间性交叉的叙事模式。

从《望月》《雁过藻溪》到《阵痛》《余震》《一个夏天的故事》等，全都是这种模式的翻版。比如《阵痛》，也是以时间叙事为主，前半部分书写两代女人的人生故事，后半部分书写宋武生和杜路得新人故事，空间以美国纽约和中国南部温州小城为主。《何处藏诗》也是如此，甚至像《余震》这样的小说文本，也采用这种叙事结构，来表现地震这种全球性的人类灾难对人们造成的深远影响。空间的扩大在某种程度上，意味着影响的深广度！

总之，张翎的移民书写最主要的特点就在于，把移民书写放到当今全球化的社会历史文化背景下，结合每一个移民独特的经历，描述移民生活中的各样遭遇，描述移民面对全球化环境的复杂情状，揭示在不同的社会历史文化背景下，移民命运转变的深层真相——复杂的文化结构。张翎新移民叙事的主要创新之处有：①“美国的方向才是世界发展的方向”，从一些世俗偏见性经验出发，深入挖掘移民远涉重洋的内在动机——个体的、社会的、族裔的及世界政治文化的内在结构，并理性地揭示出它们之间复杂的内在关联；②中西世界宏大历史文化政治经济结构与移民个体人生命运的关联书写，使得张翎的新移民文学充分地表现了全球化这个世界性的主题；③从钩沉史料入手，并以丰富的移民日常生活细节展现来辅助，具有强烈的历史的意识和反思性特性；④从故乡与异乡的比对描写与分析中，在地理空间与文化反差的比对中展现了新移民叙事固有的宏大时空、文化、文明及其现代化的反差特性，从而造就了一种张翎式的叙事模式。

第三节 新移民叙事的另类面相
——沙石《情徒》的叙事探索和喜剧化倾向

从 20 世纪五六十年代的於梨华、白先勇们的“留学生文学”到 20 世纪 80 年代以后发展起来的黄运基、刘荒田、沙石们的北美新移民文学，其叙事主题和美学风格都发生了重要的变化。黄运基的《异乡三部曲》之《巨浪》、严歌苓的《扶桑》、伍可聘的《金山伯的女人》、张翎的《金山》、招思虹的《金山有约》和沙石的《情徒》等鸿篇巨制和北美作家在80年代后创作的一系列海外汉语文本，与於梨华的《又见棕榈，又见棕榈》和白先勇的《芝加哥之死》等“留学生文学”在主题内蕴和审美个性上拉开了距离。它们与近10多年来的一批批华文文学文本一起，显示了北美移民文学发展的崭新气象。

从文本本身来看，在这种新崛起的新移民文学中，一些经典文本的思想内涵、叙事主题和美学风格丰富而多样，充分显示了新移民文学繁荣发展的新气象。像沙石的小说创作就与黄运基们有别，其叙事及其美学风格也迥异于此前的“留学生文学”。沙石的独特在于，他以其对全球化、北美现代化进程及新移民潮流的独特理解，以幽默和喜剧化的风格书写了新移民生存的独特体验，表现出与白先勇等为代表的美华文学中的移民叙事和黄运基为代表的“草根”叙事[①]完全不同的价值取向和审美倾向，展现了移民叙事别样的美学面相。了解沙石及其创作，我们可以更为清晰地发现北美新移民文学的丰富多样性，看清当今新移民文学的发展趋势。

一、“美国梦”：另类叙事

北美新移民文学的出现及其繁荣发展，有深刻的历史文化背景。1978年，中国改革开放以来，全球化和多元化的世界文化语境，就是其中最为直接的背景。在这种背景下，移居欧美，尤其是移居引领世界现代化进程的美国和加拿大，成了不少中国人为了个人发展而趋之若鹜的目标。一段时间以来，“美国梦”也成了中国民众的“中国梦”之一。为了实现这种梦想，偷渡者有之，中产者在海外开公司、做生意者有之，通过留学，接受美国先进教育，实现定居者有之，政府高官们把妻女送出者有之。而且，尽管有语言障碍、民族隔阂和移民歧视政策等诸多障碍，国人还是纷纷留学美国，移民美国，奋斗、生活在这个世界上最发达的移民国家。伴随出现的新移民叙事，就是对当今方兴未艾的这种移民热潮进行叙述，描述这

① 这里主要指围绕在《美华文学》杂志及美国华文文艺界协会周围的一批湾区（旧金山）作家。主要成员有黄运基、刘荒田、吴瑞卿、夏小舟、李硕儒、王性初、潘郁琦、程宝林、老南、郑其贤、穗青、刘子毅、招思虹、梁应麟、阙维杭、张家修、黄新、邵丹、梁培炽、李国雄、吕红、沙石、喻丽清、李兆阳、风中秋叶等。

种社会文化现象发生前和发生后对移民生活的改变，并提供了生动的现实情景和在场经验。沙石的小说《情徒》就是这样的一个经典文本。不过，该文本又与新移民叙事的其他代表性作品如《扶桑》、《巨浪》和《金山》等不同，它以独特的叙事方式和美学倾向，塑造了王大宝这个典型的新移民形象，或者说，通过一个诡异的叙事来表现一个新移民的生存感受、存在体验和价值追寻的失落，展现了新移民叙事的独特艺术魅力。

违背现世普遍性的婚姻基本原则，逃过美国移民政策的关卡，通过与美国人通婚的方式拿到绿卡，进而定居美国，这是实现“美国梦”最便捷的方式。《情徒》就从主人公王大宝这一欺骗性的移民方式写起。而这也正是《情徒》叙事的独特性所在：威廉（《情徒》的主人公之一，美籍华人）要造出一个“中国制造的美国作家”，便利用这种方式造就了新移民王大宝。这里，王大宝急于出国的动机（移民美国）被文化掮客利用，便把王大宝用“与绿卡做爱”的方式移民美国。

以此开始的小说情节风波迭起。首先，王大宝（既是叙述者又是主人公）书写《情徒》的过程，就是一个极为荒唐的行为，自然导致了荒唐的结局：他作为一个作家出国是为了生存、赚钱、成名，然而，中文写作在美国这样一个世俗的现代商业社会里是一条极为尴尬的生存之路；王大宝没有给父母、爱慕的女人带来一分钱的物质贡献，甚至连儿子王小宝的出生费都出不起。更令人可悲的是，写作是王大宝的事业，可从书写《情徒》到《愤怒的橘子》等小说，却都偏离了他的事业之路，偏离了他的事业动机，他只得到了一个“文化骗子”的帽子。《情徒》的写作被文化掮客利用，而《愤怒的橘子》的编造只为了 1 万美元，最终又被教授、同行们逐出作家的行列，他成了人们心目中的文化低能儿。最后的结果是，商人老麦当成了《愤怒的橘子》的作者，被教授们高度称赞，而其真实作者王大宝，却因揭露了与老麦当的交易真相，被教授、学者们嘲笑，被警察视为疯子、神经质的人。王大宝无奈，只能和美国歌唱家索菲亚逃到了荒蛮的原始森林。一对不怎么入流的美华艺术家，不知将何以为继他们的人生故事？《情徒》的质疑显而易见。

刘俊在《不可理喻：新移民社会的另类展示》一文中分析了沙石此前的短篇小说的这种独特性所在。他说：“沙石不是为了只是展示新移民社会的一般生活，而是要借助新移民社会和新移民生活，展现自己对世界、人生和人性的独特看法——这种独特性既表现在他对于人生、人性‘不可理喻’的定性，同时也体现在他对人生、人性中常常隐而不显，令人不忍、不愿、不惯面对的一些现象和事实，怀有直面的勇气和解剖的兴趣。正是这两者的结合，再加上沙石小说有点满不在乎的叙事语调和独有的一种冷幽默，使沙石小说成为美国华人文学中以另类方式展现新移民社会的突出代表。”[①]《情徒》保持了沙石此前短篇小说一贯的作风，它以移民叙事的另类面貌出现，以失败的移民作为主人公来展开新移民叙事。也许是正反互相补充的原因，《情徒》提供的现实场景和在场经验更为逼真、鲜活。这让我们能够更清晰地知悉新移民们更为全面和周详的生存、生活现状，并进而对这种文化趋势做出思考。

进一步说，《情徒》是通过“中国制造的美国作家”来思索移民人生的小说，或新移民小说。它的首要的价值在于塑造了王大宝这样一个移民作家形象，从而表达了一个移居海外的中国现代作家荒诞的存在真相——无用、无能而又荒唐不经的存在经验。因为在全球化与经济为主导的现代社会，在极度物化的市场经济下，不管是一个中国作家，还是美国作家，还是“中国制造的美国作家”，他们自身的价值，除了与现实妥协，宣扬正面价值外，其他的追求基本是难以实现的。如前所述，王大宝这一移民形象是一个冒险而又任性，执著而又轻狂，反复无常而又性情怪异，善良而又不无刁滑习性，聪明而又愚钝的现代作家形象。这种个性，使现实遭遇造就的人格分裂和价值扭曲。“关于屁股的争议”隐喻的就是这种情景。作家写作靠自身努力，作家靠作品立身，但即使这个基本的事实也被现实扭曲了。王大宝对此太有自觉的意识了。正因为如此，王大宝在同类作家群里，就成为了一个异己分子，一只蛀虫。王大宝得靠经纪人威廉的包装，得按照经纪人的要求写作，作品出版后得靠媒体的吹嘘，作家的签名出售得靠暗箱运作。自己写的东西，却被自己出卖，商人老麦当成了作者，他试图还原真相，却被当成了骗子、文化的低能儿。在这里，一切道德、良知、诚信都成了被人嘲弄的对象，所以，《情徒》这部关于作家故事的小说的根

① 刘俊. 2009. 不可理喻：新移民社会的另类展示——论沙石的小说创作. 美华文学，(71)：36.

本价值就在于塑造了作家王大宝这个人物形象，并由此揭示了现代作家尴尬的存在处境，反映了一个现代知识分子在高度市场化、商业化的国际大都市里移民的多元文化现实荒谬的存在体验。

最能反映王大宝这种荒谬体验的，还有王大宝荒谬的爱情婚姻。这也是小说命名为《情徒》的重要原因之一。在小说的人物关系网中，王大宝和他青梅竹马的小野、美国女人冈布娜和索菲亚的关系都是纠缠不清的。暂且不说他们的关系违背了美国的移民法，就是从正常的理性而言，他们的关系也异常荒诞不经。首先，背离道德，背离人伦。王大宝心爱的女人小野，是有夫之妇，还远在石家庄，但他们却不管一切的交往、恋爱。其次，即使他和黑人女性冈布娜结婚了，但他们却没有相亲相爱的婚姻生活，只是为了相互利用，且相互怀疑，甚至淹及后代。最后，与威廉情妇索菲亚的情感纠葛使他于威廉交恶，最终他们只能逃到荒野山林，去过荒唐的性爱生活。《情徒》主要写了王大宝荒唐的爱情，以一个一男三女的俗套而艳丽的故事，表达了一个移民爱情体验的虚无与绝望。

最有审美冲击力的还是小说中“和绿卡做爱”这样的荒谬隐喻[①]。王大宝与冈布娜的婚姻，从他们各自心知肚明的欺骗开始：通过婚姻，王大宝变成了查理斯，变成了美国人，但得到这些，却从王大宝与冈布娜的性爱开始，从性开始，他们体会到了美国这个性爱自由的世界的荒谬，但这种荒谬又伤害了他们各自的个体心灵，性的结果使一个新生命诞生，可王大宝不敢相信小宝是他自己的，因为冈布娜既然能够为了钱跟他做爱，那么，她完全也可以为了其他什么东西与他人做爱，尤其是在美国这个性开放的国度，他对此感到荒唐不经；而当王大宝认自己的儿子时，冈布娜却把他赶出了门外，说孩子是那个墨西哥人的；与冈布娜的婚姻，使王大宝更不自信了，他感到了世界和人性的荒谬、诡异深重。

所以，《情徒》叙事的不同一般就在于，它超越了那些浅层面上叙述美国生活，也超越了浅层次的情感婚姻生活和日常生活细节的叙事，而呈现出了现代移民叙事更内在的思想内蕴和风采。因为目前大凡移民叙事，基

① 这种荒谬反映的实际上是中美文化价值观的深刻差异。在后工业化时代，随着物质生活的不断丰富，追求享乐是一种时尚，人们更关注个体的快乐，婚姻不再是一种社会责任，而是追求个人幸福的一种手段。《情徒》对此显然有深刻的把握和理解。

本上都是顺应大众普遍接受的移民思潮的思路，书写与塑造那些在华尔街、硅谷、曼哈顿、唐人街实现了“美国神话”的成功者的经验和形象，以满足普遍的社会心理，或者树立在文化差异中积极拼搏的精神形象，去换取移民叙事的销路，即所谓的创作成功。然而，《情徒》比一般的华文文学小说文本更具思想价值内涵，原因在它的这种另类叙事以一个“中国制造的美国作家”荒唐的存在体验，展现了新移民生命存在体验的荒诞性，并对此作了深刻的审美观照。小说也深刻地揭示出在一个全球化和现代化的世界里，别样的意识形态、文化、制度、生存方式等这些所谓人类文明的标志对一个新移民个体的伤害。对于他来说，走出目前的困境，在多元文化中确立自身，自强自立，也许是其人生的根本出路。这正是《情徒》叙事的根本主题旨趣。所以，该小说深刻的文化体验、心理感受和生命价值追怀及别样的叙事风格，使其在移民叙事中别具一格。

二、叙事视角与结构方式

除了叙事内容别具一格外，《情徒》在叙事方式上也有非常独特的探索。

《情徒》作者沙石开始创作的时候以短篇为主，其短篇小说创作的一个重要特点是叙事视角的多样化。例如，代表作《玻璃房子》，讲述一个美籍华人阿德（来自中国的新移民）与美国少妇伊丽萨的性爱纠葛的心理故事，用第三人称叙事。《罗斯山上的歌声》以“我”的视角透视“我”对性与爱的独立理解。《月亮绣球》则以一个现代女性以及“我”的视角，展现了“我”在中国男人钢丝和纯种美国男人布朗克之间独特的性爱观念与心理纠葛。长篇小说《情徒》则把这种叙事探索引向了深入，作者以主人公王大宝的自我叙述为中心，讲述了一个“中国人的美国故事”。从前面的文本内容分析看，《情徒》有双重主题内涵：一是表现新移民的生存感受和体验，揭示其错位而迷惘的移民观念对移民个体的生命创伤；二是通过《情徒》这部小说写作的全过程的描述，对现代作家的存在处境作了形象的展示，表现了一个现代作家的文化体验、心理感受和对生命价值的关怀。同时，它也对人性的复杂和人类种族间的纠葛作了深刻的剖析。沙石认为，他写《情徒》，纯然是为了挑战自我。[①]这种挑战自我，可以理解成他在长篇叙事艺术上寻求新突破和新尝试的努力。为了与表现内容相适应，沙石在叙事上找到了一种把引人入胜的情节叙述和构成这部作品的叙事过程的陈述相互并行书写的结构方式。

“在开始动笔写《情徒》的时候我有种迷路的感觉，原因是我没有打腹稿，也没有搭框架，写了开头就去写中间，写到了中间还不知道如何结尾，整个写作基本上是想到哪写到哪，跟着感觉走，随着河流漂，顺着竹竿往上爬，或者说是蒙着眼睛从山崖上往下跳。等写完了最后一个字，在纸上画上最后一个句号，我才意识到我一不小心写出了一部长篇小说”。[②]这是沙石对其《情徒》的杂文化叙事结构方式的说明，是一个作家的夫子之道。这个说明实际上是沙石式的说明。因为如果我们不了解这种说辞的话，就不会对他的结构方式有更为清晰的了解。所以，沙石这里实际上是以不在意的“春秋笔法”讲他对《情徒》结构的“自觉”。正如杨义所言，结构是叙事艺术世界的首要元素和叙事谋略，结构蕴藏着作者对世界的、人生及艺术的深刻理解，其中包含作家的生命感悟和哲学体验。[③]所以，沙石以“和绿卡做爱”开头，以“花儿绽开的狼屋”结尾来结构小说，颇有叙事艺术结构哲学的内在依据：以“和绿卡做爱”开头，包含着他对移民现象及存在感受书写的深刻体悟与思考，以“花儿绽开的狼屋”结尾，包含着移民的逃离和作家存在的无奈。因此，《情徒》是采用高超的反讽叙事艺术手法来结构小说的移民叙事名作。这在叙事学上具有极其可贵的个案价值。

第一，在叙事艺术上，《情徒》的探索不亚于我们津津乐道的《扶桑》。这两个北美新移民叙事的经典文本，在叙事方式上各有特色，但两者的差异和创新，通过比较可以看得更为分明。严歌苓的《扶桑》叙事艺术相当高明，它以历史叙事的方式，追溯了先期移民艰难的处境与被虐待的历史，而《情徒》则以现在进行时，从新移民自身体验的叙事方式入手，更能够反映全球化的多元世界里新移民的内在感受；《扶桑》总体上是全知视角，《情徒》总体上是限制视角；《扶桑》的叙事者与真实作者的关系明确，《情

① 沙石. 2012. 情徒·后记. 北京：大众文艺出版社：239.

② 沙石. 2012. 情徒·后记. 北京：大众文艺出版社：239.

③ 参见杨义的《中国叙事学》(1997 年，北京：人民出版社)。

徒》有意制造叙事的迷宫，在真实作者、叙事者和主人公之间游移，多重身份交织，增加了叙事的立体感，也增加了情节的真实感，吸引了读者的眼球；《扶桑》属于历史叙事，叙述中国北美移民的惨痛经历，《情徒》写现代移民对美国移民法的扭曲、篡改和利用，展示现代中国大陆部分新移民的生活形态和人生情态，自叙传色彩和心理书写构成了《情徒》独特的审美张力和思想内涵。就是说，《情徒》的作者对真实作者、叙述者、叙事视角等现代叙事学的叙事技巧的巧妙运用，使得这个文本具有了极高的美学品味。因此，《情徒》的魅力，源于作者高超的叙事策略和审美张力。

第二，以反讽的语调勾连多样的喜剧性生活片段。《情徒》以反讽式的叙事谋略开始，它的叙述者和人物合一，整篇小说以主人公的口吻写起，自叙其事，写其感受经历，十分明确地增加了自作自受的幽默感和自嘲感。小说从王大宝与冈布娜假结婚成为一个新移民开始写起，由此开始了他与文化掮客威廉联合，以欺世盗名、混世敛财的整个生活进程，写了他与冈布娜在无爱婚姻中的尴尬处境和无奈生命感受，与女歌星索菲亚在无望中寻找自我的疯狂，也写了在无力摆脱种种阴谋后的逃离。王大宝写《情徒》是该小说的主要“动作”，所以便以顺序的方式完整地记录了自己的人生轨迹。但是，这个过程中充满了矛盾与冲突，喜剧性片段比比皆是。其中的30 段喜剧片段，是中西文化、肤色差异、不同制度文明及独特的生命存在和生活方式导致的，也是制造一个“中国制造的美国作家”过程中必然面临的生活情境，因而，作者便不厌其烦地穿插叙述这些丰富的喜剧性生活片段，又以反讽意味的叙事勾连了这些叙事片段。这是作者找到的与表现这样的生活逻辑一致的最佳的叙事谋略，也使整部小说的审美品位陡增。

第三，王大宝来自中国，有自己的历史、文化和独特的个人体验，到美国后时空感发生了悬置，所以，在局部叙事顺序安排上，文本又不可避免地穿插了倒叙、补叙和插叙等种种叙事技巧，来展现王大宝种种行为背后的动机来源和东西文化对比所产生的谬误感。如王大宝和小野青梅竹马的交往，王大宝当知青、当工人的经历，王大宝和父母亲的奇妙关系等，都是以倒叙、补叙和插叙的方式交代的。这样的回溯与此时此刻的感受交织，过去、现代比对，使得叙事颇具立体感。所以，《情徒》在总体上以顺序叙事为主，但也杂糅进了倒叙、补叙和插叙二等多种叙事方式方法。这显示了《情徒》叙事独特的时空哲学内蕴，也体现出其叙事的精致化、细致化的自觉追求，显示了当代新移民叙事的明显进步。

第四，在叙事结构上，《情徒》同鲁迅的杰作《阿Q正传》相类似。它采用了一种杂文化的叙事结构方式。何为杂文化叙事结构？杨义认为，这是一种在叙事文本建构中，把许多诙谐意味、反讽情调和人间针砭的议论注入叙事文字中，从而缓解碎化叙事情节，使情节的碎片散落在夹叙夹议之间，使叙事结构更便于传达个体的生存体验和生命哲学的结构方式。[①]这是鲁迅基于国民性改造的历史命题和表达存在体验的生命哲学出发而创造出来的现代叙事的结构方式。《阿Q正传》的开头的给其命名及交代身世的叙述，就采用了这种叙事结构方式。与《阿Q正传》前议后叙的杂文化结构的区别在于，《情徒》通篇采用这种结构，《情徒》叙事者和主人公巧妙统一，而且，《情徒》作为长篇小说贯彻了这种叙事结构，并由此书写了一代移民作家的荒谬而虚无的生存感受与生命体验，对这种叙事结构做了创造性的发挥。例如，试把《情徒》的37个小标题去掉，整个小说仍然一气贯通。每一个小标题、每一个单元又有相对完整的结构与情节。每一单元精心雕琢，从语言与结构，无不如此。它把主体情节发展的叙述和构成这部作品的叙事过程的陈述相互并行书写的结构方式，是一种有别于“叙事迷宫”式的叙事方式。这种叙事结构线索清晰，立体整齐，有喜剧化的情节故事，还有杂文化的叙事结构，实在是叙事艺术的高明创举。

三、反讽：戏剧化品格

同鲁迅《阿Q正传》悲喜剧融合的审美个性一致，《情徒》的美学个性也很鲜明，讽刺与幽默并举，实为现代移民叙事在美学上的别样创新之作。就是说，《情徒》是现代世俗化、多元化世界里的一部全新的叙事探索小说，具有鲜明的喜剧化倾向。

换句话说，喜剧化美学倾向的出现，是现代世界世俗化、多样化发展的结果。当王大宝等新移民们荒谬的生存体验不再被认为是悲剧的时候，当所有的荒诞都被正常看待的时候，社会和人性扭曲的程度可见一斑。威

① 杨义. 1996. 杨义文存（第一卷）中国叙事学. 北京：人民出版社：43.

廉造出的二三流的所谓“中国制造的美国作家”在中国深受欢迎，王大宝在保守的婚姻家庭（小梅及其婆婆）中被当做神灵对待，他对美国的各种规矩可以任意嘲弄，一切神圣的东西都可以拿来亵渎，价值观已经完全多样化了，一切都可以机智地多元化地看待，于是，幽默、风趣等喜剧化方式，成了高智慧的体现，反讽与自嘲式的叙事，也成了《情徒》的叙事谋略与审美品格，一种以愉快和笑为主导的心理趋向和价值取向贯穿了《情徒》始终。当今世界的全球化进程，更导致其成为一种主流美学倾向，目前，这种倾向已经蔓延到华语文坛。

“喜剧作为一种审美形态，包含了多种因素，有滑稽，还有机智、幽默、反讽、诙谐、误会、夸张等，因此，喜剧的笑也不是单一的，它还可以细分为各种不同的类型，如嘲笑，理智的笑，轻松的笑，同情的笑，戏谑的笑，等等。第二，如果说悲剧感使主体始终处在一种心灵摇撼的紧张、激动和亢奋的状态的话，那么相比之下，喜剧感则是主体处于一种平静的、轻松地精神状态之中。即使在捧腹大笑时，主体仍然是轻松的，毫无紧张感和压抑感。”①《情徒》这部新移民小说，就包含了上述多样的审美因素及审美体验。

首先，《情徒》保持了沙石小说创作一贯的戏谑语调。在他的《玻璃房子》小说集里，这种元素有充分的表现。其小说创作，很重情趣，在其非故事性的叙事中，夹杂着一种喜剧化的元素，如同相声、小品中的叙事，在细节的幽微处引申出怪异的因素，惹人发笑，叫人忍俊不禁。如他的早期两篇不甚为人注意的小说《能文能武》和《死而瞑目》，就在主人公和王二的打赌、戏谑里，包含着深刻的讽刺与批判——作关于水泥的文章，嘲讽了一些写作者的无聊；和王二的斗嘴呈现一个狡辩者的无赖相，读之令人忍俊不禁。《情徒》延续和发展了他的这种创作个性。小说开头的“和绿卡做爱”，就是一个充满悖论的颇具引诱性的话题，小说叙事就从一个荒诞的话题开始，这奠定了整部作品的基本叙事情调及其独特的喜剧化美学品格。

在现代文明社会，各国都有自己的移民法。移民法，显然是一个包含复杂社会文化内涵的人道主义的法条，但思想开放的移民们的移民，有时

① 叶朗. 2009. 美学原理. 北京：北京大学出版社：355.

却不按照正常程序走，最便捷的法子就是嫁给移民国的男人或者娶到移民所在国的女人，于是，就有了“和绿卡做爱”的人间喜剧。《情徒》就从对这个法条的调侃开始，并从这一事件写起。因为移民现象不仅仅是一个生命移植的问题，它还是一个复杂的跨国性问题，涉及关于国家、民族、族群、法制和文化的复杂内涵，还可能涉及个体生命及其感受和命运等丰富复杂的内容。但如何看待这种现象，如何叙述这种问题，却是一个艺术难题。沙石选择了一个钻人道主义空子的欺骗性事件——“和绿卡做爱”开始了它的长篇书写，开启了他的艺术探索。因为在小说里，用绿卡代替女人，代替这种移民现象，就趣味横生；因为绿卡只是一张纸，非人也，如何做爱？可是，小说就用这个客体来替代人，替代它代表的那个便捷的移民方式，这样，小说的叙事就情味丰富、妙趣横生了。拿到绿卡意味着移民成功，《情徒》以“绿卡”意象铺展开来，用戏谑的语调，对现代移民们的生存困境、荒谬处境做了深刻审视。

其次，《情徒》讽刺和幽默并举，个性鲜明。沙石在其小说的“后记”里谈到了他的一些友人对其小说的感受和疑问：“我把写好的书稿拿给一些朋友看，有人叫好，有人说‘no’，一些更有同情心的朋友还为我捏一把汗。他们一致的看法是太诡异了，太沉重了，太叛逆了，太出轨了，太滑稽了，太荒诞了，太不正经了，太痞了，太黄了。还有朋友甚至担心我会遭批判，会被人上纲上线，甚至有人出来搞对号入座也说不定。而人们最大的疑问是那些栩栩如生的情节是哪里来的？怎么和您本人一点都不一样？”[①]这些疑问，实际上是对小说叙事及其审美个性的不同说明与印象，对小说主题上的，叙事上的，甚至美学个性上的宏观印象。我认为，这正是作者艺术追求逆向性的说明。“作为写小说的人，我的工作是把我对生活的观察和体验编成故事，用文字的形式展示出来，至少我是这么看的”。[②]就是说，沙石这里的叙事美学逻辑在于，他在传达他作为作家的存在体验和作为移民的荒谬生存感受时，创造了与其相适应的叙事结构与叙事方式，而他在展现人类存在的这种荒诞感时，他的悲悯和批判理性又给作品带来了讽刺与幽默并举的审美个性。

① 沙石. 2012. 情徒·后记. 北京：大众文艺出版社：240.
② 沙石. 2012. 情徒·后记. 北京：大众文艺出版社：240.

这具体体现在《情徒》的具体文本中。《情徒》由 37 个幽默风趣的故事构成："和绿卡做爱""由屁股引发的争议""中国制造的美国作家""多穿一点吧，小天鹅""都是龙虾惹的祸""忍不住和她眉来眼去""要小野还是要上帝""她嫁给了儿子又嫁给了婆婆""索菲亚就睡在威廉的身旁""在威廉的厂商看见了什么""母老鼠咬死了公猫""兽医却要给人看病""玫瑰花与茉莉花""狼屋的呼唤""山夜里的意识形态之争""为什么要问为什么""抱着索菲亚如同抱着白云""威廉的隐私被揭露"等。它们是一题一个幽默故事。37 个栩栩如生的幽默故事写完了，《情徒》也就成了一个完整的艺术整体。

《情徒》的这些幽默故事，大多包涵强烈的讽刺意味。"和绿卡做爱"的故事，讽刺了现代世界爱情婚姻的荒诞和移民现象的诡诞；"由屁股引发的争议"嘲讽了现代作家的处境；"母老鼠咬死了公猫"嘲讽了住公寓太太的美国式的爱心及华人移民无法理解的荒谬逻辑；"兽医却要给人看病"嘲笑了中国式的婚姻、中国的落后和制度的非人性；"让董事长爱上小秘"和"一个获胜的战败者"对文坛市场化的荒谬做了深刻的讽刺。所以，《情徒》的幽默，大多是这种怪诞性的幽默。整部作品是以这种怪诞性幽默完成了对移民和现代作家生存感受荒谬性的书写。另外，叙事者和作者之间的叙事设计与叙事谋略，在《情徒》中也造成自嘲嘲人的讽刺幽默品格，如关于写作本质的争议，叙述者将其说成是"由屁股引发的争议"，就是典例。整篇小说都由这种叙事口吻讲述，《情徒》的幽默与讽刺品格便由此而来。

与留学生文学作家白先勇的《芝加哥之死》比较，《情徒》的这个叙事倾向和美学个性更为鲜明。《芝加哥之死》写的是一代移民（留学生）"失根"的悲伤迷惘，《情徒》中的人物却没有那种根的意识及悲剧性的失望与迷惘，两者比较，《情徒》的世俗化及喜剧性色彩倒是相当醒目。这是留学生文学与新移民文学的一个重要区别。在《情徒》中，人物的世俗性增强了，适应全球化的能力增强了，人物物质的精神的饥饿感没有了，历史社会意识被个人的、自由的生命的放浪取代，在一个物质化和自由化的生存语境中，历史的、个人的庄严感时时受到嘲弄，作者对此不是俯视而是平视，对人类的这种变化及其行为，作者不是高高在上地批判或指导，他时时幽一下，默一下，讽一下，刺一下，因而文本中的喜剧化倾向就汩汩而来。这使小说审美境界骤然提升。就是说，读《情徒》会使我们想起“京油子，卫嘴子，保定府的狗腿子”之类的谐语，也好像听京味小品手的小品，在笑声中得到深刻的“含泪的微笑”或“微笑的含泪”的人生体味。

这是现代移民叙事美学内涵变化的标志之一。因为从白先勇到沙石，移民叙事从悲剧叙述向喜剧叙述转化。这与移民叙事书写乡愁到赞美“他乡”的叙事主题演变不一致，但我们可以由此清晰地看到新移民叙事美学内涵的丰富与发展。华文文学本质上是一种移民叙事。这种移民叙事从叙事主题到美学倾向的转化，正是其丰富和发展的表现。反观近年华文文学中移民叙事的整体美学面貌，我们还可以更清晰地看到，这种变化实际上正在明晰起来。尤其是后者，这种转化倾向更为明显。吴玲瑶幽默的散文创作，刘荒田“假洋鬼子”系列散文，沙石小说创作，都显示了这种美学情致。

这种美学倾向出现的逻辑依据大概在这里：在全球化时代，社会的悲剧往往是人类共同酿造的悲剧，而不是单纯的个人悲剧，个人没有悲剧，因为社会的更加合理合法化把个人的悲剧消解了，相反，奇特事件、荒谬事件是不懂科学和无知的产物，心理悲剧才是真正的悲剧，因而从人生哲学高度超越这种心理悲剧，以愉快和幽默的态度面对一切，以机智、幽默和随机应变的态度，以喜剧化的形式面对这一切，变成了一般人的不二选择，这样一来，一种新的人生哲学和美学倾向就风行起来。《情徒》在这个意义上就有代表性。因此，我们可以毫不怀疑地说，《情徒》的叙事，充分地显示了移民叙事及美学风格上的新变化：在现代这个全球化的人类世界，文化融合、文明提升，导致移民，尤其是期羡欧美的移民趋之若鹜，但费尽千辛万苦移居心中的天堂后发现这里并不能提升他们期望的生存幸福感，相反，倒常感觉自己身处如戏的人生情境中不由自主，像王大宝一样，作为作家，作为一个文化人，却也陷在这个怪圈中，不能自拔，个体生命往往感受到的是生存的荒谬、虚无，人生活在喜剧化的情境之中，我们孜孜以求的东西，得到后却意义全无。《情徒》构筑的这个艺术世界真实反映了这种人类的生存之惑和存在之疑。这实际上是现代世界不断异化的反映，《情徒》代表了这种倾向。

所以，《情徒》的文学史意义与价值就在于，它以深刻的反思性和幽默感，在中西文化的精细处，以独到的心理分析剖析着这个世界，探索、揭示了复杂的人性和移民生存的奥秘，展现了当代新移民叙事的另一种美学趋势。其作为一个“异数”的特点在于以下两个方面。

第一，沙石身处美国主流社会而能够客观剖析游走在中西文化边缘的华人的内在精神痼疾，思考在全球化语境下移民们的现实生存及人生走向，通过心理和情感两个内在的二维层面来讽刺与嘲讽，对旧金山早期移民和新华人移民的复杂心态做出了独特地展示，显示了北美新移民叙事全新的价值倾向。

第二，目前的北美新移民文学，虽然是世界华文文学发展史上最有成就且最具活力的部分，但也存在叙事的趋同性、主题的单一性、叙事目的功利性等诸多弊端。一些移民作家，要么极力渲染移民生活的艰难，要么夸张展示移民后打工赚钱的快乐，要么叙述由语言文化差异造成的种种悲剧和喜剧性的人生故事、生活感悟，要么呈现由人生方式及其价值观的差异造成的种种人事是非，以博得国内读者的好奇心。这些一向被批评界所诟病，但是《情徒》的出现，却使我们看到了新移民文学叙事艺术的新探索。该小说在主题的丰富复杂性和内涵的深厚度上，在叙事艺术的娴熟创造上，在美学品格的展现上，都达到了新的境界，显示了从白先勇为主的“留学生文学”的悲情格调到北美新移民文学移民叙事喜剧化美学格调发展的清晰轨迹。尤其是后者，充分展现了当代世界华文文学的喜剧性品格面貌，是新移民叙事美学上的深化的标志。

第四节　“所有移民迁徙原因”
——《美国情人》与新移民小说的现代内涵和叙事创新

倪立秋在其《新移民小说研究》一书中认为，20 世纪 70 年代以前的移民行为，大多有单一、明确的目的性，20 世纪 70 年代以后的移民，其目的性具有了多元化的特点。“随着社会的进步，人口素质的提高，移民的目的已经逐渐呈现出多元化的特点。以前的‘落户’‘定居’观念仍然存在，但又出现了新的移民动机，即寻求个人发展，寻找更好的发展机会，定居或落户已不是最终目的，换句话说，哪里有更多更好的发展机会就往哪里去，移民现象因此出现了更多的不确定性或无终极性，移民们的再移民现象已呈现增长势头。这主要是在 20 世纪 70 年代以后的新移民身上表现出来的特点”。[①]事实上，当下世界多元化的发展趋势使上述特点日益凸显。作为此后蓬勃发展起来的新移民文学，对此特点也有充分地反映。

新移民小说《美国情人》紧紧围绕现代移民迁徙的现代性内在动机，书写了新移民全新的价值追求。该小说对新移民文学叙事的突出贡献在于：①描述了当代新移民之所以“新”的内在精神底蕴和人类探险性品质，把移民书写从简单写实的经历描述和历史反省转换到其心灵史和哲学的高度挖掘上，从而将新移民文学引向了深入发展的境地；②展现了家庭支离破碎、女权主义盛行、性自由、大众物欲膨胀和灵魂孤独为特征的后现代语境——离散社会下一代女性新移民复杂的自我实现、心理追寻及走向全球化的历程，使新移民文学的审美内涵骤然提升了；③该小说的电影叙事模式的创造和叙事意象（影像）的创设，则既为新移民叙事传达知性化的深刻思想探索开辟了全新的路径，又为现代小说叙事艺术的发展提供了独特的艺术范本，是新移民文学中最为独特的“这一个”范型。

“没有人类的探索和转变，就没有现在高度发达的我们。不，应该说没有那第一个爬上陆地的鱼儿，就没有现代的我们”，“寻找机会实现自身价值为所有移民迁徙原因之一”。[②]与《地母》《金山之路》等新移民文本不一致，也与《扶桑》《金山》《巨浪》《情徒》不一样，吕红的《美国情人》紧紧围绕现代移民迁徙的内在心理动机，书写了新移民全新的价值追求，揭示了当代新移民之所以“新”的内在精神底蕴和人类探险性品质，把移民书写从简单写实的经历描述和历史反省转换到其心灵史和哲学的高度挖掘上，从而将新移民文学引向了更为深入发展的境地。

进一步说，由作家内在的自我艺术观念和现代叙事学理念所决定，《美国情人》放弃了一般移民叙事惯常的“奋斗史”叙事和线性结构原则，在移民叙事的内容和形式上做了全新探索：①展现了在婚姻家庭支离破碎、女权主义盛行、同性恋被首肯和性自由的后现代都市语境下“美国情人”们的生存感受和体验，书写了一个新移民在离散为特征的资本主义后工业

① 倪立秋. 2009. 新移民小说研究. 上海：上海交通大学出版社：21.
② 吕红. 2005. 彼岸追寻. 美华文学，(59)：28.

化时代抗拒单维人的孤独心灵历程和他们的现代性追求；②把新移民现代追寻的“如烟往事”以自我独白和电影叙事的模式呈现，改变了新移民叙事故事雷同化和缺乏内在心理哲学内涵的格局，既为新移民叙事传达知性化的深刻思想探索了全新路径，又为现代小说叙事艺术的发展提供了独特的艺术范本。

当前，新移民文学呈现出繁荣发展的崭新局面。2014 年南昌大学“首届中国新移民文学研讨会”授奖的 10 名新移民文学杰出成就奖的作家们推动了这一文学思潮的发展。其中，吕红以她作为一个文化学者的身份对现代移民史、现代移民精神历程及华文文学发展的了解，和对世界电影艺术、文学艺术史及艺术观念的独特理解——视自恋和宣泄为文学本质的理解和作为一个现代女性新移民具有的“在场”性经历和深刻的现实生命体验的创作主体身份优势，对新移民叙事内涵的探索贡献了自己的努力。下面以其《美国情人》为例来考察，以便深入了解新移民文学的现代性内涵和发展趋势。

一、从水莲到芯：新移民全新的价值寻求

《美国情人》这部新移民作品是“旧金山作家群”重要作家吕红的代表作品。与“旧金山作家群”的主要作家曾宁的《地母》、黄运基的《狂潮》《巨浪》、沙石的《情徒》和穗青的《金山有约》等比较，这部作品在移民叙事内涵和形式上有了新的变化:《地母》等是过去坎坷曲折的移民史和晦暗的移民光影的摄掠与书写,《美国情人》是对当代新移民“移民”动机与文化认同和融合的书写，后者把移民叙事从“淘金梦”的书写转换到了新移民的现代性寻求的路径上来了。

这两部新移民叙事的故事都发生在移民之都美国旧金山。先看曾宁的《地母》。这是一篇极有艺术创新的反映旧金山华人生存历史今昔（访地母庙的此刻、第二夜、第三日和 1849 年、1900 年、1906 年对比）变迁的短篇小说。它以“我”（伊人）访问旧金山唐人街的地母庙为线索，通过“我”与 80 多岁的老金山客孟婆婆、阿平、阿伯爷爷的对白，将“我”现在的好奇探索和“我”的梦幻交叉重现，将“我”变成水莲，描述了旧金山早期女性移民——一个名叫水莲的妓女帮助早期华人如阿良、小栓子等的平凡

而无私的献身精神，反映了早期移民在异乡和不同族裔在冲突中的复杂命运变迁，也用今昔对比的方式，反衬了“我”和阿平等现代金山新移民对自身和历史的深刻反思。

作者把“我”这个现代金山的过埠新娘与传说中的唐人街的地母庙的主人——如菩萨般的水莲叠合，以其身份的独特反衬了早期旧金山移民在异族异乡血泪交织的喋血史，又以“我”与阿平的现实眼光，映衬了对历史遗迹和历史记忆的尊重态度（“我”抚摸着 1900 字样的地母庙，顿时全身充满了古旧的温暖；阿平顿了顿，深情地凝望地母塑像：‘我过去从不信迷信。可是来美国五年，思乡心切，每次想家就来地母庙拜上几拜，我总觉得她好亲切。打工累了，读书乏了，她能温暖地抚慰我，这神力，你能理解吗？’）。最后，当“我”和阿平在金门公园走向被烧焦再建的气派酒楼时，我们看到了一代新移民不忘过去、不忘历史的深情姿态。

孟婆婆和老阿伯是小说中两个神秘而诡异的早期移民人物。首先，孟婆婆是一个穿越历史、看透前世今生的智者，鬼一般的人物，她叫“我”最终明白：“‘今世的地母，只能是一个为生活所迫、远嫁他乡的软弱女人，与前世的区别不大。’我无言以对，我不知道我是谁？我是水莲，我是地母，还是一个陷身不如意婚姻‘围城’的普通女人？孟婆婆扫视长无尽头的唐人街：‘别死守百年前的东西了，该忘得还是要忘掉。”[①]其次，老阿伯，这个旧金山的早期移民，现在尽管是旧金山历史的守护者、地母庙的庙祝，但他最终却与地母庙一样，被一场大火烧为灰烬。他是一个守着前世今生的人，尽管他神志不清。《地母》通过这两个人物，书写了早期移民史，反思了两种截然相反的历史态度，富于思想的穿透力。当然，小说的根本宗旨在于唤醒一种历史记忆，叫现代唐人街的一代新移民对造就美国这个多元文化的移民社会多份理解，多份感恩。

《美国情人》则以芯为主人公，它不以反思和书写移民史和经历为主，而以其作为典型全面展示了一个现代新移民的心路历程。芯是一个现代新移民，作品以她的移民动机的挖掘作为书写的重心，展示了其心路历程，展现了其全新的价值追求。与《地母》的老移民水莲比较，芯的移民的原

① 曾宁. 2004. 地母. 美华文学，(55)：19.

因，完全是为了“寻找机会实现自身价值”。因为她在国内已经成家立业，在国内一个文化人具有的一切她都有了，她还有更好的发展前途，但她却放弃一切，只身来到大洋西岸的异域——金山来闯荡。她知道，这个异域，完全是一个陌生而未知的世界，环境、种族、语言、文明和文化与她所生活过的地方，相差甚远，但她还是闯进了这个陌生的世界、未知的世界来。初到异域，漂泊到西方世界的芯，经历了身份的焦虑、生存的磨难、情感的多重折磨，以及事业的多方磨难，最终找到了她的身份，赢得了这个世界的承认，获得了西方世界认可的杰出贡献成就奖，昂然站立在了人生、社会和生命的高点上。最后，她“就像是沙漠中生命力极旺盛的植物——仙人掌，或人们所形容的‘有九条命的猫’！即便在逆境中，仍能找到自身价值，焕发出独特的魅力”，成了凤凰涅槃般的女人之歌，华人之光。

但是，芯作为一个具有新移民，又是千千万万普通新移民中的一个，她也经历了所有新移民经历的各种磨难。首先是来自最亲近的丈夫的刁难——痛彻心扉的心灵折磨，落井下石的背叛，软硬兼施的压力；其次是朋友的利用和纠缠——帮助她却另有所谋，如老拧；再者是情人在关键时刻的逃避、利用和背叛；最后是同事的造谣中伤，告密陷害。面对来自多方的伤害，她没有倒下，也没有在未知的世界里堕落、气馁，以一个弱女子的身份，坚强独立地在异国他乡的美国找到了自身存在的理由依据。

芯面对如此多的刁难和背叛，依然能够在陌生的西方世界生活下来，关键的原因就在于她的顽强的移民信念——“寻找机会，实现自身价值为所有移民迁徙原因之一”。就是说，芯作为一个新移民，她的移民，完全是“彼岸的追寻”。《彼岸追寻》（此短篇小说也为《美国情人》的重要组成部分而融入该小说中）这篇短篇小说，主人公从人类价值实现的基点上，论证了移民迁徙的内在动机：

> “人，从呱呱落地开始，就以口鼻眼耳去感觉和观察；手脚去触摸；用车轮纵横四方，用独木舟、轮船、潜水艇穿越横渡江河湖海，飞机穿越云霄，火箭卫星太空船穿越大气层，向着宇宙无穷无尽的未知去探索。人类不停地求索，爬过一山又一山，一岭又一岭。既探索可感知的，又探索难以明了的四度空间、负微粒和黑洞。探求外部世界的同时，人类亦常俯首自问：我到底是谁？

价值何在？

寻找机会实现自身价值为所有移民迁徙原因之一……

他说，探索和转变，是使一切事物进步的手段。纵观整个人类文明从野蛮到现代的史诗般历程，就是在探索和转变的历程，例如人类从原始社会发展到有一定文明的封建社会，期间人类探索到一种更坚硬的材料——金属，代替了骨质和石制工具；探索到一种更方便的工具——货币，代替了实物交易；……历经 3 次工业革命洗礼，探索发明了火车、电视机、电脑等无数梦幻般产品。没有人类的探索和转变，就没有现在高度发达的我们。不，应该说没有那第一个爬上陆地的鱼儿，就没有现代的我们。

他还说：人类和动植物的探索和转变，都是周围环境逼的，但人类有思维，有动植物无可比拟的主观能动性。从一个人自身的发展来说，在竞争激烈的当今社会，优胜劣汰会越来越逼近每一个人。要战胜对手，获得成功，你必须探索其中的秘密、规律。出奇，才能制胜。如果一个人不能做出伟大的、独特的探索，就会一辈子居人之下，一辈子平庸。当然，做出探索的同时，牺牲是难免的。鱼要想飞向天空，少不了为此窒息死亡的，鸟要想生活在水中，少不了溺死的。人类要想获得真理，少不了做出牺牲的……”①

就是说，不同于水莲等旧移民，《美国情人》里的芯、倪蔷薇等，是已经有了全新的价值追寻的新移民。这些新的移民，与水莲们已经不一样，有了新的移民动机，有了真正意义上的现代追寻。小说的“引子”和 93 节里对此做了充分表现。作为一个新移民作家，一个媒体记者，当芯最终获得美国少数族裔在科学文化艺术教育方面的杰出贡献成就奖时，她的心灵独白清楚地表明了这一点：“人们是否能给自己忙乱的生活找到一个意义？一个精神的支撑点呢？比如研究历史，寻找爵士珍宝，追逐梦想或一个活法，还有写作等，都是生命价值的寻找和超越。在身份寻找和转换中，完成自我超越……我之所以写作，是为了抓住那流水一样的时间，让孤独的

① 吕红. 2005. 彼岸追寻. 美华文学，(59)：28.

灵魂有所支撑，有所依托。写作会让人自由。当人为现实卑微所驱使时，是没有尊严的。写作，却可以让灵魂抵达现实达不到的深度和广度。”[①]

芯等新移民的这种新移民动机，显示了这群新移民之所以“新”的内在素质——“追逐梦想或换一个活法”、“完成自我超越”和“让灵魂抵达现实达不到的深度和广度”。《美国情人》中的一群移民女性，芯、倪蔷薇、安琪们，移民美国的行为，包含着对自由的寻求，自我生命价值实现的目的，和人性求变、求动和求新的合理性。因此《美国情人》的意义也就在于，它详尽书写了具有这种动机的一代新移民移民现代化西方——美国的心路历程，塑造了一批具有新价值追求的新移民形象。这是目前新移民叙事中最为独特的“这一个”，有普遍的文学史上的典型意义。因为就当代世界社会发展的历史境遇和条件而言，新移民移民的动机，实际上大多如此。该小说人物怀有的这种移民动机，在当代新移民里，也不乏其人，似乎还具有普遍性。《美国情人》这部长达 40 多万字的小说，较为逼真地反映了这样的“共性”。

就目前的移民叙事来说，反映旧金山华人移民历史及其生活的小说很多，黄运基的《奔流》《狂潮》、穗青的长篇小说《佳丽移民记》《金山有约》就颇具代表性，是中国“大陆人、台湾人和香港人错综交织的‘美国梦’”。[②]后者分别以林双、蓝玉、佩佩和梁家辉等新移民的命运书写，展现了现代新移民的别样人生。招思虹的《金山之路》这部颇有影响力的旧金山人物特写集，《美华文学》曾在 2004 年春季号上对其做了广告宣传：“关山难越，谁悲失路之人？萍水相逢，尽是他乡之客。古人的喟叹已经过时。在美国的中国人，有的是路，千姿百态的生活之路——金山之路。旧金山作家招思虹女士（笔名蓝溪、关太）在这部小说中，展现移民路上，唐人街头，纷纭万状的悲欢离合，沧桑枯荣。一个个真实的人物，一个个荡气回肠的故事。”[③]与这些移民小说与人物特写相比，吕红《美国情人》的文学史意义和价值，更多的彰显在新世纪的移民文学史上。它以新移民的移民动机——改变自我、追寻自我——这一具有伦理和美学制高点的移民独特

① 吕红. 2006. 美国情人. 北京：中国华侨出版社：257.

② 宗鹰. 2003. 草根文学长篇新收获——从《佳丽移民记》到《金山有约》看穗青创作. 美华文学，(4)：66.

③ 佚名. 2004. 《金山之路》广告宣传. 美华文学，(53)：95.

心理挖掘为叙事焦点，重新书写了现代新移民，并在高度现代化的历史背景下，在全球化及其文化融合发展的基点上，展现了现代新移民别样的精神向度，从而将华文文学的内涵扩大了。

所以，《美国情人》无疑是一部心灵小说。它以挖掘和表现移民心理动机入手书写移民，为移民叙事拓展了新的空间。通览小说整体，芯的心理辩解构成了小说主要内容。因为除去序，小说的94节，几乎全是以心理辩白的方式展开。这不仅具有重要的历史价值——对当代新移民的心理轨迹的逼真再现，又有重要的审美价值——对人的心理及其精神美学追求的准确把握，展现出人物动人的心理世界，而令人着迷。同时，小说以书写新移民心灵为主，表现了个体的生命感受与体验，更多书写了现代化语境下新移民拼搏、奋斗，开创新世界、走向新世界的崭新姿态。小说叙事的开拓性意义十分明显。

二、“情人”：女性新移民与“永远的追梦人”

《美国情人》的书写背景是20世纪90年代后的美国旧金山。《美国情人》集中展现了这个美国这个现代大都会的后现代语境下，一代女性新移民的现代性寻求。因为稍一比较我们就会发现，《美国情人》书写的历史文化背景已经与过去的移民叙事的背景不同了，《扶桑》《地母》等的故事是在19世纪中期和旧金山发生地震的20世纪初，《金山》的背景是初期工业化时代的加拿大，而《美国情人》的背景则是新旧世纪之交、后现代语境的移民之都旧金山。

什么是后现代语境？按照杨伯溆等历史学家的确认，就是一种以“离散”为特征的语境：“发生在后工业化时期的家用电器进入寻常百姓家，工作场所自动化程度的提高、女权运动、性解放、妇女参加工作和政府有关政策的颁布实施，无不和离婚率的上升以及家庭的支离破碎有关。……支离破碎的家庭和孤独的人群形成了所谓大众（离散）社会。在这种社会里，人们和外部社会之间不再有缓冲区。他们直接暴露于外界世界或压力之下……在资本主义经济占主导地位的社会里，他们的全部生活好像都已经‘麦当劳’化。这些离散大众不但机械而且越来越依靠他人的导向，其结果是社会成为‘单维’社会，组成这个社会的大众也成为‘单维’人”。“家庭的分裂、女权运动的发展、大众物欲的膨胀和孤独的人群构成这个社会的主要现象”。①严格意义上说，《美国情人》中的旧金山就是这样的一个社会历史文化语境。

《美国情人》用大量篇幅全范围地展现了这个后现代化城市的独特文化景观。如小说开头第 1 节，首先就描写了旧金山“美国信达公司”总裁家的一次盛宴，展现其独特的文化景观。接着，作品从芯上班途中看到的这个城市的地标建筑物开始书写，展现了这个城市：“跨美金字塔矗立在蒙哥马利街，素有旧金山地标之称，白色的尖尖顶几于刺破青天。据说那曾经是密西西比河以西最高的建筑。塔内办公室豪华，有律师，商人，主流报社。据说前个世纪，马克·吐温在此遇见他作品中的原型；辛亥革命先驱孙逸仙，就在大楼的一间律师办公室酝酿起草了那份改变命运的宣言大纲，而今，巍然矗立的巨型建筑，每个门窗，每个墙壁，甚至每段路径，似乎都有前人足迹和豪情万丈的印痕。……迷瞪中不知怎么就转到了百老汇红灯区。路边的霓虹灯招牌暧昧地闪，裸体女人的轮廓时明时暗；性感的金发美女巨照透过薄薄的一层玻璃橱窗妖冶地挑逗着行人。色情脱衣舞引诱着色眯眯的眼光。轻佻刺耳的乐声，在夜风中荡漾着。店内堂而皇之地摆着各种硕壮的器官、性感人体模型。逼真的要命。”②

《美国情人》的第 29 节集中展示旧金山这个后现代都市的文化精神。这一节并不长，是以倪蔷薇的观感和心理追索来展现这个后现代都市的文化特征的。这个社会，按照丹尼尔·贝尔的描述，是“不再被看作是人的自然结合——如城邦和家庭——有着共同追求，而成了单独的个人各自追寻自我满足的混杂场所”。③《美国情人》书写这个后现代特征的社会——“单独的个人各自追寻自我满足的混杂场所”，就是为了书写在这里蜂拥而居的移民。简单地说，就是为了书写这群首先走向世界、在新世界重新寻找生活及其生活价值的“精神漂泊者”与“追梦人”。

这类“精神漂泊者”与“追梦人”，在《美国情人》里是以情人的形象出现的。离散社会——后现代社会文化背景下的情人，与一般背景下的情

① 杨伯溆. 2002. 全球化：起源、发展和影响. 北京：人民出版社：127.

② 吕红. 2006. 美国情人. 北京：中国华侨出版社：12.

③ [美]丹尼尔·贝尔. 1989. 资本主义社会的文化矛盾. 赵一凡，蒲隆，任晓晋译. 北京：生活·读书·新知三联书店：68.

人不同，因为这里有“家庭的分裂、女权运动的发展、大众物欲的膨胀和孤独的人群”这些后现代的文化因子。在家庭支离破碎、女权主义盛行，性自由、性解放被视为理所当然的文化环境里，“情人”在孤独的人群中的存在就具有了别样的意义。《美国情人》以此为书名，其寓意大概就是要展现这个后工业化都市语境下，芯这类“精神漂泊者”们的追梦历程，这群新移民的追梦环境。

西方社会很重视情人节，从少年以至老人，无不对其重视有加。这是这个离散社会里孤独人的极其温暖的一天。情人，也是这个冰冷坚硬社会里的温暖所在。所以，《美国情人》通过书写旧金山这个后工业化社会里的“情人”这一独特的人类身份与存在现象，塑造出了全新的新移民——女性新移民，展现了后现代化、后工业化时代的一代新移民自我的现代性追寻。这是这部新移民小说不同于同时段新移民叙事的独特创造所在。

“情人”是这部作品的核心词汇。在《美国情人》里，芯是美国“洋鬼子”皮特的情人，皮特是中国女人芯的情人。这部小说实际上是写这对情人两人的分分离离：从一见钟情到灵肉相谐，从纯粹相爱到精神背离，那样的柔情蜜意又那样的黯然神伤，小说演绎了一段最具异国情调的情人梦想。东方女人的纯然向往，西方男人的温柔体贴，在这对情人间得到淋漓尽致的表现。他们各自从自己支离破碎的家里奔出来，演绎了一段人间的至美情感。这是世界文学史上书写情人最为精彩的篇章。因为它包含的文化内涵更为丰富，现代性内容更多，自然会引起更多的人的关注（如果被搬上银幕，肯定比20世纪初徐志摩在剑桥的故事更为动人，比上海滩上邵洵美的那场异国恋更为精彩）。这对情人，不是风流意义上的情人，是在生活、生命、内在激情需要意义上的后现代文化语境下的至真情人。这种情人，是“精神漂泊者”，或者说是新移民，这个后工业化时代的“新人”——为了自由，为了自我实现的世界公民梦想。他们已经没有了惯常情人书写包含的那种否定性意义。他们移民的现代性动机昭示了他们本身存在的意义，所以，《美国情人》作为新移民文学叙事中的代表性作品的价值也就在于，在文学史上首先展现了这种后现代社会具有现代性追寻的“永远的追梦人”：

“风从车窗流入，风景一一向后倒退。耳畔，妮娜仍在喋喋不休。其实，她一点也不喜欢美国，单调沉闷，比起上海的繁华和勃勃生机不知道差哪儿去了。国内人真是不晓得，拼命考托福和GRE，以为出国真好，戚，纯属‘洋受罪’！我现在只想把 MBA 读完，然后做个跨国公司代表，自由自在的‘空中飞人’，高兴住哪儿就住哪儿，想怎么活就怎么活！

芯若有所思，自由，究竟有无通行证？当告别家人，接触物质主义的陋习的青年男女，揣着希望怀着梦想，踌躇满志跨洋过海来美之后，莫不经历了巨大的文化冲击……‘身份’问题，无形中左右了人的生存意识和生存状况。这也就是为什么那些成千上万非法移民甘愿忍气吞声做‘三等’或者等而下之的打工者，总在眼巴巴期盼‘大赦’？为什么人为自由而来，却偏偏陷入不自由之中。这难道不是人生悖论？……所谓排外意识、种族歧视往往是潜藏在诸多理由和借口之下的，并错综复杂地渗透到社会层面。即便你是入了籍，是有身份地位的美籍华人，但在老美眼中，从骨子里你还是异类。那些案例，或许正印证了卢梭的名言：人是生而自由的，但却无往不在枷锁之中。‘黑夜给了我黑色的眼睛，我却用它来寻找光明’，浩瀚的大海和无垠的天空，永远是追梦人的渴望。”①

在这个后现代后工业化的语境中，人是个体的人，民族的人，亦是人类的人。在此语境下，如何保持作为人的身份、人的独立精神，承担作为人的全部现实、命运和责任，就显得异常重要了。《美国情人》以芯和倪蔷薇等的行为书写，表现并思考了这一人类性命题。如前所述，具有现代移民动机的新移民，大多是为了自我实现才移民海外的，明知自由是有条件的，他们仍然追求自由，哪怕漂泊，也不忘初衷，不改初心。她们作为“精神漂泊者”，确认自我身份，在多元世界实现自我价值，成了他们不倦的追求，《美国情人》对此做了充分地展示。因此，《美国情人》这部新移民文学潮流中涌现出来的新移民文学的扛鼎之作的价值就在这里：首先书写了后工业化社会这群为实现自我的人，考辨了她们移民的深刻的现代性动机，并给予了她们深切的赞美与同情——《美国情人》实际上是一曲新移民自

① 吕红. 2006. 美国情人. 北京：中国华侨出版社：11.

恋和自信的歌。因为，芯甘愿做情人，其存在就彰显了生命本真、人性之真。做情人、追寻情人，是在家庭支离破碎，女权主义盛行，性自由、性解放的语境下，孤独的新移民的必然选择，是其追求身心慰藉的勇敢之路。我认为，这是吕红以“美国”和“情人”为意象自信书写《美国情人》的潜在依据。作为女性新移民，她追求自我的实现、寻求新的改变和寻找生命存在的新意义的现代性动机，使他（她）们具有了内在人格的高度、伦理和审美双重的积极意义。因为“美国情人”，与背叛家庭、有违小城镇思维的中西体制下的情人完全两样！

一些华文文学著名评论家充分发现了《美国情人》的这种积极思想内涵。李硕儒说，《美国情人》“是对旅美华人生活状态的绘制，……心灵交割的告白？是美国社会光怪陆离形而下的描述，……这特殊文化的汇聚？它将以丰盈的故事，多彩的人物，让你做出自己的判断”。刘登翰说，它是“一个颠覆心智的过程，探险与心智的回合；它打开了一切事物的可能性，同时也侵蚀了传统信仰的习惯。再次的机会与新鲜的起步；新移民寻找‘身份认同’的悲壮与漫长；生存危机与荒芜绝望的情感纠葛；人性的感伤，肉体与灵魂的对话……为海外华文文学提供了独特而新鲜的文本”。古远清说，该书是“爱情刻骨铭心却又隐现不明；婚姻具备形式却是难以维持；肉欲如火如荼却又暗藏杀机；男人为女人可以付出所有也可以瞬间剥夺女人的一切。当女人为爱情而耗尽一切，一无所有时，仍能在冰川一样的命运漂流中找到自身价值。这是一部从女性立场关照两性纠葛，展示女性内心世界的佳作”。陈瑞琳说，此书写了“难言的凄清，藏着些隐痛的失落，还有那孤芳的苍凉。缱绻悱恻的天涯孤旅，敏感脆弱的心在故乡和异乡徘徊，对人生的观照，对生命的感悟，远远突破了个体生命的藩篱，升腾为对一代新移民追寻理想之路的艰辛写照”。王红旗说，“华人女作家的‘情人’写作是非常有意思的，值得关注。所谓‘情人’之作，关照人物命运的跌宕起伏悲欢离合，感悟和升华到‘活出自己’的精神价值。会爱自己的人，才回去爱别人。过去，情感几乎是女人的全部，而今女人的‘情人’实际上是自己！细腻中见温柔，温柔中见哲思”。[①]这些评论道破了《美国

① 推荐语//吕红. 2006. 美国情人. 北京：中国华侨出版社：扉页.

情人》的实质：《美国情人》是一部书写自我、书写自我实现的小说。因为《美国情人》借“情人”书写，整体上反映了现代新移民别样的自我追寻与自我实现。事实上，正是书写离散社会的一批“精神漂泊者”与“追梦人”，使《美国情人》这部新移民小说具有了同期新移民小说所没有的崭新的现代性文化内涵。

三、I Am Chinese：文化认同与文化融合

个体身份及文化身份的问题，是新移民合法存在和发展的首要问题。这也是北美新移民完全不同于过去世界各地移民的崭新标志。吕红的《美国情人》的移民书写是这种新标志的一部重要作品。

吕红认为，“以敏感反映移民社会生活和移民情绪的海外华文文学，身份焦虑亦愈来愈成为描述和深层开掘的主题”。[①]这种身份焦虑，是华文文学或新移民文学书写避不开的文化认同与文化融合问题。严歌苓的《少女小渔》、张翎的《邮购新娘》、啸尘的《覆水》、虹影的《饥饿的女儿》和吕红的《海岸的冷月》《英姐》等，反映的正是这一主题，《美国情人》也继续延续了这一主题。小说中的芯在美国漂泊生活，最终修成正果，获得美国少数族裔文化贡献奖和成就奖。这既是西方文化对中华文化的认可，也是中华文化对西方文化的积极接受和主动融合。尤其是她的情人皮特对中华文化的认可，她自身对中国禅宗、儒家文化、道家文化的认可，充分地表现了这一现代性的主题[②]。

《美国情人》开头的“引子”，直接展现了这个主题。这是理解《美国情人》的基本楔子，也是作家表达关于文化融合和文化认同的一个纲要。在这一节里，芯关于“I Am Chinese”的宣称，实际上为整个小说的叙事奠定了基础。按照拉康的象征秩序理论，“我是”就是说话主体将自我身份表达出来的明确语言所指。这里，“I Am Chinese”的主体身份确认，就是这种语言所指[③]。这一节写的是，芯作为一个小说家在夏威夷度假时，在海涛中和白人、日本人、菲律宾人关于年龄、身份的相互指认，其中，芯对不

① 吕红. 2005. 海外移民文学视点：文化属性和文化身份. 美华文学，(60)：88.

② 《美国情人》包含丰富的主题，除此主题以外还包含情爱婚姻、人性、孤独、同性异性恋、漂泊离散、个人追寻和民主等多重主题。

③ [英]索菲亚・孚卡. 2003. 后女权主义. 北京：文化艺术出版社：41.

同族裔对她身份的询问“Are you Japanese”的回答：“I Am Chinese”是整部小说的主题——身份焦虑和文化融合和认同是一个巧妙寓言：在身份认同、融合中确认自身的文化主体身份。该小说“引子”后的第94节内容，是以芯为核心人物的一批女性新移民关于价值追寻的叙事，传达了一代新移民关于中华文化属性辨析的身份归属，一代新移民的文化认同与文化融合思想。第93节是小说的倒数第二节，在这一节里，芯的个体生命的身份追寻终于得以确认：“究竟是西方文化中心论，还是多元文化一体论？西方轴心论是黑格尔根据基督教提出的，认为历史的大门是从西方开始。亚斯贝尔斯重新进行文明的反思，提出世界轴心期文明有多种，中国、印度、西方，还包括以色列。中华文明古国早就有了非常深厚的文化积淀。人类各种文化，在未来发展中会需要互相尊重和宽容，兼容并蓄……文化的冲突碰撞必须要产生文化的交汇融合。西方文化，相对于东方文化是人类整体发展的一极。人类文化如同中国的太极图一样，呈现着互补交融发展的动态结构。西方的阳刚与东方的阴柔互补，才能达到阴阳平衡，找到超越人种、肤色、民族、国籍以及宗教派别的人类心灵的共同点，从而达到和谐发展的美好愿景。”①

小说的第86节，教授阅读完移民局的来信“经审核你的申请已被批准”后，芯和友人在电话里对话，也传达了小说的基本思想。“友人笑说，的确是个喜讯！有了新的身份，该将以新的精神在这个世界打拼……如今满世界都是漂泊人，比如北京、上海、深圳甚至香港，都有不少的漂泊一族。有的离开家乡已经很久，仍然不能算扎根了，无论从身份、从口音、从对当地的情感来看都有差异。漂泊，无法感知自己与过去、现在和未来的切实联系。个体生存因此失去了内在根基，沉入孤独的困境，最终陷入深深的焦虑中。这种体验有时是共同的，自视甚高但又无法融入当地社会，自认为有点成就却又无人喝彩，总是找不到身份或是归宿感。芯说，是啊，从文化层面来说，现代社会人们无论身处何方，对定义自己身份都有无法解脱的惶惑。换句话说，每个身份都形成一个集合，而这无数多个集合交汇的那一点，恰是自己所在的坐标。在社会急速流动的今天，人的矛盾身

① 吕红. 2006. 美国情人. 北京：中国华侨出版社：257.

份也在不断的游移，没有一个固定的所在。换句话说，移民身份焦虑与其说表现了一种认同感的匮乏与需求，不如说是深刻的现实焦虑的呈现；与其说是自我身份的建构、自我实现，不如说是如何在身份中获得认同”。①所以，我们看到，《美国情人》中一批华人对个人身份及文化身份的追索，实际上是关于文化认同与文化融合的追索，自我确认和自我实现的追索。该小说充分地反映了目前全球化世界的一个基本的世界性认知，也由此深入了新移民叙事的书写主题。

因为“留学生文学”之前的海外华文文学文本，基本理路是对一代代移民“淘金”、奔波和在异乡艰辛奋斗的成长过程的书写，书写早期移民在种族歧视、语言隔阂和文化冲突及差异中艰难地在异乡“落地生根”的进程。这些华文文学文本是以对移民史的书写为主的，像严歌苓的《扶桑》、张翎的《金山》和黄运基的《巨浪》等，就可以归于这一类。但是，当新移民书写有了这种文学视点——文化身份与文化融合的意识后，华文文学从移民史及个人经历、相关“西洋景”及其他移民共性经验的书写转换到移民心灵史和文化哲学等丰富内涵的书写上来。而且，对芯这一代新移民来说，“落地生根”已经不再是她们移民的根本目的了，不断地游移才是他们永远的生活状态，“漂移”成了他们人生的本质内容。“漂移”与自由追索，在这里是同义的。《美国情人》以这种透彻、深刻的书写，扩大了新移民文学的思想美学向度。

新移民文学的主要书写者、倡导者及理论批评家陈瑞琳针对这一问题说：“从早期的《北京人在纽约》、《曼哈顿的中国女人》、《新大陆》等作品内容看，表现的是人物的个人经历，并没有深入到新移民的心态及情绪发展、对自己归宿的考虑以及对自己未来的思考，而后来出现的《白雪红尘》《留学美国》等作品，思考的成分就远远超过早期的新移民文学作品。这些作品的眼光已经放开了，出现了全局性的观照，作家考虑的已经不是个人的经历，而是这一代人的命运——追求什么，失去什么，得到什么，将面对什么。这个时候的新移民文学已经上升到一个新的高度了。”②吕红关于“I Am Chinese”的新移民文化身份认同的书写，对新移民文学内涵的提升，

① 吕红. 2006. 美国情人. 北京：中国华侨出版社：238.

② 陈瑞琳. 1999. 追溯历史的脚步：北美行杂志关于新移民文学的首次探讨. 北美行，(1)：15

显然是在这个基点之上的。因为视点转换、重心转换后的新移民文学书写已经有了更大的变化——从传统美学的命运关注转向了现代文学的深层自我及文化身份的焦虑层面。这变化正是华文文学或新移民文学发展的重要标志之一。

进一步说，对新一代移民来说，在异乡他国“落地生根”并非根本目的，他们移民不仅仅是为了改变国籍身份，从一个中国人变成一个美国人，而是期望自己能够变成一个融合了中西文化的世界公民；他们从此岸世界到彼岸世界的根本目的是为了寻求改变，寻求探索和转变，是为了换一种活法，是对新的生活方式的探索，是为了寻找新机会来实现自身的价值。吕红《美国情人》的新移民书写紧紧围绕世界华文文学的基本视点或焦点——文化身份与文化交流融合的视点展开叙述，以挖掘移民心理内涵为主要内容，极其详尽地展现了当代新移民如何“移民”，如何在美国找情人、做情人，如何实现自我价值，如何在异域文化、异域社会和历史语境下探寻文化身份认同与自身生命价值实现的历程。这使其书写站在了比一般移民史书写更高的社会、文化、心理和哲学的制高点上，充分展现了丰富的文化融合、文化认同及自我确认的现代性思想。所以，《美国情人》已经不像我们熟知的新移民文学的经典——严歌苓的《扶桑》和张翎的《金山》那样，去史诗般地展现百年来移民的历史进程，一代移民在种族、文化、语言等差异下艰辛奋斗的苦难史，甚至去反思那些过去了的历史，从中找出人性、历史和文化的复杂性，也不仅仅是现代个体新移民传奇式奋斗生活的经历书写，而是像芯一样的一代新移民的心灵史书写，不是移民漂泊史和新移民文学惯常的“二元对立”的文化冲突叙事，而是芯、倪蔷薇等一代女性新移民的文化思考与身份认同史的书写。另外，《美国情人》对新移民移民的内在心灵动机的挖掘，使其站在了伦理和美学的制高点上，对新移民在现代都市化、后工业化都市语境下移民的境遇书写，和对新移民在全球化历史语境下走向世界、走向全球的进程中对自我身份的确认、自我梦想的实现等的详尽书写，使《美国情人》的“现代性”思想内涵骤然提升。因为我们知道，移民，走向世界，走向全球，实际上是一个以经济发展为主导的全球性人类文化融合运动，它预示着“人类由追求社会的、物质的、科技层面的进步将演进到注重‘心灵’‘精神’层面的探索，找到超越人种、肤色、民族、国籍以及宗教派别的人类心灵的共同点，认知人类的‘同源性’和‘平等性’，从而达成四海一家与和平的远景”。[①]《美国情人》这部关于文化身份追索的小说，书写了人类发展的“现代性”前景，因而有重要的文化启示价值，是新移民文学中一部极具思想内涵的长篇力作。《美国情人》最终实现了陈公仲先生所期待的新移民文学张扬世界大同这种文化理想的文学使命。[②]

四、自恋与电影叙事：文学审美的创新

吕红的《美国情人》为北美新移民文学的代表作之一。在当下出版的新移民文学的诸种文本中，《美国情人》也许最能够展现新移民文学的基本内涵特征了。张炯在该小说的《序言》中对此作了全面的总结：“这部小说通过主人公芯离别故土和亲人，在梦想中挣扎和奋斗，经历了个人思想和情感的种种挫折和磨炼，终于获得事业成功的故事，寄托了作者对新移民生活命运的许多带有哲理性的思考：①描写了某些新移民成为‘边缘人’如何寻找‘身份认同’的经历；②在对边缘人心态及生存状态的细腻刻画中，凸显了少数弱势族裔在异乡生存的艰难以及种族冲突、文化冲突、性别冲突带来的各种人生况味；③观照不同的社会压力及欲望驱使下的斑驳陆离的人生百态，以东方女性在不同时空，与不同文化背景男人的情感纠葛，浓缩两性间的矛盾冲突，表现华人在东西方文化夹缝中生存的困窘和迷惘，在文化差异巨大的社会背景中有力地伸张了女性的内心挣扎的深度和广度，尤为人们揭示出人性的丰富和复杂。”[③]张炯还从思想内涵的角度，揭示出该作宏观性的哲学内蕴，认为它是一部关于人的孤独和追寻的书，一部关于个体生命价值追寻的经典小说。难能可贵的是，张炯还在新移民文学发展的历史角度下，肯定了《美国情人》的文学史意义：“在世界华文文学的几大板块中，北美的华文文学新近的创作成就，渐被人们所广泛关注。除了传统的留学生外，描写题材比较丰富的新移民文学尤其受到华人文坛的重视。不少新的作家作品涌现出来并受到好评。……在书写新移民

① Swami Mukananda. 2005. 拙火——生命的秘密・总序. 王季庆译//吕红. 海外移民文学视点：文化属性和文化身份. 美华文学，(60)：91.

② 陈公仲. 2009. 新移民文学的新思考//文学新思考. 南昌：江西教育出版社：59.

③ 张炯. 2006. 《美国情人》序//吕红. 美国情人. 北京：中国华侨出版社：1.

生活巨变、情感冲击和文化冲突融合的过程的同时，融入对大千世界的思考和探索。新移民文学走到今天似乎更加成熟冷静，呈现出思想的活跃和深沉，艺术表现及手法也产生不拘一格的特征。可以说，随着地球村意识的渗透，海外移民逐年趋增的态势，新移民文学的关注点已经超越近乎于传奇般的经历，而扩展为对无数海外漂泊者的普遍境遇和命运的深层次的探索。旅美女作家吕红创作的长篇小说《美国情人》，就属于这一类作品。”①

张炯先生对《美国情人》的评价是极有文学史意识的，应该说也比较全面到位，但是，不可否认的是，《美国情人》又是一部拥有中美文化双重背景并不断在两种文化中穿越与生存的人的自我宣泄之作，其意义和价值需要在一个别样的艺术观下进行权衡。否则，我们对《美国情人》这样的新移民叙事之作的艺术创新的认识，就只能停留在当前中国大陆汉语文学的现实主义社会诗学层面，很难从世界华文文学及其别样的艺术观的角度来认识了。

新移民诗人李兆阳有篇《自恋与艺术》的文章，探讨艺术产生的原动力问题。该文尽管先入为主，但他以郭沫若的创作经验和事实论证阐发的一些观念，却可以拿来讨论《美国情人》。该文认为，自恋和自我宣泄是艺术发生的真正源泉：“文学艺术作品的最初动力是普遍存在的自恋情结”。“艺术作品是作者自身一种经过审美化的自我审美再现或表现。但凡艺术创作力旺盛的人，必定是极度自恋的人。比如凡·高……凡·高自恋的程度，远高于一般人——我每翻开凡·高画册，都为凡·高许多副自画像着迷：一个农民形状的荷兰人，两只深而忧郁的眼睛，从各个角度观察自己，欣赏自己，仿佛要把自己骨子里的好处都要看个透，回味个够似的可爱的让我舍不得放手的凡·高，就是这样个极度自恋的凡·高。至于大家熟悉的蒙娜丽莎，有考证说那是达·芬奇的自画像，只不过被画家加了女人的外形而已了……至于诗人，自恋的例子数不胜数……在我读郁达夫文字的时候，我读来读去总读出这个神态来：瞧我郁达夫，一身才气，我的出身，我的相貌怎么能配上我呢？里尔克念念不忘自己的贵族血统，而但丁七八百年前就说自己是有史以来第六大诗人，屈原‘世人皆醉独我醒’，更是自恋”。②我认为这是阐释艺术产生源泉的部分原因的。因为没有这种自恋与

① 张炯. 2006. 《美国情人》序//吕红. 美国情人. 北京：中国华侨出版社：1.
② 李兆阳. 2005. 自恋与艺术. 美华文学，(58)：88.

自我宣泄，有些别样的艺术有时候便无从产生，也不能对其做出清楚的阐释与赏析。从这个意义上来权衡《美国情人》，即可发现《美国情人》的真正价值所在：《美国情人》将自恋与自我宣泄上升到了艺术哲学的高度来书写[①]——它从现代性的自我宣泄及自我心灵辩白的艺术观念出发，展现了新移民的心灵史和现代移民的现代性追寻。因为整部小说对新移民动机的挖掘，对新移民自我身份的确认，对自我内在价值及其自我实现的表现，无不与此密切相关。而这里，作家没有直接陈述出来的、但却潜藏在行文中的现代小说艺术观对其产生了重要影响。

与小说作家的这种小说艺术观相一致的，还有小说在叙事上的独特创新。江少川在《女性书写·时间诗学·影像叙事》一文里充分地肯定了《美国情人》的这种叙事探索[②]。影像叙事，是《美国情人》的重要叙事特点。为了突破新移民叙事通常的题材雷同化、叙事趋同性的藩篱，表现新移民叙事全新的思想内涵，《美国情人》采取了与表现这种内涵相一致的现代小说的叙事方式——心理剖白和电影叙事化的叙事模式。

仔细阅读我们会发现，《美国情人》实际上有两条并列平行的叙事线索：第一条是新移民芯与美国情人皮特、国内前夫刘卫东之间的爱恨情仇，第二条是新移民倪蔷薇和投机政客移民林浩的情感纠葛。其中，整部小说以第一条线索为主，第一条线索在全文的 95 节里占了 76 节（除第二条线索以外的章节），第二条线索占了 19 节，它们分别是第 5、6、9、14、19、28、29、30、34、38、40、42、55、57、65、66、82、83、94 节。它们穿插在第一条线索里，但和第一条线索构成了平行关系。两组故事，采用了共同的叙事模式：心灵剖白与电影叙事的叙事模式。这首先在小说的“引子”与第 1 节以及结尾的第 91、92、93、94 节上充分展示了出来：“引子”是芯自说自己在夏威夷度假的经历，第 1 节以电影手法呈现总裁豪宅中的热闹场面，第 93 节展现芯获奖的精彩场面，第 94 节是倪蔷薇的心灵追索。在我看来，这种叙事模式至少包含以下三个方面的内涵：一是心灵考辨式叙事，二是电影蒙太奇、画面呈现式叙事，三是现代心理小说的意识流叙事。因

① 《美国情人》尽管有张炯先生评价的价值，但它的意义却更多地在自我迷恋与宣泄的艺术表现上。因为从通常的写实艺术观来看，它的移民生活画卷展现并不如《扶桑》、《金山》那样让人称道，但在心灵史展现的表现主义艺术观上，《美国情人》却能够显示新移民书写的内在高度。

② 江少川. 2010. 女性书写·时间诗学·影像叙事//吕红. 午夜兰桂坊. 武汉：长江文艺出版社：382.

此，读《美国情人》，我们如同读《追忆似水年华》一样，能够明确地感受到人物意识深处的深刻颤动，也如同在看电影一样，可以欣赏到一个个精彩纷呈的诗意画面，还能够发现精微细致的心理分析与驳难，从而得到多样的审美感受与体悟。

事实上，《美国情人》的叙事探索，受现代小说“探求生活意义”的现代叙事观念的影响极深。小说的故事性弱化，现在进行时的叙事，日常生活及其细节的呈现，叙事视角的含混化，作者、叙述者和主人公的分离和混合，抒情性、议论性因素和成分大量涌现等诸多方面，都呈现出现代小说叙事的明显痕迹。这是我们阅读《美国情人》最初获得的审美认知。因为《美国情人》由一个“引子”和第 94 节内容构成，故事情节环环相扣，并不是一盘散沙，但又很难说它是一部传统意义上好看的情节化小说，小说名为《美国情人》，似乎讲丈夫、情人俗滥的情爱故事，但实际上在小说里，这些内容都是支离破碎的碎片，芯与情人皮特的情人关系，只有几个简短的画面和回忆性片段，与丈夫刘卫东的夫妻关系，也只是书信往来的相互穿插。整部小说可以说是新移民芯和倪蔷薇“如烟往事”的心灵独白。小说的现代主义和印象派特色非常浓厚。就是说，当作者把新移民现代追寻的“如烟往事”以自我独白和电影叙事的模式呈现出来的时候，新移民文学及其华文文学文学史上具有先锋叙事探索的杰作便诞生了。《美国情人》叙事上的这种探索是成功的，这使它在当下流行的数以百计的新移民小说中脱颖而出，简单写实的雷同化倾向消失了，代之以深刻的意识流动和心灵思辨色彩，可以说，《美国情人》以自我宣泄的表现主义艺术观，书写了具有新移民动机的新移民的生活状态，传达了新移民的现代性追寻意识，表现了对新移民叙事探索的可贵努力，推动了新移民文学的长足发展。

第五节　“假洋鬼子”的生命言说
——刘荒田散文的文化哲思内涵与艺术创新

著名散文家王鼎钧这样评价刘荒田：“刘荒田长年居住旧金山，他下笔取材也以旧金山为多，他把这个现代大都市的“无常”定格，把许多小人物上升到台面，他对客居地付出的爱心和耐心如此之多，他使旧金山不仅在中国移民史上名称响亮，在中国文学史上也有重要的意义。这年代，旧金山收了这么一个移民，应该“值回票价”，旧金山什么地方应该有他一座铜像。”[①]2009 年华语文学“中山杯”把散文奖授给了刘荒田的《刘荒田美国笔记》。其授奖评语是：“刘荒田的名字与旧金山无法分开，在他的笔下，旧金山是写不尽的，二十多年来，他用生命聆听一座城市的心跳，他用精妙的细节刻绘形形色色灵魂的悲欢。作为一个胸怀中国心的游子，他在中与美的空间置换，东方与西方的视角融汇中，不断拓展和丰富他的散文天地。他正在把汉语叙事的魅力发扬到一个新的境界。”[②]2014 年，刘荒田是南昌大学中国新移民文学杰出成就奖中唯一一位散文奖得主。在当今“华语”及其汉语文坛上，刘荒田是最有创造力和影响力的散文大家之一。

1980 年移民美国，至今已有 30 多年，刘荒田已经出版了 20 多本散文集。散文篇数计达 2500 多篇，其中有 1/3 的散文是通常小品散文的五六倍长。后者是刘荒田对现代散文文体及其内质的独特创新与开拓。刘荒田以其高质量的散文创作推动了新移民文学和当代散文艺术的发展[③]：①以新移民文化身份为切入点，以“草根”的视角对新移民到新大陆的日常世俗生活作了全范围的审视，展现了在新的历史语境下一代移民的心路历程，如《梦回荒田》《提着幸福回家》《唐人街的女乡亲》《两个男人的战争》《隽永的午间》等，就以自身为圆心，以旅店餐馆服务业为人际网络，书写了新移民多样的现实人生，剖析了这些“假洋鬼子”的人生体验和生命哲学，给“国人提供了另一种人生、另一种观照、另一种感悟”；②以移民城市旧金山的文化内质书写为标志，展现了美国这个移民社会多元文化的丰富人生与文化景观，如《黎明前的咖啡店》《两个男人的战争》《又见芸娘》《死亡面具——我的上司为什么自杀？》等，就以美国这个移民社会的诸色移民为书写对象，展现了在全球化和现代化语境下人类文化的诸多杂色面貌，给人类文化学和思想史提供了丰富的启迪，展现出全球化影响下发展起来

---

① 王鼎钧. 2008. 荒田丰收//刘荒田美国笔记. 石家庄：河北教育出版社：扉页.

② 寇金明. 2010-2-4. 五奖名花有主，张翎独得“特别”. http://news.dayoo.com/zhongshan/201002/04/73605_100988729.htm [2016-09-21].

③ 通常谈北美新移民文学的代表作家，公认的是写小说的严歌苓、张翎、张炜、沙石和吕红等，实际上，最深入地书写出了新移民生活、感受和体验的作家，应该是写散文的刘荒田。前者由于受写作文体限制，根本没有像《刘荒田美国小品》和《刘荒田美国笔记》这样如此多角度、全范围地把现代美国这个全球化国家的风采展现出来。刘荒田 2009 年获得华语文学“中山奖”散文奖，2014 年秋获得国际新移民文学杰出成就奖。

的新移民文学的独特思想魅力。

全球化语境下的北美新移民文学有其集中的文学表现主题。刘荒田的散文作为新移民文学的重要组成部分，展现了全球化的不同时期，尤其是“不确定性时期”的一系列的全球性主题[①]，如移民、公民权利、民族国家认同和个人认同、世界各国面临的多文化和多族群问题、因性别、性和民族族群的考虑而变得日益复杂的个人观念、乡愁和对一个物种的共同体的人类关注等主题。正是这些主题的表现，使刘荒田的散文具有了不尽的思想之源。而且，他对草根意识、琐碎细节的捕捉、日常世俗生活的关切，尤其是他的移民或曰“假洋鬼子”的文化身份及其文化坐标的建构，使其创作的大量散文成为了新移民文学或世界华文文学最有代表性的文学文本。刘荒田的散文，以内质取胜。他的“《读者》式”小品散文[②]，是其在异乡数十年生活的深切的生命言说；他的随笔式巨型文化大散文，在故乡和异乡的比对中，展现了一个从台山到旧金山的华人的故国与族裔思考；展现了在人类学意义上多元景观中人类生生不息的生存图景，并在中西文化坐标体系之上揭示出了多元文化的现代世界的不同种族、不同文明中的许多黑色幽默性质的人类、人性的固化状态：常态中的不常态，喜剧性中的眼泪，谬误中的温热，神圣中的亵渎，认命中的无奈，孤独中的坚守，自由中的失落，纷乱中的自我确认。刘荒田散文既融合了哲学家周国平散文式的哲思内质，又具有他作为一个诗人的“立意在反抗”的乔治·戈登·拜伦、北岛式的思辨品格，实是现代华语散文中的奇葩，具有动人的思想及艺术魅力。刘荒田具有目前世界华文文学“三驾马车”之上的文学实力[③]。由刘荒田散文可以清晰明了新移民文学的基本表现主题及新移民文学的特有内质。

一、多元文化旨趣与人类学内涵

刘荒田曾经任美国华文文艺界协会会长，美国华文文学纯文学杂志《美华文学》主编，是“旧金山作家群”代表作家。他出版《唐人街的桃花》《旧

① [美]罗兰·罗伯森. 2000. 全球化——社会理论和全球文化. 梁光严译. 上海：上海人民出版社：84.

② 《读者》杂志属于励志性的大众文化读本。它不是一个纯文学期刊，但其所载大多是散文、随笔式文体，因其自成一格的格调特征，我把它称为一种独特的散文文体看待，故而有这种提法。事实上，它对于中外散文精品的传播起了极大的推动作用。

③ 海外“三驾马车”语出陈瑞琳。（陈瑞琳. 2011. 冲出中国当代文学的精神困境——试论海外“三驾马车”. 美华文学，(1)：57.）

金山浮生》《“假洋鬼子”的悲欢歌哭》《听雨密西西比》等20多部散文集。刘荒田也是著名华文报刊专栏作家，在国内外华文报刊撰文无数，在美国有“有中文刊物的地方就有刘荒田”的美称，是当今杰出的华文散文家。总体来看，刘荒田散文，大体上有富含生命哲思的“《读者》式”散文小品和富于中西文化融合及其心性哲学的随笔式巨型大散文两大类型。《刘荒田美国小品》和《刘荒田美国笔记》这两部散文集的散文就是这两种类型。刘荒田对于新移民文学的贡献，对于现代散文艺术的探索可以从这两部散文集中反映出来。

首先看前者。前者《刘荒田美国小品》里的散文大都是“《读者》式”小品散文，它可以《车里人生》为代表。具有世界性影响的《读者》2014年第2期的栏目“人生之旅”摘录了刘荒田的这篇散文。这篇千字散文，是刘荒田散文的精品之一，也反映出刘荒田散文独有的格调——“《读者》式”的格调特征——人生随笔、生命感想及文化、历史和社会见闻的独特言说。“午后，乘车。日影阴阴的，却蛮有内劲。车厢里乘客渐渐多起来。我独占的双人座上，陆续坐过几个人，拿滑板上车的白人小伙子，专心用耳机听音乐的女学生，还有身板粗阔的墨西哥男子。我没有理会，埋头读王鼎均的《关山夺路》。我一次次地为命运中的偶然而慨叹。……”①

散文以此开头后，叙述了三个偶然事件：在逃难的船上，“我”被人挤下船，又被人拉上来，在这一推一拉的偶然中，“我”历尽生死祸福；天津旅人被人投到牢狱，饥饿等死，有人偶然施舍的一个西红柿救了他一命；“我”乘车掉钱包，偶遇的白人、黑人两青年在百老汇下车时却把它送了回来。散文通过这三事件传达出“偶然性不乏共性——人性之善”的人生丰厚哲理。刘荒田散文小品中，这类散文几乎占80%以上。

刘荒田在其主编的《美华文学》登载的“刘荒田近作小辑”六篇《二十六和五十二》《唐人街的咖啡店》《“礼拜毫有找”》《回家的另类姿势》《“芝麻街”与我》《美国式世故》，也属于这类“《读者》式”小品散文。它们以其温情的人生哲理和生活艺术哲学的宣扬引诱人心。这六篇散文小品，充分表现出“《读者》式”小品散文的品格，也反映出刘荒田对于美华文学现

① 刘荒田. 2009. 车里人生//刘荒田美国小品. 石家庄：河北教育出版社：28.

代散文内涵及其审美品格的提升。戈云在《悲情在岁月中滴血——刘荒田散文简论》的结尾说道："美国华文文学发展到今天，诚然还未达到它的全盛时期，但经过四五十年代美华文学的崛起，以至八十年代美华文学进入第二波高潮，我相信它已经不再停留在白先勇、於梨华、聂华苓等开创的'留学生文学'和纯然'侨味文学'的阶段了。而今，刘荒田散文以'故土'和'本土'、'侨味'和'洋味'糅合、具有现代前卫宏观性的男性文学的雄风，崛起在美国华文文坛，为美华文学增添了弥足珍贵的异彩。"①事实上，刘荒田散文能够将美华文学带入戈云所说的第二个高潮，就与他的这种具有"《读者》式"美学品格的小品散文创作息息相关。

刘荒田的这类散文，以世界华文文学的全球化主题表现为其特色。按照主题分类，有三个主要方面。

一是书写新移民的人生感悟，展现多元文化主义的全球性文化旨趣。《二十六和五十二》的副标题是"从一首'少作'说千禧年"。由这个副标题看出，该篇散文有点像是千禧年的感想，也是刘荒田移民美国20年的人生感想。这种感想与他26岁在中国做民办老师时的人生连成了一片，在故乡和异乡之间腾挪："二十六和五十二，这是一种巧合。/我和你组成生命的连环。/我的儿子，当新世纪的钟声悠悠响起，/愿我和你及亲人们，正欢乐地围桌聊天。"②《唐人街的咖啡店》是一幅唐人街"浮世绘"。该散文以旧金山华人世界从茶楼到咖啡店的变化来写美国移民生活、生存状态。在这里，移民为了生活相互算计，相互打趣，充满活力。《"礼拜毫有找"》是一个移民回国后的回忆。该篇的作者，实际上是刘荒田自己。作者的家乡是侨乡，生意商贸历来发达。作者也在生意场中长大，所以，作者以回忆笔调回忆了童年、少年以至他的成年生活的片段，并进而书写了20世纪40年代至今家乡的变迁：历史远去，生活片段犹在，只是更多夹杂了人生的许多无奈，但尽管这样，生活生命依旧，南柯一梦也罢，终究是自己的回忆。这已经永久地留在一个移民的记忆里。

《回家的另类姿势》是对移民美国后美国式墨守成规的枯燥乏味的生活成规反思的一篇优美散文。题目颇有意味。结尾点明了主旨"无家可归，

① 戈云. 2000. 悲情在岁月中滴血——刘荒田散文简论. 美华文学，(4)：73.

② 刘荒田. 2009. 二十六和五十二//刘荒田美国笔记. 石家庄：河北教育出版社：20.

是为流浪，有家可离，无论长程短途，时间久暂，都是心里踏实的旅行。至于归途，如果老是赶，着意于意图目的而忽略过程，也不算圆满。逍遥自在地走在回家的路上，才算两全其美。”这篇散文似乎在辨析、说明移民的“移”与离家的内在一致性，从而为移民及其生命方式的自得而张目。这是移民文学中最具移民文学特质的散文。《“芝麻街”与我》更是如此。它写一位从中国到美国去的移民的感恩情怀，是一篇自信的生命的赞歌。“我在这片土地上，曾经是异乡异客，但终于穿越了语言和文化的障碍，成为一个理所当然的主人”。[①]这与他在《下城，带骨刺的漫游》里的抒情完全一致：“旧金山是继母般的城市啊！”

美国是个移民社会，多元文化交织。从全球化和现代化的角度来看，它代表了人类文化及其社会发展的一种趋势。反思美国，书写美国，是美华文学作家的基本创作主题，因而其《美国式世故》就具有重要的意义。该篇散文是作者对于基于中西文化差异的两种世故的不同看法的美妙散文，清晰地展现了中西文化如何在移民那里融合的情致。刘荒田这类散文作品，充分体现了一代新移民移民后的自得自意情怀和新移民文学张扬的多元文化主义旨趣。

二是展示一代移民在离散为特征的后现代社会里的漂泊性心态，表现新移民文学永恒而全新的乡愁主题。对于逃难式离开故乡的新移民刘荒田来说，他的散文里的乡愁，不是医学上的思乡病似的乡愁，也不纯粹是社会学意义上的离乡、离家式的乡愁，甚至也不是 19 世纪后期 20 世纪初期的文化政治的故意的、虚假的乡愁，不是当代全球消费浪潮中的与经济相关的“存心乡愁”，而是在全球化前提下人生哲学意义上的超越家国意义上的乡愁。按照图尔纳乡愁四维度——历史衰落、某种失去整体的感觉、丧失表现性自发性的感觉和失去个人自主性的感觉的分类来看，刘荒田散文中的乡愁属于后两者，是对自己在社会中和最终在宇宙中曾经有过的某种“在家状态”的怀旧式追问。就是说，刘荒田散文里的乡愁，我们需从罗兰·罗伯森全球化理论的“怀乡范式”出发来理解[②]。因为照此看来，刘荒田散文

① 刘荒田. 2009. “芝麻街”与我//刘荒田美国笔记. 石家庄：河北教育出版社：40.

② [美]罗兰·罗伯森. 2000. 乡愁和全球化的尖锐形式//全球化——社会理论和全球文化. 上海：上海人民出版社：225-226.

的乡愁书写就别有深意了：在做了“假洋鬼子”后，在异化和疏离为特征的离散社会中，刘荒田的乡愁超越社会学意义上的无家可归旨趣而向人生生命哲学的后两者偏离了，而且这还最终转化成他作为一个世界公民的自身的生命心性哲学了。《唐人街上一支歌》《漂泊原乡》《水埠头》《梦回荒田》的多篇小品散文和大型文化散文，传达的正是这种哲学主题，内蕴丰富而悠长，并因此拓展了华文文学的全球性思想内涵。

三是对移民社会多元文化及其人生姿态的认同，揭示出全球化移民社会的深刻的人类学主题。刘荒田这类散文，包含着一种积极向上的气息，包含对于多元文化的积极认可及对于旧金山这个现代都市的美好期许，包含着人类和谐相处的大同理想。既来之则安之，生活于此，善待生活，善待人生，在人类学的高度看待人生，构成其散文的基本思想倾向。这类散文刘荒田书写的很多：《旧金山拂晓》书写了旧金山拂晓人行道上的那些贫弱、但有闲的不同杂色人种喝咖啡者，表达出对于其生活方式的认同。文章中写道：“妻子下车，走进地铁站去。她加班的收入中，有微小的部分将用于安顿街头乐也融融的咖啡客。和我的薪水一样。可是，我没有怨言，只是想，在多元社会中，生活方式的多元，是值得欣赏的。”[①]在《城市的气味》里，详尽书写了旧金山北岸区、纳山及唐人街味道的不尽一致，暗含着对于多元文化的宽容态度及人类和谐相处的人类学内涵。又如《胆大包天的鸟》，写自己及其家人在旧金山快节奏的城市生活中难得的和谐生活，在与鸟类的比较中显示人类当有的生存姿态：“从此，我的家门，不但有俗艳而可爱的茶花——它开在枝头固然热闹，落在地上，坐姿也庄严慈悲，叫人感动；有淡雅的木槿花；不久的将来，将有觅食归来的新科父母频繁的扑翅声，奶声奶气的啾啾。因了交际稀少，在美国冷清清的居民区，‘门可罗雀’是常态，而我这普通人家，却充满了‘门可纳雀’的妙不可言的和谐。”[②]《地上的情书》则通过阅读散落在地上的情书，感悟到了爱情在人间存在的意义：“‘请你记住，有一颗心时刻记住您，爱吻您，为您默默地祝福’。我被深深感动了。爱情每天这般进行着，具体而微，它是点石成金的魔杖，把单调到叫人发腻、琐屑到叫人麻木的一个个日子，变成彩

① 刘荒田. 2009. 旧金山拂晓//刘荒田美国小品. 石家庄：河北教育出版社：12.
② 刘荒田. 2009. 胆大包天的鸟//刘荒田美国小品. 石家庄：河北教育出版社：14.

虹一般缤纷的期待，变为灵与肉的盛宴。在沙漠小镇打拼的‘厨房牛’，每天挥汗如雨，却乐此不疲，难道是‘看在钱份上’？他的心头有相关明月，有清凉的流水，有甜柔的诗意，仅仅由于一个原因——在远方，有一颗属于他的心，有一盏为了他而深宵不灭的灯。”[①]这揭示了人类爱的真谛。《落花的坐姿》，写花的死亡，它们的坐姿，如佛祖的莲座，像打坐的仙家，冥想的哲人，由此作者联想到，原来人类的死亡，可以是不打折扣的美丽：“长久的从容，动人的自在，静静地展现在门口。花瓣就这样坐着，直到变黄，变黑，变成泥土。自然率所赋以它的最后章节，没有悲哀，只有神圣。”[②]

对全球性人类问题的关注，是刘荒田散文的“世界”文学特色之一。具体说来，对于新移民人生命运的关注，对于人类生命本身的关注，对于人类生命始终（终极）的关注，甚至对于老年养老等人类福利问题及其人类伦理等大问题的思考，在刘荒田散文中也占得篇幅不少。最感人的莫过于《瓦特的破折号》《又见“芸娘”》《面对父亲》等文了。在《面对父亲》中，我们看到一个出租车司机对于和他不一样人种的临终的 80 多岁老人的宽容、仁慈和付出，看到了人类及其个体在老境中的可怜可爱，看到社会福利制度对于人类存在的重要性，伦理对于人生的不朽价值。这不是生态灾难、核毁灭和艾滋病等全球性的人类大问题，但它们显然和有关流产、用医学技术延长生命一样，是实实在在的人类性和人类学的全球主题。由于集中表现这些全球化时代的全球性及其人类性现实主题，刘荒田散文的主体范围就扩大了，思想境界也就骤然提升了。

刘荒田这类散文数量极多，数目惊人，有 2500 多篇，而主题显然也丰富多样。这也许是现代散文家创作数量之最和主题深广之最了。作为一个新移民作家，酒店职员的草根身份，在西方文化语言及其语境的边缘地用汉语写作，讲述一代华人的美国故事，品味着华人及一切世界公民们的人生三昧，刘荒田散文创作的文学史价值值得仔细体味。当我们以作者主体身份出发考察作者的这份勤奋时，会轻易发现这位当代华语散文史上最勤奋作家的“这一个”性：刘荒田这些散文是出自一个美国酒店华人打工者的业余写作，来自于他手指勾着购物袋在唐人街忙于日常生活的切身体会，

① 刘荒田. 2009. 地上的情书//刘荒田美国小品. 石家庄：河北教育出版社：16.

② 刘荒田. 2009. 落花的坐姿//刘荒田美国小品. 石家庄：河北教育出版社：10.

是他开着汽车，乘坐“灰狗”和地铁在旧金山这样的现代移民都市的遐思与感悟，如《车里人生》《下城，带骨刺的漫游》等散文，个性非常独特。也许是因为来自生活深处，来自奇异的异域“草根”生命脉息，来自多元杂处的丰富人类文化坐标的高度，他的这些“顿悟”便丰厚而有了“地气”，亲切而耐人寻味，因而给“国人提供了另一种人生、另一种观照、另一种感悟”。这正是刘荒田“《读者》式”小品散文的魅力所在：因为同《读者》上我们经常见到的张晓风、罗兰、龙应台、简媜、林清玄和王鼎均等华文散文家的生命言说一样，它们都美学个性鲜明，但内蕴风格却不尽一致了。在华语散文史上，刘荒田这种“《读者》式”的小品散文，在多元文化及新移民的文化坐标体系之下的生命观照，比之周国平，比之龙应台，就多了些来自“洋”社会底层草根的心性脉细，多了些超越族群、人种和文化之上的人类文化及其世界主义的思想内涵，而且，它们在“假洋鬼子”自谓下的超然幽默在字里行间溢出，因而更具思想美学魅力，更耐人寻味。

二、文化坐标与心性哲学

由《唐人街的桃花》《旧金山浮生》《“假洋鬼子”的悲欢歌哭》《星条旗下的日常生活》《听雨密西西比》等散文集的名称就可以看出，刘荒田散文大多是一个华人在旧金山、星条旗下的现实与人生思索，其创作的主体身份新移民——“假洋鬼子”这一身份相当明确。从华文文学创作来说，刘荒田以此身份的书写包含着丰富的文化情味：他可以身兼多种文化身份——华人、美国人等身份自由言说，可以超越长期以来中西二元对立的文化坐标体系，站在一个较高的文化境界上进行理性思索。

问题的关键在于，“假洋鬼子”这一创作主体身份使其有了世界性视界、现代性进化意识和时间哲学：在“五四”及其鲁迅那一代新文学作家的历史语境中，“假洋鬼子”这一主体身份是没有这些内涵的，他们土不土，洋不洋，没有主体个性，更多的是否定性的身份，他们本身及其言说的可信度就被高度质疑，但是，随着时间的变迁，语境变了，其内涵也在变化，人们还敢于以其自称自谓。其中的文化原委就在于，“假洋鬼子”，在全球化、现代化的语境里，他们就是现在的华侨华人，是中华人民最可亲近的人，是海归，是时髦、先进与现代化的代名词，是一种文明的指称[①]。而且，全球化、现代化与新文明等现代文化及其历史语境又赋予这个称谓丰富的内涵。刘荒田自命为“假洋鬼子”，是把它作为一种丰富的拥有。他站在了超越中西文化坐标高度的境界，尤其是它站在了华文文学创作自身独有的文化制高点上。他幽默地接受这一称谓，并自嘲自喻，包含其对于自己散文创作立场的确认，包含着一种文化的自信。

刘荒田的散文，多是符合他这一代新移民——以“假洋鬼子”的文化身份在异域生命安顿的另类言说的思想题旨的。作为华人散文作家，刘荒田散文的魅力也就在于把他自己称为“假洋鬼子”，站在中西文化坐标的高度，以带着自嘲与自信的口吻，书写他们这类“假洋鬼子”在异乡生存的内在心声，表现他们生命安顿的形而上思索。《梦回荒田》就是刘荒田这个“假洋鬼子”生命言说的代表作，包含着其融合了中西文化内涵的心性与生命哲学。该文是刘荒田陶渊明式的“归去来辞”想象。它以华文文学基本主题的一个永恒性乡愁主题形式出现，但正如前述，它主要表述的却是乡愁内涵四维度的后两者内涵。它阐述的是刘荒田这个“假洋鬼子”的自我及其生命方式选择的随性、随心原则。根本上说，这是一篇揭示自我言说、自我反思及自我修炼对人的生存状态重要性的深刻散文佳作，其主旨与福柯《主体解释学》的主题一致——主体的自由首要的是“关注自己”，即为生活中一系列会突然出现的不可预见的事件做好准备，从而能够举止适当，也与爱比克泰德的“心学”一致。

爱比克泰德的“心学”认为，“意愿是人的真正自我所在，是从神那里分来的理性之权能之内的东西，因从出于神，故不为外物之束缚，是人之思想自由的基础；而且由于意愿源出于理性、至善的神，所以它能使人做出正确的判断与抉择，此乃人行动自由的基础。斯多亚派以意愿为核心，表明它是理性认识与伦理实践的结合点，其注重的是心理修炼，目的在于使人做好准备，应对生活的挑战与难题，不至于陷于被控制的状态或为激情所左右。它包含了一种放弃的智慧。在爱比克泰德看来，放弃外物的控制与妨碍实则成就了自我之纯粹与丰实”。[②]“我要求过得深，吮尽生命之

---

① 此处的“文明”，与西方中心主义基础上内涵不同，是在全球文明模式意义上的所指。

② 杨兴凤. 2014-5-26. 爱比克泰德心学：从心所欲而不逾矩. 中国社会科学报，A06.

汁，过得那样的踏实，那样的斯巴达，以至于凡不是生活的部分统统扫尽，把生活逼入角落，把它化为最简单的元素”。①刘荒田在美生活了30多年，将要退休，面临人生的又一次生命选择，所以在其《梦回荒田》里，他从梭罗、陶渊明等中西文人的自我选择的比较出发，书写了他作为一个世界性公民“从心所欲而不逾矩”的自我心性哲学，表达了他及一代移民的人生感悟、生命思索。

《梦回荒田》中的“回荒田”行为，对于作家来说，至少包含三层内涵。

其一是回到故国想象中的故乡，乡村祖屋去。但对于刘荒田来说，这并不是一个华人的乡愁所致，也不是祖父们“旧金山客”的衣锦还乡，更不是陶渊明式厌恶官场、回归自然的归园田居，而是作为一个世界公民去面对真正的自身需要的部分生命心性哲学，如同梭罗：“有心的过活，只去面对生活的必需部分。”

其二是从“旧金山旅业餐馆业工会会员”身份逃离，回到简单单纯，从现代世界最为现代化的旧金山离开，暂归故土，求得叶芝式的宁静。因为在旧金山这个现代化的都市，刘荒田发现了本雅明式的现代的颓废及危机，才因此而“回荒田”。在刘荒田这种逆城市化的行为背后，是中国式的对于某些人为“现代”的背离：“如此这般，我可能完全地拥有悠闲，闹钟和手表均可弃置，使命感和工作压力束之高阁，我自由地消费所有有限的生命。于是，我卑微而劳累的肉身，在绕了地球一个大圈后，在生命的发轫处栖息，重新获得生机，投入此生最后的也是最能获致满足和骄傲的事业——创造。进而，我可能获得叶芝式的宁静：‘因为宁静缓缓滴落/从清晨之面纱滴落到蟋蟀轻吟之处；/半夜一片敞亮……”②

其三是回到他平生生命的核心追求——写作上去，从而“静静地思索生命，从家族到自身”。对于刘荒田来说，写作是他的生命事业与主旨。刘荒田此生只以笔耕为乐。所以，他的留洋，挑行李步过罗湖桥，乘船到旧金山，与其说是为了养家糊口，不如说是为了文学，为了散文。他的数十部散文集是这个假说的最有力证据。这我们同样从《梦回荒田》中发现端倪。

① 刘荒田. 2008. 刘荒田美国笔记. 石家庄：河北教育出版社：268.
② 刘荒田. 2008. 刘荒田美国笔记. 石家庄：河北教育出版社：280.

“在祖屋货真价实地落地生根，是当知青的年头。二十岁，瘦削的身体，一颗刚刚由‘文化大革命’的腥风雨雪里冲刷过的、布满不敢与恐惧的心，火烧眉毛一般的贫穷和压抑。然而，在祖宗的怀抱里，我成长了，靠着厢房里近千册劫后所余的书。十卷精装的《鲁迅文集》，散放在书桌后面的藤椅旁，托尔斯泰的《安娜·卡列尼娜》、普希金的《奥金·奥尼金》、海涅的短诗集、歌德的《浮士德》、罗曼·罗兰的《约翰·克里斯多夫》、雨果的《悲惨世界》……插在书架上。煤油灯有时也没得点，只点松香烛，一个夜晚下来，鼻腔里乌黑，那是烛灰。这是个人生命史上的‘一锤定音’，从此我肩负起‘创造就是生命’的信条，走遍天涯。”① 尽管四海为家了，“但我终究会接受故园的一切，我那多年来惨遭夷化（即异化）的中国式行事方式、思维习惯，一定会逐渐地回归。契合是艰难的，幸亏汉字从来没离开过我。极终言之，我这命定的要以汉字来思维和表达的中国小文人，这一回归类似鲑鱼向出生地的洄游，九死一生也得实行，不同的是：鱼为了繁殖后代，我为了繁殖汉字”。②

刘荒田放弃“清洁的旧金山，无蚊蝇的家居，代步的汽车，现代化都市的一切便利和安全，社会上的礼貌，人的隐私，人际关系中必要的距离，较高的文明，英语语境所含的幽默和暗示，自在和冷漠的个人空间”而“梦回荒田”，这可能是最好的回答：执迷于文学艺术，在中西文化历史语境里权衡利弊，用文字来言说生命，传达他的生命哲思——“我把一部分生命消耗在记录生命上”。不同于传统的保守，也不同于现代的激进与“现代”，而是从原始的宗教到现代安身立命的“工作”中走出来，并踏实于关乎自我的写作上。因此，刘荒田的散文，就大多书写一个所谓“假洋鬼子”的生活、生命及其心性哲学了：①甘心做一个“假洋鬼子”吧，尽管是新移民，却有尊严、自傲和心满意足地生活着；②遵循中国的老庄自然豁达的人生哲学，自由浪漫的“做自己”；③在北美多元文化及中西文化交融的现代世界找到自我、自身生命的安顿方式。这是一种极可怜爱的生命心性安

① 刘荒田. 2008. 刘荒田美国笔记. 石家庄：河北教育出版社：275.
② 刘荒田. 2008. 刘荒田美国笔记. 石家庄：河北教育出版社：279.

顿思想。这些安顿生命的理性与感性哲学，使刘荒田基于生命心性哲学的散文具有了知性美的哲理光辉，也丰富、深化了世界华文文学乡愁诗学的内在质地——在四海为家的全球性主题下，乡愁变成了乡恋，新的心性追求与执迷，一种超越的生命哲学，一种因为移民和离散而达到的自由、超脱境界。

经验是自我意识的巨大源泉。新移民的原乡情怀和旧金山“下城”独特的存在境遇，四海为家的世界性主体经验，构成刘荒田这个“假洋鬼子”这种“心性”生命哲学的背景基础。这在《刘荒田美国笔记》中的两篇大散文《漂泊原乡》和《等你，在雨中》也可见出。前者写离开故乡30年后归国与乡友登“雷公岭”的生命感悟：这一次原乡的漂泊，也只是“未完成的归程”，侨乡的懒散和见钱眼开的城市病，毛像被用来镇山林野鬼的原始蒙昧的实用主义逻辑，已经使他找不到“归家”的感觉与实在踏实。后者表现现代人存在的黑色幽默：都市里的规则和罚单，已经使追求至美的现代人疲于应付，从“快递公司”、哈德逊街的文明中挣脱出来，也许是最好的选择：“忽然之间，福至心灵地，一个念头闪电般照亮了心间：管他娘去，由贷款公司罚吧，我不行动了！随即，我决然地打道回府。雨细而匀，使人想起秦观的名句‘无边丝雨细如愁’。我居然升起残忍的快感，为了即将损失一笔钱：数目不惊人，却是明知故犯，迹近烧钞票的愚行！然而我解脱了，从‘行动’、‘责任’中解脱，从过分精细和准确的算计中解脱，我可以全身心地进到雨中，去等候。”①

进一步说，刘荒田散文创作的成功，与他以“假洋鬼子”确认的文化身份和由此建构的创作的文化坐标体系的超越性密切相关。他的“假洋鬼子”的生命言说，除了他的移民身份具有的经验源泉外，显然就是此超越性文化坐标体系的产物：“那么，我们呢？‘出洋’‘放洋’‘留洋’‘流洋’，横跨太平洋的迢迢航程，谁是舵手？民主自由乎？自我实现乎？发家宏图乎？绿卡乎？在唐人街这‘中国以外的中国’，在漂泊的年代，一边用手指勾着沉重的生活，一边聆听着非同凡响的老歌，它，依旧是肩跨‘宝书袋’的红卫兵，以绝对的忠诚唱出的‘时代最强音’吗？否，无非是黑色幽默

① 刘荒田. 2015. 等你，在雨中//程国君编. 刘荒田散文精选. 南昌：百花洲文艺出版社：46.

重新诠释的过时符号罢了。它播放一次，就被历史嘲弄一次。放到眼前说，新移民离开了故乡的‘鱼儿’，移栽到新大陆的‘瓜儿’，苦辣酸甜，岂能言说，又何必言说？”[①]《唐人街上一支歌》是刘荒田在旧金山匆忙日常生活间隙的商市小店听到《大海航行靠舵手》这首一个时代的主旋律时对于自身移民人生的刻意追问。此文透露出他们这一代华语散文家言说的独特的历史文化契机：旧金山唐人街，对于华人作者刘荒田来讲，是“既非异乡，又非故土”，是一个文化多元的西方第二故乡，一个后工业化后现代语境的场所。刘荒田的散文言说，就从这个具有十足黑色幽默的场所开始。

“新移民”，就是被刘荒田在多种场合自称或戏称的“假洋鬼子”，就是说，“假洋鬼子”的文化身份被刘荒田当作了其散文言说超越性的基本文化坐标体系的象征及言说立场，他的散文艺术探索，也以“假洋鬼子”这一文化主体身份开始。仔细分析刘荒田这类散文的文化立场及其阐发的生命心性哲学，即可发现刘荒田作为一代新移民散文作家最为独特的文学史价值：其以“假洋鬼子”的文化身份，品味移民的生活、品味人类生命及其自身存在的内在底蕴，是首次在文学史上张扬了一种世界主义的全球化时代的最佳人生生命哲学。而且，他的这种“假洋鬼子”的生命言说，没有一般华文文学文本的那种崇洋媚外的嫌疑，也没有“他乡望月”的那种自卑和自我矮化，张扬了全球化时代一代新移民安身立命的别样心声，是现代散文中最有全球性时代内涵和思想价值的散文。

三、小品、笔记体与幽默品格

刘荒田是“把汉语叙事的魅力发扬到一个新的境界”的现代散文家。主要表现在，刘荒田不仅以传达全球性主题为其特色，而且在散文文体艺术革新上也有重大探索。从后者来讲，他创作了大量“《读者》式”小品散文，以“现实化、粗俗化、民情化、生活化”的“中国散文创作的走向”的拓展和全球性主题的表现，把小品散文文体推向了一个新的境界。他以诗与散文融合以“非小说化”方式革新现代散文文体，造就了一种具有大众通俗品格的文化大散文。这种文体特征有三：①混合性与“非小说化”；

① 刘荒田. 2008. 刘荒田美国笔记. 石家庄：河北教育出版社：143.

②内蕴深、长度大的笔记体；③“假洋鬼子”式的幽默审美品格。刘荒田散文还以幽默取胜，刘荒田赋予了现代散文喜剧化的美学品格。刘荒田这种创作实验，对于现代散文艺术发展意义重大：它改变着文学文体偏重成见及其固化社会心理模式的散文创作实践，也推进了文学审美观念的更新和创作的繁荣，深刻地影响了社会上对于现代散文的审美心理，并给当下文坛深刻的启迪。

（一）《读者》式小品散文

刘荒田小品散文及其主题特征，前文已经论及，但这是其散文艺术创新的第一个方面，其价值有必要和其他诸多因素考察，我们才可能发现“刘荒田体式”散文的基本美学品格。

（二）笔记体式文化大散文

刘荒田对于现代散文文体探索创新的第二个向度在于，作为一个诗人，他把诗的质素带到了散文里；他把一个个小说题材、新闻时论、人生随笔写成一篇篇颇富思想内涵的长篇巨型大散文，把 20 世纪 80 年代以来贾平凹、余秋雨等推动的文化大散文和简媜唯美式的女性散文的探索推向了更为质朴与大众化的道路，有效地推进了现代散文艺术的发展。而作为一位新移民书写者，他的特长在于，他以阅尽沧桑的中年心态，跨文化视角，赋予现代散文深刻的跨文化内蕴和哲思内涵，散文中思想和议论的因素得到凸显；[①]他突破一般散文的单纯抒情的藩篱，选择“草根”的世俗日常生活作题材，着力书写美国旧金山风情，创作出了具有“现实化、粗俗化、民情化、生活化”的“中国散文创作的走向”的生活散文。[②]

评论家和散文家张宗子以切身的创作体验，以《刘荒田美国笔记》的部分散文为例，从现代散文艺术发展的角度概括过刘荒田这类文化大

① 谭元亨的《本真的生活本真的人——读刘荒田〈星条旗下的日常生活〉》和熊国华的《在笛声之外——读刘荒田〈纽约闻笛〉》对此有到位的论述：“《纽约闻笛》展现出刘荒田近年写作的‘中年心境’。读其散文，如在宁静的秋夜倾听一支悠扬的长笛。在笛声之外，有对青春的缅怀、古国的思念，有在异国的拼搏、生活的忧患，有洞察世事的睿智、悲天悯人的情怀，更有历尽沧桑而未泯的赤子之心和大风浪过后的淡泊宁静。”（熊国华. 2000. 在笛声之外——读刘荒田的《纽约闻笛》. 美华文学，（31）：54.）

② 邹建军对此有到位的发现。他说：“这些年来，中国作家的散文过于热衷于描写自己的内心世界，往往忽视了对本土民俗风情的描写，往往过于空灵与隐晦，影响到散文的可读性与扩展性，而刘荒田的散文却因对海外风情的具体而详细的展现而得到人们的喜爱，说明散文创作不可过于向‘纯诗’靠近。现实化、粗俗化、民情化、生活化，也许是中国散文创作的走向。”（邹建军. 2000. 刘荒田笔下的旧金山风情. 美华文学，（31）：56.）

散文——笔记体文化大散文的独特创新性："如同小说可以散文化，散文也可以小说化。有时候，小说和散文的界限不容易截然分开。汪曾祺和王鼎均的一些作品就游走于小说和散文之间，有意似是而非，似非而是。不过荒田的情形不同。他写人物的篇幅较长的散文，尤其是《两个男人的战争》和此前的《死亡面具》，几乎具有小说的所有要素，《死亡面具》甚至用了层层推进，一个悬念套着一个悬念的手法，然而它们仍然是地地道道的散文。这种无意识的小说化，如前所述，大大丰富了散文的手法，提高了散文的表现力，扩大了散文的容量，某种程度上，甚至可以说是对小说的挑战"，"写人物的散文，有了《凉风起天末——怀诗人老南》这样的，在表现力和内容的丰富和深度上，可以不必自卑于小说了。它完全是一个中篇小说的好题材，你的这两万多字，可以抵得上一个好中篇。而在《第 1800 部落》中，可以看出你的敏锐和细致的观察力。从较早的《眉公外传》《眉姑》《步上日记》等，到《梦回荒田》，到现在的这几篇，这是你走得最好的一条路。这类深入生活的篇章，别说在海外，就是在国内，以我阅读所及，究竟也不多见。"[①]事实上，刘荒田确实是现代散文创作中"走得最好的一条路"的作家。他"大大丰富了散文的手法，提高了散文的表现力，扩大了散文的容量"，对于现代散文艺术发展提供了丰富的经验。

从根本上讲，刘荒田这类散文的创新性，从文体内质上讲，不是小说化的散文创新，也不是散文的小说化实验，而是一种把小说的题材、叙事性的元素转化为"思想"性特征的散文创作尝试。这是刘荒田散文创作最为醒目的创新所在。这里辨析是因为，所谓的小说化散文，指的是在散文里植入小说的人物、人物性格刻画、情节等元素，而散文的小说化也是如此，但刘荒田的散文则完全相反，他的散文是由类似于小说的事件经过散化、转化等非小说化的方式处理而来，更多像记人、记事的散文。同时，从创作主体来说，刘荒田这类散文的作者，不是小说的叙事者，而是一个真实的书写者，想象、虚构的因素被其转化成了真实作者的议论与抒情，小说、散文的题材经过了创作主体的主观化转化，所以，刘荒田的散文，不是小说化的散文，而是非小说化的散文，刘荒田对现代散文的探索，就

① 张宗子. 2008. 读刘荒田散文//刘荒田美国笔记. 石家庄：河北教育出版社：1-3.

在于把好看的故事、有影响的新闻事件等变成具有深厚思想容量的随笔式大散文这种散文文体的尝试；在于把“中篇小说的好题材”变为“地地道道的散文”的尝试；也在于通过这种文体融合创新对于散文文体包容性品格的拓展，从而为散文文体成为这个最佳时代文体创造了成功的一格。实际上，刘荒田对于现代散文创作的贡献也恰恰体现在这里：为现代汉语文学散文创作提供了一些崭新的类型和素质，一种非小说化的记人记事式的“地道的散文”，一种以“思”为本体的、议论为主的像《死亡面具——我的顶头上司为什么自杀？》式的颇有报告文学品格的随笔式文化大散文。这种散文文体，其外在特征有二：①长度增加，笔记体式；②混合型。

（1）从“美国小品”到“美国笔记”，刘荒田散文创作的变化在于，一种非小说化的长度增加的随笔式巨型大散文的出现。例如，《车里人生》属于那种“《读者》式”小品散文，千把字，而《梦回荒田》，就属于随笔式巨型大散文了，有万余字长；如《刘荒田美国笔记》的首篇《听雨密西西比》，由“缘起”“绿树镇的诗情”“绿树镇的风情”“绿树镇的杂货店”“不见密西西比河”五个部分组成，是他一般小品的五六倍长，《2003 新历除夕的填空式书写》由七部分组成，《下城，带骨刺的漫游》也由七部分构成，《又见“芸娘”》由六部分组成，《死亡面具——我的顶头上司为什么自杀？》由“死，不过是开端”“死亡，最后一张面具”“死亡：众多的路径”“谜底，谜底”“也不是结论”五部分组成。在这类“美国笔记”体散文中，最长的要数其表达刘荒田人生哲学和中年人生思索的名作《梦回荒田》了。该文由 10 部分构成，约有 15 000 字，要算现代汉语散文中真正的大散文了。这些散文，选择生活中的几个点，或把故事中的几个关键点议论化，加以串联，互相生发而成。它们构成内蕴深、长度大的散文巨制，而且内在结构统一而内涵丰富，直是生活的长长的“哲学笔记”。

（2）把笔记、随笔、杂感、诗歌和小说的素材、题材转化成极具人生感悟的、富含思想内蕴的议论性散文元素，并加以糅合，创制出了一种混合性的随笔式文化散文巨型文体。刘荒田在《漂泊原乡》里写道：“为了查证，我把一本本破旧的日记本翻出来。那时还在国内，要么在乡村当知青，要么在小学当民办教师，要么在县城当公务员，日记很少间断，每天动辄上千字，如今想来颇觉滑稽。不是吗？生活归生活，历史归历史，皇帝把这两档之分得多清，起居注之类是史官负责的。然而那年代我把我一部分生命消耗在记录生命上。只是，不消耗掉，能积攒下来吗？”。[①]日记、随笔等小型文体，成了其构制笔记体散文的组成元素。

《刘荒田美国笔记》里的散文，在构制形式上，就融合了多样文体：①诗文体被植入散文，如著名的《听雨密西西比》就穿插多个诗片段，《瓦尔特的“破折号》中引用了一首完整的诗，作为“文眼”来点化散文主题；②一篇散文包含多篇议论性散文，如《死亡面具——我的顶头上司为什么自杀》由“死，不过是开端”“死亡，最后一张面具”“死亡：众多的路径”“谜底，谜底”“也不是结论”五部分组成。这五部分就是五篇小散文；③由新闻事件、小说故事议论推敲演化而来，像《瓦尔特的“破折号》和《死亡面具——我的顶头上司为什么自杀》这两篇散文，就是由新闻事件和人物故事转化而来的。刘荒田散文的混合型特征十分明显。这是刘荒田对于现代散文创作的最大贡献之一了：把源于其创作基点的报刊专栏文体、新闻简报体、日记及其“边角料”利用的散文创作材料引向了真正的散文本体创作的随笔式大散文的探险路上来了。[②]日常生活的感悟，日记的材料，成了他日后散文创作的基本构思出发点；一篇篇新闻报道，一个个坊间传说，变成了《死亡面具——我的顶头上司为什么自杀？》和《华尔特的“破折号”》这样的推论性的人生反思，一种随笔式的文化巨型大散文。

刘荒田这类随笔（笔记体）式的文化巨型大散文，重要而富有创造性的地方还在于以下三方面：

（1）在文体内质上包含了诗的抒情的成分。例如，《下城，带骨刺的漫游》叙述一代移民如何和移民城市融为一体的过程，其中的思索中满含深情：“我一路走，一路回忆，比照。这样的行程，可没有平日在家附近散步的轻松，这是一次对城市也是对自己的一次总温习。隐隐地，在心间冒出了对于历史的感戴，对这个不再忍心称为‘异乡’的城市的温情。把我这远东来的毛躁青年，熏陶成一个年资颇深的酒店雇员，一个有资格上法庭当陪审团的公民，一个有了两个完成了大学教育，彻头彻尾的新大陆的儿

---

① 刘荒田. 2008. 刘荒田美国笔记. 石家庄：河北教育出版社：346.

② 刘荒田为国内外报刊写专栏文章 15 年，文章数目 2500 多篇，参见《刘荒田美国小品》的“后记”。（刘荒田. 2009. 刘荒田美国小品 • 后记. 石家庄：河北教育出版社：356.）

女，旧金山是继母般的城市啊！”[①]而《华尔特的“破折号”》不仅把抒情成分糅合进散文中，还将完整的一首英文诗《感谢，为了我破折号中的一切》植入散文：“……倘若我们相互尊敬/倘若我们常带微笑/记住吧，我们拥有的破折号/随时可能写到尽头//那一天，当有人诵读对你的颂词/（它免不了改写你的生命章节）/你可为他列数的往事自豪/你该怎样书写你的破折号？”[②]《在员工食堂邂逅诗人》里，甚至有六首前后穿插在散文中的诗。刘荒田不仅把诗歌抒情的元素渗透进了散文中来，也把现代自由体诗歌完整地引用到散文中，从而创造了一种带有抒情意味的散文新文体。

（2）散文创作中作者的叙事，不是为故事而叙事，明显是为了表现情感，反映看法与主张，具有了思辨内质。如《听雨密西西比》一文，其中作者写到与正的友情，从如何认识到互相拜访，叙事中夹杂着恰到好处的抒情与议论，细致入微，感情真挚，很有人情味，读来真实感人；在平淡的叙述中带有幽默、睿智及深沉的思考：透过华人生存的状态进行深层次的理性思考，用冷静不失睿智的文字表现新移民的生存困境。根本上讲，在“我的小镇”与绿树镇、绿树镇与大都市的比较中，作者思考文化的差异、文明的力量，思考“奴性”、生命、友情和爱情等形而上的话题，都颇有哲理知性情味：“本来，爱情和友情，是并排的轨道，但那是指各自独立的状态，一旦造成可比性，计较就来了。”“友情没有拥抱、接吻、做爱、情话，没有‘盈盈一水间，脉脉不得语’，所以，友谊只让你感动，感戴，只有言辞，没有动作。”[③]这些话语充满对生活的深刻体验与感悟，读来轻松幽默，又令人深思。这样，我们便看到，刘荒田散文的叙事具有了思辨的“散文化”的特质了。

《死亡面具——我的顶头上司为什么自杀？》采用了类似于侦探推理小说的技法，对于他的上司及其人生轨迹做了深入刻画。散文的基本理路是通过追问他的死亡原因，探讨了人类存在中物质与精神世界的平衡问题：“生性粗豪和勤奋的美国人，蓬勃的生命力，攫取利益的狠劲和个人生活的自由奔放，好歹有基督教精神作为刹车器，但拉丁民族无可节制的奔泻，

① 刘荒田. 2008. 下城，带骨刺的漫游//刘荒田美国笔记. 石家庄：河北教育出版社：88.

② 刘荒田. 2008. 感谢，为了我破折号中的一切//刘荒田美国笔记. 石家庄：河北教育出版社：129.

③ 刘荒田. 2008. 听雨密西西比//刘荒田美国笔记. 石家庄：河北教育出版社：7.

其重点只有两个：要么醉乡要么死地。在一个过分关注物质上的占有，而忽略精神超越的所有移民群体中，荷西如果不走最后一步……”。该文还表达了作者对于避免人类精神世界雷区的思考：“死亡是瞬间的事，是他缺乏灵性精神生活的一生中，最奇妙最突兀的‘神来之笔’。”①所以，《死亡假面——我的顶头上司为什么自杀？》不是一篇小说——小说里作者不能有如此直白的议论、心理动机的分析和人生及心性的哲理阐发，也不是小说技法写成的散文，而是一篇以追问和思考为主的表达思想的具有思辨震撼力的颇类报告文学体的散文。而在《听雨密西西比》这类散文里，散文叙事、议论与介绍文字交织使用，交代底细，却也表达思想，并以思辨与推理性为其主要特征。散文以直接表达思想为其文体的本体特征，刘荒田这类散文，显然是由诗和小说元素转化来的具有知性美的“地道的散文”。

记事、记人的散文，是刘荒田散文中最见风采的篇章，最能看出刘荒田散文创作的这种独特创造机制来：既以思考、议论的情智内涵的增加等非小说化的方式，强化散文的“思想”本体素质，又充分把故事分割，并将其连缀、转化成耐人深思的人生哲学美文的创造魅力。像《又见“芸娘”》《华尔特的“破折号”》《死亡面具——我的顶头上司为什么自杀？》《江天俯仰独扶犁——记台山杰出诗人程坚甫》这四篇散文，就从个体的人出发，站在人类学意义上，分别从文化、族裔、社会历史、性别和个体存在价值等基础上考究人类的存在现状，就极有哲学的思辨意义。《华尔特的“破折号”》写的是自己工作酒店里的同事美国公民华尔特这个人，但叙述华尔特作为一个美国人的日常人生事件、个性及其外貌长相不是目的，作者好奇这个少数族裔人生命命运的背后，是为了探索作为一个人该怎样实现自我价值的人类性问题：“我有事没事和他开玩笑，有时也严肃地探讨关乎人生和生命的命题。我渐渐得出这样的结论：华尔特是以‘本能’生活的人。准确地说，它是对于本能不加掩饰的人。纯为满足本能而活，在婴儿时代是生命的本色；成人以后还是这般，质量没有提升，一仍原始欲望主宰，则只算低级生命。然而，及时行乐，不是许多缺乏宗教情操的人的人生信条吗？

① 刘荒田. 2008. 刘荒田美国笔记. 石家庄：河北教育出版社：127.

华尔特因为独特，因为自由，走得更远、更放纵、更加彻底罢了。”①《江天俯仰独扶犁——记台山杰出诗人程坚甫》一文，写自己的台山诗歌前辈程坚甫，但散文重点不在书写程坚甫的诗歌成就，也不在于写其人品形貌和个性特征上，而是表达对于一代诗人的无限感佩之情：当作者和陈中美、慧群等台山诗友到坟前祭奠后，不尽发出无限感慨：“我没来由地想起程坚甫八十四岁生日的感赋词：‘游戏红尘，放浪形骸八十四年。叹南辕北辙，聪明自误；何可及也，岁不吾延。湖海归来，山林老卧，回首前情渺若烟。拼投笔，向秋风打稻，春雨犁田……’又念起他俯瞰古今的名句：‘江天俯仰独扶黎’。不晓得是悲凉还是欣慰，泪水叭地滴在草上。”无独有偶，该散文重点还在感叹社会及其人性的悲凉：“程坚甫身瘦力薄，一看就是手无缚鸡之力的书生，谋生能力有限，几十年下来，幸免于变成饿殍，主要靠矮小而坚韧的太太。她在七十岁以后，仍旧长年当保姆，一中校长的两个女儿就是她一把屎一把尿地养大的。叫人听来发长叹的是，老太太临终那几年，患白内障严重，视力近于零，摸索着走路，却拦了一个匪夷所思的差事——在医院当陪护。这是何等沉痛的社会悲剧。”②一个天分极高，诗艺精湛的穷诗人，一个时代给了他些什么呢？《又见“芸娘”》也是作者对一个在最为现代的美国文明中的近乎“二奶”的女性性奴般的人生的深重感叹：“我在唐人街拐角处，呆呆地站着，贝蒂和雷蒙的身影早已消失。市声一如既往地喧嚣着。一对风烛残年的夫妇，漫长的婚姻，风雨如晦却终于熬到波澜不惊。爱和恨的交织，情和妒的起伏，床笫上云雨的颠覆，女人之间的争夺和退让，女人和男人的战争和和解，婚姻的句号，就是郊外‘宁阳墓园’里的墓碑。……一切都将过去，生命奏起尾声。认命的贝蒂，当代的芸娘，在婚姻的末端，以柔弱的臂膀，搀扶着丈夫呆木而沉重的身躯，缓缓地走着。没有疑问的是，现在，丈夫完完全全地属于她了。”③这四篇散文，清晰地展现出刘荒田“地道的散文”的创造术来：对于故事意义的挖掘、增加议论化成分、将叙事片段化、以分割叙事等非小说化的方式书写散文，并以此作为散文“写作术”，创造出真正意义上的随笔式的巨

① 刘荒田. 2008. 华尔特的“破折号”. 刘荒田美国笔记. 石家庄：河北教育出版社：73.
② 刘荒田. 2008. 江天俯仰独扶犁——记台山杰出诗人程坚甫//刘荒田美国笔记. 石家庄：河北教育出版社：292.
③ 刘荒田. 2008. 又见“芸娘”//刘荒田美国笔记. 石家庄：河北教育出版社：178.

制文化大散文。

另外，从题目看，这四篇记人、记事的散文《又见“芸娘”》、《华尔特的“破折号”》、《死亡面具》和《江天俯仰独扶犁》，它们纯然是好小说题目，然而，在真正的文体本性上，它们却是“地道的散文”。尤其是后两篇《死亡面具——我的顶头上司为什么自杀？》和《江天俯仰独扶黎——记台山杰出诗人程坚甫》，副标题一加，散文文体的特性就显示了出来。这真切地反映出刘荒田文学文体创造的秘密：本来是充满黑色幽默色彩的“美国式”和“中国式”的人生悲剧故事，被刘荒田以非小说化方式处理成了富含人生哲理的随笔式、报告文学式的文化大散文了（富有反讽意味的是，美国“老金山们”是把刘荒田当做传奇小说作家看的）。这是刘荒田散文创作的真正创新所在，也为文学内部文体转换作了成功试验。

（三）刘荒田式的幽默散文

刘荒田的散文，在当今华语文学散文创作中具有鲜明的美学个性：①用笔质朴、细致、平易又充满深情；②思考深沉而充满诗性和哲思色彩；③“假洋鬼子”自谓下的机智、超然幽默溢于字里行间。其《听雨密西西比》《华尔特的“破折号”》《死亡面具——我的顶头上司为什么会自杀？》《又见“芸娘”》《梦回荒田》《下城，带骨刺的漫游》《唐人街上一支歌》等作品就充分展现了这些美学个性。

先看《江天俯仰独扶犁——记台山诗人程坚甫》里的一段文字，“洗布山，和家乡所见的其他村子一般，在外观上和无可救约的颓废并立的，是勉为其难的华丽。肮脏颓旧的老屋，和耍花架子的新屋，毫无章法地挤在一起。效法西班牙别墅的小楼，外墙壁荡漆上抢眼的朱红，残忍地淹没芭蕉树萎靡的巨叶。村前横着一道道排污水的明渠，黑得发亮。和摊檔相隔三十公尺的一处禾堂，坐满了女性，五光十色的衣服，吱吱喳喳的，活像鸟投林，似乎在玩扑克牌。侨乡人特有的闲散，大大咧咧的堆在阳光里，人的头顶隐隐冒着热气”。[①]这段文字交代了程坚甫生存的人文环境，人物生存环境的光怪陆离是由其风趣幽默的文字展现出来的。

在美国式后工业社会黑色幽默语境中品味那已经远离和“完了”的红

① 刘荒田. 2008. 江天俯仰独扶犁——记台山诗人程坚甫//刘荒田美国笔记. 石家庄：河北教育出版社：293.

色年代，在旧金山下城（Downtown）提着购物袋应和着红色“进行曲”的日常幽默人生。刘荒田散文都有不遗余力的描写。《唐人街上一支歌》就如此：在一个文化及其社会语境极其不相干的最现代的全球化都市里，唐人街的小商店，竟然流行中国“文化大革命”时代的歌曲！经历了那个时代的新移民，置身于旧金山这样一个后现代语境里，心境会是何等苍凉，然而，作者却和着其旋律，购物商场、街市，这是自嘲呢还是讽刺呢？这里的幽默，是亲切而伤痛的。作为一个移民作家，刘荒田散文里包含许多这类深层的刺痛性的宏大叙事性幽默。当然这是隐形幽默。事实上，刘荒田散文最引人注目的还是那些显性幽默，如《下城，带骨刺的漫游》等，展卷一读，你就忍俊不禁，散文的幽默味扑面而来：“初秋一个佳日，我抛弃了蜗居，到久违的旧金山下城区。此举从主动方面说，是把闹市浏览了一番；从被动方面说，是自我展览，向很久很久没看到我尊容的建筑物们和人们。我并非明星，毫不英俊性感，连‘年轻’这唯一可骄傲的资本，也早已上交给老天爷。然而，这并不妨碍我自我感觉良好一番。从前文豪萧伯纳到上海，某同胞对他说，你老真有运气，在上海看到太阳。萧翁怡然道：不，是太阳好运气，在上海晒到萧伯纳。旧金山下城的街道，幸福地印上我的意大利皮鞋的印子，虽然它才值六十元；街旁行将凋谢的梧桐树，那些低垂的阔叶幸运地抚扫我的头发，虽然为数有限。当然，不是探胜，不是访友，不是拜谒要人，宗旨极端地渺小——看病。”[①]文章如此开头后，就是两节极为幽默生动的关于骨刺小病、看风景和对于妙龄女郎腋毛的风趣书写，并由此对自身幽默风趣的人生作了调侃性书写。在该文里，散文的语言、语意和修辞性（对比、夸张）幽默构成机制，与其整体上的幽默感完美统一。这是刘荒田对于人生现实幽默回味的一篇出色幽默散文，充分展现出了其散文机智、豁达、风趣的幽默个性：

> “按常识，女性（带俄罗斯血统的白人）的腋毛和和尚的头顶一般，以秃为宜。这样大咧咧的露毛的，从来少见。唉，腋毛，连 x 级电影也不露，竟然霸占了我的视野。瞟了一眼镇定自若的司机，他专注于路面，没工夫顾及车厢。别的乘客也没付出额外

① 刘荒田. 2008. 下城，带骨刺的漫游//刘荒田美国笔记. 石家庄：河北教育出版社：94.

的注意力。小姐的腋毛，主要的，是亮给我一个人的。

腋毛性感吗？也许。可是和文明离得太远了。我的嘴角抿着一丝讥笑，暗暗揣度，她是哪里来的？她没说过话，无法从口音推测；但看神情，该是旧金山土生土长的，不然，不会那么舒坦，舒坦来自熟悉，这种‘地主’特有的气派，匆匆来去的游客和人地两疏的移民可装不出来。既然她不是‘不谙风俗’，那便是‘率性’。该是艺术家，如果指甲沟留着油彩，便是画家，很可能是毕加索的私淑；如果衣服上的皱褶再多一点，该是就困书斋的作家。不过，不露腋毛是‘人情世故’，而不是法律，忤逆一下，谁来下罚单呢？至多是给风景加入一点野性的刺目。然而，我的走姿不也刺目吗？”①

“然而，我的走姿不也刺目吗？”这是自嘲式幽默，是只有刘荒田这类“假洋鬼子”才能够书写出的幽默。仔细分析，刘荒田散文的这类幽默，不是缺乏责任感的恶趣，不是林语堂基于闲适生命哲学基点上的幽默，也非老舍基于国民性改造基点上的京味幽默，更不是为了取悦读者和市场而权宜之计的肤浅游戏幽默，而是他基于“假洋鬼子”的文化坐标之上以人类文化大视野，机智面对生命、历史、时间和全球空间，模仿美式幽默，从日常生活中升华出来的智慧型幽默。带着点夸大，带着点自嘲，带着点机智，又带着点宽容，使人能够会心、欣然的接受。事实上，刘荒田“假洋鬼子”的生命言说魅力，部分原因就因这种“萧伯纳式”的英美式“假洋鬼子”的幽默而来。具体说来，在审美个性追求上，刘荒田散文站在“草根”视角，平视日常生活，而且多从日记和日常琐事记载转化而来，没有了有文化有学问的余秋雨、简媜式散文的刻意学究式、修辞化和复杂化，而有了大众日常的推理与感知，庸常、琐碎，但在情在理，因而平实、细微，通俗、质朴而耐读、易读。

当然，刘荒田有些幽默属于黑色幽默，但正是这些幽默，可以成为刘荒田式的。“我家铺子斜对面，是管理华侨事务的公社侨联会，负责人厂工作的叫阿介，秃头的中年人，一说话唾沫就聚集在两个唇角，白花花的，

① 刘荒田. 2008. 下城，带骨刺的漫游//刘荒田美国笔记. 石家庄：河北教育出版社：99.

颇能为口头允诺增加气势。刘友来找阿介，换上簇新的薯良布唐装，折痕永远新鲜，人仿佛成了一口被折痕捆着的箱子。因为路顺，加上刘友想来佩服我祖母遇事明断，稍稍收起还嫩着的富人架子，上我家又勤起来”。[①]这里，把公社侨联负责人和刘友这类乡下势利眼的脏与贫贱的嘴脸作了贴切的讽刺，又从人性的角度给予了深切的怜悯。“乡村的势利眼是世世代代贫贱的累积”。这类黑色幽默，是刘荒田幽默的主体部分。它们来自日常细节，又遍布刘荒田的散文。其美来自于刘荒田高明的勾勒：“唾沫就聚集在两个唇角，白花花的，颇能为口头允诺增加气势”，“稍稍收起还嫩着的富人架子，上我家又勤起来”。这黑色幽默是刘荒田散文美学的基本底色。

换句话说，刘荒田式的幽默，是刘荒田散文在审美内质意义上的另一重要文体特征（“《读者》式”小品和随笔式文化大散文，则是从外在类型意义上而言的）。不管我们阅读刘荒田哪种类型的散文，这一特征都如影随形，十分醒目。因为，从文本构成角度来说，刘荒田散文的幽默，源自于其取材的故乡和美国人的日常生活细节，如美国人过情人节时的庄严，美国人永远挂在嘴边的几成口头禅的“感谢”（thanks）这类日常琐事，在一个华人那里的实践行为，由于文化与生活方式的差异，就有了多重情味，刘荒田散文就在对这种情味本身的详细描摹中有了幽默风味：庄严的情人节，在妻子那里成了“今年显个屁，情人节是星期六，没人上班”的热闹调侃；“感谢”这个具有实体意义及其具体对象的词，在东西方人嘴里，成了对于自然（谢天、上帝）、社会、生活及其生命认同的宽容人生态度、绅士态度。幽默使其散文的审美魅力骤增。像其散文《爱情的标价》和《感谢的必要》，就是如此。在这两篇散文中，刘荒田的幽默在爱情的附件、爱情的有价和无价的辨析中，在感谢的社会心理和人生的困境思索中汩汩而出。这里，荒谬与尴尬并存，机智、风趣、游戏和赏玩俱在，五味杂陈而又情味意长，读之令人感怀、深思。所以，从学理上讲，幽默能够成为刘荒田散文重要审美特征的依据则在于，幽默、机智、风趣、荒诞和自嘲等，都是喜剧性审美品格的主要表现方式。刘荒田散文的喜剧性审美品格，皆

① 刘荒田. 2015. 贵叔・他的和我的家族//刘荒田散文精选. 南昌：百花洲文艺出版社：256.

因行文中这份基于文明、文化基因的机智、幽默、反讽和荒诞等元素而来，其魅力也因这份幽默而来。换句话说，刘荒田创造了“刘荒田式幽默散文”，刘荒田式的幽默，给现代散文文体注入了审美活力。因此，从阅读审美结果而言，刘荒田就是以刘荒田式的幽默散文文体的创造，使其散文成为了全球化时代最受欢迎的文学文体的。

（四）刘荒田散文文体探索的启示价值

前述论述已经雄辩地证明，刘荒田确乎是现代散文的一个文体创造家。他对《读者》式小品散文艺术的提升，对现代散文的上述文体革新与审美创造，和他的平易、幽默美学个性的刘荒田式幽默散文文体的创造，对现代全球化与信息社会里文学文体向散文偏重是有重要的实验价值与启迪意义的。这至少体现在下属三个方面。

首先，从现代汉语文学文体演变的轨迹和创造来看，刘荒田对于现代散文创作的这种探索、革新与创造，改变着近年来惯常的文学以叙事为主体的观念更新：他的 2500 多篇“《读者》式”小品散文创作，他的无数把好看的故事转化成耐人深思的人生哲学美文的随笔式大散文的创作实践，使他成了当代散文文体与艺术探索的一代大家，尤其是，他把通常的新闻消息、时政论说、小说题材处理成了散文文体，书写出了《听雨密西西比》《死亡面具——我的顶头上司为什么会自杀？》等全新范式的文化巨型散文，在贾平凹和余秋雨文化大散文和简媜唯美色彩大散文之外创造出了一种最具大众品格的人类文化巨型大散文，使散文承载了比叙事文本更为丰富的思想容量。这改变了新移民叙事已有的文体格局，把新移民文学从小说叙事为主引向散文言说的宏阔天地，让人们在散文这片天地里看到了新移民最为琐屑的日常生活，揭示了新移民在新大陆——旧金山为主的美国奋斗生活的最为真切的内心精神的真实面貌。因为由《刘荒田美国小品》《刘荒田美国笔记》这两部散文集展示出来的新移民生活面貌，比之新移民文学（华文文学里最凸显的部分）代表作家严歌苓、张翎、沙石、吕红等小说作家创作里的东西要丰富得多。

其次，刘荒田是一个诗人，他有移民美国 30 余年的人生历练，非常了解这个移民国各色人种的万千人生故事，他本该沿着抒情和叙事的路走下来，讲他的“中国故事”，讲他的“美国故事”，成就他的文学创作事业，然而，他进行了重新选择：他把全球化时代的“中国故事”和“美国故事”事转化成了“地道的散文”。这种选择倾向反映出刘荒田对于散文艺术本身执著的探索兴趣，也反映出他对于这个世界、这个时代，对于文学体式阅读要求的了解。因为他显然明白，在现代这个唯物和快节奏的世界上，人们无力、无心去阅读冗长的叙事故事，在一个关注自我和自由的国度里，在一个经济、实用为特征的资本主义国度里，别人的故事，无人去问津；情感被理性克制，人们也没有闲暇去抒情和文字推敲。这不是一个叙事和抒情的时代，而是一个信息和议论化的理性时代。理性时代，人们需要的主要文本是散文。这又是一个多元化的时代，地域性的全球性立场、全球性视野，不同文化坐标体系的差异，使得人们多了基于自身理解的观点与议论，刘荒田认清了这种时代转向，于是，他从一个诗人、小说家变成了一个散文家。事实上，当刘荒田把诗与小说叙事的因素转化成散文元素的时候，他便成就了散文，有效地推动了现代散文文体艺术的发展，对于现代文学文体实践给予了重要的引领与示范。其“《读者》式”小品散文的大量创作，非小说化“地道的散文”的创建和刘荒田式幽默审美品格的形成，都是其实践的确凿注脚与证明。

进一步说，一种文体的兴盛与一个时代的社会特性紧密联系。由于北美美国和加拿大为代表的西方现代社会的本性使然，其文化明显具有消费快餐式的个性。诞生于此的文学文体，也必须适应这种变化：长文体被短文体取代，大文章被小文章取代，散文取代诗歌与小说。事实上，取代过去的小说文体的是散文，散文现在似乎成为新移民文学中最受欢迎的文体了。在这样的文化语境里，完成这个转化的，或者说，显示了这种文学倾向的重要代表，就是当代最有创造力的华语杰出散文作家刘荒田。刘荒田平易、幽默，超越中西文化坐标之上的富含深刻生命心性哲思的散文，不管是《读者》式的充满多元文化旨趣与人类学内蕴的小品散文，还是把传奇叙事转化成符合时代审美趣味的随笔式大众文化品格的文化大散文，无疑都是这个时代人民大众的最爱的，最美散文。从散文学及其创作论角度来说，刘荒田的这种探索和实验，显然具有开拓“荒田”的意义，他不仅拓展了现代散文重“思”本体的理论理念，而且开拓了从散文技术层面和形式美学革新散文的新思路，为散文艺术发展提供了丰富的启示。

最后，刘荒田文体探索创新的主要价值之一，也许还在于改变了以往学文体的偏重成见及社会心理的固化模式，从而推进文学审美观念的更新和创作的繁荣。因为从刘荒田散文及一大批海外散文作家创作质量和成就我们看到，海外华文散文的成就并不在小说与诗歌创作之下；刘荒田在诗、小说和散文创作的不断转向的成功实践证明，散文创作也可以成就一代文学家。这给世界文坛的启发是，诺贝尔文学奖、茅盾文学奖忽略散文文体，显然是一个重大的文学误导。这甚至使我们怀疑他们做法本身的合理性和适当性。因为它们影响的巨大性而使不少文学家放弃散文创作而去从事小说的创作了。这是一个令人惊异和极度不利于文学生态的存在现实。这给文学文体生态及其格局，尤其是散文创作带来的不利影响，更是显而易见。从这个意义上来说，刘荒田及其散文创作作为一个成功个案，就强有力地改变着这些文学的固化观念，也深刻地影响着社会阅读者的审美心理，而这必将也会给中国现当代散文创作发展带来深刻的影响。

四、摄影叙事："旧金山风情"的别样表述

《刘荒田美国小品》和《刘荒田美国笔记》里有以旧金山为主的大量美国风情摄影。《刘荒田美国小品》里植入了 93 张摄影图，《刘荒田美国笔记》里植入了 41 张摄影图片。这些摄影图以图片叙事方式，展示了美国和旧金山的风情文化，极有创新性。它应该是作者和出版业家的精心合谋。它们是刘荒田散文的副文本[①]，与文本共同展现了美国旧金山风情。换句话说，摄影是《刘荒田美国小品》和《刘荒田美国笔记》的美国叙事的重要组成部分，它和这两本散文集的 219 篇散文，共同完成了对美国文化及其精神的艺术描述。

刘荒田美国小品的主要副文本是摄影图片，有《归家》《旧金山湾之夜》《日落金门桥》《弗吉尼亚州西南部的玉米田》《举世闻名的黄石公园》《公园里的音乐迷》等 134 幅。刘荒田散文集里中的这 134 副摄影图片，可以看作刘荒田散文的副文本。这些视觉化、图像化的副文本相当直观地再现、

① 关于副文本概念，可参见金宏宇和热奈特等人的相关论述。（金宏宇. 2012. 中国现代文学的副文本. 中国社会科学，（5）：25.）

丰富和补充了散文文本的基本内涵。

刘荒田“美国小品”的第二类副文本是其“内容介绍”。《刘荒田美国笔记》内容介绍是：“刘荒田是美国华文文坛公认的散文名家，他在旧金山生活了二十七年，十多年来仅在国内出版散文集十五种，作品屡屡收入国内的散文年编和多种选本，甚至进入畅销书榜。本书是从他的全部著作中筛选出来的精华。它的基本特色在于对美国生活的深层观照。作者在主流社会讨生活，以中英文两条腿走路，所谓文化差异东西方观念碰撞，移民间的同化异化等话题，于他而言，既不是观光客的走马观花，也不是新移民的单向乡愁，而是厚实的生命体验和深沉的人生思考。漫长的岁月经历与情怀，出于幽默和诚恳的笔触，使读者触摸到一颗久经西洋风雨的中国心，明白中西文化如何冲撞，华洋心理怎样融合，更能全范围的了解美国社会，透彻地理解美国人。”

《刘荒田美国小品》内容介绍是：“刘荒田，美籍华人，他为海内外报纸写专栏十五年，成文两千篇。他的艺术笔触所伸进的地方几乎无所不包，无所不及，遍及美国社会和人生的方方面面。他的小品文精致、优雅，活泼灵动。他有诗人的眼光，艺术家的情怀，能够敏锐地通过平凡生活的事象，洞见生活中的某些本质，于细微处见精神。他的小品文，有文体的追求，又不受文体的桎梏，随物赋形，使其文体形态丰富多彩。本书是从两千篇专栏小品中筛选出来的，收入小品文约一百七十篇，分两辑。第一辑，侧重于感悟，第二辑，着重于说理。特色在于凭美国生活近三十年的人生经验，以融汇中西的视角，华洋通融的情思，将有限篇幅经营成深情感悟和明达智慧的个性世界。”

通览《刘荒田美国小品》和《刘荒田美国笔记》，我们会发现其 134 副摄影副文本、两个“内容介绍”副文本和两部散文集的 219 篇散文相得益彰，共同描述了美国与旧金山风情，完成了“假洋鬼子”的生命言说。这是这个图像化时代的产物，却也是近来世界华文文学最常见的文学现象。其中，《刘荒田美国小品》和《刘荒田美国笔记》极有代表性。

第六节　美华诗歌与汉诗拓展
——美华诗歌的多样探索与一平长诗的诗学价值

诗人是人类的弃子、流浪儿、最无用的人。人类在如此现实的生存竞争中，是无暇顾及诗的。只有诗人找到了它，从中看到了与他共同的命运。诗人即是人类的幻想。人类于疲倦时也关照一下它，以此消除疲劳，得到暂时的解脱。像男人的烟斗。而这在人类全部生活中是微不足道的一点，然而却是人类仅有的一点。这就是诗人的全部的价值。人们对于诗人的赞赏，是用茶后的语言，而诗人实现那一点，却用全部的生命。他也只能以此生存，因为他是一无所能的弃儿。

——一平《身后的田野》

在海外汉语诗歌创作史上，中国台湾香港诗歌、东南亚华文诗歌和美华诗歌是比较重要而引人注目的三个部分。但相对于前两者，后者——美华诗歌却并没有引起学界关注。事实是，像纪弦、非马、王性初、刘荒田、李兆阳、程宝林、彭邦祯、杜国清、严力、秦松、一平、周正光、陈中美、陈济潮等在 20 世纪新移民文学的潮流下创作的诗人，创作出了继前两个地区之外的汉语诗歌的最有分量的诗，成为了海外汉语诗歌的另一带亮丽风景。这批诗人既把“汉语诗歌古典形式”融入新诗创作，创作了大量的汉语自由体诗，[①]又因袭旧体诗词诗体，创作了反映现代生活和揭示人性的大量旧体诗词，并革新旧体诗，创作“新律诗”，推进了海外汉语诗歌的发展。这从《美华文学》杂志上登载的诗歌就可以看出来。

我们知道，诗歌创作是《美华文学》杂志的固定栏目之一。与该杂志的小说、散文创作比较，虽然诗歌的篇幅相对少些，但其诗歌创作方面的探索和实验却最多。这主要体现在以陈中美为代表的旧体诗探索实验和王性初、李兆阳及一平等的自由体新诗创作两个方面：①陈中美的旧体诗创作及其新律诗创作，反映一代华人文学永恒的故国之思和华人在美后的生

① 邹建军. 2002. 美华诗歌与汉语古典诗歌形式. 美华文学，(7-8)：67.

活情致，为汉语文学在异域发展提供了崭新启示；②王性初清新雅致的性情诗、反映美国大都会生活的现代诗及游遍天涯的摄影诗，也为汉诗的存在形态拓展了新路；而一平长诗《奥斯维辛、春天和复活节》，则从人类历史灾难事件的反思出发，站在文明、人性和宗教的高度思考20世纪的全球性人类命题，整体上提升了现代汉诗创作的思想水准和思想境界，为汉语诗歌创作树立了新的界碑，从而拓展了汉语诗歌的新空间。“用整个家族的基因/写一首黑白相间的散文诗/印在地球的一端/有了迁徙有了滞留/有了亲情有了天敌/命运的家园是浪迹一生”，“只有倒影作伴/那孤独便是心灵的孤独/唯有冰山作陪/那静寂才是无垠的静寂/宁愿孤独/享受生命之轻/谛听静寂/尘世随之而损”。[①]对于《美华文学》上的诗歌，如果我们能够将其精心收编起来，与前面的两个海外汉诗群体现象比看，它当是当下最有新质的诗歌现象。因为通常我们谈到海外华人诗歌创作，最可称道的大概是东南亚诸国如菲律宾（云鹤）、新加坡和马来西亚（吴岸、田思、百卉、黄远雄和陈大为等）诗人的创作，其他地域华人诗歌似乎难见起色。其实，《美华文学》杂志的诗歌创作却使我们看到了另一种情致。《美华文学》杂志上活跃的这一批诗人的诗歌创作是在东南亚华人诗歌之外最能显示当今海外汉语诗歌创作真实水准和基本面貌的诗作。我们以其为蓝本来观察美华诗歌的创新之处。

一、《美华文学》的诗体探索与实验

与东南亚各地的华文旧体诗创作不一样，美国华文旧体诗创作的人数较少，数量也没有东南亚旧体诗词多，而且，东南亚华人的创作背景及创作主体与中国文化有联系密切，而美国华文旧体诗创作是在西方文化背景下的东方文化拓展，具有独特的文化特质，因而它们便有了特别的价值和意义。其中，陈中美、周正光和老马是代表。

陈中美是北美古体诗词创作最优秀的诗人。从《美华文化人报》到《美华文学》，陈中美的古体诗创作最引人注目。他也是北美华人作家中乡愁主题创作最优秀的诗人。刘荒田在其散文《江天俯仰独扶犁——记台江诗人

① 一平. 2003. 奥斯维辛、春天和复活节. 美华文学，（49）：59.

程坚甫》中曾经多方面阐释过程坚甫的古体诗创作成就。陈中美的旧体诗歌创作，艺术上可敌程坚甫。刘荒田认为，程坚甫古体诗创作达到了以下三种境界：①顿挫；②求新求变；③粗粝自甘、俯仰不愧的风骨。陈中美的诗歌创作，与其完全可以媲美。而且，就诗艺本身来讲，古典诗歌的那些精深的音律、对仗、赋比兴、反复、拗体等艺术技巧，以及温柔敦厚、形神兼备的艺术精神和思想，陈中美非常熟稔。陈中美的那些回乡之作多为律诗，艺术上充分借鉴古典诗歌艺术形式的多样技法，就达上乘水准。例如，七言古诗《旧历新年赋》就充分利用七言古诗形式表达了他隐秘的赴美身世之感和作为一代华人赴美后晚年的欣然快乐之情。“新历新年廿二日，旧历新年方到来。桃叶落尽枝未蕾，橘林成果花再开。节物催人生新意，写首新诗抒老怀。老人身是金山客，生自洋西旧中国。壮心也想旧翻新，挺身参军曾杀贼。不料功成身受屈，历尽艰危红变黑！五十六岁晚出洋，为儿为女老再忙。洗净万人污碗盘，写出千篇好文章。廿年早就新家业，文功远比武功强。儿女分居不时聚，儿家女嫁随意往。还有故乡的故居，廿年未回还要去。既是东西两栖人，也享中国美国誉。金婚庆了庆钻婚，八十岁时抱曾孙。今当新年最新日，儿女三家四代喜临门。笑指门前再花橘，断言更大和更繁！”[①]陈中美旧体诗关涉文化的两端：有对于故乡的眷顾，也有对于异乡——美国生活的满意和欣赏。在海外，用汉语古体诗创作，包含着他对于中国传统文化的坚守，和对于自身身份的确认。像他的 2000 年回乡之作 8 首，把一个华人旅游回国的观感及复杂的世界性情怀表达的非常自然得体。

陈中美不仅创作了大量古体诗，登载在《美华文学》杂志上，还创作了大量新格律诗，对于古体诗创作形式进行了探索。《美华文学》杂志登载的这些诗，就具有相当的探索性质，为古体诗形式探索做了新的示范，如其三首新律诗《中秋节忆旧抒情》、《芳草书地诗》和《陪妻扫母墓》就是代表。“见到园时忆缺时，牛栏生活剩余悲？人如牛负重，两度中秋期。伤心辞故土，奋笔写新诗；新诗虽好自娱乐，不似济民壮士为！”“百紫千红万点黄，余家夏日满芳园。果甜妻色喜，蝶舞花香扬。欣尝欣赏生新意，

① 一平. 1998. 旧历新年赋//身后的田野. 北京：作家出版社：70.

书地为诗味更长！”“白发婆婆心未老，母爱犹存；一年一度归来日，扫墓招魂。已知魂魄随风散，唯剩骨灰；依然礼拜敬如在，无限悲哀！”陈中美用这种长短句旧体诗表达现代人的情感生活，自然随意，恰到好处。他将这种诗称为新律诗，为用古体诗传达现代思想感情探索了新路。陈中美旧体诗抒写的是一代华人移居美国后的感想和生活生命体验，表达的是一个移民在故乡和异乡丰富复杂的思绪，与他的国内同乡程坚甫的坎坷命运迥然不同。在海外汉语书写的作家中，陈中美的古体诗创作之所以重要，是因为其具有非常典型的文学史价值和文体学意义：他的创作以高质量的诗学水准显示了用旧体诗这种艺术形式表达现代人思想感情的有效性。

周正光现代自由体和古体诗创作兼胜。他的古体诗创作早有盛名，被称为“羊城才子”“周七绝”。周正光在美国华文文坛也诗名远扬。《美华文学》不仅登载了他的不少现代诗，也刊登了他为数不少的古体诗。其古体诗创作成就不亚于陈中美。其代表作品当推《昔游杂诗》，该诗也为七言古体长诗，它极为充分地表达了作者作为一代华人移民的行游天下的生命情怀，是现代古体诗创作中的上乘之作。

当然，《美华文学》登载了不少华人古体诗歌，除陈中美、周正光外，其他一些诗人的古体诗创作质量上乘的也有不少。值得一提的是《美华文学》51 期刊登的老马的《诗十五首》。这是一首在异域相逢的情人缠绵悱恻的追怀诗，是现代版的《长恨歌》。十五首七绝律诗贯通一气，充分地表达了一对情人隔洋相望、相会、相离抱憾终生的生死爱情，极有情致。这十五首七绝诗表达同一主题——爱情，前后贯通呼应，整体和谐。这样的诗体组合，在中国这个诗国的黄金时代也很难见到，现代华人作家创作了出来，堪称绝笔。“天缘错失盛年时，负了百年重托意。异域相逢鬓发落，终生抱憾断肠诗。”老马的七绝律诗表达现代情感，显然也极为到位。老马以外，《美华文学》杂志上经常露面创作古体诗的还有黄一权、陈济潮、黄秋伙、沈已尧等。他们也创作了大量古体诗，共同呈现出美华古体诗创作的繁荣景观。

在新诗的形式及其艺术探索方面，纪弦、非马、王性初、李兆阳、刘荒田、郑建青、程宝林等的探索，最可称道。在这一领域，最值得探讨的美华诗人是非马。这位真正意义上的“短诗大家”是《美华文学》诗歌探索的领袖人物。2001 年，中国作家协会专门为其诗集《非马的诗》召开研讨会，集中探讨了他的诗歌创作成就。《美华文学》第 27 期登载了这位“短体诗”大家的 18 首短诗，从此我们可以领略这位诗人的独特艺术追求。这其中的《喷嚏》《外星人》《踏水车》《中东风云》《超级杯》《路易斯湖》《午夜街头无事》《投票》《吉普赛之歌》《1995 年尾》，都是典型的“非马式”短诗。这些短诗有独特的结构方式和语言方式。它们是非马独特的审美创造，其特点是一句话可以根据诗意以跨行的方式处理成多行诗句，甚至一节，遵循的原则是跨行停顿以突显意义和意象为要旨。因此，在此前提下，一字可以成行，甚至成节，一句话可以构成一首诗，一首诗最多也就两三句话，只要把意义瞬间或意象凝定成警策的光点即可，如《喷嚏》一诗，第四节是一句话，却跨行组成了 10 行。其中，一个字，两个字可以成为一行，多个字何以成为一行，像“一个超了大半辈子现实的诗人”可以成为一行，而“诗人”两字可以一行，“句子”中“句”一行，“子”一行，并且与“自己写过的意象”并列。《千山万水》的第一节“千山万水/路/却只有前面一条”，也是如此，一句话是一节，“路”一个字就是一行。《爱的故事》一首诗共三节，其实只有三句话，一句话一节，一节三行，三节结构对称：“孤岛上/乌龟在同岩石/做爱//头上/白发在同时间/做爱//纸上/笔尖在同空白/做爱”，这首诗也是这种排列法，通过这样处理，非马使他的短诗具有了建筑美。因此，如果我们把非马诗歌的这种结构方式与一些评论家对它的概括联系起来看，那么，我们会发现非马短诗的美学特征便有四个：①结构短小；②形式随性；③语言警策；④意象突出。

非马短诗的代表作是关于鸟笼的一组诗。美华诗人刘荒田、郑建青、程宝林等都特别称道，都有仿体之作。非马原诗是“打开/鸟笼/的/门/让鸟飞//走//把自由/还给/鸟/笼”，郑建青戏作原文是“请千万/千万/不要/打开/鸟笼//重返/天空/我会/成为/一个/靶子/被无数/猎枪/瞄准/射击”。这两首诗诗意不一样，一在抒发哲理，一在书写生态环境保护，但诗体一样。刘荒田对此特别称道：“旅居芝加哥的诗人非马先生，堪称短诗大家，他贡献给华文诗坛的诸多诗篇中，有一个鸟笼系列。去年在密西西比州一所大学教授现代文学的名诗人郑建青先生，也写了鸟笼。这两位学者型的中国作家，在美利坚合众国，进行了一场何等精彩的诗歌接力！连句式，两人也相似，短小到了极致，意象的尖锐，诗意的警策，也达到或几乎达到极致。”①非马的这种短诗，是现代诗歌中一种非常独特的形式，它与“五四”时期流行的“小诗”诗体已经不一样，有了自身的独特审美特色。因为“五四”时期冰心的小诗，语言也很朴实，自然结构也很短小，但与非马诗歌的短诗在审美上却有很大差距。非马的诗独特的结构方式、语言方式，是诗人精心策划的，通过这种策划扩大了诗歌语言的审美张力。非马诗歌的意象是具有刺激性的，是现代世界无奇不有的复杂意象，绝非冰心视野里的意象，也不是周作人、湖畔诗人笔下的意象。冰心、周作人小诗受日本俳句、印度诗人泰戈尔短诗影响，非马短诗，是非马这些现代诗人自觉审美追求的结果。

非马以外，王性初、刘荒田这两位“旧金山作家群”的核心作家，对于诗体探索也有极大热情。他们的探索，是在明确的诗学理论指导下的探索，因而也更值得挖掘。王性初是《美华文学》的标志性诗人。从《美华文化人报》到《美华文学》杂志时期，他的诗的水准最能代表该杂志的水准。他既有 20 世纪朦胧诗的诗风，又有节奏明快的小诗、短诗。就后者而言，诗人郭风有准确的评价：“王性初在诗歌创作实践中，有这样的一些追求，这便是诗的民族的音乐性，尽力运用我国语言所特有的一种铿锵美和节奏感，使自己的作品能够将自己的情感流动发出美丽的音响。这是其一。其次，他在追求诗的意象，他尽力使自己的意绪作为一个一个新奇的形象出现在诗篇中，这种表现手法同时吸收了我国古典诗歌以及西方现代派的经验。最后，也是最主要的一点，他的诗力图表现自己的内心生活和自己对于外部世界的感觉和发现”。②郭风精准地发现了王性初诗“将自己的情感流动发出美丽的音响”“使自己的意绪作为一个一个新奇的形象”“诗力图表现自己的内心生活和自己对于外部世界的感觉和发现”的美学特征。正是这些特征，足可以使王性初成为当代华语诗人的第一人。王性初的小诗，集中在他的两部精致的诗集《知秋一叶》和《心的版图》里。其中，《心的版图》这本诗集，最充分地反映了王性初的诗歌美学。诗集里的 156 首诗，都是配图诗，是诗与美术、摄影的纯美结晶。例如，《邻家的丁香花》

① 刘荒田. 2000. 鸟与鸟笼. 美华文学，(32)：62.

② 王性初. 2012. 知秋一叶. 北京：大世界出版公司：66.

一诗，诗纯粹、短小，插两幅画（其实有七幅画，四组红绿组合的心图和三组高楼巨厦合成两类），与艳丽的血红深绿之“心”和灰黄格调的高楼巨厦之“心”绝美相配，又以现代化的高楼巨厦上的“SLOW”暗示象征诗意，诗画配合相得益彰，从而造就出了艺术史上的崭新品种——配画诗。试看原诗:“近在咫尺伸手可及/那一串串紫色的兴奋/正在肆无忌惮的发情//春风吹醒了沉睡的利比多/含汁的胴体一览无余/一嘟噜一嘟噜缀满窗前的美景/直叫人垂坦欲滴的咆哮//晃来晃去皆是姹紫的身段/婀娜着聘婷着含羞着挑逗着/这阳春的时辰谁能熬得住/让心都被这摄魂的色彩紫了去/不必再装模作样了吧/忍不住用手掐下意志诱惑/报复了一回被勾引的快乐。”此诗以丁香花喻人，书写人生机勃勃的生命力，但看高楼巨厦上现代快节奏的都市人却又在追求“慢”生活的超脱，二者配对，直叫人思索现代世界的可爱与悖论。王性初这类配画诗很多，也为读者所认可，尤其是他的摄影诗，是这种配画诗的延续，也是最为读者喜爱的诗体。

刘荒田是现代华语散文第一人，但他却有五部诗集出版。它们是《北美洲的天空》（1988）、《异国的粽子》（1993）、《唐人街的地理》（1994）、《旧金山抒情》（1994）和《刘荒田诗存》（2014）。其诗风格几近现代派的卞之琳、纪弦等人，机智风趣，自成一格。他对于新诗体式的实验也很精心。他的新诗“赠谢诗”和“配画诗”如《水与波浪——遥寄郑玲姐姐》《赠密西西比周正光》《为王诗渔国画〈春江水暖鸭先知〉配诗》等，都是现代新诗诗体实验的上乘之作。这些诗里，《赠密西西比周正光》是所谓“隐题诗”，他们很确切地传达了诗意。刘荒田《刘荒田诗存》里有七首这类隐题诗。《为王诗渔国画〈春江水暖鸭先知〉配诗》是现代配画诗。刘荒田写来也舒展自如。该诗颇有启发性：“殆无疑问，鸭/是春江的第一知己了/尽管子非鸭/安知鸭子之乐/或不乐/（不过，独钓寒江雪的/并非此辈）//在人心的江水里/谁以鸭脯般/鲜活而活脱的思想/游泳？”

就诗体探索方面，《美华文学》还有意做过长诗创作实验。《美华文学》登载长诗不少。刘荒田、以草等人专门作过评析。其中最有文学史意义和价值的大概是老南《梅菊姐》（此诗为当代最长的汉语叙事诗之一）这首长篇叙事诗和一平的长篇抒情诗《奥斯维辛、春天和复活节》，它们是现代汉诗诗体探索的优秀成果。

二、全球性主题及美华诗歌

从思想倾向而言，美华华文诗歌的创作主题和题材选择也是很有特点的。移民题材、情爱题材、人性题材、现代性题材、故国家园题材和全球化议题，都是最常见题材。与其小说、散文文体比较，美华诗歌最常见题材是故国家园、人类与人性和全球化议题。

北美华人旧体诗创作的基本主题之一是故国家园主题。明迪认为，这是华人诗歌创作明智的选择。“从平凡的现实生活中找到美感和诗意，并高度提炼、精心构思，用精美的文字创造一种意境、表达一种哲思，这就是海外乡愁诗人所探索的诗路。海外华文作者从边缘文化走向主流文化又回归到边缘并甘心情愿地固守‘边缘’，物质生活上虽然早已‘落地生根’，精神上继续漂泊，不断寻求新的立点、栖居地乃至永恒的心灵家园。这种边缘文化已经越来越主流”。[①]如前所述，周正光、陈中美是美华诗歌诗人里古体诗创作最优秀的代表，也是故园家国主题的主要书写者。周正光《昔游杂诗》就把华人作家的故国情怀和行游世界的生命情怀传达的淋漓尽致：“生年几度越重洋，/万里航程对一窗。/足下苍山云外水，/可知何处是家乡？”远渡重洋，心念祖国，是一批华文作家创作的一个基本主题。周正光如此，陈中美等同样如此。前述陈中美的那一系列旧体诗创作，无不表达这个主题。更有甚者，对一些华文作家来说，随着他们周游世界行踪的扩大和认识的提升，还把这种家园意识上升到一种深刻的个人生命状态和人类行为取向上。郑玲《家在路上》的主题就是如此：“家就在你背上/却叹息何处是家/无家的感觉随身纠缠/许是对生存的恐惧/许是狂放的梦想使然//在那听见你第一声啼哭的瓦屋里/你度过了香泽的童年/为什么要离开/因为青春要背叛/雪莱把名字写在水上/劳伦斯把名字写在虹上/你真正的姓名谁也不知道/只有让远方来呼唤//从异乡漂泊到异乡/无家的惆怅如影迷荡/也曾遇到过没有风浪的海湾/成为你与自己的战争/签订合约的地方/但你不是广场上的石像/不能老以同样的姿态呆着/于是又上路了/上帝造路是为了让人奔波//路的形象是乌云中的闪电/独立而自由/从它的闪光中/你看见先辈们总是在走　在走/从黄河徒步到南海岸的/是深圳人的祖先/点燃当年美国

① 明迪. 2004. 壮年听雨客舟中——记海外乡愁诗人刘荒田、王性初、周正光、梁以平. 美华文学，(55)：73.

西部火种的/是马背上的异乡寻梦者/还有那死于一个时代/不死于一个时代的苏格拉底/早就说宇宙是他灵魂的故乡//尘寰不会路断/我们的家/也在路上。”家园感如果变成了一种生命感，一种本能性的追求，那么，所谓的乡愁便成了所谓的无病呻吟。所以，所有华文作家几乎都在以自己的生命存在状态阐释着他们的家园理念。关于这一主题，如下文所言，纪弦纯粹将其阐释为一种全球化的趋向。

非马是美华文学中一个真正关注人类与人性的典型作家。他甚至就是一个典型的国际问题诗人。正如丁国成先生所言，非马“笔下大都是要紧事物，是关乎亲人、关乎祖国、关乎人类的重大题材”。[①]像他的《生与死之歌——给濒死的索玛利亚小孩》《越战纪念碑》《长大的嘴巴》《中东风云》等，就书写的是关于人类根本利益、反侵略等全球性世界性议题。《落网——为伯劳鸟请命》《芝加哥小夜曲》等，则对于人类生存环境问题给予关注。如其《外星人》《零下二十七度》，就对于人类间的种族歧视和种族不平等作了辛辣的讽刺。对于快饿死的非洲人，好多时候，人们只是漠然视之，甚至新闻上也把他们视为外星人，因为他们“额头突出/黑黝黝/皮包骨/两只大眼睛/从深陷的眼眶里/直直瞪视”。总统选举日，种族之间的民主游戏也在考量着人类的良知：“除非我们也跻身衣香鬓影的御宴/在白色光圈下载歌载舞/我们怎能理解/攀龙附凤的黑人明星的矛盾——/歌功颂德之后/如何去面对/在饥饿线上挣扎的同族//而我们将用什么来量测/在炉边烤火的良知/一面是热血沸腾的愤慨/一面是冷漠怯弱的沉默。”像《中东风云》则对于超级大国的侵略、掠夺及其本质有着极其深刻的揭露：“连黄沙/都熬不住焦渴/纷纷钻入/难民们的耳朵鼻孔与嘴巴/讨水喝//却发现都是些/被抽光了原油的/枯井//便一窝蜂/争着去簇拥/扎扎的履带//红滚滚的太阳/早提醒它们/鲜血/最能止咳。”非马视野开阔，其诗歌对于这个世界及其人类的各种命题几乎都有涉及。他的《选举与民主》《午夜街头无事》《吉普赛之歌》《在澳门看赛马》《仲夏夜之梦》等，对于人类间的屠杀、乞讨、赌博、阴谋及相互蚕食，都有书写。非马这位科学家的人文关怀，触及人类及其人性的所有领域。从这一角度说，非马，是一个真正的世界性的诗人。

---

① 丁国成. 2001. 熔铸爱憎的意象艺术——读《非马的诗》. 美华文学，（42）：73.

关于全球化主题的开拓方面，《美华文学》杂志的诗歌创作是充当了开路先锋的。纪弦是领路人。他的《新诗三首》(《新世纪的黎明》《都市之晨》《卫星而已》) 都是代表作。21 世纪来临了，世界依旧恐怖盛行，战争不断。纪弦对此作了及时的反映：“欣逢新世纪的黎明，/你教我唱些什么呢,/亲爱的？在远处//有炮声。但愿那是/人们过春节放爆竹，/敲锣打鼓，舞龙又舞狮，/而非，而非战争//欣逢新世纪的黎明，/你教我唱些什么呢，/亲爱的？在远处//有炮声。何其恐怖啊，/二千零一年，二千零二年/也很不愉快！那么，/两千零三年将会如何呢？/曰：核弹核弹满天飞/核弹核弹满天飞//欣逢新世纪的黎明，/你教我唱些什么呢，亲爱的？/难道你喜欢炮声？不的吧？/难道你喜欢战争，不的吧？//马戏团的表演十分精彩，你说。/半岛上的玫瑰即将盛开，我说。/可是，听啊，听啊，听啊！/在远处，有炮声。/在远处，有炮声。”中国人嫦娥奔月的神话，被卫星识破真相：“第一个登陆月球的阿姆斯壮，/他究竟看见了什么呢，/曰：何其荒凉啊，这世界！/连一根小草都不生。/没有水，没有空气，也没有风。/小白兔在哪儿？月桂树在哪儿？/还说什么琼楼玉宇？/全是中国人的神话，所以//。”纪弦站在宇宙世界高度对此作了审视。宇宙公民，这是全球化的产物。当诗人真正有了这种全球化的生存体验，他自然就会把这种体现书写出来。纪弦《宇宙公民》一诗既是这样的产物：“护照吗，/瞧！这便是了。/我既有美国护照，/也有中国护照。/但我并非美国公民，/亦非中国公民。//咦？那就怪了！/难道你不是炎黄子孙，/不是龙的传人，/不是我们的同胞吗？//是的，本来是的。/但今天，不同了：/一层层，一级级，/攀登复攀登，升华复升华，/我已到达一至高的顶点；/我已不止是一个中国人，/不止是一个亚洲人，/不止是一个地球人，/不止是一个太阳人，/不止是一个银河系人，/而已成为一名宇宙公民了。//因为我是上帝造的，/不是猴子变的。/上帝造了这个宇宙，/造了这个银河系，/造了这个太阳系，/造了这个地球以及/地球上的生物、人类，/连我也在其内//而我，但凭我这超光速/有翼的心灵，旅行全宇宙，/从一个涡状的银河外星云/到一个轮状的银河外星云，/从一个三角形的岛宇宙/到一个四方形的岛宇宙，/然后又回到自己的老家来，/优哉游哉，自由自在，/谁也不会查看我的护照。”纪弦这类诗大多登载在《美华文学》上。他也由此以诗的形式，拓展出了全球化的主题。一平《奥斯维辛、春天和复活节》承续着这个主题，却是这种全球化主题最优秀的诗篇。

三、《奥斯维辛、春天和复活节》及其诗学价值

与《美华文学》的古体诗创作相比，在新诗创作上，李兆阳的新诗歌宣言为《美华文学》增色不少。纪弦、非马等的短诗创作也极有特色。长诗创作实验似乎也是《美华文学》的有意探索。该杂志刊登过数十首长诗，大多质量上乘。但是，从诗歌创作整体的规模、思想深度和艺术表现而言，一平《奥斯维辛、春天和复活节》却最能显示《美华文学》诗歌创作的基本倾向和水准。

当代汉语文学史上，一平以散文创作见长，也以此为世人所知。林贤治认为，尽管他和苇岸一样，创作少，也很寂寞，但他们却是“当今中国最优秀的作家之一”（在林贤治看来，与他起名的是张承志、王蒙、李国平、贾平凹、王小波、苇岸、刘亮程、余秋雨等）。[①]一平自 20 世纪 90 年代移居海外，创作也很寂寞，但他的关于世界、人类和文明的创作主题却始终未变。对于全球化主题的这三个方面，他一直关注，而且就这个主题意义上来说，定居美国伊萨卡的一平可能是所有海外华文作家中最有典型意义的作家了。他孤寂地居住在小镇伊萨卡，却始终关注着人、人性、人类、文明和世界等世界华文文学创作最主要的命题——全球性议题。单从散文创作而言，在这一议题上一平就足以引领风骚了。“半个世界崩溃了，半个世界的铁幕、权利和控制，人类面临新的变革和混乱，从古希腊到中世纪到文艺复兴，到十月革命，从孔夫子到孙中山到‘文化大革命’，从纽约到巴黎、莫斯科、北京，这一切都需要重新思考”。[②]一平思考的范围极其广泛，全从全球性、人类性、世界性的重大问题立论，尽管他的这种思考基于他个人痛彻的个人经验和经历。

林贤治认为，一平在文学与自由意义上，堪称独步。对生命与文明，对人类苦难和 20 世纪纷繁的革命的理解上，一平当之无愧。林贤治也认为，一平是一位圣徒、诗人：“一平与苇岸一样，是一个圣徒。他们都心底那么开阔而纯净，怀抱爱的信仰，而且尊重所有人的信仰，相信那是人的最高

① 林贤治. 2000. 五十年：散文与自由的一种观察. 书屋，（3）：17-79.
② 林贤治. 2000. 五十年：散文与自由的一种观察. 书屋，（3）：17-79.

的体现。但是，他又比圣徒多出一份战士的严峻。他执著地追求生命的独立和自由，拒绝把生存的希望依托身外的世界，也不朝拜圣者，皈依的惟是属于自己的生命的真理，故而不时地燃起反抗暴力和奴役的愤怒的目光。……他徘徊在圣徒和战士之间，他理解时代的残酷和个人的懦弱，理解生的艰难，相信‘在衰朽和败落的土地上，一切生命都是不幸的’，因而不想谴责长久地沉浸在黑暗里从而变得尖刻和仇恨的心。可是，他又害怕心在残酷中变得残酷，失去水分、晴朗和温暖，因为他相信‘清澈的鲜花不为积蓄仇恨的心开放’。这不能不使他因放弃谴责而感到忧伤和不安。于是，他成了纯粹的诗人。在他的饱含诗意想象的文字中，我们会看到同一个意象：百合花。那是他梦中‘清澈的花’。他写鲁迅，写车尔尼雪夫斯基，写赵一凡和郭路生，写鬼节里的波兰人，写未来到的儿子，他们都有百合花般圣洁的、纯真的灵魂。直到他笔下的古老的高贵的银杏树，中秋明月，都是百合的影子。文明穿越生命、民族和个人，直抵灵魂的深处散发芳香，由如百合绽放。‘百合花是否注定在石头中死去？’一平的一生，将长久地为这个问题所困扰。”①

一平作为一位“纯粹的诗人”，他的纯粹不仅仅在通常所谓的艺术与非功利的层面，而在对人、人性、文明、人类和世界等全球议题的独立思考与表达上。因为除了他早期的《身后的田野》这个散文集以外，他表达的基本方式却都是诗性的。《奥斯维辛、春天和复活节》《又一个黑暗的时代又将来临》和他的以“声音”为起点的 58 首诗歌（有些是散文诗），可以印证这位纯粹诗人的文学身份，可以看出这位纯粹诗人诗歌主题的基本取向及诗歌创作的杰出成就。

先看《又一个黑暗的时代即将来临》这首长诗。这首诗关注的是当今世界的局势。这个世界纷扰无比，如果说 20 世纪是人类的一个苦难的世纪，这个世纪的人类依然没有摆脱这个困境。《又一个黑暗的时代即将来临》表达了这个困惑。“当那道铁幕被撕裂/整个世界雀跃欢呼/但伴随撞到的门/魔鬼的另一匣子却悄然打开// 911 的烟雾并未消散/两场战争留下更多的混乱和尸体/迎着现代和财富的梦想/自杀炸弹四处袭击/闪光的大厦下是染血的

① 林贤治. 2000. 五十年：散文与自由的一种观察. 书屋，(3)：17-79.

碎片//多么急剧的裂变/一场天真的梦想/衍为一片沮丧的哀叹//庞大的帝国赶印纸币——/一个如此伟大的国家/裱糊繁荣的窟窿/辉煌的正午转眼已进入了黄昏/而另一个帝国满身血污/在瘫痪中狂喊‘崛起’/——如同灭亡前的宣言//哦，这是一个世界/混乱、飘摇而脆弱的世界//各种颜色的革命/在痉挛中变色/或是战乱，或是新的独裁/自由如赤裸的婴儿/浑身血迹，龇牙叫喊//一架客机在大洋上神秘消失/另一架客机在乌克兰上空横遭击毁/而那个新生的国家/在破碎中跌向战争/灾难接连灾难/耶路撒冷的哭墙不停地哭泣/孩子、母亲被绑为盾牌/复仇的导弹为正义而轰炸/一座学校化为废墟/鲜血溅染课本/只有杀戮，却找不到凶手/——也许我们都是/每个民族都有生存和仇恨的理由//……我们毫无希望/已经早望到人类的末日/一个顶尖的科学家已经发明了/毁灭世界的病毒//我们颤抖着祈望神/仰望他的恩典与怜悯/而众神正在彼此征战/你无法辨识真伪/宗教给予我们无限的安慰/却又是仇恨和杀戮的根源//黄昏之光如此温和绚丽/——无限之好/这是最后一片和平/是无数世纪的馈赠/让我们珍惜这最后的美好/满怀悲悯/为所有幸运和不幸运的人/做最后的祝福//透过夏日疏散的阳光/我们看到阴影急速移动/雷声由天际滚滚传来//又一个黑暗的时代即将来临”。这首诗写于 2014 年 7 月，是诗人洞悉了以下八个世界新闻而写的：①1989 年 11 月 9 日柏林墙倒塌；②2007 年美国爆发金融危机；③2014 年 3 月 8 日马来西亚 MH370 客机坠海失踪，载有旅客 239 人；④2014 年 7 月 7 日，马来西亚 MH17 客机在乌克兰上空被莫名击毁，载有旅客 298 人；⑤2013 年底，乌克兰未加入欧盟再次发生战争，之后俄罗斯占领克里米亚，乌克兰东部爆发内战；⑥2014 年巴以冲突爆发，双方死亡 2000 人，伤近万人；⑦2014 年 6 月 ISIS 宣布建国，号召全世界穆斯林效忠，并宣称要统治世界；⑧美籍日裔病毒学专家制出超级 HIN1 病毒。由此推断，一平这位旅美诗人 30 多年来关注的议题从来没有变过。正是对于这一世界性议题的关注，使一平既成了一个杰出的散文家，又成了一位当代最为优秀的自由体诗人。

一平的代表作是他的长诗《奥斯维辛、春天和复活节》。《奥斯维辛、春天和复活节》是《美华文学》杂志上刊登过的最长的诗篇。这首长诗有 1400 多行，分五部分。从思想层面而言，这首诗对于 20 世纪人类历史上最残酷的法西斯罪行做了深切的反思。这首诗应该是继夏尔·波特莱尔《恶之花》、托马斯·斯特尔那斯·艾略特《荒原》之后最有思想深度的长诗。对于借上帝人类名义的20世纪的几个最值得深思的法西斯暴虐罪行、风行20世纪的“革命”运动和“文化大革命”等的思考，使这首诗的人类学的宏大命题具有了特别值得深思的价值。它是对于人类之痛的反思，对于历史、权力和人性的荒谬、虚妄和可怕、恐怖的反思。人类能够从灾难中走出吗？作者以十字架上的耶稣的受难与复活中得到了启示。如果说基督能够以爱与怜悯拯救人类，那么，从奥斯维辛这样的人类灾难里，人类将会得到什么启示呢？

《奥斯维辛、春天和复活节》会给我们一些启示。因为该诗是一个华人作家对于世界法西斯屠杀事件集中书写的一首长诗，诗歌重心展示了宗教的在场对于西方人及整个人类生命存在的积极意义。如同玛利亚教堂、十字架和复活节在西方存在的永恒意义。该诗的第一部分，把奥斯维辛放到20世纪这一世界历史的大背景下审视，审视的主体是诗人。春天、东欧大地、白桦林和俄罗斯诗人是其审视的首要对象。第二部分是诗人面对奥斯维辛的铁丝网、岗楼、煤气室、焚烧炉和营房这些屠杀犹太人的场所的感想。灾难的历史已经过去，在德国法西斯屠杀下以色列诞生了，但屠杀暴露了历史、人类及其人性的本真面貌：“人类在那里焚烧/烧尽人的尊严、历史/也烧尽神的信仰。”屠杀发生的逻辑荒谬之至：“而古老的教堂/并没有阻止人们的阴谋/罪恶以上帝的名义进行”，“暴行只要给以名义/孩子们也会进行（如“文化大革命”）”。[①]对此人类灾难，今天的世界反映也不尽一致。一面是人类的自觉反省：“煤气室毁塌了/纪念碑修建了/人光荣地伸张他们的勇气和正义/但更值得尊重的/是危难中/一滴泪水和他们的手臂”，一面是“我们并没有学会思考/也没有学会记忆/经历苦难/却只被苦难吞噬/于是我们再不会站立”。[②]诗人仍然忧虑重重。第三部分，仍然是诗人面对法西斯屠杀场地的奥斯维辛的反思。“奥茨的天空　像所有的天空/在这天空下　我们/有所有人的痛苦和希望/微弱的 孤单的/小小的瓢虫/窥测灾后的大地/所有的命运都是不幸的命运”。[③]诗人反思了20世纪所有的暴力性革命——法

① 一平，《又一个黑暗的时代即将来临》，此文选自一平手稿，未出版。
② 一平，《又一个黑暗的时代即将来临》。未出版，选自一平发来的组诗。
③ 同上。

西斯战争、苏俄革命和中国“文化大革命”这些人类的极端性行为，并由此审视了这些极端行为的根源：“哦，极端的家伙落魄的逃客/被革命所毁坏/为暴力所伤痛/在极端的道路上/你已习惯了毁灭的光芒/粉碎的镜片/煽动残缺的梦呓/绝望收集迷乱的脚步/其实你也是革命者/绝对地热望　极端的否定/而这正是革命的来源//哦，多么可怕/你一点也不仁慈/可是　是什么培养了革命/我们为什么失去了/仁爱和信心　辨识和自重//绝境中的绝望/绝望中的恐惧和呼叫/绝境中的羊群成为狼，冲向爆破的火光//奥斯维辛/你能否也在倾听我的诉说。”[①]诗人的反思明智而理性，却也充满悲哀：“欠缺的世界/欠缺的人性/我们必须学会在欠缺的世界/欠缺地生活//学会宽容　忍耐/保持清醒、平静、勇气/记住　不要为了愿望去毁坏/不要为了明天去诅咒/就是在上帝面前　或/跌入魔鬼的绝望/也不要伤害普通的生活/那些伟大的真理　不能/取代每个平凡的日子/房屋　炉火/母亲的注视和操劳”，“多么悲哀，我们/今天还要讲述这样简单的事情”。[②]第四、第五部分是诗歌的另一个重心所在，承接第三部分的反思，强调人类如何超越灾难，个体如何拯救自身。她——玛利亚，他——复活的上帝，他们的爱与期望共在，但最终拯救却在自身：“哦，春天　生机你要收拾好自己的田野不在他们而是你自己你的站立、清洗、治愈和复生世界　没有人可以拯救（那是神的工作）每个人仅仅是自己为他的欠缺所限制所支配”。[③]参观奥斯维辛，收获的是获得生活、生命的启示。因此，《奥斯维辛、春天和复活节》一诗，是一首思考人类和个体苦难和再生的诗，也是汉诗中集中思考这一议题的唯一一首长诗。该诗拓展了华文诗歌的主题与题材范围，是在思想史和诗歌史上具有重要的价值和意义的诗。

《奥斯维辛、春天和复活节》的抒情主人公形象，是华文文学文本中最具“世界”意义的形象。在该诗中，抒情主人公形象作为一个诗人，对于诗歌主题的揭示极具重要的宣示意义。表面上，他是一个奥斯维辛的访问者，有多重身份，一个异教徒，一个远离故国的逃难者，实际上，他却是一个人类记忆和思考的引领者：“白桦林/在凄凉中战栗摇晃/像诗人战栗的

---

① 一平，《又一个黑暗的时代即将来临》。未出版，选自一平发来的组诗。
② 同上。
③ 同上。

灵魂/也只有诗人还将他们记忆”，“我们去那里 为了/干涸的泪水不再干竭/为了痛苦不被遗忘/这个世界所有的痛苦/都是我们的痛苦//痛苦滋育灵魂”，“苦难是同样的苦难/不幸是同样的不幸/我们在死亡的国度/见证人的残忍/你们并不孤零/由这里 哀怨的灵魂/铺向大地”，“她推着我——异教徒/欢乐地走向教堂/复活的钟声/震荡残雪 青绿的枝条/和飞回的鸟群”，“我坐在高坡上/无尽的黑暗 清寒/默然无语/身边是残雪头顶是星群/心中的大雨/由天庭倾泻而下/我想起了家乡//今天 今天是复活节”。[①]诗人才是人类苦难和再生的真正反思者：“白桦林/总是让我想到音乐/想到俄罗斯战栗的诗行/多少诗人在那里死去/却没有什么能够掩盖他们的光芒”。[②]因此，在世界文学史上，尤其是在诗歌史上，这样的抒情主人公形象——诗人形象，他的全球化视野，他的关注重心，他的深沉忧郁的哀伤，他的幽深细微的情思，都有“这一个”的意义。他是一个既对于人性，对于人类命运十分关注，又深沉思索的诗人——抒情主人公形象。所以，如果我们联系前面引文，还能够说诗人无用么？

《奥斯维辛、春天和复活节》是现代汉诗中最具有思想魅力的抒情长诗。它对于第二次世界大战及整个 20 世纪的种种革命给人类带来的灾难的反思，具有明确的国际化视野。诗歌的关于种族隔离、人类命运、人性思考的主题，是宏大的全球性议题，该诗也是当代最具国际化意识的大诗，举世并无如此长诗可与其媲美。从诗体的角度来说，汉语文学史上，抒情诗写作达到如此思想深度的实在少见，抒情诗长度达到如此规模的诗歌，也唯有这首《奥斯维辛、春天和复活节》。在现代汉语诗歌史上，《奥斯维辛、春天和复活节》如同冯至的《十四行集》，是“沉思的诗”，属于典型的抒情长诗。但冯至《十四行集》有 27 首诗，378 行，而《奥斯维辛、春天和复活节》却是一首诗，有 1440 多行，是《十四行集》的三倍多。也正是从诗体角度来说，这首诗当为现代汉语诗歌史上最长的抒情长诗。长诗，叙事诗比较多，尤其是民族史诗类叙事诗，现代汉语诗歌的探索，20 世纪 30 年代中国诗歌会的诗人，如蒲风、杨骚的探索十分引人注目。《茫茫夜》《乡曲》等就是重要作品。当代诗歌史上，《王贵与李香香》这样的叙事诗可以

---

① 一平. 2003. 奥斯维辛、春天和复活节. 美华文学，(50)：62.

② 一平. 2003. 奥斯维辛、春天和复活节. 美华文学，(49)：57.

看做现代中国革命的诗史，但抒情长诗除了建国后贺敬之、闻捷的民歌体抒情诗外，鲜有佳作，因此，《奥斯维辛、春天和复活节》这样的抒情长诗，就具有了界碑性意义。它是20世纪关于人类命运、人性思考的最佳抒情长诗。

长篇抒情诗《奥斯维辛、春天和复活节》具有现代诗的品格。它有《恶之花》的颓废意识，有《荒原》的“荒原”意识，奥登等的反讽意识，以及非常浓厚的西方基督教救赎意识。它对于20世纪种族暴力革命的荒诞书写，则显示出明显的批判性现代品格：“今天已经不是昨天/柏林墙到了/那个庞大的帝国　一夜间化为/纷飞的纸屑/——它们吸吮了太多的死亡/拖着黄昏的阴影/坠入雪后的泥泞//虚妄和希望啊　燃着/劫后的烟尘/莫斯科穿着囚服/孩子一样在哭泣/而那一边　那个暴虐的老人——/已死去/他的王国瞬间风化/人们用腐烂弥补丧失的昨天/活着，可别错过欲望和贪婪/可是还有那么多人再一次被抛弃//腐烂蔓延大地/生存重新发酵/革命在暴热后/展示它真实的肌肤和法则//哦，多么荒谬残暴的戏剧”。[①]20世纪的这些人类性事件，是纯然的黑色幽默，人类被无情地嘲弄。那个逃离者、异教徒、抒情诗人对此表达了悲哀与怜悯之情。在艺术上，该诗承接20世纪40年代“九叶”和80年代初“朦胧诗”的语言和表现技法，把他们创造的那一套表达现代人幽微复杂思想感情的技艺充分娴熟地继承了下来。“灾难的阴影/死死扼住春天的脖颈”，“我无法讲述那些事情/铁丝串联肢解的男女/漂浮河流”，“奥斯维辛　黑色的果实/两场伟大战争/一枚溅出的弹壳/——延伸的黑洞”，“哀痛像一个没有讲完的故事/紧紧追随我”，“十字架的阴影/敞开天空的路途”。[②]这些诗句，与他的《灰烬》里的“天空　鸦群/五月瘫痪中发出笑声”，《梦中》“肢体的言辞击穿日月/玫瑰在大理石上绽放”，《无题》的“死亡像恶狗一样不予宽恕”等，就是典型的中外现代诗人的语言表达方式。仔细分析，这也就是现代诗人惯常使用的隐喻、比拟、反讽等常用艺术手法。因此该诗现代诗品格极其明显。可以说，《奥斯维辛、春天和复活节》是汉语诗歌史上最具现代品格的抒情长诗。

一平的诗尽管有浓厚的西方色彩，但对于西方现代诗及现代主义，他

① 一平. 2003. 奥斯维辛、春天和复活节. 美华文学，（49）：66.
② 一平. 2003. 奥斯维辛、春天和复活节. 美华文学，（49）：67.

还是有自己清晰的看法的。[①]“值得注意的是西方现代诗强大的框架对我们精神的压迫。本来是自然的自然感受，非要扯得七零八落。麦浪不加上点钢铁、泛滥的太阳，就不够现代，一个波浪非要七八个头颅，瓦罐、思想、女人——拼凑起来，否则就不过瘾”。[②]一平更强调东方审美：“我们东方的审美和西方不一样。东方更倾向于自然，人的最高境界是归复自然，而自然就是我。‘朝搴摯之木兰兮，夕揽洲之宿莽’，‘采菊东篱下，悠然见南山’，这成为人的最高境界。因此东方审美更强调自然与和谐。毕加索用车把、车座组合成一个牛头，我们觉得很巧，但从审美上并不接受。达利使我们震惊，但不会使我们像读屈原的诗一样身心交泣。”[③]有了这种艺术识见，我们便能够看到抒情主人公，一个东方艺术圣徒对于世界、人类的全新理解、全新的襟怀：“我坐在高坡上/无尽的黑暗　清寒/默然无语/身边是残雪头顶是星群/心中的大雨/由天庭倾斜而下/我想起了家乡//今天　今天是复活节。”[④]诗人的家乡是北京，却远在奥斯维辛沉思人类命运——以现代诗的方法，以东方的审美格调。《奥斯维辛、春天和复活节》借鉴了西方现代诗的艺术手法，但基本精神和审美风格却融合了东西方审美元素，我们读它，确实“像读屈原的诗一样身心交泣”。该诗是《美华文学》的重要收获，也是当代汉语诗歌的杰作。

第七节　“开花结果在海外”
——陈瑞琳与北美新移民文学

论及《美华文学》杂志，黄运基是绕不开的第一人，谈到北美新移民文学批评，陈瑞琳就是绕不开的第一人。在海外，陈瑞琳是著名华文文学散文家和批评家。在北美新移民文学作家中，陈瑞琳的那些精彩的极富于性灵的真性情散文创作别具一格；就新移民文学研究来说，是她以亲历者和近水楼台的优势，开拓了海外新移民文学研究的广阔领域。2005 年，她

① 一平《身后的田野》中的《读诗札记》45 则，是当代汉语文学中最具艺术品位的诗论。该札记集中阐述了他作为一个诗人的创作原则和信念。其中对于诗、诗人、艺术的见解和基本态度是东方式的，是极为可贵的，是当属于被时间长久保留之列的珍品。

② 一平. 1998. 读诗札记//身后的田野. 北京：作家出版社：266.

③ 一平. 1998. 读诗札记//身后的田野. 北京：作家出版社：264.

④ 一平. 2003. 奥斯维辛、春天和复活节. 美华文学，（50）：62.

在中国获得最权威刊物《文艺报》的“理论创新奖”，其贡献被学术界充分肯定。

陈瑞琳文学创作和批评兼长。1992 年入籍美国以来，她以其散文集《走天涯》《蜜月巴黎——在地球经纬线上》《家住墨西哥湾》《他乡望月》等独特艺术风格的散文创作，获得海内外文坛广泛好评。同时，她又以《冲出中国当代文学的精神困境——试论海外“三驾马车”》《风景这边独好》《横看成岭侧成峰——北美当代新移民文学散论》《北美草原上温柔的骑手》等代表性论作，绘制出了北美华文文学发展的经纬图与史纲轮廓。她不仅对于“哈德逊河畔的文学女人”相当熟知，她对于整个海外华文文学的男女作家更为熟悉，尤其是对于北美那些新移民文学的开拓者，她都能如数家珍，像一个守护神一样激励、呵护着他们成长。她与华人作家选编的《一代飞鸿》《北美作家作品精品选读》等华文文学选本，则为国人“精选”与展现了海外华文文学的经典篇章，传播了华文文学，为大众了解、阅读海外华文文学开启了敞亮的门窗。目前，陈瑞琳与当今正驰骋在北美华文文学阵地上的主力军严歌苓、黄运基、刘荒田、张翎、陈谦、施玮、施雨、少君和沙石们一样，为北美新移民文学的发展，勤奋地耕耘着，有力地推进着北美新移民文学的发展与繁荣。

一、源于真性情的散文创作

作为一个具有跨文化主体文化身份的作家、批评家，陈瑞琳如同一只耕耘着的蜜蜂，勤奋而又硕果累累。她是中国古都西安才女，中学时代就发表散文作品，15 岁入大学中文系，硕士毕业后任教陕西师范大学中文系（今陕西师范大学文学院），教授中国现当代文学 10 年。她是国内最早从事台港文学及世界华文文学教学的学者之一。赴美 20 多年来，陈瑞琳又在生命移植和中西文化差异的巨大反差中，在艰辛生存挣扎途中，从事着她钟爱的散文创作，海外华文文学的批评与研究。其散文集《走天涯》《蜜月巴黎——在地球经纬线上》《家住墨西哥湾》《他乡望月》等，已形成了独特的艺术风格，且获得广泛好评。陈瑞琳散文创作风格独特。有人认为，其散文“有一种歌吟的感觉，一种流的感觉，不能不持续兴奋的感觉”。[①]事实上，其散文的真灵魂是作为一个女性知识分子在地球经纬线上行走，思索的那种生命情怀的吟唱，真实、感性、唯美，读之教你兴味盎然，愉悦畅然！陈公仲还认为，陈瑞琳的散文写作，是那种“心灵在场”的写作，因为“心灵不在场的写作是不真实的写作”。陈瑞琳的写作实践，给我们提供了散文创作的一种范例。[②]

作为一个新移民作家，陈瑞琳的散文，是她“一生一世的旅途故事”。在她的散文《一缕茶烟》《春花秋月何时了》《书店纪事》里，我们能够惊喜地看到已经“落地生根”美国的女作家的“旅途故事”的面向。女人 40 了，那春花秋月的情怀是那么温馨，那么令人企羡：

> “清风徐徐，阳光洒在转弯的小路上，脚畔上已有淡粉的小花在开放，我将目光从迷离的远处收回到眼前。刚刚岔过去的路忽然又相逢，让人蓦然一惊，想想这世间的路，或并肩平行或永无相交，或陌然相交，却渐行渐远，再迂回曲折，却画了一个美丽的弧线。地上旋起一缕尘土，我下意识地拽紧脖子上的披肩，胸前泛光的黑丝绒坠着金色的小小黄花。这是与先生同游巴黎时买的纪念品。想到夫君，想到家，脉搏里即滚过难以言传的温馨。暗夜里坐在电视机前，将赤裸的脚暖在先生的睡袍里，听他说，‘怎么脚趾甲又长了。’睡熟的儿子一声咳嗽，两个人一同从沙发上跃起，那是亲情血缘的生命共同享有的苦乐悲欢。都说夫妻是一半一半拼成的圆，而我更愿意那是两个叠在一起的圆，你中有我，我中有你。想像看，若这圆完全重合了，生命的空间便小了，再说，封死的圆又怎能互动？怎能变幻出流动多姿的曲线？
>
> 远远地已看到自家小楼的红砖绿瓦，那是小路的尽头，豁然的开阔，一派人间烟火的温馨。依稀听见水草里传来鹭鸶的鸣叫，又像是子规的长啼，春天的燕子飘然飞过，草木随之摇曳，我驻足回首，藤蔓里最爱的栀子花还没有开呢。”[③]

---

① 木愉，秋尘. 2008. 文学评论家陈瑞琳. 美华文学，(68)：6.

② 陈公仲. 2006. 歌者之歌. 横看成岭侧成峰——北美新移民文学综论序//陈瑞琳. 横看成岭侧成峰——北美新移民文学. 成都：成都时代出版社：2.

③ 陈瑞琳. 2009. 春花秋月何时了//家住墨西哥湾. 石家庄：河北教育出版社：43.

移居海外10多年，作家已经安顿下来。在这里，我们看到陈瑞琳精神心灵的自足和适宜。又如，在《书店纪事》里，我们还看到了一个女作家意识到自我的语言：

“而女人最致命的弱点，就是把自己所造成藤，缠绕在男人的树上，树死则藤死。我只能告诉她：站起来吧，开始自己的新生活。

送走各路客，打开收音机数数当日的款项，眉头不惊一皱。平生最怕理财，小时候最爱玩‘买东西’的游戏，但如今是当了真正的店东家，才知道这游戏玩得实在不容易。正在一脸消沉的当儿，门外传来一声底气十足的吆喝：我来了！是接我晚班的秦老伯来了。他七十多岁，年轻时做空军保家卫国，到中国台湾教唱歌饮誉歌坛，来美国办报纸嬉笑怒骂皆成文章，我们老少搭档已不觉已过十年。他那发自胸腔共鸣的笑声直冲天花板：‘孩子，别皱眉，高兴起来，钱是什么，人活着，快乐最重要！我被他的豪气感染，一路笑着坐到车上。”①

在海外生活，作家已经习惯并有了自身的分辨与坚守，其散文对于人生及其价值意义的思考与书写，清晰展现了这一崭新的价值观。这也由此使得陈瑞琳的散文烟火气足却又超越了的本身：“其实，我们又何尝不是活在‘乞求’当中乞求金钱，乞求爱情，再如我，乞求着灵魂一角的快乐！明知生命的意义就在荒凉中苦苦跋涉，却努力将跋涉的沉重硬做成悠然漫步的图画，然后，再把荒凉酿酒为歌。”②这是美国清教精神，但也有了对它知乎其内又超乎其外的达观和豁然。“有道是，春的花，秋的月，夏的荫，冬的风，生命力因为有茶才看见了自己，若再有了对影‘共饮’的喝茶人，喑哑的岁月才有了歌唱”。③陈瑞琳在周作人的茶道“茶道的意义在于在不完全的现世享受一点美与和谐，在刹那间体会永恒”的体会中完成着她的生命思索。这是陈瑞琳散文的思想核心。我认为，陈瑞琳散文的灵性由此而来。陈瑞琳散文的真，也就在这种真性情中体现了出来，不作假，自然流露，忠实于自己，倾心于一种生命的快乐自足。这在现代华语散文中是

① 陈瑞琳. 2009. 书店纪事//家住墨西哥湾. 石家庄：河北教育出版社：74.

② 陈瑞琳. 2009. 书店纪事//家住墨西哥湾. 石家庄：河北教育出版社：71.

③ 陈瑞琳. 2009. 一缕茶烟//家住墨西哥湾. 石家庄：河北教育出版社：70.

最难得的一格。这让我们理解了生活中的陈瑞琳。陈瑞琳一直有一种小资情调，但在这种情调里，我们能够看到一种别样的生命风范，一种浪漫的人生情怀。

上面是陈瑞琳的一类散文，但如果我们知道了她在那些关于宏大的人性及文学思考的文字，我们又能够看到她的颇有“英雄气”的散文。《家住墨西哥湾》《蜜月巴黎——走在地球经纬线上》的散文，就这种气质的散文。她对于文学的那种情，往往是化为激情的，而在文学批评上，她纵横“沙场”的气势，也是这种英雄气的表现。在涉及文学及其发展的时候，她自己说她就像一个猎人，因为对于海外华文文学的作者，几乎每一个她认为有前途的作家，她都阅读他们、追踪他们。“我常常觉得，自己就像一个漫步在森林中警觉的猎人，枪在手上，随时想要瞄准，而那寻找猎物的期待就如同一场将要意外发生的苦恋。这猎物就是我期待的作家作品，那子弹里射出的则是我满腔的爱恋”。[①]确实，我们阅读陈瑞琳关于海外华文作家的批评文字，就像读大气的散文，就是说，陈瑞琳的批评文字，常常就是富有激情的情理交融的散文，有气势、畅达、大气、眼界开阔。这是她散文的另一种境界。

陈瑞琳自己认为，她的散文的这种风格的形成，源于她对于生活的爱，对于人性的美好歌吟：“其实写散文才是我的最爱，写评论则是我的使命。我以为散文是比小说更难写的，因为它需要的是真性情。我想我的散文特别让人温暖，因为我太热爱人，热爱我的生活。我童年在乡下曾经受尽歧视和欺侮，别人给我的一点点爱都让我藏在心底，后来及长，我觉得这个世界是多么灿烂啊！人家都说我能把最苦难的事情，最平庸的细节写的让人无限向往。”[②]这是她发自内心的真诚言说。陈瑞琳的散文创作，确实如一些批评家和她所言，真、爱和美为其灵魂。

事实上，陈瑞琳的散文，最为可贵的还在于其充分地体现了华人移民叙事的主题。如《他乡望月》和《家住墨西哥湾》等作为移民叙事的经典之作，逼真反映了新一代知识移民跨越中西文化鸿沟，在移民地勤奋工作，

① 陈瑞琳. 2006. 灵魂变奏的沧海之歌——读白领作家陈谦的小说//横看成岭侧成峰——北美新移民文学散论. 成都：成都时代出版社：117.

② 木愉、秋尘. 2008. 文学评论家陈瑞琳. 美华文学，（68）：6.

自由而快乐生活的美好人生志趣。这些散文读后给人丰富的人生启迪：天下四方就是根系所在，有所作为，快乐生活，何须惆怅。在其散文创作中，我们看不到惯常移民叙事常见的那种乡愁、文化的乡愁等苦闷的惆怅，而有一种生命的超越与灵慧在内，总是充溢着一种向上的力量。通观新移民文学，作为移民叙事的代表性散文家之一，陈瑞琳的散文不在文化冲突、冲击和文化语言这些宏大叙事上取胜，而在一种美好的生命情怀孕育下如一泓涓涓清流欢快流淌，将你带到诗意的美的艺术世界而叫人神往的。而且，不管是长安城墙与霸桥柳下的日常生活，还是在星条旗下墨西哥湾的日常生活，陈瑞琳总能够在其中发现生活的情致，像一只勤奋的蜜蜂，酿造出甜甜的蜜汁，在美南的墨西哥湾，描绘出生命的温暖色彩。因而，陈瑞琳散文清理兼长，其散文的创新就在于淡化历史文化的背景与沉重，语言交流的磕绊与不畅，在从容自信的个人尊严的支撑下写作、思考。因此，陈瑞琳的散文在当代华文女性作家中独树一帜。其散文创作，与王鼎均、刘荒田、程宝林、喻丽清、吴玲瑶、曾宁、少君、邵丹、聂崇彬、融融、陈善壎等人一起，构筑了美华散文的多彩世界。当然，她与那些怀揣 40 美元奋斗美国，将自己奋斗的酸甜苦辣书写成一篇篇精彩篇章的作家不一样，她放弃国内优越的教职工作赴美，本身就是为了文学和生命的更高实现，因而，陈瑞琳的散文，这些她的“旅行故事”，就与上述华文作家不一样，是实现现代化的北美后现代社会一曲曲个人心灵与生命的和谐之歌，也是北美 “公众家庭文化崇拜”里的温馨佳音，真实而优美。

二、引领新移民文学发展

1992 年，是陈瑞琳文学生涯的关键年。这一年她移民美国，与北美新移民文学有了必然的渊源。一方面，她早就开始的散文创作变成了移民文学，一方面她把她自己学术研究的关注点集中到了新移民文学，延续了她早就开始的台港文学教学研究的理路。众所周知，中国学术界严格意义上的海外华文文学研究从 20 世纪 80 年代的台港文学研究起始，接着是东南亚华文文学研究、欧洲和澳大利亚的华文文学研究、北美新移民文学研究的逐渐兴盛。其中的北美新移民文学研究海外的主要力量就是陈瑞琳、宗鹰、李硕儒等人。与后两位相比，她是后起之秀。由于她自身活泼开朗的个性，在国内获得的研究能力，对于与她一样在海外创作的作家的特别关注，以及她的勤奋和对于海外文学发展的推进的那种使命感，多种因素会合促使她成为了海外推介研究新移民文学的集大成者和代言人。她在场，知乎其内，看到了“横看成岭侧成峰”的独特景观，所以有“风景这边独好”的判断。“海外星星数不清”，陈瑞琳是璀璨的海外华文文学世界的引路人。

陈瑞琳的新移民文学研究独具特色。2002 年，在上海第十二届世界华文文学大会上，罗兰代表大会发言，陈瑞琳也代表大会发言。会上，陈瑞琳富有激情的作家言说风采和富有理性精神的评论风格，给与会者留下了深刻影响。她以活跃而富有激情和天分才华的批评家形象进入了研究者的视野。自此以后，人们认识到了，陈瑞琳已经成为了中国当代文学和海外华文文学，尤其是新移民文学发展与研究的一员骁将，是其重要的推动者与引领者！她开阔的视野、高屋建瓴的文字、睿智而富有诗意的散文创作和精彩的批评文章，每每叫研究者感动而陶醉，折服并心仪。她的《冲出中国当代文学的精神困境——试论海外“三驾马车”》《风景这边独好》《横看成岭侧成峰——北美当代新移民文学鸟瞰》《北美草原上温柔的骑手》等代表性论作一出，就使圈内人为之折服。因为这些文章已经绘制出了北美华文文学发展的经纬图与史纲轮廓，而她与华人作家选编的《一代飞鸿》《北美作家作品精品选读》等新移民文学选本，也已经让国人熟悉了美华文学的一系列经典！学术界由此称她为海外“新移民文学研究的第一人”。

中国西部很少有人关注世界海外华文文学学科。陈瑞琳出于学科发展的使命感，动议在西部召开一次有关海外华文文学的研讨会。2012 年西安六月的会议因此顺利召开。这次会议，她既是海外代表，又是主要的组织者，既是大会议题的主要发言者，又是海外代表的主要邀请者。凭借着她的影响力和人格魅力，会议取得了圆满成功。这次会议也收获颇丰，收到了本学科开拓者、先辈和以她论文为代表的 40 余篇高质量论文，还编就了《世界华文文学高层论坛暨国际学术研讨会论文集》。陈瑞琳既关注海外华文文学的发展，还关注国内华文文学的发展与传播空间，很是令人佩服。

世界华文文学，正如陈瑞琳所言，“正在为中国文学的洪流巨波注入着来自海外世界的涓涓清流。因为这是一股与中国的本土的文学迥然有别的文学景观，是对源远流长的中华文学传统自觉意义上的反叛与开拓。中国太需要波浪了，波浪的本质首先是一种放弃，同时才能真正开始寻找，才会有新的‘发现’，才会有新的灵魂的铸造。近 20 年来的新移民文学的创作风貌，正在东西文化的‘离心’状态中独立探索成长。他们（海外华文作家们，下同）在身份的迷失中重新寻找自己的精神家园，他们在文化交流的状态中创作自己全新意义的文学。他们的可贵，体现在越来越多的作家自觉地重建自己的文化人格，他们中将诞生非常伟大的作家和作品，我对此充满信心和期待”。[①]正是怀着这样的使命感及其理性认知，陈瑞琳从事着她的散文创作，从事着她的具有开拓意义的新移民文学的守护人的批评事业。事实上，近 30 年来，海外华文文学成就斐然，其出现的意义与价值以及它的发展前景确如陈瑞琳所言，它在海外宽松的文化语境中完成着中国现当代文学未竟的使命，启蒙的使命，扩大着汉语文学的版图，提升着汉语文学的美学境界。这是一种“全新意义的文学”，是一种有着自身独特思想和个性的文学。它将会引出汉语文学发展巨大的波浪，引领新文学灵魂的铸造，对于当代汉语文学的发展，也将会有极其重大的贡献及启示。作为一位教授现当代文学出身的海外作家和批评家，陈瑞琳以其十分专业的眼光看待着她从事的事业，并以《他乡望月》《家住墨西哥湾》等扎实的富有独特艺术个性的创作和《横看成岭侧成峰——北美当代新移民文学鸟瞰》等十分到位的文学批评创造而引领着它的发展。这也显示了一个海外华文作家对于汉语文学发展内在动力的焦虑及发展愿景的期望。

陈瑞琳的北美华文文学创作和批评别有特色。她从当代文学发展史意义上来关注海外华文文学。在一篇访谈论中，她谈到了她与海外华文文学的关系。她说：“说到我关注海外文学，要追溯到当年在陕西师范大学中文系（今陕西师范大学文学院）教当代文学的时候。那时沿海地区已开始研究港台文学，我认为非常重要，于是在西北地区首开港台文学，受到学生热烈欢迎，遂应邀到各地讲学。1992 年来到美国，定居在休斯敦，美南文风渐盛，万没想到，我当年在课堂倾心讲述的一个个作家竟然走到了我的面前，白先勇、於梨华、罗兰、赵淑侠、陈若曦、施叔青、李昂、余光中、

① 木愉、秋尘. 2008. 文学评论家陈瑞琳. 美华文学，（68）：6.

郑愁予、洛夫等，让我非常激动。但同时也激励我思考，文坛应是后浪推前浪，在海外那些来自内地的新移民作家，在 20 世纪六七十年代台湾作家卷起的“留学生文学”的浪潮之后，应该有他们的成长的天空，于是我开始转移了视线。这一关注竟是 10 年，而且正是海外新移民文学发端、滥觞、成熟的季节，我是见证者，也是他们中的一员。”[①]陈瑞琳是从当代汉语文学发展史的意义上来关注海外华文文学的。关注当代汉语文学发展，又以海外华文文学作家和批评家的使命感推动着海外华文文学的发展，这使陈瑞琳作为一个美籍华人文学家、批评家的文化主体身份显得极为光鲜。

三、批评文字：宏观把握与诗性批评

作为一个现当代文学研究出身的批评家，陈瑞琳的文学批评基本上遵循着文学现代性的发展理路。她的批评是以个性批评和审美批评为主的。一方面，她高屋建瓴，从中国现代当代汉语文学发展的高度出发，看待海外华文文学的发展，如《原地打转的陀螺》《试论海外“三驾马车”》等论文，把海外华文文学发展放到中国现代文学的视野里，论述海外华文文学的发展对于现代文学精神困境的突破，对于当代文学发展的有力地推动，其文学史视野和文学发展的眼光，使她的结论往往具有深刻的启迪，另一方面，她从新移民文学发展的独特的“生命移植”和“文化身份”出发阐释一代新移民作家的独特贡献，往往定位准确，阐发合理。这种从她个人生命体验出发的批评，由于有离散诗学和文化诗学的理论认知基础，其推断就极为准确：

> “我认为，从‘移民’文化的深刻体验来说，小说家严歌苓的创作，是充分地体现了‘生命移植’的伸展与成长。她的文学贡献在于敢于直面‘边缘人’痛苦交织的‘人生’，深刻展示在异质文化碰撞中人性所面临的各种心灵冲突，尤其是在‘移民情结’中如何对抗异化、重寻旧梦。……另外，在几乎所有的新移民作家，其创作的首要冲动就是源自于‘生命移植’的文化撞击。旅英作家虹影的‘放弃’与‘寻找’，旅加作家张翎笔下的母亲河，

① 木愉、秋尘. 2008. 文学评论家陈瑞琳. 美华文学，（68）：6.

> 网络作家少君的‘百鸟林’，刘荒田散文里的‘假洋鬼子’，苏玮小说中的‘远行人’，宋晓亮迸发的凄厉呐喊，陈谦故事里的爱情寻梦，融融塑造人物的情欲挣扎，吕红在作品中的‘身份认同’，施雨、程宝林在诗文中苦苦探求的‘原乡’与‘彼岸’等，无不都是‘生命移植’后的情感激荡，是他们在‘异质文化’的强烈冲击下‘边缘人生’的悲情体验。
>
> 如果再从‘文化反思’的意义上看，旅居在旧金山的学者作家朱琦，其文化大散文最深刻的部分就是他的‘重读千古英雄’系列，他让自己站在新的文化视点上，隔着海外的时空，反思中国文化的传统精髓，从千百年传诵的故事里剖析中国文化的弊端。……卢新华，这位最早为当代中国文坛画出第一道《伤痕》的弄潮儿，十七载海外苦涩春秋，使他再以悲怆之心，反思中华文化的世纪伤痕，在中西文化的冷峻观照中泣血书写长篇《紫禁女》，以一个东方‘石女’挣扎自救的悲凉故事，寓言般地写出中国人百年来的幽闭之苦以及承受着罪与罚的灵魂折磨……”①

陈瑞琳是真正意义上的新移民文学的呵护者，对于任何一位新移民文学作家，她都能够从她自身新移民的体验入手，做出极为到位的评价。她认为她发现了新移民文学的一条神秘通道：“触摸这一行行文字，我感觉自己终于发现了一条通向纽约血脉之魂的神秘通道”②，“力扬的笔触直捣移民生存的底层，她尤其善于在琐碎而凄厉的悲剧氛围中写出下层劳工的心酸血泪，如《阿沅近况》。秋尘《诺兰德婚礼》描写的则是美国光怪陆离的同性恋故事。濮青的《大红灯笼高高挂》也是展现了美国社会奇异病态的一角。青梅的小说是耐人寻味的，她的《当春》和《魂兮支离》，文字精美，意象丰富，很有哲学思考的象征意味。瓶儿的《我和涅克》，写的故事虽说是异国他乡的忘年之恋，却也有文化冲击的心里暗流，给人以落花流水春去也的情感震撼。”③其对于新移民重要作家及其作品的梳理，充分地揭示了一批移民作家的个性特征。

---

① 陈瑞琳. 2007. 哈得逊河畔的文学女人——纽约的冬天风貌扫描. 梅花文学，(61)：70.

② 陈瑞琳. 2007. 哈得逊河畔的文学女人——纽约的冬天风貌扫描. 梅花文学，(61)：71.

③ 陈公仲. 2006. 歌者之歌//横看成岭侧成峰——北美新移民文学综论序//陈瑞琳. 横看成岭侧成峰——北美新移民文学散论. 成都：成都时代出版社：3.

陈瑞琳的文学批评，往往从她自身独特的审美感知出发，有诗化的散文化的格调。这主要表现在，她对于其批评的作家，往往以散文化的带着抒情笔调的文字，描述他们的独特个性风采，并由此知人论世，知人论“诗”，揭示出一个作家独特的艺术个性。实际上，也正是从这一基点出发，她创造了自己的一套批评模式：带着浓厚的“学院派”的特色，又具备激情和理性的双重内质。如其《梦里飞翔的苦行者——读沙石的小说》和《北美草原上温柔的骑手——悦读林楠的〈彼岸时光〉》等，对于沙石和林楠的创作个性及其审美特性的分析，就相当有说服力。这类评论的典型之作应该是《网上走来一少君》（另文为《闲话少君》）等文了：“笔者第一次认识‘少君’这个名字是在网络上看到他的‘自白小说’《半仙儿》。那出手不凡的思维空间以及那行云流水般舒畅的文字立刻让我为之喝彩。此后，我才开始真正追踪少君的创作……未见少君时，以为他是年轻一代新潮作家的风貌：《半仙儿》里表现出的挥洒幽默和现代调侃，还有小说 ABC 里流露出的公子哥式的怜香惜玉。然而，当我真正面对这个才子作家时，才发现他其实是一个人格建构非常成熟的作家。在他身上正浓缩着我们这个时代变迁的风云，而且是博彩中西芳华，融现代科技资讯于一身，同时他的笔又是饱蘸着生活的滚滚潮流的……很难想象，少君毕业于北京大学的声学物理专业。令人惊叹的是当年他一手学物理，一手写作浪漫的情诗。然而，物理的抽象训练正能够使他的思维走向缜密并时刻与科技前线接轨，诗情的洋溢是他抒情本性不可遏制的自然流露。这一理性与感性的奇妙相辅相成，正好造就了少君把握生活的独特尺度和表现文字上的情感节制。”[①]在她笔下，一个个北美作家以其独特的人品、个性向我们走来，然后她揭示出其作品与人品之间的呼应关系。她的这种发现、挖掘新人的批评模式，一下子会把一个作家及其作品的独特面相及其艺术魅力展现在我们面前。因此，我们毫不夸饰地说，陈瑞琳的这种批评模式，就是一种新作家——一个个新移民作家“走来”的模式。这是一种极富于个性色彩的批评模式，因为如果我们把她的《家住墨西哥湾》《横看成岭侧成峰——北美新移民文学综论》《北美华文文学精品选读》等放在一起看，会清晰地看到她的这种

① 陈瑞琳. 2014. 海外星星数不清——陈瑞琳文学评论选. 北京：九州出版社：93.

批评个性的光彩。所以，同样是北美新移民文学的护航者的陈公仲先生就说，“陈瑞琳是一位既充满着现实主义精神又具有浪漫主义情怀的批评家，她对于作家的作品的品评都有自己的历史和美学的尺度”。[①]正是由于陈瑞琳的这些具有“史识”和个性审美特色的批评和批评模式的建构，陈瑞琳赢得了“新移民文学第一批评家”的称号。

北美新移民文学是一个庞大的作家群体。但这里所指，主要指中国台湾留学生文学群体以外的 20 世纪 80 年代以后从中国大陆聚集到美国、加拿大的一批作家，如严歌苓、张翎、张慈、施雨、少君、沈宁、刘荒田、沙石、宋晓亮、孙博、李彦、程宝林、厥维杭、朱琦、夏小舟、陈谦、陈瑞琳、卢新华、苏玮、北岛等。这 20 多位作家，其成就不亚于中国大陆莫言、贾平凹、陈忠实、铁凝、迟子建、王安忆等作家群。因为如果从作家数量及其成就综合而论，北美新移民文学及作家群体，可与中国大陆平分秋色。这是当代文学的一股涓涓细流么？显然不是，而是洪流，北民新移民文学，是当代中国文学的洪波巨浪，目前而言，真可谓“风景这边独好”！陈瑞琳既是这个洪流——北美新移民文学潮流的弄潮儿，也是这一潮流的护航者。融融在和陈瑞琳共同编写《一代飞鸿——北美中国大陆新移民作家短篇小说精选述评》后，曾经动情地评价道：“众所周知的北美文学评论家陈瑞琳，是第一个呕心沥血挖掘和扶持新移民作家的开拓者。她曾经给《一代飞鸿》中的百分之五十的作家每人写过几千字的评论：严歌苓、苏玮、张翎、刘荒田、少君、沈宁、程宝林、融融、朱琦、陈谦、孙博、曾晓文、李彦、施雨、瞎子、沙石、宋晓亮、吕红、江岚、笑言等，大部分都经她手，在第一时间里被推向北美文学舞台。写一篇评论，要读十倍以上的文字，她有自己的工作，还有未成年的孩子，时间是那么紧缺，她却慷慨地送给了众多北美作家。”[②]所以，从这一意义上来说，陈瑞琳与北美新移民文学的关系已经牢牢建立起来了。要论北美新移民文学及其发展，陈瑞琳就是一个绕不开的人物——一个散文作家和批评家的双重角色。陈瑞琳已经实现从古都才女到新移民文学开拓者的多重角色成功转型与实现超越。

---

① 陈公仲. 2009. 序《北美经典五重奏》//文学新思考. 南昌：江西教育出版社：118.

② 融融. 2008. 一代飞鸿——北美新移民作家群的视野和特色. 美华文学，（68）：42.

四、推进华文文学学科发展

文学史上常常有这样一个现象，一个崭新时代的文学的来临，往往由一个独特的作家群体和时代发展的新动向、新观念或现象引发。世界华文文学的出现与发展，就是这样的产物与现象。随全球化时代的来临，世界交通、科技和文化交流的扩大，走向世界的华人数量越来越多，反映华人生活的文学艺术或者世界华文文学艺术也正在走向繁荣。

海外华文文学有其独特的思想文化特性和创作主体特性，它在中西文化融合中发展起来，它是一代代海外华人自身生命经历及其体验的书写。因而，这种文学不仅促进了中外文化交流，而且也促进了中西文学的融合发展，开拓出中国汉语文学发展的广阔空间。陈瑞琳认为，这种文学会“冲出中国当代文学的精神困境”而开创一个新的文学时代。陈瑞琳们引领了北美新移民文学的发展。

实际上，这种文学及其移民蓬勃发展的叙事，在人类文化大视野下，在汉语文学的发展中，其出现的意义非常重大。在海外，在另一种文化语言中用中文写作，创办中文文学杂志，集中一批中文写作的作家，反映他们在异地生活的感受与经验，情感与思想，反映一代代海外移民的生活命运，展现在自由、民主、平等和个体主义的现代文化的核心价值观下不同族裔多样的人生及其生活面貌的文学，已经完全迥异于中国内地的创作。因为在星条旗下、在圣诞树下、在唐人街、在纽约、在太平洋彼岸、在墨西哥湾，华人与美国这个移民国家的不同族裔生存、发展，本身就有独特的人类文化学意义。这种新题材、新视野，新的作家、作品思想（多文化、多元交流），决定了它的崭新的价值；而一些华人文学家、爱好者创办杂志、刊登文学及批评，则更有价值。像黄运基、刘荒田、沙石、吕红和“三驾马车”们的创作，陈瑞琳等的文学批评及其对于华文文学学科的思考，在中国及汉语文化文学史上，就具有这样的重大的文化开拓意义。

其实，严格意义上来说，中国当代文学不是世界华文文学的组成部分，将世界华文文学当做当代文学部分的简单发展逻辑，就会忽略了一个学科的独特个性特征。美华文学或海外华文文学自有其独特的存在与发展意义。因为世界华文文学和中国当代文学各有独特的内涵及其文化特性。将两者相互隶属可能会导致或者抹杀各自的特性。因为它们可以在两个学科意义上存在。笼统地或者武断地这样隶属和那样统一肯定会在“逻辑”上出问题，也很不切合实际，如像巴老曹的作品，沈从文、钱钟书、张爱玲的作品，像陈忠实、刘醒龙、李学辉等的作品，把他们说成是世界文学或华文文学是没多大意义的，只有像马华文学、美华文学、新移民文学等，把它们称为世界华文文学才有实际意义。在汉语文学史上，它们二者的关系应该是花开两朵，各表一枝。从国别文学的意义而言，它们则分属美国华裔文学和中国海外华文文学，所以，中国世界华文文学，不仅是一个具有独特文学史意义的学科，也是一个具有重要理论内涵的文学新命题。陈瑞琳们开拓的正是这样一个新学科、新命题。

基于这样的认知，我认为陈瑞琳们的价值意义才可以更为凸显。实际上，近年来美华文学，尤其是北美新移民文学“风景这边独好”！陈瑞琳正是这独好风景的一道亮丽风景点。陈瑞琳有许多头衔：美国休斯敦王朝文化传播公司负责人、海外新移民作家国际笔会名誉会长、休斯敦华语广播电台节目主持人、新华人报社社长、南昌大学客座教授、北京语言大学客座教授、陕西师范大学文学院特聘教授、世界华文文学研究所研究员、国际汉学研究员、海外著名散文家、海外华文文学的著名评论家等。所以，我认为，从文化交流传播与文学发展的意义来说，这些头衔的意义就是陈瑞琳的意义，因为这是她多样的文化身份，而正是这种文化主体身份使她能够以开阔的世界性眼光，跨文化书写，在全球化思潮及其移民文化思潮中，有力地推进世界华文文学，尤其是北美新移民文学思潮，深化世界华文文学的文化内涵。事实上，陈瑞琳从当代汉语文学发展及文学发展史的高度，比较陈忠实、莫言与白先勇、严歌苓和哈金，以她的海外华文文学创作和研究，接通了中国现当代文学和海外华文文学的发展脉息；陈瑞琳发现了一个个海外华文文学的勤奋耕耘者，引领着他们成长；陈瑞琳勾勒出了美华文学的发展轮廓；陈瑞琳也是中美文化交流的忠实使者……因此，我坚定地认为，胜过这些头衔的，是她那不为名利的《家住墨西哥湾》这样的散文创作和她对于世界华文文学尤其是对于北美华文文学创作进行批评研究的杰出贡献。陈瑞琳是海外华文文学，尤其是北民新移民文学活动的积极推动者。陈瑞琳与北美新移民文学，已经紧密联系在一起，要讨论北美新移民文学，陈瑞琳是一个绕不开的作家和批评家。

如前陈瑞琳所言，白先勇、於梨华、罗兰、赵淑侠、陈若曦、施叔青、李昂、余光中、郑愁予、洛夫等，是她在大陆时期教授过的台湾作家，但这些作家并非就是她所引领的北美新移民文学的重要作家，至多他们是在美国的台湾作家，尽管他们是北美华文文学作家的一部分。陈瑞琳关注更多的，是那些与她一起或同时（1980 年以后）到北美的一批从世界各地尤其是从中国大陆等地聚集到北美的汉语作家。她在《北美作家作品精品选读》中选出来的这部分作家，当今正是北美华文文学的主力军——她所谓的“三驾马车”严歌苓、虹影、张翎及沙石、黄运基、刘荒田、少君、陈河、曾宁、张慈、苏炜们。如今，陈瑞琳正和他们在一起长大，创造着海外汉语文学的新天地。“开花结果在海外”，他们是当代汉语文学发展的广阔空间的开拓者，海外开出的奇葩。作为一个新移民文学的坚定开拓者，陈瑞琳正在和这一大批新移民作家们一同成长。她们现在年富力强，语言艺术渐趋成熟，我相信，美华文学或北美新移民文学将在她及其一大批海外作家、批评家的呵护引领下健康成长、发展壮大。因为文学和文坛的发展永远是“后浪推前浪”，从而滚滚向前发展的，陈瑞琳们正在白先勇们的起点上，开拓着北美新移民文学，尤其是世界华文文学的崭新天地。从关注中国台湾文学到“留学生文学”，从关注“留学生文学”到“海外新移民文学”，陈瑞琳从宏观的文学发展史角度，关注、呵护和引领着海外华文文学园地的健康成长。

当然，海外华文文学在国内，尤其是海外移民文学，过去存在严重被边缘化的文化困境。“不在场”也许是海外华文文学研究很不被重视的原因：①资讯欠缺，导致对于海外移民作家创作现状的隔阂与疏离；②评论界存在缺乏具体生存经验孕育的现场感；③时空原因，文化政治及社会时代关注点的偏见，文学史叙述的结构及对于海外华文文学本身的漠视和无知。这使海外华文文学本身在我们的现代文学、文化研究中被严重忽视了。从这个意义来说，旅居海外美国休斯敦的陈瑞琳，就具有了绝对的优势，她以生命移植的切身体验，她以跨文化语境的身份体验与真性情的散文创作，她以汉语文学发展史的世界格局性目光的批评，弥补了这种不在场的缺憾，从而有力地促进和引导了新移民文学的发展。陈瑞琳的北美新移民文学批评及其创作，对于海外华文文学学科的推进，具有更为重要的价值与意义。这在其文学评论集《海外星星数不清——一个璀璨的海外华文文学新世界》里充分展现了出来。

结　　语

目前，华文文学或者北美新移民叙事繁荣发展，其已经成为华语文学中最重要的组成部分，而且到了经典化阶段。[①]其最主要的外在标志是：①创作数量惊人，各类华语文学奖评出的优秀经典文本已经达到近百种，经典小说、散文和诗歌佳作纷呈，在文学史上占有相当的地位；②作家辈出，至少有三代华语作家涌现，仅仅知名者（中国台湾、中国香港、东南亚、欧美和澳大利亚四块）就达数十名，仅北美，华语新移民作家知名者就占其中一半，而且大多具有重大文学实绩，像“三驾马车”的严歌苓、张翎、虹影及刘荒田、黄运基、王鼎钧、非马等，几乎可与莫言这样的大师级作家比肩；③新移民文学的一批经典文本已经作为浩大的文化工程深刻影响着人类文化及其交流[②]，像《当代海外作家精品选读》等选集和“海外华人文库”的大量出版[③]，本身就是重大的文化事件，深刻影响着中外文化与文学交流与发展。

事实是，北美新移民文学不仅繁荣发展了，而且已经成为当今世界华文文学的重镇。除了上述几个众所知悉的外显标志外，从叙事主题和文化的角度来说，其发展的主要内在标志至少也有三个：①一批经典文本多以全球人类关注为主题内涵，而这些全球性议题的凸显极大地丰富了华语移民叙事的主题内涵；②女性域外写作及其上升到“离散诗学”高度的书写极大地激增了新移民叙事的文本思想内涵的深入；③其独特的“侨味”文化，展现出华文文学独特的多元文化内涵，世界华文文学正以这样的标志

---

① 江少川. 2015. 新移民文学的“经典”与“经典化”，南昌大学学报，（2）：1-6.

② 把移民叙事、华文文学作为文化交流工程的认识，中国社会科学院的一些学者如张炯、董乃斌等在 20 世纪 90 年代就著文表述过。张炯原文是《世界华文文学的一项重要系统工程》，董乃斌的文章题目是《文化交流的大工程》。这两篇文章均登载在《美华文化人报》1998 年 2 月号上。他们两人实际上是从海外叙事的国家文化战略意义上著文的。

③ 《当代海外作家精品选读》由陈瑞琳选编，《世界华人文库》总序“海外华人文学的新纪元——〈世界华人文库〉总序”由陈瑞琳书写。这两部文集都由吉林出版有限责任公司于 2011 年出版。

性内涵的书写，显示了这一学科文化思想的高度。从海外华语叙事的文化战略角度看，尤其是从海外叙事的国家文化战略看，新移民叙事的发展则更具重大的文化价值意义：它是中华文化现代化的重要参照，一方面它将中华文化传播到世界，显示了中华文化及其意识的崛起，另一方面它又展现了丰富多样的世界现代化图景，开拓了国人眼界，促进了中外文化交流往来，成为了一个重大的文化命题。

一、全球化主题与叙事内涵的扩大

与中国大陆当今本土的文学创作相比，海外华人新移民文学已经以其鲜明特色与文化内涵引起文化界注目。从叙事主题来说，新移民文学首要的文化特征，就是广泛的全球性主题的凸显。

首先，近年来新移民文学的一些经典文本，对于一些全球性议题的关注，已经成为突出的文化命题，成为新移民文学发展的重要标志，像苏玮的《远行人》、查建英的《丛林下的冰河》到20世纪90年代后的周励的《曼哈顿的中国女人》、曹桂林的《北京人在纽约》再到2000年后黄运基的《巨浪》、严歌苓的《扶桑》、张翎的《金山》、沙石的《情徒》、陈瑞琳的《家住墨西哥湾》、刘荒田的《刘荒田美国小品》、吕红的《美国情人》、少君的《人生自白》等，就大多涉及全球性主题。其内容涉及罗兰·罗伯森所说的全球化思想的四个方面。①因为移民已经成为一个全球化现象，从全球化及其全球文化视野下来看新移民文学，新移民文学就是全球化文学。自然，新移民文学对罗兰·罗伯森所说的全球化思想的四个方面或者说主题范围几乎毫无例外的都有生动的表现，而且，正是其表现的这些主题——①民族社会基础上的一系列主题，如国家情感、爱国主义；②个人，或者说根本上说是自我基础之上的人权、自由等一系列问题；③民族社会之间的关系及其基础上的国际主义、世界主义；④总体意义上的人类或全人类性主题等范围宏阔的主题，使新移民文学超越了单一社会和社会内部及其人的意义上的文学主题范畴，具有了更为宏阔的全球化的多向度的深广度主题。像黄运基等新移民文学的诸多作家的现实主义美学风格的小说创作，少君、

① [美]罗兰·罗伯森. 2000. 全球化——社会理论和全球文化. 梁光严译. 上海：上海人民出版社：84.

陈瑞琳《他乡望月》、《家住墨西哥湾》等的文化游记散文及一平《奥斯维辛、春天和复活节》等的人类灾难反省诗篇，就已经跳过过去移民叙事的叙述个体移民的辛酸苦辣故事与人性考辨叙事两个阶段而大面积的集中在人类及其全球性议题这一宏大主题上来了。刘荒田、张翎和严歌苓三个新移民文学代表的创作就反映了这种趋势。

例如，刘荒田散文作为新移民文学的重要组成部分，就展现了全球化的不同时期，尤其是“不确定性时期”的一系列的全球性主题，如新移民、公民权利、民族国家认同和文化认同、世界各国面临的多文化和多族群问题及因性别、性和民族族群的考虑而变得日益复杂的个人观念、乡愁和对一个物种的共同体的人类关注等主题。而且，正是这些主题的表现，使刘荒田散文具有了不尽的思想之源。他的移民草根意识、日常世俗生活的关切，尤其是他的移民或曰“假洋鬼子”的文化身份及其文化坐标的建构，使其创作的大量散文成为了新移民文学或世界华文文学最有代表性的文学文本。张翎从中国南部沿海城市温州出来，大学毕业后从北京移民加拿大（金山），加入了移民作家的行列之中。从小城温州到全球化都市“金山”的历程，是张翎的生命轨迹，也是张翎迈向世界的轨迹。因此，张翎的新移民书写以这两个走向全球化或现代化的象征性地标为切入点。走向世界的温州和全球性都市“金山”（有学者所谓的双城记）的交错腾挪构架起张翎移民叙事的基本结构。张翎的移民经历和人生经验给了她全球化视野。百年移民史和移民命运，现代新移民的现代化寻求和性别思考是其创作的最主要的四个维度。她从温州到“金山”的全球化历程和经验，使其在故乡与异乡的比对描写与分析中，在地理空间与文化反差的比对中展现了新移民叙事固有的全球化特征。张翎能够成为新移民文学的翘楚，源于她对全球世界体系和全球性人类状况的关注。张翎新移民叙事的价值由此得到确立。

而严歌苓之所以“给当今整个华文写作定出了一个新的艺术标杆”，主要从下面几个方面显示出来：①严歌苓走向世界所具备的创作主体的跨文化优势，使其为华文文学及现代文学写作队伍竖起了一面旗帜，引领了新方向，写作面向世界主题，跨越文化的壁障，融合了多元文化，同时，能使其从人类社会现代化实践的角度看去中西对峙的社会主义和资本主义社会实践，克服了长期以来的意识形态对垒思维倾向；②以深广的书写题材和广泛的世界性主题的表现，将移民文学的主题从乡愁、族裔和人性拓展到了广泛的全球化高度，拓展了华文文学世界的思想范围；③吸收中外现代叙事艺术的成功经验，从女性主义叙事原则出发，以丰富多样的叙事探索，在叙事模式建构、叙事手法创新和叙事声音的选择高度上，提升了华文文学的叙事艺术和美学的高度。

其次，新移民文学不仅在反映现代世界社会历史的深广度和人性开掘上取得了极大的成就，而且总体上以各种文明的、社会的、人类的和共同体的全球宏大叙事为主而推进了现代汉语文学的现代性主题的深入。罗兰·罗伯森等社会学家认为，全球化不是现代化的结果，但是，全球化却是世界社会历史的总趋势："确实，这里讨论的一项主要努力在于提出这样的命题：现代性（modernity）问题已经扩展为——从某种意义上已被归入——全球性（globality）问题。现代性的特定主题——生活世界的碎化（fragmentation）、结构分化、认知和道德的相对性、经验和范围的拓宽、短暂性（ephemerality）——在全球化的过程中加剧了，而物种死亡的威胁更使它们大大加剧。"[①]所以，就此而言，新移民文学虽然不像西方现代主义文学那样，着力以现代派的精神去反映现代性生活的方方面面，但其顺应全球化的历史趋势，反映全球化带来的全球性、世界性主题，其呈现出来的全球化、世界性的多样议题，无疑就对于现代主义文学的现代性主题有了新的拓展。明显的事实是，新移民作家在世界各地来来往往，进进出出，游走在全球，对于一些全球性议题当然最先触及，像《蜜月巴黎——在地球经纬线上》《家住墨西哥湾》《听雨密西西比》《曼哈顿的这个女人》《金山》《美国情人》《怡保之夜》等所显示的正是这种特性。也就是说，置身全球场，在巴黎、墨西哥湾、密西西比、曼哈顿、金山（温哥华）、旧金山、怡保等地来来往往，进进出出，新移民作家首先因游走地域差异而意识到全球性的多样问题，尤其是首先意识到罗兰·罗伯森所说的全球化思想的四个方面及其更为现实的主题，因此，其作品便必然反映这些全球化地域引发的各种议题，颇富后现代意味。比如怀乡、旅游等行为，当其成了现

① 罗兰·罗伯森. 2000. 全球化——社会理论和全球文化. 上海：上海人民出版社：96.

代人的一种主要生活方式时，这种取向就更为明显。这从《美华文学》的“散文·游记”栏目一直到陈瑞琳等的游记散文发展趋势即可见出端倪，而严歌苓、张翎、刘荒田、吕红等的创作，这个特点也就更为深入。

事实上，全球化主题的凸显拓展了我们对于新移民叙事的认识。因为移民本身就是全球化议题，新移民叙事更是如此，正确地认识全球化，就成了正确认识新移民叙事本质内涵的重要前提了。例如，从文化全球化或全球化的视野来看，如果我们不是消极而狭隘地对待全球化[①]，那么，我们必然就会发现，全球化并非就是资本主义化，美国化，也不是所谓中国化，更不是殖民化或者说会助长殖民主义，因为当代文化的生成、发展与演变是在“全球场”中进行的。不同民族、国家伴随着文化全球化的进程，在“全球场”中展现自己的变化，并与其他文化相遇、相撞、相融合，进而生成新的文化范式、文化关系。而且，新移民作家不是所谓单纯的中国化的倡导者，也不是美国化的提倡者，以及甘心被殖民化的人。这不需要拿任何海外作家的个人信息去印证，上述提到的任何新移民作家的创作文本都是最好的说明。《扶桑》在反对种族歧视，《金山》《阵痛》在反思美国化，刘荒田则站在全球文化坐标反思“假洋鬼子”的心性哲学。

最后，全球化又是一种兼具同质化和异质化的过程，是同异质文化在“全球场”中相互交融实现新的文化创造的过程。新移民文学就是这样的产物，或者说它必然是这种文化融合的结果。因为，从全球性角度看新移民叙事及其它们关于世界各国的现代化实践的书写，我们发现，一方面海外华文创作主体具有了新的文化坐标，克服了中西对抗、意识形态的人为纠缠，能以现代化实践的多样性看待文化及其社会实践的趋势，另一方面罗兰·罗伯森所说的全球化思想的四个方面使得新移民文学表现的范围更为开阔。所以，从这一视角来说，全球性议题的凸显增进了新移民叙事思想内涵的丰富深入，也加深了我们对世界华文文学学科的新认识，并由此提升了华文文学的文化品质。事实上，北美新移民文学正是在这一基点上超越了华文文学发展的不同阶段，以其全球性主题这个更为丰富而宏阔的内

① 对于全球化，中外学者观点多样，也存在诸多分歧。在消极主义者看来，由于全球化导致的诸如民族主义、宗教原教旨主义等结果，许多人将其当作危险术语而惧怕谈论。其实，全球化已经是一个客观存在。置身于这一客观现实中，我们有必要正确对待并参与其中。

涵与文化思想，推动世界华文文学积极而健康发展。

二、“域外求真”与离散诗学品格

在新移民文学作家中，女作家的创作最为醒目。从周励、严歌苓、张翎、虹影到施雨、施玮、陈瑞琳、吕红、张惠雯、袁劲梅、陈谦等，她们这批女作家构成海外华文文学创作的主力军。新移民文学何以成为目前世界华文文学的重镇，海外女性作家群的出现及其创作起了极大的推进作用。也许陈瑞琳对于海外“文学女人”创作成功的原因做的解释，最有说服力。陈瑞琳解释说：“解释当今海外文坛的‘红楼’现象，一来女人生性敏感多情，又渴望倾诉；二来女人在海外升级的压迫相对比男人少，于是，春江水暖，女人先知，也因此，一代‘文学女人’在海外应运而生。

域外写作，无须载道，心灵得到充分的解放和自由的表达，因此可坦然关照历史并挖掘情感的宝藏，再加上两种异质文化的正面碰撞，从而将‘生命的自由’的个体意识空前的发扬。尤其是海外的女性作家，她们更注重人的本源意义，由此而形成的创作不仅能够随心所欲，而且在风格上千姿百态。纵观近年来在欧洲美国崛起的新移民女作家，她们的一个突出的特点首先是有意识地爆出了自己所处的‘边缘地带’与‘本土文化’及‘中心主流’的心理距离，从而构建了一个独特的写作空间，她们迅即的消解着‘原乡’的文化概念，自由地在‘原乡’和‘异乡’之间巧妙的转换，无论是痛苦的回首还是挣扎的反省，无论是怀恋的寻找还是超越的兼容，都表现出卓然不同的崭新视野。”[①]域外写作使女性创作获益匪浅。陈瑞琳所概括的海外华文文学的“三驾马车”的严歌苓、虹影、张翎是代表。已有创作的事实已经证明，“域外写作”这一全球化处境及这一处境中女性自身的优势——“女人生性敏感多情”“女人先知”，是极大地促进新移民文学的重要发展元素。

对于新移民叙事来说，女性作家及其“域外求真”具有极为独特的意义。因为海外华文女性作家，与海外华文男性作家的处境不同，与国内相对成长的女性作家更是不同；因为跨文化，与母体、家园远离，海外女性

① 陈瑞琳. 2014. 长袖善舞缚苍龙——素描当代海外新移民女作家//海外星星数不清——陈瑞琳文学评论集. 北京：九州出版社：41.

作家经受的体验已经远远超过了东西文化、性别文化的疆域。这种差异和“裂变”促使新的创作主体的诞生，也由此给“文学女人”天大的“优惠”，换句话说，在离散诗学意识的催生下，关于女性生性（一个女权主义者彻底否定的命题）及其取向、关于孤独命题、全球性议题和自由的叙述，是有力地促进了新移民文学思想内涵及其发展变迁的。

域外创作，“怀乡”是永恒主题。图尔纳认为，对于怀乡的人来说，世界是异己的。[①]对于新一代华人女性移民作家来说，“离乡”状态，不是无家可归，也不是一种思乡病，从现代化和全球化的潮流看，或者从目前正处在已经加速产生乡愁的全球化新阶段为中心来看，怀乡是身份位移，是一种生命存在状态，它促使一个人对自己在社会中和宇宙中的存在状态追问，而文学却因思、因问而生，于是，从社会学和哲学上对于某种人类疏离状态考察的离散诗学便诞生了。在这种离散诗学的意识催生下，于是，我们便看到了一代“文学女人”严歌苓与新移民叙事的全球性主题，虹影《饥饿的女人》的性别追问，张翎新移民叙事的移民苦难史叙述，吕红《美国情人》的移民迁徙原因的探讨，陈瑞琳与新移民文学“生命移植”的多样讨论，施玮基督教徒在异乡命运的思考。因此，从这个意义上说，严歌苓等这群“文学女人”生命移植海外的离散经验，成就了这批海外女性书写者，也使新移民叙事有了新的文化内涵。

“我们在国外，不仅是逃避、谋生，亦应该是一种自我人格的生长和建立以及对真理的求索。我在另一种文明之中，有种种不适不惯，但我们应该学习到他们的长处。而文明中学习那些好的东西则是困难的。在里尔克的这些信中，我们可以看到另一种文明，其个人对待孤寂——自我与时序——的方式。这是与中国文化完全不同的”，“在外几年，深深体会了个人的孤寂（在这里我使用孤寂而不用孤独。我试图将这两个词语分开），其于国内所感大有不同。在国内也有孤独的痛苦，但是另外一种。这种孤独的痛苦是非常具体的，因为作为社会个人，于社会你应有的那份具体的生活的权利与自由被流失，你只能将自己紧紧地封闭压抑。你的孤独是具体的，痛苦也是具体的，具体的现实状况，掩盖了人深层的孤寂命题，在人的塔式心理结

① 图尔纳. 2000. 乡愁和全球化的尖锐形式//[美]罗兰·罗伯森. 全球化——社会理论和全球文化. 上海：上海人民出版社：225-226.

构中，其阻碍了这一命题于你的呈现。‘前无古人，后无来者’并不是一个被处处管制的人所能说的。人需要一个敌人，从本质上看，这就是人对孤寂的转移，人制造一个具体的对抗对象而遗忘自己的孤寂。从人否定性来说是这样，从人的肯定性来说，那就是偶像崇拜。在国外，那一社会已经远离，而这一社会你亦不能真正介入。虽然，你在此生活，仍有麻烦难苦，但你是旅居，没有直接强迫你，作为一个个人，有选择权利与自由。正因为有了这一个个人，没有其所能介入的社会，那一份孤寂才加倍深重。”①因移民海外而孤寂，孤寂与离散带来新的创作主题。对于海外作家来说，这使得他们的创作具有了独特的创作优势：一方面，她们离开了汉语文学场所到异域去写作，得重新调整自己的书写对象，得面对异域别样的文化、文明语境，性别语境，获得一种新的生活生命体验，而且，正是这种“孤寂”的存在，使海外华文作家，尤其是移居海外的一群“文学女人”有了深入思索个体、人性、人类处境这类富于哲学意味全新命题的经验基础。严歌苓的人性思索，余国英的伦理思考，施玮的灵性诗学，无不如此；另一方面，她们又具有了一种世界、全球视野，而且因为有了移民这种全球化的体验，能够在全球场中观察，即使从全球化议题的那一个维度来观察这个世界，她们也都会得到全新的认识和思想。如前所述，她们独特的经历，使得她们具有了全球化的四个参照系（社会，个人，国际关系和人类），获得叙事的丰富思想资源和范围以及全新的话语源泉。严歌苓、张翎、虹影、施玮、吕红、陈瑞琳们的文本，全是她们这种新话语的产物。事实上，正是女性作家对于这类孤寂及其全球化的宏大命题的叙事，破除了女性书写缺乏理性哲学及其宏大叙事的狭隘神话，使新移民文学超越了个人情感、日常琐事的叙事而有了丰富的思想内涵。

同时，“域外求真”或域外写作也是华文作家文本，尤其是女作家文本有了多元化的思想内涵。“七年后我重新书写，发现人文真是个伟大的海洋，我的书架上，流行书越来越少，最后仅剩下了三本书：《圣经》《纯粹理性批判》《追忆逝水年华》。读这三本书，使我的心灵受到震颤。理性之镜的照耀，思维的刺激是语言无法形容的。读书真好，写作真好……从来中国

① 一平. 1998. 另一种孤寂//身后的田野. 北京：人民文学出版社：208.

的背景，我看到自己走向白人意识的过程还是带有‘大陆出来的’这样的起点，但我已经从一般的中国女性中分离出来，与我的同胞，与我的母亲，与其他中国女作家很不一样了。我的社会关怀，我的击中目标不再是写小说高潮，写事件和故事。而是真爱，真信仰；发自内心的快乐，平静的幸福，重新植根，真正的独立思考，创作，要写真实。要写真实，就不能忽略生活的任何一方面，包括思想自由，包括信仰，包括对于宇宙科学的认识。”①这里，我们看到了海外“文学女人”全新的写作高度，因为凭借“人文”“理性之镜”“思维刺激”“白人意识”“社会关怀”“内心快乐”“信仰”“自由”“宇宙科学”这些关键词，我们就可以足够认识海外女性作家创作特有的广度和内在深度了。所以，如果我们从华人作家的“在国外，我们可以看到另一种文明”的角度来看华文文学，那么，对于华人移民作家的创作的优势，也可以从这一视角确认。事实上，在这个世界上，人权得到保障，自由被当作天经地义并被作家们辩证哲学的理解，公正原则化，拒斥奴隶制，种族屠杀罪的法律化的文明本身就存在。当海外女性作家以此“文明的标准”来“求真”，来把握这个世界的时候，她们的创作就跳出了单一社会构型和文明的局限，跳出了过去欧洲中心论的束缚，呈现出全球化的丰富世界景观了。而且，不仅是“域外”视野的获得，当她们把这种海外视野与经历当作“一种自我人格的生长和建立及对真理的求索”的时候，华文文学内涵的思想高度便自然形成了，事实是，一些优秀的华文作家，尤其是女性作家的作品是充分地体现了出来的。

三、“他乡望月”与华侨文化

新移民文学或华文文学不仅具有独特的表现主题，而且还具有独特的文化特征。这首先是因为新移民作家都有独特的跨文化经历与体验。这种跨文化经历与体验为新移民作家提供了宽阔的视野和开放意识，也为他们的创作提供了丰富的素材资源。其次是因为华人新移民文学用汉语书写，其文本具有丰富的中华文化气息，而作家们又生活于世界各地，尤其是西方世界，西方现代人的存在方式、制度、文化深刻地融合于他们的创作中。

① 张慈. 2011. 写作的意义//陈瑞林. 当代海外作家精品选读. 长春：吉林出版集团有限责任公司：423.

这决定了华文文学或新移民文学独特的文化面相。因此，从文化属性上来看，新移民文学属于典型的华侨文化。这种华侨文化至少包含以下特性。

第一，“他乡望月”：文化双重品格。一方面，北美新移民文学的发生和发展，与当今现代化、全球化的文化趋势一致，几乎所有北美新移民文学文本都迎合这种趋势，有些文本甚至表现出对于这种文化的迷恋倾向。例如，对于基督及其清教精神的迷恋，宣扬西方的现代化及其文化，成了这些作品的基本趋向，另一方面，由于创作语言及其创作主体的文化主体身份影响，北美新移民文学又无不张扬中国儒释道文化及其生存哲学。例如，对于中国社会、历史文化，尤其是近代以来的中国文化及其历史反思，表现出既弘扬中华文化又批判中华文化双重倾向。在一些华文文学文本中，中华文化的思想智慧溢满其中。例如，曾宁的《地母》、吕红的《美国情人》、尔雅的《蝴蝶水上飞》及大量的华文文学作家文本里，中华文化思想充盈其中。像《地母》《蝴蝶水上飞》中关于思考前世今生的孟母汤、宗教性轮回的人类转生话语，《美国情人》里的“引子”部分的芯的关于情殇、关于人生聚散的辩证、关于宿命及其流离漂泊的思考，都包含佛教、易经等丰厚的中华文化思想。

事实上，华文文学与中华文化根系复杂，血脉相连。例如，张翎把温州为代表的南中国文化极其细微精致地描述了出来，金山作家群，则把广东台山为代表的侨乡文化全面地展现了出来，尤其是当作家们在西方文化参照下书写中华文化，中华文化的精髓在其关照下纤微毕现。华文文学，是在异域镜像下的中国文化。陈瑞琳的《家住墨西哥湾》和《他乡望月》散文集，似乎就是北美新移民文学这种文化品格的生动展现。一边在墨西哥湾这个北美的中心名胜言说，一边心念故乡“长安”之月。“家住墨西哥湾”和“他乡望月”这两个行动性意象，就充分地展现了北美新移民文学的这种文化品格。这与《曼哈顿的中国女人》和《北京人在纽约》展现的文化意蕴和写作动机十分不同。陈瑞琳们是真正的太空自由人，世界人，世界公民。对中西两种文化，他们可以站在超越性的立场，宽容自由言说，无偏见、无拘束、有感情、有理性地申说。可以说，北美新移民文学因为有这样的文化品格，就没有了通常的所谓崇洋媚外的嫌疑，也没有了“他乡望月”的心理自卑了。所谓西方中心主义，东方中心主义及相关阐释，在这里都显得卑微而动机不纯了。

第二，“侨味”：文化的变异与存在形态。从文化形态上看，华文文学或新移民文学是黄运基等海外作家所称道的“华侨文化”。“华侨文化”是有特定内涵的。《美华文化人报》发刊词认为，“美国华侨文化有两个特定的内涵：一是它在美洲这块土地上孕育出来的，但它又与源远流长的中华民族文化的脐带紧密相连；二是在这块土地上土生土长的华裔，他们受了美国的文化教育的熏陶，可没有也不可能忘记自己是炎黄子孙，他们在思想感情上、在言行举止上虽然与先辈们迥然有异，但却没有数典忘祖，他们也在觅祖寻根”。[①]黄运基等的这种认识，是充分地界定了新移民文学文本的文化属性的——从文化属性上看，新移民文学就是华侨文化的重要的体现。

史星《移植之树常青》里的认识，与黄运基等完全一致。史星把这种属性定义为“侨味”：“美国华文作家，移民来到美国前，都在中国生活过，他们在中国受过教育，他们的肌肤中流淌着华夏子孙的血液，中国传统文化已经深深地根植在他们心灵里，他们的生活习惯、思维方式、待人接物、伦理观念以致语言表达全是‘中国’的。然而，他们既然已经移民来到美国，哪怕是华人集聚的地区，也不可避免地受到西方文化的冲击，面临着美国文化的浸染。因此，他们写出来的文学作品，尽管与国内的作家无异，也是用几千年的方块字构成的，但是，他们的内容已经与国内作家写的作品也有了很大的不同。这些不同，只有在国外生活过、亲自体验过的人，才容易辨识出来。所以，华文文学兼具了中国文学的底蕴，又凸显了海外环境、生活、文化的不同，而产生的变异。”这种变异的形态，史星用了一个生动的词汇“侨味”做了概括。“它处于美国文学和中国文学的边缘地带，既带有中国母体文学的所有特征，又受到美国文化的冲击、滋润和调适。它是‘中国种’的美国文学，又是带美国味（即黄运基先生称之为‘侨味’）的中国文学。……这种‘侨味’是来自异国生活血液中的血色素，来自心灵深处东西方两种文化融合之后的裂变，是一种发自本身的体味”。[②]所以，华侨写的新移民文学就呈现出多元文化，其特征就是“侨味”。陈公仲先生

① 《美华文化人报》发刊词，1995。

② 史星. 1997. 移植之树常青——华文文学的定位与旧金山华文作家群. 美华文化人报（12）：5.

把这种特征称之为“杂种”形态，实际上也是对于华文文学这种特征的一种体认。“侨味”是多元文化碰撞、融合的结果。

当然，这里的“侨味”内涵来自两个向度。一是中华文化向度。许多华文文学文本的作者表达的乡愁，实际上是他们的中国恋情，对于中国传统文化及其价值精神的坚守，他们的文本中人物的行为，始终受中国的道德、伦理和习俗的制约，甚至以其为标准。中华文化已经浸透在华人内在精神里。老南《豪宅奇缘》里许多人物，身在美国，却以传统文化伦理道德要求自己，始终融不到西方文化生活里。《禅院筝声》里的人物，来美国漂泊挣扎后当上了尼姑，遁入佛门。谭余《萍水相逢》里，“我”和米芝同在美国银行上班，相互帮助，生发恋情，却最终发乎情止乎礼仪。遵循着东方文化的道统。这一份人生情愫，显示了一代代华侨身上浓厚的“体味”。像刘荒田散文的“侨味”，则是魏晋散文的洒脱与明人小品的性灵的结合，韵味十足。黄文湘《美国大地上的中国歌声》如题所示，张扬的就是中国文化。二是美国文化的向度，唐人街之外的风情。这一向度指的是华人作家面对美国价值观、生活方式及其多元文化的姿态。郑其贤《金门桥的沉思》《霓虹灯下的疯狂》《葡萄美酒醉游人》，少君《文学的亚特兰大》等，对于美国创造的世界奇迹金门大桥的赞美、拉斯维加斯赌城的沙漠奇观及其文化的评议、加州葡萄园的陶醉，对于亚特兰大等为代表的美国文化文明奇迹的沉思的这些文本，是品格极佳的华文散文文本。这些文本的“侨味”，如同华人对于西方圣诞节、复活节、感恩节、万圣节的欣赏一样，意味着对于西方文化的选择性认同。它们奇妙地和中华文化融合起来，包含了某种变异，形成“假洋鬼子”气，也使这种“侨味”别有意味。因此，“侨味”是华文文学的独特内蕴、美学风味与美学面貌。世界华文文学正以这样的标志性内涵的书写，显示了这一学科文化思想主题的高度。所以，北美新移民文学，就既在全球性主题的凸显上，又在这种独特的“侨味”内涵上充实了世界华文文学的内涵，使世界华文文学的学科内涵更为丰富了。

四、新移民叙事：作为文化现代化工程的价值和意义

海外华人移民叙事是中国改革开放近 40 年以来文化、文学界的重大文化命题，而 21 世纪以来，海外华人移民叙事在全球化、互联网及其地球村

思想与理论影响下巨大而深刻地改变着世界文学与汉语文学的格局和面貌。世界全球化思潮，海外华人移民叙事，这是我们时代的“世界时事大政治”。全球化思潮深刻地影响着世界华文文学的发展，世界华文文学也深刻地影响着全球化体系中的中国现代化进程，因而从文化诗学的角度，以“立足现实、面向未来、面向世界”的视野，在叙事的国家文化战略高度来看待新移民文学或世界华文文学，它显然是一个具有重大现实意义的课题，事实是，除了前述的它的张扬全球化文化、造就离散诗学和创造华侨文化外，它的另外三个主要文化价值还在于以下方面：

1）移民叙事首先是一项重大的文化系统工程，它以其创作主体独特的身份和跨文化优势对全球移民及其相关的全球性的社会议题作了独到的反映而意义重大。因为叙事关联着文化政治，一部文化作品同时也就是政治作品。当今世界，移民在政治上作为演员已经大规模出现在世界舞台上，舞台上的移民像大海一样既辽阔无垠又“深不可测”。移民叙事面对这样的事实，如《扶桑》《金山》《美国情人》等，就生动形象地描述了前移民历史、移民人生和生活历史，给我们认识移民及其这一国际性的社会现象提供了丰富的文史材料，为我们了解在地球村背景下的“彼岸追寻”的现代移民的世界图景以及世界现代化实践的社会历史发展状况提供深刻的现实启示。同时，海外华人移民叙事的一大批作者，是一种独特的语言艺术世界的创造者。这一角色使其作品不仅成为了未来世界的表现，像黄运基的《异乡三部曲》《北京人在纽约》《曼哈顿的中国女人》《他乡望月》《美国情人》等，就清晰展现着现代移民作为世界公民的现代性社会历史探索，容纳着丰富的社会历史和世界全球性思想内涵，因而具有重要的历史、社会学的现实意义与价值。

2）新移民叙事是中华文化现代化的重要参照，对移民叙事关注与研究意义重大。因为它连接着中国和世界各国海外移民地两端。这种叙事，一方面将中华文化传播到世界，显示了中华文化及其意识的崛起，另一方面又展现了丰富多样的世界现代化图景，开拓了国人眼界，促进了中外文化交流往来。众所周知，叙事、语言、风格和文化政治（话语权）之间存在着微妙的关系。叙事往往是不成文的法律，它以其生动的艺术图景将文化政治理念刻在人民心上。哪里有华人，哪里就有华人移民叙事，哪里就有华人文化，因而把华人作家的异国叙事（包括美国梦叙事）与“中国叙事”放到全球化思潮中研究，探究“美国梦”和“中国梦”的内涵，可以充分显示华文文学对世界文化、对全球社会文化发展的积极引领作用，使华文文学发挥艺术的强大文化功能，从而推进全球文化、文明建设历程。进一步说，由于新移民叙事是华文作家在域外视域下的创作，它展示了多样化的全球现代化实践进程，其叙事对于中华文化现代化就提供了重要的参照。像黄运基《巨浪》、严歌苓《扶桑》、张翎《金山》及《北京人在纽约》《美国情人》等文本，就生动地展现了所在西方文化、政治现代化进程，这些文本提供了中华文化现代化的诸多参照体系，为变革中华文化现实政治提供深刻启迪。

3）新移民叙事，提供了现代汉语文学史的丰富资料。因为，所谓现代汉语文学，它不仅仅是中国大陆和台湾地区的汉语书写，那些在海外用汉语书写的大量文学文本，也是其重要的组成部分。[①]海外华文移民叙事就是如此，从东南亚到欧洲澳洲再到北美，海外华人移民叙事中的马华文学叙事、“三驾马车”与刘荒田等的全球化与世界文化坐标叙事为现代海外华人移民叙事建构了宏大文学图景。海外华人移民叙事的大量文本，表现了海外华人移民叙事为代表的文化叙事学的诸如文化文明主题、人类极终性主题、国家种族意识和乡愁等全球性议题的丰富内涵，展现出世界文学艺术的高远思想境界，并提供了现代汉语文学史的丰富资料。如一些学者所言，没有海外华人作家汉语创作的现代汉语文学史，构不成当代汉语文学的全景地图。何况，最近 30 多年来，海外汉语书写已经蔚为壮观，是当代汉语文学极其重要的彰显的部分，学界甚至有“风景这边独好”的深入阐发。因此，对于新移民文学，尤其是华文文学的文化文学研究及其理论研究，可以补充“现代汉语文学史”的丰富内涵，克服狭隘的文学国籍（中国、美国、新加坡等）、时间（古代、现代、当代等）等文学史理论和文学地图学理论建构的局限，展现当代汉语文学的整体面貌，从而为建构完整的包括域外汉语书写的现代汉语文学史提供丰富的史料、理论支持。

① 参见朱寿桐《汉语新文学通史》（2010 年，广州：广州人民出版社）的相关论述。

参 考 文 献

[英]阿兰·卢格曼. 2001. 全球化的终结. 北京：生活·读书·新知三联书店.

[美]爱德华. W. 萨义德. 2007. 东方学. 王宇根译. 北京：生活·读书·新知三联书店.

白先勇，朱寿桐. 2016. 呼唤中华文艺复兴——“白先勇与汉语新文学的世界影响”研讨会闭幕式上的讲话. 华文文学，(2)：5-7.

朝东. 2012. 在书中聆听时代前进的脚步声——系列小说《异乡曲》读后感//黄运基. 巨浪. 广州：花城出版社：309.

陈公仲. 2005. 世界华文文学概要. 北京：人民文学出版社.

陈公仲. 2006. 歌者之歌. 横看成岭侧成峰——北美新移民文学综论序//陈瑞琳. 横看成岭侧成峰——北美新移民文学. 成都：成都时代出版社：2.

陈公仲. 2009. 文学新思考. 南昌：江西教育出版社.

陈公仲. 2009. 序《北美经典五重奏》//文学新思考. 南昌：江西教育出版社：118.

陈公仲. 2009. 一曲百年沉重的移民悲歌——《金山》读书笔记//文学新思考. 南昌：江西教育出版社：138.

陈公仲. 2010. 试评新世纪——新移民小说的发展. 美华文学，(74)：21.

陈公仲. 2012. 离散与文学. 广州：花城出版社.

陈公仲. 2014. 灵魂是可以永生的. 南昌：二十一世纪出版社.

陈骏涛. 2005. 中国留学生文学大系·当代小说欧美卷. 上海：上海文艺出版社.

陈茂贤. 1999. 海外华文文学史. 厦门：鹭江出版社.

陈瑞琳. 1999. 追溯历史的脚步：北美行杂志关于新移民文学的首次探讨. 北美行，(1)：15

陈瑞琳. 2006. 横看成岭侧成峰——北美新移民文学散论. 成都：成都时代出版社.

陈瑞琳. 2006. 灵魂变奏的沧海之歌——读白领作家陈谦的小说//横看成岭侧成峰——北美新移民文学散论. 成都：成都时代出版社：117.

陈瑞琳. 2007. 哈得逊河畔的文学女人——纽约的冬天风貌扫描. 梅花文学，(61)：70-71.

陈瑞琳. 2009. 春花秋月何时了//家住墨西哥湾. 石家庄：河北教育出版社：43.

陈瑞琳. 2009. 书店纪事//家住墨西哥湾. 石家庄：河北教育出版社：71、74.

陈瑞琳. 2009. 一缕茶烟//家住墨西哥湾. 石家庄：河北教育出版社：70.

陈瑞琳. 2011. 冲出中国当代文学的精神困境——试论海外“三驾马车”. 美华文学，(77) :57-60.

陈瑞琳. 2011. 当代海外作家精品选读. 长春：吉林出版有限责任公司.
陈瑞琳. 2013. 美华文学的一座丰碑. http://www.chinawriter.com.cn/bk/2013-04-12/69115.html [2015-9-22].
陈瑞琳. 2014. 海外星星数不清——陈瑞琳文学评论选. 北京：九州出版社.
陈瑞琳. 2014. 镜子里的人与时代//江少川. 海山苍苍——海外华裔作家访谈录. 北京：九州出版社：4.
陈瑞琳. 2014. 长袖善舞缚苍龙——素描当代海外新移民女作家//海外星星数不清——陈瑞琳文学评论集. 北京：九州出版社：41.
陈思和. 2006. 第九个寡妇 • 跋语//严歌苓. 第九个寡妇. 北京：作家出版社：307.
程超泽，华伟. 1999. 第四次浪潮：资本金融全球化. 上海：上海人民出版社.
程国君. 2014.《美华文学》杂志与北美新移民叙事综论. 陕西师范大学学报（哲学社会科学版），(2)：85-94.
程国君. 2015. 所有移民迁徙原因——由《美国情人》看新移民小说的现代内涵与叙事创新. 南昌大学学报（人文社会科学版），(1)：7-13.
戴翎. 1997-10. 融入美利坚——评长篇小说《早安，美利坚》. 美华文化人报， 3（5）：3.
戴瑶琴. 2015. 新世纪欧美新移民小说中的"东北叙事". 南昌大学学报（人文社会科学版），(1)：14-20.
[美]丹尼尔 • 贝尔. 1989. 资本主义文化矛盾. 赵一凡，蒲隆，任晓晋译. 北京：生活 • 读书 • 新知三联书店.
邓治. 2010.《美华文学》引领着我. 美华文学，(73)：10.
丁立群. 2014-9-24. 从文化哲学视角看和谐文化建设. 中国社会科学报——马克思主义月刊，B01.
董鼎山. 1986. 浅谈美国移民文学. 上海：上海文艺出版社.
董鼎山. 2014. 纽约客随想录. 北京：商务印书馆.
董乃斌. 1997. 文化交流的大工程. 美华文化人报，3（7）：4.
董乃斌. 1999.《双玉佩》序. 美华文学，(30)：75-76.
董乃斌. 2003. 刘荒田散文与比较文化学. 美华文学，(49)：90-93.
[马来西亚]方修. 1986. 马华新文学简史. 吉隆坡：马来西亚"董总"出版社.
[英]弗吉尼亚 • 伍尔夫. 2003. 一间自己的房间. 贾辉丰译. 北京：人民文学出版社.
戈云. 2000. 悲情在岁月中滴血——刘荒田散文简论. 美华文学，(4)：73.
顾艳. 1996-12. 感伤的命运——读黄运基先生《奔流》札记. 美华文化人报，2（6）：7.
黄荣伙. 2005. 群芳馥郁——贺《美华文学》创刊十周年. 美华文学，(58)：86.
黄万华. 1999. 华文文化转换中的世界华文文学. 北京：中国社会科学出版社.
黄万华. 2000. 变动不居——20 世纪华文文学的文化态势. 美华文学，(31)：65-70.
黄万华. 2006. 美国华文文学论. 济南：山东文艺出版社.

黄唯. 2012. 移民之道——一位美籍华裔律师教你如何合法移民美利坚. 北京：中国人民大学出版社.

黄文湘. 1996-10. 美国大地上的中国歌声. 美华文化人报，2（5）：7.

黄运基. 2012. 巨浪. 广州：花城出版社：21.

黄宗之，朱雪梅. 2009. 破茧. 北京：人民文学出版社.

黄宗之. 2001. 阳光西海岸. 天津：百花文艺出版社.

江少川. 2006. 文化视野·人性开掘·现代叙事——评严歌苓新作《第九个寡妇》//刘中树等主编. 世界华文文学的新世纪. 长春：吉林大学出版社：291.

江少川. 2007. 台港澳暨海外华文文学教程. 武汉：华中师范大学出版社.

江少川. 2010. 女性书写·时间诗学·影像叙事//吕红. 午夜兰桂坊. 武汉：长江文艺出版社：382.

江少川. 2014. 海山苍苍——海外华裔作家访谈录. 北京：九州出版社.

江少川. 2015. 新移民文学的“经典”与“经典化”. 南昌大学学报（人文社会科学版），（1）：1-6.

杰汉·拉马扎尼. 2003. 诗歌、现代性和全球化. 周航译. 世界文学评论，（16）：79.

金宏宇. 2012. 中国现代文学的副文本. 中国社会科学，（5）：25.

寇金明. 2010-2-4. 五奖名花有主，张翎独得“特别”. http://news.dayoo.com/zhongshan/201002/04/73605_100988729.htm [2016-09-21].

[德]赖纳·特茨拉夫. 2001. 全球化压力下的世界文化. 吴志成，韦苏译. 南昌：江西人民出版社.

李贵苍. 2006. 文化的重量：解读当代华裔美国文学. 北京：人民文学出版社.

李诠林. 2012. 台港澳暨海外华文、华人文学散论. 北京：社会科学文献出版社.

李兆阳. 2005. 自恋与艺术. 美华文学，（58）：87-89.

[马来西亚]林水壕，骆静山. 1984. 马来西亚华人史. 吉隆坡：马来西亚留台校友联合会总会出版.

林贤治. 2000. 五十年：散文与自由的一种观察. 书屋，（3）：17-79.

林毓生. 1988. 中国传统的现代性转化. 北京：生活·读书·新知三联书店.

刘登翰. 2000. 北美华文文学的文化主题与二十世纪文学中国文学关系. 美华文学，（31）：71-74.

刘荒田. 1995. 唐人街的桃花. 珠海：珠海出版社.

刘荒田. 1996. 唐人街的婚宴. 沈阳：沈阳出版社.

刘荒田. 1997. 旧金山浮生. 郑州：河南人民出版社.

刘荒田. 1998. 纽约闻笛. 郑州：河南人民出版社.

刘荒田. 1999. 旧金山小品. 上海：上海人民出版社.

刘荒田. 1999. 纽约的魅力. 昆明：云南人民出版社.

刘荒田. 2000. 鸟与鸟笼. 美华文学，(32)：62
刘荒田. 2001. “假洋鬼子”的悲欢歌哭. 贵阳：贵州人民出版社.
刘荒田. 2001. “假洋鬼子”的东张西望. 贵阳：贵州人民出版社.
刘荒田. 2001. “假洋鬼子”的想入非非. 贵阳：贵州人民出版社.
刘荒田. 2001. 美国世故. 郑州：河南人民出版社.
刘荒田. 2002. “仿真洋鬼子”的胡思乱想. 广州：花城出版社.
刘荒田. 2002. 星条旗下的日常生活. 广州：花城出版社.
刘荒田. 2003. 中年对海. 郑州：河南人民出版社.
刘荒田. 2005. 听雨密西西比. 济南：山东画报出版社.
刘荒田. 2008. 感谢，为了我破折号中的一切//刘荒田美国笔记. 石家庄：河北教育出版社：129.
刘荒田. 2008. 江天俯仰独扶犁——记台山杰出诗人程坚甫//刘荒田美国笔记. 石家庄：河北教育出版社：292.
刘荒田. 2008. 旧金山浮世绘. 重庆：重庆出版社.
刘荒田. 2008. 跨洋之虹. 海口：南海出版社.
刘荒田. 2008. 下城，带骨刺的漫游//刘荒田美国笔记. 石家庄：河北教育出版社：88.
刘荒田. 2008. 又见“芸娘”//刘荒田美国笔记. 石家庄：河北教育出版社：178.
刘荒田. 2009. “芝麻街”与我//刘荒田美国笔记. 石家庄：河北教育出版社：40.
刘荒田. 2009. 车里人生//刘荒田美国小品. 石家庄：河北教育出版社：28.
刘荒田. 2009. 胆大包天的鸟//刘荒田美国小品. 石家庄：河北教育出版社：14.
刘荒田. 2009. 地上的情书//刘荒田美国小品. 石家庄：河北教育出版社：16.
刘荒田. 2009. 二十六和五十二//刘荒田美国笔记. 石家庄：河北教育出版社：20.
刘荒田. 2009. 旧金山拂晓//刘荒田美国小品. 石家庄：河北教育出版社：12.
刘荒田. 2009. 旧金山湾区热门作家——德蓉. 美华文学，(69)：31.
刘荒田. 2009. 刘荒田美国小品. 石家庄：河北教育出版社.
刘荒田. 2009. 刘荒田美国小品·后记. 石家庄：河北教育出版社：356.
刘荒田. 2009. 落花的坐姿//刘荒田美国小品. 石家庄：河北教育出版社：10.
刘荒田. 2009. 刘荒田美国笔记. 石家庄：河北教育出版社.
刘荒田. 2010. “美华论坛”版主作品特辑·按语. 美华文学，(74)：4.
刘荒田. 2011. 美华文学·卷首语. 美华文学，(79)：1.
刘荒田. 2011. 小品接龙. 长春：吉林出版社.
刘荒田. 2012. 巨浪·序//黄运基. 巨浪. 广州：花城出版社：6.
刘荒田. 2012. 这个午后和历史无关. 北京：九州出版社.
刘荒田. 2013. 不期而遇的诗意. 南京：江苏文艺出版社.
刘荒田. 2013. 华尔特的“破折号”：刘荒田记人散文. 重庆：重庆出版社.

刘荒田. 2013. 两山笔记. 广州：暨南大学出版社.
刘荒田. 2013. 刘荒田美国闲话. 北京：九州出版社.
刘荒田. 2013. 漂向天堂的那叶舟. http：//www.guoxue.com/?p=13073 [2015-9-21].
刘荒田. 2015. 等你，在雨中//程国君编. 刘荒田散文精选. 南昌：百花洲文艺出版社：46.
刘荒田. 2015. 贵叔·他的和我的家族//程国君. 刘荒田散文精选. 南昌：百花洲文艺出版社：264.
刘荒田. 2015. 贵叔·他的和我的家族//刘荒田散文精选. 南昌：百花洲文艺出版社：256.
刘荒田. 2015. 刘荒田散文精选. 南昌：百花洲文艺出版社.
刘荒田. 2015. 刘荒田小品文精选. 南昌：百花洲文艺出版社.
刘荒田. 2015. 落日楼头. 深圳：深圳出版社.
刘荒田. 2015. 人生三山. 南京：江苏文艺出版社.
刘荒田. 2015. 天涯住久. 郑州：河南文艺出版社.
刘俊. 2009. 不可理喻：新移民社会的另类展示——论沙石的小说创作. 美华文学，（71）：36.
刘俊. 2016-3-24. 跨区域跨文化的新移民文学. http://wenhua.youth.cn/xwjj/xw/201603/t20160324_7771672.htm [2016-7-21].
[美]罗伯特. E. 帕克. 1950. 种族与文化. 纽约：纽约自由出版社.
罗岗，刘象愚. 1999. 后殖民主义理论. 北京：中国社会科学出版社.
罗岗，刘象愚. 2000. 文化研究读本. 北京：中国社会科学出版社.
[美]罗兰·罗伯森. 2000. 全球化——社会理论和全球文化. 梁光严译. 上海：上海人民出版社.
吕红. 2005. 彼岸追寻. 美华文学，（59）：28.
吕红. 2005. 海外移民文学视点：文化属性和文化身份. 美华文学，（60）：88.
吕红. 2006. 美国情人. 北京：中国华侨出版社：93-96.
吕红. 2010. 穿越时空的回眸. 美华文学，（73）：6.
吕红. 2014-8-3. 烟花之夜. 星岛日报副刊，4.
马萧萧. 2011. 缺失、挣扎与确认——论《金山》女性角色的主体意识与婚姻道路选择. 美华文学，（80）：79.
梅新育.2014-12-19. 西方福利制度加剧跨国境移民管理难题. 中国社会科学报，A06.
明迪. 2004. 壮年听雨客舟中——记海外乡愁诗人刘荒田、王性初、周正光、梁以平. 美华文学，（55）：73.
木愉，秋尘. 2008. 文学评论家陈瑞琳. 美华文学，（68）：6.
倪立秋. 2009. 新移民小说研究. 上海：上海交通大学出版社.
[马来西亚]潘碧华. 2009. 马华文学的时代记忆. 吉隆坡：马来西亚漫延书房.
庞勇. 2013-6-28. 一个中国留学生养活一个美国家庭. 西安日报（新华社供本报特稿）.
钱乘旦. 2012. 世界现代化历程·北美卷. 南京：江苏人民出版社.

秋尘. 2008. 在写作中找到温馨精神家园. 美华文学，（2）：11.

饶芃子，杨匡汉. 2009. 海外华文文学教程. 广州：暨南大学出版社.

饶芃子. 2003. 大陆海外华文文学研究现状及其他. 美华文学，（51）：78-81.

饶芃子. 2005. 世界华文文学的新视野. 北京：中国社会科学出版社.

饶芃子. 2007. 流散与回望——比较文学视野中的海外华人文学. 天津：南开大学出版社.

饶芃子. 2011. 比较文学与海外华文文学. 上海：复旦大学出版社.

融融. 2008. 一代飞鸿：北美新移民作家群的视野和特色. 美华文学，（68）：40-43.

萨特. 2012. 存在与虚无. 上海：上海三联书店.

沙石. 2012. 情徒. 北京：大众文艺出版社.

沙石. 2012. 情徒・后记. 北京：大众文艺出版社：239.

[英]莎拉・鲍威尔，等. 2011. 全球化. 杨凯译. 北京：世界图书出版公司.

少君. 2007. 硅谷浮生. 成都：成都时代出版社：67.

施建伟. 2008. 海外华人文学的现状和未来——“从边缘走向主流”. 美华文学，（66）：48-52.

施玮. 2007. 放逐伊甸. 北京：中国电影出版社.

施玮. 2008. 红墙白玉兰. 北京：中国广播电视出版社.

施玮. 2014. 灵：施玮灵性随笔油画集. 乌鲁木齐：新疆美术摄影出版社.

史星. 1997. 移植之树常青——华文文学的定位与旧金山华文作家群. 美华文化人报，（12）：5.

[美]苏珊・S. 兰瑟. 2002. 虚构的权威——女性作家与叙述声音. 北京：北京大学出版社：17.

苏玮. 2014. 此心宽处即家园——读《海山苍苍》// 江少川. 海山苍苍——海外华裔作家访谈录. 北京：九州出版社：9.

苏玮. 2014. 此心宽处即家园——读《海山苍苍——海外华裔作家访谈录》//江少川. 海山苍苍——海外华裔作家访谈录. 北京：九州出版社：8.

[英]索菲亚・孚卡. 2003. 后女权主义. 北京：文化艺术出版社：41.

谭元亨. 2002. 文情并茂，史论双佳——评熊国华著《美国梦：美籍华人黄运基传奇》. 美华文学，（47）：62.

谭元亨. 2011. 壮阔的太平洋的巨浪——读黄运基“异乡曲”第三部《巨浪》//黄运基. 巨浪. 广州：花城出版社：294.

陶家骏. 2004. 身份认同导论. 外国文学，（2）：37-44.

推荐语//吕红. 2006. 美国情人. 北京：中国华侨出版社：扉页.

王列耀. 2005. 宗教情结与华人文学. 北京：文化艺术出版社.

王列耀. 2011. 趋异与共生. 北京：中国社会科学出版社.

王宁. 1998. 全球化与后殖民批评. 北京：中央编译出版社.

王润华. 2001. 华文后殖民文学：中国、东南亚的个案研究. 上海：上海学林出版社.

王小鹰. 2009. 我看管齐骏古典戏曲人物画. 美华文学，（69）：16.
王晓初，朱文斌. 2010. 世界华文文学研究（第六辑）. 合肥：安徽大学出版社.
王性初. 2006. 心的版图. 北京：作家出版社.
王性初. 2012. 知秋一叶. 北京：大世界出版公司.
王性初. 2014. 唐人街涂鸦. 北京：九州出版社.
王逸舟. 2002. 全球化与新经济. 北京：中国发展出版社.
王宗法. 2008. 山外青山天外天——海外华文文学综论. 合肥：安徽大学出版社.
维克多・埃尔. 1988. 文化概念. 上海：上海人民出版社
温明明. 2011. 美华文学（1995—2009）研究. 暨南大学硕士学位论文.
[美]吴玲瑶，吕红. 2008. 女人的天涯——新世纪海外华文女性文学奖作品精选. 石家庄：河北教育出版社.
吴奕琦. 2003. 论“新移民文学”中的身份问题. 美华文学，（52）：67-71.
[法]西蒙娜・德・波伏娃. 2011. 第二性（Ⅰ）. 郑克鲁译. 上海：上海译文出版社.
熊国华. 1996-12. 在瞬间探寻永恒. 美华文化人报，2（6）：4.
熊国华. 2000. 在笛声之外——读刘荒田的《纽约闻笛》. 美华文学，（31）：54.
熊国华. 2004. 历史的心灵见证——评黄运基《旧金山激情岁月》. 美华文学，（55）：75-77.
熊国华. 2012. 从叶落生根到落地生根//黄运基. 巨浪（序二）. 广州：花城出版社：10.
徐帆. 2014. 封面推荐语//张翎. 阵痛. 北京：作家出版社.
徐乃翔. 1997. 侨味及其他——读老南的短篇小说集《豪宅奇缘》. 美华文化人报，3（6）：3.
[马来西亚]许文荣. 2001. 极目南方：马华文化与马华文学话语. 新山：南方大学出版社.
[马来西亚]许文荣. 2004. 南方喧哗：马华文学中的政治抵抗诗学. 新山：南方大学出版社.
痖弦. 2011-3-3. 大融合——我看华文文坛. http://www.chinawriter.com.cn/wxpl/2011/2011-03-03/94807.html [2016-9-11].
[法]雅克・阿达. 2000. 经济全球化. 何竟，周晓幸译. 北京：中央编译出版社.
严歌苓. 1998. 雌性的草地. 沈阳：春风文艺出版社：5.
严歌苓. 1998. 扶桑. 沈阳：春风文艺出版社：195.
严歌苓. 2012. 吴川是个黄女孩//张颐武主编. 全球华语小说大系. 北京：新世界出版：169.
严歌苓. 2014. 封面推荐语//张翎. 阵痛. 北京：作家出版社.
严歌苓. 2014. 陆犯焉识. 北京：作家出版社：376.
颜敏. 2007. “离散”的意义与流散——兼论我国内地海外华文文学研究的独特理论话语. 汕头大学学报，23（2）：69-72.
杨伯溆. 2002. 全球化：起源、发展和影响. 北京：人民出版社.
杨匡汉，庄伟杰. 2012. 海外华文文学知识谱系的诗学考辩. 北京：中国社会科学出版社.
杨匡汉. 2008. 中华文化母题与海外华文文学. 武汉：长江文艺出版社.
杨兴凤. 2014-5-26. 爱比克泰德心学：从心所欲而不逾矩. 中国社会科学报，A06.

杨义. 1996. 杨义文存（第一卷）中国叙事学. 北京：人民出版社：43.

姚嘉为. 2013. 北美作家的越界书写. 红杉林，（4）：76-79.

叶朗. 2009. 美学原理. 北京：北京大学出版社：355.

一平. 1998. 读诗札记//身后的田野. 北京：作家出版社：264、266.

一平. 1998. 旧历新年赋//身后的田野. 北京：作家出版社：70.

一平. 1998. 身后的田野. 北京：作家出版社.

一平. 2003. 奥斯维辛、春天和复活节. 美华文学，（49）：57、59.

一平. 2003. 奥斯维辛、春天和复活节. 美华文学，（50）：62.

佚名. 1995-2-1. 我们的期望（创刊词）. 美华文化人报，1（1）：1.

佚名. 1998. 编者的话. 美华文学，（21）：4.

佚名. 2004. 《金山之路》广告宣传. 美华文学，（53）：95.

佚名. 2005. 三藩市“美华文协”春宴雅集，300 人庆《美华文学》10 周年. 美学文学，（58）：84.

佚名. 2013-9-13. 2.32 亿：全球移民人数创新高. 西安日报，10.

尹湘玲. 2011. 东南亚文学史概论. 北京：世界图书出版公司.

余晓明. 2011. 文学研究的生态学隐喻. 桂林：广西师范大学出版社.

俞可平. 1998. 全球化的悖论. 北京：中央编译出版社.

[美]约瑟芬•多诺亚. 2002. 女权主义的知识分子传统. 赵玉春译. 南京：江苏人民出版社.

张慈. 2011. 写作的意义//陈瑞林. 当代海外作家精品选读. 长春：吉林出版集团有限责任公司：423.

张慈. 2012. 美华文学•卷首语. 美华文学，（82）：5-6.

张错. 2005. 繁华如梦：北美华人万花筒——序吕红《红豆絮语》. 美华文学，（58）：91.

张大明. 1997-12. 苦涩洋插队，丝丝故园情——读刘荒田散文集《唐人街的婚宴》. 美华文化人报，3（6）：3.

张锦忠. 2009. 关于马华文学. 台北：“中山大学”文学院出版.

张炯. 1998. 世界华文文学的一项重要系统工程. 美华文化人报，4（7）：4.

张炯. 2006. 《美国情人》序//吕红. 美国情人. 北京：中国华侨出版社：1.

张翎. 2009. 金山. 北京：十月文艺出版社：340.

张翎. 2013. 阿喜上学——金山人物故事之一//一个夏天的故事. 广州：花城出版社：125.

张翎. 2014. 阵痛. 北京：作家出版社：275.

曾宁. 2004. 地母. 美华文学，（55）：19.

张哲. 2013-6-28. 欧美学者探讨人口流动的极限影响——“人口流动”辞条续编与当代欧洲移民问题. 西安日报（新华社供本报特稿）.

张子宏. 1995-6-1. 华侨新移民创业的心态与命运的剖白. 美华文化人报，1（3）：3.

张宗子. 2008. 读刘荒田散文//刘荒田美国笔记. 石家庄：河北教育出版社：1-3.

赵稀方. 2004. 历史、性别与海派美学——评张翎的《邮购新娘》. 世界华文文学论坛，（1）：32-34.

赵毅衡. 2002. 年年岁岁树不同——2001 年的华文文学. 美华文学，（44）：69.

郑其贤. 1998. 唐人街情怀. 美华文学，（21）：42-45.

郑心伶. 2000. “流萤文群”速写——金山文谭之一. 美华文学，（36）：60.

中国世界华文文学学会,《暨南学报》编辑部选编. 2013. 华文文学新视野（第一辑）. 广州:暨南大学出版社.

周斌. 2016-3-31. 福利主义、末人与文明的终结——给福利民主制度的一曲挽歌. 南方周末，D24.

朱立立. 2008. 身份认同与华文文学研究. 上海：上海三联书店.

朱寿铜. 2010. 汉语新文学通史. 广州：广州人民出版社.

[美]宗鹰. 1999. 草根深深润笔真——读刘子毅《八年一觉美国梦》. 美华文学，（30）：63.

[美]宗鹰. 1999. 草根深深润笔真——读刘子毅《八年一觉美国梦》. 美华文学，（30）：64.

[美]宗鹰. 2003. 草根文学长篇新收获——从《佳丽移民记》到《金山有约》看穗青创作. 美华文学，（52）：65-66.

[美]宗鹰. 2012. 有话要说——黄运基作品评论集. 纽约：纽约柯捷出版社.

邹建军. 1995-12-1. 当代人文精神的寻找与构建——《世纪之光诗丛》概说. 美华文化人报，1（6）：7.

邹建军. 2000. 刘荒田笔下的旧金山风情. 美华文学，（31）：56.

邹建军. 2002. 美华诗歌与汉语古典诗歌形式. 美华文学，（7-8）：67.

邹友峰. 2008. 中原论剑：第二届世界华文文学论坛文集. 兰州：甘肃人民美术出版社.

Fisher, M. H. 2013. *Migration: A World History.* Oxford: Oxford University Press.

Swami Mukananda. 2005. 拙火——生命的秘密•总序. 王季庆译//吕红. 海外移民文学视点：文化属性和文化身份. 美华文学，（60）：91.

附 录 1

一、《美华文学》杂志主要编委

1. 黄运基，1932年生于珠海市斗门区。1948年随父赴美谋生。1972年创办《时代报》任社长兼总编辑；1995年创办《美华文化人报》，1998年6月改为《美华文学》杂志，历任社长。后任美国华文文艺界协会名誉会长。黄运基在美国生活了半个多世纪，观察与思考美国生活，尤其是在中西两种文化的比较视野中观察与思考美国文化及其诸种现象，创作甚丰，《有车的烦恼》《拖车》《生活费的困惑》《暴力文化》《魂断双子楼》《后遗症》《反应过度》等。他既是美国侨界领袖，又是中美文化交流使者，被称为是“美华文学的一座丰碑”。黄运基的主要著作有长篇小说《异乡三部曲》第一部《奔流》、第二部《狂潮》和第三部《巨浪》；中短篇小说集《旧金山激情岁月》；散文集《唐人街》；《黄运基选集》第一、二卷等。

2. 刘子毅，又名刘兵，1932年生，广东省台山人。曾任《广东教育学院学报》主编、全国教育学院学报研究会理事长、《散文诗报》副总编辑、重庆电视台编剧等职。系中国作家协会四川分会、广东分会会员。纪实文学《报童的故事》一书曾获重庆市、广东省及全国优秀少儿读物奖，由中国文化部、广播局、中国作协、共青团、妇联等单位联合颁发了奖状。1990年移民美国，在海外华文报刊发表大量作品，除《八年一觉美国梦》《爱的庄园》外，中国青年出版社、光明日报出版社等多家出版单位所编印的海外华人作家的选集中，亦选载了其作品。任旧金山文学季刊《美华文学》主编、旧金山美国华文文艺界协会副会长等职。主要作品有《侨办新宁铁路沧桑录》《爱的庄园》《八年一觉美国梦》、纪实故事集《报童的故事》等。

3. 老南，原名黄英晃，1940年出生于中国广东省台山市白沙镇。在侨刊《新宁杂志》《佛山报》发表作品，步入诗坛。1978年和刘荒田在《广东文艺》发表《侨乡的山》，受到名作家萧殷的赏识。《广州文艺》发表了他的《祖国明天歌更多》，上海《少年文艺》发表了他的《祖国的地图》，《佛山文艺》刊登了他的抒情长诗《祖国的明天》。移民美国后，在美国《时代报》《美洲华侨日报》《中报》《大地月刊》《星岛日报》《侨报》《国际日报》《美华文化人报》《大华闻月刊》《正报》《新亚时报》和香港的《世界华人诗刊》《明报月刊》《香港文学》《镜报》及在中国上海的《中国诗人》和深圳出版的《黄河春秋》等刊物上发表作品。主要作品有《金门桥下的浪花》《旧金山咏叹调》《龙香诗丛》和长篇叙事诗《梅菊姐》。曾任美国华文文艺界协会副会长。任《美华文学》副主编10年，是《美华文化人报》创办人之一。

4. 王性初，福建福州人。毕业于福建师范大学中文系。中国作家协会会员。原福建省作家协会副秘书长。诗歌曾获得福建省优秀文学作品奖与福建省优秀儿童文学作品奖。1989年出版诗集《独木舟》。随之，移民定居美国旧金山。1998年在台湾出版诗集《月亮的青春期》。2002年出版散文集《蝶殇》、诗集《王性初短诗选》（中英对照）。2003年获第二届世界华文文学优秀散文盘房奖。2005年出版诗集《孤之旅》。2006年由中国作家出版社出版诗集《心的版图》。与李硕儒一起主持编辑出版《寻梦北美——洋插队交响曲》《美国华人名家散文精选》等书。现任美国《中外论坛》杂志总编辑、中国冰心研究会副会长、《美华文学》杂志副主编。主要作品有诗集《独木舟》、《月亮的青春期》、《王性初短诗选》（中英对照）、《孤独之旅》，散文集《蝶殇》等。

5. 郑其贤，1985年出国与家人团聚。任美国《美华文化人报》副主编，美国"华文文艺界协会"常务理事、《中华论坛报》主笔，《星岛日报》撰写"人在旅途"故事和小小说，同时在《金山时报》"金山万花筒"等专栏上写文章；郑其贤1995年在美国退休后，仍旧笔耕不辍，不论在散文、小说、诗歌、评论、报告文学、古体诗歌、对联等题材方面都有不同数量的作品，并有不少佳作获得较高荣誉。在华文文坛里，郑其贤是"多面手"，在散文、新诗、古体诗词、对联、民歌、摄影等方面都有重要收获。1996年，旧金山中国城公共图书馆举办写诗艺术比赛，郑其贤的四首七绝诗《华埠图书馆重修感怀》入选。

6. 穗青，移美华人作家，《美华文学》编委。“旧金山作家群”核心作家。主要作品有长篇小说《脱缰的马》《雾都之恋》《佳丽移民记》《金山有约》《双玉佩》等。

7. 李硕儒，河北丰润人。毕业于中国人民大学中文系新闻专业。文学期刊《小说》主编，中国青年出版社编辑、当代文学编辑室主任、编审。1998 年移居美国，任美国华文文艺界协会副会长，《美华文学》副主编。主要作品有散文集《红磨坊之夜》《外面的世界》《浮生三影》《彼岸回眸》，小说集《爱的奔逃》，电视连续剧《巨人的握手》等。

8. 程宝林，旅美作家、诗人。笔名草恋山、亦草。毕业于中国人民大学新闻系。1994 年加入中国作家协会会员，长期担任四川某报文学编辑。2005 年毕业于美国旧金山州立大学（SFSU）创作系，获艺术硕士（MFA）学位。现在在美国加州大学伯克利分校（UC Berkeley）任教，教授中国现代文学，此外还担任《美华文学》季刊责任编辑。20 世纪 80 年代初“学院诗歌运动”的代表诗人之一。1998 年，以“杰出人才”身份移民美国。著有诗集《雨季来临》《未启之门》《春之韵》《程宝林抒情诗拔萃》《纸的锋刃》（英汉双语），散文集《烛光祈祷》《托福中国》《国际烦恼》《心灵时差》《一个农民儿子的村庄实录》，长篇小说《美国戏台》等。诗歌《未启之门》获四川省第二届文学奖，诗集《程宝林抒情诗拔萃》获成都市第三届金芙蓉文学奖，散文集《托福中国》获成都市第四届金芙蓉文学奖，《星光作证：中国艺术节》获 1998 年四川省“五个一工程奖”，《一个农民儿子的村庄实录》入选 2004 年信息网络杯上海市民最喜爱的 20 本书书目。

9. 王智，旅美华文作家，加州大学伯克利分校东亚研究所任职。《红杉林》杂志社社长。曾任 1995～2006 年《美华文学》编委。编写《扫描美利坚》，代表性作品有《太公》《凯伦》《都宾太太》等。

10. 吕红，旅美作家。毕业于武汉大学中文系，华中师范大学文学院中国现当代文学博士。美国俄亥俄大学研究学者。1999 年旅居美国西海岸旧金山。曾任记者、编辑、签约作家、影评人，现为美国《红杉林·美洲华人文艺》杂志总编、美华文协会长。中国侨联文协顾问。著有长篇小说《美国情人》《尘缘》，散文集《女人的白宫》，小说集《午夜兰桂坊》《红颜沧桑》等。作品选入《美文》《美国新生活丛书》《解密美国教育》《一代飞鸿》

《世界华语文学作品精选》《华夏散文选萃》《海外华文文学读本》等。主编《女人的天涯》（大陆版）、《新世纪女性文学奖作品精选》（台湾版）。获各类文学奖。并获中国驻旧金山总领事、美国国会议员、加州及旧金山市府颁发的多项嘉奖。

11. 陈中美，原名陈庭钜，又名田军。任美国华人文艺界协会常委和《华美文学》编委。1980 年移民到美国加州。旧金山《时代报》任编辑。在台城，他开“明彩园咏诗会”，召集台山的诗人来到家中开诗歌朗诵大会，并把他们的诗篇收集出版，至今已出版了 11 集。出版的著作有《台山故事》《台山佳处》《台山杂记》《台山地方志》《台山人物志》《台山革命史稿》《林基路烈士传》《小诗集》《小文集》《我对台城的忧虑》《明园玉楼咏诗会后作》等。

12. 黄健威，移美华人，作家，1998～2009 年《美华文学》编委和排版。

13. 喻丽清，浙江杭州人，1945 年生。3 岁随父母迁居台湾，台北医学大学毕业。1972 年赴美，旅居纽约州水牛城。1974 年在纽约州立大学教授中文。1978 年迁居加州伯克利市，任职于加州大学伯克利分校脊椎运动学博物馆。任海外华文女作家协会会长，台北医学大学北加州校友会会长。获聘上海同济大学与上海拜德学院海外华文文学研究所特约研究员。主要作品有散文集《千山之外》、《青色花》、《牛城随笔》、《春天的意思》、《流浪的岁月》、《阑干拍遍》、《无情不似多情苦》、《蝴蝶树》、《依然茉莉香》、《沿着绿线走》、《寻找雨树》、《带只杯子出门》、《喻丽清作品集》（五卷本）、《喻丽清散文》，小说集《爱情的花样》《喻丽清极短篇》，诗集《短歌》《沿着时间边缘走》《爱的图腾》等数十种。

14. 汤晶晶，移美华文著名作家，曾任 1998～2006 年《美华文学》编委。主要从事小说、散文创作。

15. 刘荒田，原名刘毓华，1980 年移居美国。创作生涯始于新诗，近 10 年来钟情散文随笔。任旧金山美国华文文艺界协会会长。主要作品有诗集《北美洲的天空》（1988 年）、《异国的粽子》（1992 年）、《旧金山抒情》（1994 年）、《唐人街的地理》（1995 年） 和《刘荒田诗存》共 5 本。散文集有《唐人街的桃花》（1996 年）、《唐人街的婚宴》（1996 年）、《旧金山浮生》（1997 年）、《纽约闻笛》（1998 年）、《纽约的魅力》（1999 年）、《旧金山小品》（1999 年）、《“假洋鬼子”的悲欢歌哭》（2001 年）、《“假洋鬼子”的想入非非》（2001 年）、《“假洋鬼子”的东张西望》（2001 年）、《美国世故》（2001 年）、《“仿真洋鬼子”的胡思乱想》（2002 年）、《星条旗下的日常生活》（2002 年）、《中年对海》（2003 年）、《听雨密西西比》（2005 年）、《旧金山浮世绘》（2008 年）、《刘荒田美国笔记》（2008 年）、《刘荒田美国小品》（2009 年）、《美国闲话》30 余种。

16. 沙石，原名吕钜义，原籍中国天津，毕业于天津师范大学英文系，后从事英语教学工作。1985 年获得美国内华达大学雷诺分校颁发的奖学金，并进该大学深造，主修新闻专业。毕业后曾先后在中美新闻媒体从事记者编辑工作，目前在旧金山市政府担任公关专员。《星岛日报》专栏作家。曾先后在国内的《北京文学》《上海文学》《广西文学》《红豆》《清明》《青春》《当代小说》《香港文学》等刊物以及美国刊物《今天》《美国文学》《侨报》《世界日报》等发表过作品。作品入选 2006 年出版的《北美华人作家小说精选》和美国加拿大大型文学专辑《一代飞鸿》等。现为美国华文文艺界协会会长、《美华文学》杂志执行主编。主要作品有《玻璃房子》《罗斯山上的歌声》《月亮绣球》《情徒》等。其中的单篇小说《玻璃房子》曾被中国小说学会选入 2007 年度中国短篇小说排行榜。

17. 施雨，美国医学博士，旅美作家。1989 年赴美，先从事医学科研工作，后通过美国西医执照考试，曾在达特茅斯医学院、德州大学西南医学中心和纽约下城医院等地工作过 11 年。为美国《侨报》《明报》《星岛日报》副刊专栏作家；并组建海外文学创作团体“文心社”，现任总社社长，《文心》季刊总编辑；主要作品有长篇小说《刀锋下的盲点》，中译著《走进马拉卡楠宫——菲律宾总统阿罗约夫人传》《成长在美国》，长篇小说《纽约情人》，诗集《双人舞——杨平/施雨同题诗》《无眠的岸》《施雨诗选》。主编散文集《我家有个小鬼子》《中国人眼里的美国人》《美国儿子中国娘》《上海“海归”》，人文随笔《美国的一种成长》，主编兼主笔《“911”人性辉煌》，20 集电视剧剧本《小鬼子》等。

18. 曾宁，原笔名伊人，生于上海，原为上海电影制片厂演员，出演大约 30 部影视话剧，并爱好写作，在《青年一代》《文化报》《市场报》等报纸杂志发表文章。24 岁来到美国，先修模特儿、美术，后开始打工生涯，做过模特儿、公共关系、销售员、银行出纳、市场代理等多种职务。现在美国《星岛日报》副刊开设“戏梦人生”和“蒹葭白露”专栏，并有小说、散文在《世界日报》《侨报》发表，同时为《深圳都市报》论语专栏撰稿，作品被《读者》《青年文摘》《美文》等杂志多次刊登转载。

19. 王明玉，网络工程师，主攻电气自动化和计算机科学专业。诗人，散文家。山东省作协会员，现居美国。《美华文学》杂志网络主要编辑。有诗集《永远的风吹来》，作品散见于中国大陆，中国台湾、香港地区和美国办刊杂志。多次获得诗歌奖。崇尚激情写作。认为只有崇高的人格力量和优秀的生命品质，只有浸润丰厚的文化养料的艺术感觉，才有脸面对诗歌。

（以上 19 人，加上李建华、李晓军等 21 人是《美华文学》杂志的编委。《美华文化人报》的主要编委是王智、王性初、老南、池洪湖、李又蕾、李士君、李文育、陈中美、张子宏、喻丽清、刘子毅、刘荒田、郑其贤。这些编委实际上是金山作家群的主要成员。）

二、北美新移民主要作家

20. 张翎，旅加知名华人作家。浙江温州人，1983 年毕业于复旦大学外文系。1986 年赴加拿大留学。英国文学硕士、听力康复学硕士。20 世纪 90 年代中后期开始在海外发表作品。主要作品有《邮购新娘》《交错的彼岸》《望月》，中短篇小说集《雁过藻溪》《望月》《尘世》等，曾获人民文学奖、世界华文文学优秀散文奖、十月文学奖等多项文学奖项，中篇小说《羊》、《雁过藻溪》和《余震》分别进入中国小说学会 2003 年度、2005 年度和 2007 年度排行榜。《金山》《阵痛》等是其移民书写的代表作。

21. 严歌苓，旅美知名作家。1978 年发表处女作童话诗《量角器与扑克牌的对话》。1979 年，严歌苓赴对越自卫反击战前线，成为一名战地记者。小说处女作《七个战士和一个零》。1980 年发表了电影文学剧本《心弦》。1983 年，严歌苓调到铁道兵政治部担任创作员，创作了长篇小说《雌性的草地》及短篇小说《天浴》和《少女小渔》。1992 年，严歌苓与美国人劳伦斯在旧金山结了婚。1993 年，李安购买了严歌苓的小说《少女小渔》的电影版权，严歌苓开始做编剧。2004 年，美国外交部的政策松动，劳伦斯被“召回”复职重新做外交官。严歌苓跟着复职的丈夫一起被派往非洲。2009

年，严歌苓编剧《梅兰芳》，张艺谋导演其《金陵十三钗》。代表作为《扶桑》《陆犯焉识》等。

22. 陈瑞琳，旅美作家，文学评论家。南昌大学、陕西师范大学兼职教授、研究员。西北大学中文系毕业，文学硕士。1992 年赴美，先从事新闻写作，曾任《华商报》采访部主任，美华《文人报》社长兼总编。同时兼任休斯敦王朝文化传播公司董事长、大型文学刊物《华人世界》常务主编、美南作家协会理事、亚洲之声华语电台节目主持人等职。作品发表于北美《世界日报》《明报》《侨报》《国际日报》《美中时报》《美南新闻》《自由人报》《人民日报》《中外论坛》《北美行》《华人世界》《人间指南》《德州月刊》《文艺报》《文学报》《文汇报》《北京日报》《世界华文文学》《台港文学选刊》《散文》等海内外各大报刊。有域外散文三部曲《走天涯》《“蜜月”巴黎——走在地球经纬线上》《家住墨西哥湾》。2000 年散文《他乡望月》荣获《世界日报》暨洛杉矶作协联合征文首奖。散文《巴黎寻梦》荣获 2005 年“全球华人旅游文学征文大赛”优异奖。《家住墨西哥湾》2009 年荣获首届“中山杯”华侨文学散文奖，同年荣获第一届《世界华人周刊》杰出作家奖。著有《横看成岭侧成峰——海外新移民文学散论》等论集，编著北美新移民作家首部专辑《一代飞鸿》。获中国《文艺报》海外唯一文学评论“理论创新奖”。

23. 非马，本名马为义，美籍华人科技工作者，诗人，艺术家。原籍中国广东，1936 年生于台湾。威斯康星大学核工博士，曾任职美国阿冈国家研究所，从事核能发电安全的研究与发展工作。业余写诗，著有诗集《在风城》，《非马诗选》，《白马集》，《笃笃有声的马蹄》，《非马短诗精选》，《非马的诗》，《非马集》，《非马新诗自选集》（四卷）等 19 种，散文《凡心动了》《不为死猫写悼歌》及译著《法国诗人裴外的诗》《让盛宴开始——我喜爱的英文诗》等多种。主编《台湾现代诗四十家》，《台湾现代诗选》及《朦胧诗选》等，作品被收入 100 多种选集，包括两岸的中学及大学教科书，并被译成 10 多种文字。曾获“吴浊流文学奖”，“笠诗创作奖”，“笠诗翻译奖”，“伊利诺州诗赛奖”，芝加哥“诗人与赞助者诗奖”及世界诗人英文诗奖等。曾担任北美中华新文艺学会、芝加哥华文写作协会、《新大陆诗刊》、《东方杂志》、《诗天空》、《常青藤》、《文心社》、《北美枫》、美华论坛及中国诗歌翻译研究中心等顾问，《新诗界》及《国际汉诗》编委，《当代诗坛》编审等。多次入选《国际作者及作家名录》。

24. 周励，美籍华人。20 世纪 50 年代初生于上海，1969 年赴中国人民解放军黑龙江生产建设兵团种田、上大学、当医生。1978 年返沪任外贸公司医生。1985 年赴纽约州立大学自费留学，1986 年与麦克·伏赫勒博士结婚并开始创业经商。1992 年发表自传体小说《曼哈顿的中国女人》，该书被评为 90 年代最具影响力的文学作品和中国百年畅销书之一。担任美国埃克设计集团、布克契尔、艾尔萨隆等公司的买方代理。

25. 谭恩美，英文名（Amy Tan），著名美籍华裔女作家，1952 年出生于美国加州奥克兰。1987 年，谭恩美根据外婆和母亲的经历，写成了小说《喜福会》(*The Joy Luck Club*)，后出版了《灶神之妻》(*The Kitchen God's Wife*)及《百种神秘感觉》（*The Hundred Secret Senses*）、《月亮夫人》（*The Moon Lady*）、《中国暹罗猫》（*Sagwa, the Chinese Siamese Cat*）等。作品被译成 20 多种文字，在世界上广为流传。

26. 北岛，北岛，原名赵振开，中国当代诗人，为朦胧诗代表人物之一。北岛生于 1949 年，祖籍浙江湖州，生于北京，民间诗歌刊物《今天》的创办者。北岛曾多次获得诺贝尔文学奖提名，且先后获瑞典笔会文学奖、美国西部笔会中心自由写作奖、古根海姆奖学金等，并被选为美国艺术文学院终身荣誉院士。代表作为《回答》等。

27. 查建英，笔名扎西多，北京人。1978 年至 1987 年先后就读于北京大学、美国南卡罗来纳大学、哥伦比亚大学，90 年代返回美国。2003 获美国古根海姆写作基金。曾为《万象》《读书》《纽约客》《纽约时报》等撰稿。已出版非小说类英文著作 *China Pop*，杂文集《说东道西》，小说集《丛林下的冰河》等。其中 *China Pop* 被美国 Village Voice Literary Supplement 杂志评选为“1995 年度 25 本最佳书籍之一”。

28. 郑建青，现代文学和创作博士，美国密西西比州立大学教授。诗人，散文家。其诗获得 Georgetown Review 诗歌比赛第一名。《美华文学》上有“郑建青作品小辑”，收其诗歌 14 首。

29. 风中秋叶，原名黄国辉，1952 年生，祖籍广东，从事病毒学研究。诗人，散文家。在网络担任数个文学论坛版主。名作《思乡》《自励》脍炙人口。如《自励》“起落平常事，/高低自在行。/应知秋叶下，/来虽有春生”，自励自信。

30. 汪文勤，出生于新疆。1996 年移民海外，任加拿大华裔作家协会理事。有长篇小说《生死流》《蘑菇》《玄缘》等，出版诗集《汪文勤诗集》，散文集《捕风的日子》，散文《童话里的童话》获得冰心儿童文学新作奖。

31. 尔雅，原名张晓敏。四川雅安人，四川大学毕业，在《四川日报》任职多年。1998 年赴美，现为旧金山公民，世界华文女作家协会会员。著有《青衣江的女儿》《程宝林诗文论》等，作品被收入 10 余种选集。

32. 李兆阳，福建长汀人，毕业于南开大学，留美化学、法学博士。现居加州旧金山。著名诗人，著有诗集《围绕一棵树的一年四季》，随笔《感受美国》，评论《自恋与艺术》和诗论《诗歌的表达符号：意象和意象之外的语言表达》《作为诗歌艺术符号的语言构象》。李兆阳主张摒弃意象，以没有被前在性意象所“污染”的语言符号“直接呈现”诗人的“诗歌经历”，其诗歌形式简单，审美境界纯粹、美丽。代表作为《围绕一棵树的一年四季》和《致某某》。

33. 李黎，本名鲍利黎，英文名 Lily Hsueh。祖籍安徽，生于江苏南京，成长在台湾，现旅居美国。1970 年赴美，就读普渡大学政治学研究所。曾任编辑及教师，现居美国加州斯坦福，专事写作。在中国的大陆和港台出版小说、散文、翻译、电影剧本等作品逾 30 部；获有多项小说奖、电影剧本奖；作品多次被选入台湾年度小说选、散文选；代表作被收入《中华现代文学大系》小说卷及散文卷、《廿世纪台湾文学金典》小说卷，并列为“台湾小说二十家”之一。

34. 张让，旅美作家，曾获首届《联合文学》中篇新人奖、《联合报》长篇小说推荐奖《中国时报》散文奖。著作包括长篇小说《回旋》；短篇小说集《并不很久以前》《我的两个太太》《不要送我玫瑰花》《当爱情依然魔幻》；散文集《当风吹过想象的平原》《时光几何》《刹那之眼》《空间流》《当世界越老越年轻》《两个孩子两片天》（与韩秀合著）等；译作《初恋异想》《感情游戏》《人在废墟》《出走》等。

35. 王克难（Claire Wang-Lee），台湾大学外文系毕业，美国纽约州立大学社会学硕士。是海外华文女作家协会、洛杉矶华人作家协会、美国音乐作曲家协会、美国橙县华人艺术家协会的会员。出版书籍 34 本，包括中文作品《离乡的孩子》《生日礼物》《雾里的女人》《诺言树》；英文作品 *Dimension of a Whisper, Ke-Nan*；中英双语作品《罗芒信札》（*Epistery Gnomanese*）（2008）、《三千之光》（*Three Thousand Lights*）（2007）（海外华文著述奖诗歌创作类首奖）、《墨舞》（*Ink Dance*）、《流浪者之歌》（*The Song of the Wanderer*）、《红花树》（*The Red Flower Tree*）、《情旅》（*Bouquet*）、《初雪》（*First Snow*）、《兴怀》（*Journeys*）、《时之翠岭》（*Digital Mountain*）；英译中作品：《夏山学校》（*Summer hill*）、《家长与子女》（*Between Parent and Child*）；中译英作品：*The Sea is Wide*（《阔的海》）、*Cloud Tribes*（《云族》）、《李白杜甫选择诗》（2006）、*Birds in Heaven*（《比翼鸟》）、*The Ferryman and the Monkey*（《船夫与猴子》）；音乐作曲作品《木兰辞》《红楼梦》等 10 余种。

36. 简宛，台湾师范大学文学硕士，赴美后于康奈尔大学、伊利诺伊大学修读文学与儿童文学课程。1976 年迁居北卡罗来纳州，并于北卡罗来纳州立大学完成教育硕士学位。曾任教职，儿童文学策划主编。除了散文与游记外，也写儿童文学，一共出版 30 余本书。曾获中山文艺散文奖、洪建全儿童文学奖，以及海外华文著述奖。2000 年被选为专业人员名人榜（Who's who）及海外华文女作家协会会长。

37. 杨芳芷，台湾政治大学新闻系毕业，曾任中国台湾“中央通讯社”记者、联合报系民生报记者、美国旧金山《世界日报》采访组副主任等职。现任北加州华文作家协会会长、海外华文女作家协会会员。现居美国旧金山。作品有《一个让人留心的城市》、雄狮美术《美国早期华裔画家》系列报道等，是联合报深度旅游丛书《美西》共同作者之一。曾以《紫禁城夜总会》一文获第一届“新美国传媒”（前称“新加州传媒”）最佳专题报道奖；以《嬉皮运动卅周年》获得“北加州华文传媒”最佳专题报道奖；以《乐居——美国最后的乡下中国城》获联合文学与长荣航空合办的“长荣环宇文学奖”佳作。

38. 张凤，祖籍浙江。台湾师范大学历史学士及密西根州立大学历史硕士。哈佛中国文化工作坊、哈佛中国文化研讨会、剑桥新语联络人。任职哈佛燕京图书馆编目组，并爱好研究哈佛跨越近百年的文化文学思想史。为华文作协纽英伦分会创会会长，现任理事长，曾任海外华人女作家协会审核委员等，主持组织百场文学文化会议，持续应邀往各作家协会及社会科学院、北京大学、复旦大学、清华大学、北京师范大学、台湾大学、台湾师范大学、台湾政治大学、暨南大学、岭南大学、浸会大学、香港中文大学等大学演讲。曾任艺文小集召集、女性人杂志编委，入选《域外著名华文女作家散文选集》（北美仅 10 本）、《世界华人学者散文大系》。现为侨报周刊文学副刊写专栏。著作有《哈佛心影录》《哈佛哈佛》《域外著名华文女作家散文自选集：哈佛采薇》《哈佛缘》《一头栽进哈佛》等。

39. 伊犁，本名潘秀娟，生于浙江温州，少年移居香港，中学毕业后远赴欧洲，在英国获护理及助产士文凭，自 1973 年来美国，毕业于美国波士顿麻省大学英文系，现定居洛杉矶。从事中文写作多年，作品发表于北美、中国海峡两岸等地，题材广泛，多反映美国社会各阶层的生存状况，尤其对华裔移民有深入的观察与体念，对留学生的心态有细腻的描述。曾出版作品多部：短篇小说集《泥土》《宝贝丈夫》《十万美金》，中短篇小说集《杀婴》，中篇小说《红地毯的陷阱》，中短篇小说、散文集《美金的代价》，散文集《爱上孤独忘记寂寞》，最新小说集《等待绿卡》。

40. 卓以定，台湾大学植物系毕业，赴美攻读心理咨询，先后获得维蒙特大学（心理）、加州大学（生化）两个硕士学位，德州大学博士学位。在德州休斯敦开设私人诊所，从事心理咨询多年，并为北美的世界周刊《诊疗所的春天》执笔专栏多年。著有《离婚？不离婚？》《牵手经营婚内情》《新世代优质父母手册》《其实你不懂我的心》《养老在海外》等书。获海外佳著奖。2007 年又出新著《三明治中年俱乐部》。

41. 陈若曦，本名陈秀美，1938 年生于台北县。就读台湾大学外文系时参与创办《现代文学杂志》，宣扬现代主义，但作品多反映乡土民情。留学美国时，偕夫投奔中国大陆，适逢“文化大革命”，1973 年方得举家迁居香港。1974 年移居加拿大温哥华前，开始撰写《尹县长》等一系列反映“文化大革命”的小说和散文。1979 年移居美国加州伯克利，开始以美华社会和中国大陆（内地）及港澳台地区的人情世故为题材，并宣扬华侨“落地生根”，《纸婚》为代表作。1995 年返台定居，投入人间佛教和生态环保工作。著作包括长、短篇小说和散文共约 40 部，中文为主。短篇小说集《尹县长》有七国外文译本，它和长篇小说《慧心莲》均获中山文艺奖。

42. 吴玲瑶，1951年生于厦门，西洋文学硕士，著有《美国孩子中国娘》《女人的幽默》《比佛利传奇》《幽默酷小子》《生活麻辣烫》等49本书。以《化外集》一书获海外华文著述首奖，《美国孩子中国娘》上美国中文书畅销排行榜第一名，获得中国文艺协会文艺奖章，作品曾获教育部好书推荐。为北加州北一女校友会创会理事长，北加州华文作家协会第七届会长，主持美国电视台KTSF节目《文化麻辣烫》。

43. 赵淑侠，美术设计师，20世纪70年代转专业从事写作。旅居欧洲30余年后移居美国。著有长短篇小说及散文30余种。德语译本小说有《梦痕》《翡翠戒指》《我们的歌》。1980年获台湾文艺协会小说创作奖，1991年获中山文艺小说创作奖，同年与欧洲文友共组欧洲华文作家协会，是欧洲有华侨史以来的第一个全欧性的文学团体。曾任欧华作协会长及海外华文女作家协会会长，并受聘为中国人民大学、浙江大学、华中师范大学、黑龙江大学、郑州大学等院校的客座教授。大陆于1983年开始出版赵淑侠的作品。

44. 陈少聪，出生于中国大陆，在台湾长大，自东海大学外文系毕业后负笈美国。获爱荷华大学英美文学硕士及华盛顿大学社会工作硕士学位。在美长期服务于临床心理治疗机构。现居美国加州旧金山湾区。创作文类包括散文、短篇小说、随笔、游记、评论等。结集出版的书在台湾有《无桨之舟》《女伶》《航向爱琴海》《有一道河从中间流过》《甘地》《伯格曼与第七封印》《在大陆有捕梦网》《有一种候鸟》。作品曾获《中国时报》文学奖、吴鲁芹散文奖。

45. 丹黎，本名杜丹莉，生长在台湾台北，现居美国圣地亚哥。台北辅仁大学图书管理系毕业，曾任职台北海顿音乐图书馆，来美后改念电脑，从事电脑相关事业近10年，在企业界做商业人。喜欢阅读、观影、听乐、赏剧、游泳、旅游、海边散步、发呆做梦、与友闲谈、打抱不平、品尝美食，信仰上帝，对生活充满感恩。

46. 海伦，本名王咏虹，加拿大裔作家协会会员。曾任北京群众出版社《啄木鸟》文学双月刊编辑部副主任、法律出版社文艺书刊编辑部副主任。在上海《文汇报》《中国法制报》《北京晚报》《八小时以外》等报章杂志小说连载，出版《法医杨波》《告密者》《金三角》《苦涩的禁果》《隐形蜈蚣》

《沉默的持剑官》《边境上的金孔雀》等小说。1985 年曾应西德文化部长邀请，与刘宾雁、古华同行，访问了西德。2003 年出任《女友》杂志北美版主编。有《漂洋过海》《我家丑小鸭》《中医神药》《重建家园》《连说三个不》等杂文和短篇小说，还有长篇小说《天涯何处是我家》等。

47. 艾玉，本名刘咏平，台湾辅仁大学理学学士，美国加州州立大学工商管理硕士，海外华文女作家协会会员，第一届海峡两岸文化高峰会谈副团长兼秘书。现任北美洛杉矶华文作家协会副会长，第七届北美洛杉矶华文作家协会理事，工厂董事长，地产、财务投资顾问，美国加州注册生意中介经纪人，美国加州注册地产经纪人，三厂联合工厂之财务总裁，台湾辅仁大学第四届学联会主席。著有《风清月朗——教庭亲王》等。

48. 刘慧琴，毕业于北京大学西语系，曾担任以茅盾为团长，老舍、周扬为副团长的中国作家代表团译员出席 1956 年在印度新德里召开的亚洲作家会议。曾在中国社会科学院外国文学研究所《世界文学》杂志任编辑。1977 年移居加拿大，任温哥华中华文化中心理事、加拿大华裔作家协会会长。现为温哥华加华笔会及大华笔会顾问。已出版的主要翻译作品有《在路上》（凯鲁亚克著，合译）、《早晨的洪流》（韩素音著，合译），电影电视剧本《白求恩大夫》《宋庆龄的儿童》《中国迈向 21 世纪》等。《胡蝶回忆录》在中国台湾、大陆多家出版社出版。曾先后为《明报》《星岛日报》专栏作者。作品被收入多种文集，并参与主编及编辑多种文集。

49. 顾月华，上海戏剧学院舞台美术系毕业，舞台美术设计，擅长油画、摄影。在上海、郑州、纽约、东京等地举办过个人画展及群展。海外华人女作家协会会员。目前定居纽约。在中国大陆及香港、台湾地区，新加坡，美国等地发表过小说、散文、诗歌及评论。出版顾月华小说集《天边的星》。

50. 晓亚，曾任广告公司行销企划、报纸政治记者、美国杂志社总编辑，已出版《生活闲情》、《你懂不懂爱》、《美国学校酷宝贝》、《曾经有座城》和短篇小说集《找一个人来爱》等。其中《生活闲情》《曾经有座城》获海外华文著述奖散文类首奖，《找一个人来爱》获海外华文著述奖小说类佳作。作品收入《圆作家大梦》《美国华文作家作品百人集》《美国华人名家散文精选》等文集。

51. 李笠，本名李淑兰。祖籍山东青州，生长于台湾，旅美作家。获有耕莘文学奖、台湾文学奖、海外华文著述奖。有短篇小说《回溯的鱼》《后三十岁女人》及散文《老鹰之歌》及名人传记等。圣路易华人写作协会创会会长，曾任教职、编辑、记者及美中西区华人学术联谊会人文组召集人。现专事写作，并钻研佛教文学。

52. 荆棘，原名朱立立。新墨西哥大学教育心理博士，曾任教美国德州大学和新墨西哥州立大学，在非洲和中美发展中国家从事教育和心理建设，长居新墨西哥。现已退休，迁居圣地亚哥。在中国台湾出版《荆棘里的南瓜》《异乡的微笑》《虫与其他》《非洲蛮荒行》等。

53. 蓬丹，本名游蓬丹。毕业于台湾师范大学社会教育系，1970 年赴加拿大留学，80 年代移居美国。现任职洛杉矶教育文化基金会，主编该会出版之文艺刊物，并规划文艺活动服务社区。曾任北美洛杉矶华文作家协会会长，现为该会监事。有散文集《失乡》《投影，在你的波心》《虹霓心愿》《沿着爱走一段》《梦，已经起航》《流浪城》《花中岁月》《人间巷陌》；小说集《未加糖的咖啡》《每次当我想起他》；传记文学《追求完美的艺术大师米开朗琪罗》等。曾获海外华文著述首奖、台湾省优良作品奖、中国文艺奖章、世界海外华文散文奖。

54. 聂崇彬，祖籍湖南，出生上海，香港理工大学管理专业毕业。曾任酒店和广告公司经理。移民美国弃商投文，当过《星岛日报》的记者和编辑、星岛黄页生活资讯的主编。曾出版《梦寻曼哈顿》和《走遍美国》两书，后者由陈香梅女士写序。现居美国加州硅谷，《星岛日报》专栏作家，并主持旅游栏目《走马观花》、美食栏目《有知有味》，硅谷食尚文学杂志《品》总编辑。

55. 王渝，1973 年在台湾创办《儿童月刊》。担任纽约《美洲华侨日报》副刊主编。多年来曾为香港三联书店和上海文艺出版社编辑诗选、微型小说以及留学生小说的选集。作品散见于台湾、大陆和海外的报纸和诗刊，并选入各种选集，如中国台湾出版的《七十年代诗选》和《新文学大系新诗卷》，中国大陆出版的《女诗人抒情诗选》及中国香港出版的《海外华人诗选》等。

56. 姚嘉为，祖籍江西萍乡，台湾大学外文系学士，美国明尼苏达大学新闻硕士，休斯敦大学电脑硕士。海外华文女作家协会会员，曾任美南华作协会长，现居美国德州休斯敦。曾获梁实秋文学奖散文奖、译文首奖、译诗奖，中国台湾“中央日报”海外华文散文奖，北美华文作协散文首奖。有《湖畔秋深了》《深情不留白》《放风筝的手》《爱冒险的酷文豪》《教养儿女的艺术》《震撼舞台的人》《会走动的百科全书》等。

57. 施玮，诗人、作家。曾在北京鲁迅文学院、上海复旦大学中文系学习。1996 年年底移居美国攻读学位。现居洛杉矶，从事写作、出版、文化研究，任报刊执行主编、电视台栏目主持人等。1980 年中期开始文学创作，在《人民文学》《诗刊》《国际日报》《海外校园》等海内外报刊上发表作品，入选多部作品选集。共有诗歌、散杂文、小说剧本、文化研究论文等 300 余万字发表于海内外。有诗集《大地上雪浴的女人》《生命的长吟》《被召唤的灵魂》《十五年》等；诗文集《天地的馨香》，诗剧《创世纪》；长篇小说《柔若无骨》《柔情无限》《放逐伊甸》《红墙白玉兰》。主编《胡适文集》及《灵性文学丛书》等多部文化、经济、文学丛书及工具书。

58. 程明琤，出生于法国巴黎。台湾大学中文系毕业。获美国耶鲁大学研究所全额奖学金，并取得文学硕士学位。在马里兰州立大学教授中国文学及中国文化，在华盛顿大学教授中国现代文学及古典文学。为《世界副刊》撰写《七彩盘》生活专栏。作品也散见于中国台湾的“中央日报”副刊、《中国时报·人间副刊》、《台湾日报副刊》，退休迁居于西雅图。有诗集《层楼集》；游记《海角，天涯，华夏》《长江的忧郁》；散文《走过千秋》《呜咽海》《夕阳中的笛音》；艺评《心虹》等。

59. 陈谦，笔名啸尘。边陲重镇南宁度过青少年时代，完成大学教育踏入社会数年后，心生倦意，遂赴美求学深造。现定居美国硅谷。代表作有长篇小说《爱在无爱的硅谷》《落虹》；中短篇小说《覆水》《残雪》《特蕾莎的流氓犯》《何以言爱》《鱼的快乐》《看着一只鸟飞翔》等，并结集为中短篇小说集《覆水》出版；散文随笔集《美国两面派》。长期在海外知名文学网站《国风》及《星岛日报》撰写专栏。

60. 葛逸凡，河北省乐亭人，祖父是前清进士，父亲任私立中学的校长。1946 年到北京，1949 年迁居台湾，1965 年和丈夫、女儿移民加拿大温哥华。曾在克罗那市成立中文学校并任教职，曾任加华笔会顾问及副会长。20 世纪 50 年代在台北《蓝星诗页》发表新诗，继而在副刊发表散文小说，定居后完成了《金山华工沧桑录》。60年代初期获文坛杂志第一届文学奖短篇小说第一名，1989年获海华第一届文学奖第一名。著作有《欣欣向荣》《加拿大的花果山》《时代命运人生》等。

61. 任安荪，旅居北美34年，由内布拉斯加州林肯市、加拿大蒙特娄市、卡格利市，再迁回美国，长住密歇根州。期间不忘写作，文章散见于国内外报章杂志。为海外华文女作家协会、芝加哥华文写作协会会员。历任中学教师、大学图书馆员、电脑程序员、中文教师学会执行助理。现从事写作，出版有《北美情长》等。

62. 韩秀，（Teresa Buczacki），出生于纽约市，曾任教于美国国务院外交学院、约翰·霍普金斯国际关系研究院。自1982年起以中文创作短篇小说集、散文、书话、传记等20余部。曾获第四十二届中国文艺协会文艺奖章（台北）。著有长篇小说《折射》《团扇》（这两部长篇都被台北“中央电台”制作成广播小说）；散文集《雪落哈德逊河》《寻回失落的美感》；短篇小说集《食物的旅行》。2007年出版为少年读者撰写的传记《科西嘉战神——拿破仑》。

63. 章缘，本名张慧媛，台湾台南人。台湾大学中文系学士，纽约大学表演文化研究所硕士。曾任杂志社编辑、报社记者等，旅居美国多年，现居中国。曾获《联合文学》小说奖、《联合报》文学奖、“中央日报”文学奖等。作品入选《尔雅》年度小说选三十年精编、中副刊小说精选、台湾笔会文集、《联合文学》二十年短篇小说选、九歌九十四年小说选等。著有短篇小说合集《更衣室的女人》《大水之夜》《擦肩而过》；长篇小说《疫》；随笔《当张爱玲的邻居：台湾留美客的京沪生活记》等。

64. 邓海珠，毕业于台湾大学外文系，曾任台湾《联合报》及美国《世界日报》记者10多年，为硅谷最资深的高科技记者，在美国硅谷居住20余年。报道文学类的《硅谷传奇》（1998）被誉为华人高科技著作的经典，她的幽默小品文集《台北SOS》《顽皮天使有点坏》等更具有连珠炮似的爆笑力。近五年，她将著名电视连续剧《大宅门》写成英文小说，在网上发表，又将英文写作心得写成《英文欢喜说》一书。2008年完成一部以北京为背景的长篇爱情时代小说《神辫》。

65. 陈漱意，纽约市立大学艺术系学士。曾任台湾《自由时报》海外版副刊主编。现任纽约《汉新月刊》年度小说征文评审、海外华文女作家协会审核员。著有长篇小说《上帝是我们的主宰》(第一届台湾皇冠杂志百万小说征文佳作奖)、《蝴蝶自由飞》、《背叛之后》;短篇小说《流浪的犹太》;散文《别有心情》等。

66. 赵淑敏,移居美国前,为台湾东吴大学专任教授,郑州大学兼职教授,延边大学、吉林大学、华中师范大学、东北师范大学客座教授,亦曾获选为台湾的专栏作家协会、妇女写作协会、文艺协会等社团常务理事和理事。文艺作品有小说集《归根》《恋歌》《离人心上秋》《惊梦》;长篇小说《松花江的浪》;散文集《属于我的音符》《心海的回航》《多情树》《采菊东篱下》《水调歌头》《乘着歌声的翅膀》《叶底红莲》;专栏选集《短歌行》;游记《小人物看大世界》等。学术专著有《中国海关史》等10余种。散文小说曾数次获奖。1979年以散文集《心海的回航》首度获中兴文艺奖。长篇小说《松花江的浪》于1986年获颁第二十七届文艺协会文艺奖章,1988年获第十三届国家文艺奖。作品数十种藏于美国国会图书馆、北京现代文学馆。

67. 余国英,祖籍江苏兴化,生于湖南长沙,童年在四川重庆,少年时在台湾嘉义。在台湾台北读大学,在美国新泽西州进研究所,在纽约长岛工作,美国佛罗里达州退休,隐居于佛州,现从事写作。为全美华文作家联谊会副会长、《美国文摘》杂志编辑顾问、《迈拓佳文丛》编辑顾问、海外华文女作家协会秘书长。1992年获联合文学新人奖,2000年获世界华文文学优秀小说奖,2007年获关爱老人小说奖。著作有《家有六千金》《移民家庭纽约洋过招》《我爱棕榈,我爱棕榈》《柿子红了》《飞越安全窝》《爱好和平的大朋友——诺贝尔》。代表作《好朋友》《分居》等。

68. 融融,美国轻舟出版社编辑。出国20年来,发表书评、随笔、游记、影评无数。为星岛副刊专栏作家。小说发表于《世界日报》《侨报》《星岛日报》等报刊。主编和撰写《一代飞鸿——北美中国大陆新移民作家小说精选和点评》。著有长篇小说《夫妻笔记》《素素的美国恋情》。她创作的散文随笔集《吃一道美国风情菜》主编的《我和洋老板的故事》和《吃到天涯》均由世界知识出版社出版。报告文学《中国弃婴爱蜜丽》获美国东方文学华文佳作奖。短篇小说《早安,野熊先生!》被收入《中国留学生文学大系》。短篇小说《海上生明月》获2007年海外新移民华语短篇小说“情为何物”大赛二等奖。

69. 彭顺台，台湾“中央大学”大气物理系毕业，纽约州立大学奥伯尼大学大气科学博士，家住美国加州硅谷南边。现任职美国海军研究实验室，钻研动力气象。业余喜好艺术和文学。著有短篇小说集《咖啡与香水》。

70. 张月楠，法国语言文学硕士，从事法语教育和口笔译工作。20 世纪 90 年代初在加拿大蒙特利尔定居。著有多部译著，如《宠儿们》《谁也到不了的地方》《隐身新娘》《玛丽克莱尔》《绑在船头上的天使》《破旧的日记本》《幽灵作证》《离家出走》《思朵丽娜》等；写作的散文作品有《亚瑟丽娜》《梦中的自行车道》《生活的哲学》等。

71. 孟丝，本名薛兴霞。台湾师范大学英语系学士、匹兹堡大学图书馆硕士。任职于普渡大学四年。后定居新泽西，为美国公共图书馆资深负责人多年。曾向美国联邦政府争取到充裕经费，建立中文图书馆。创办了中文书友会，提倡“以书为友，以书会友”。现为自由撰稿人、《汉新月刊》专栏作家、《新泽西州周报》专栏主持人、新泽西书友会创办人、海外华文女作家协会审查。著作有《永恒之星——富兰克林》《漫游沧桑——名胜古迹背后故事》《旅美生涯——讲述华裔》《纽约风景线》《纽约的冬天》《情与缘——孟丝选篇小说选》《海外新生活》《申申的烦恼》《枫林坡的日子》《吴淞夜渡》；翻译小说《夏威夷》；小说集《白亭巷》《生日宴》。

72. 莫非，本名陈惠琬。现定居洛杉矶，长期从事写作、两性婚姻家庭广播与相关类讲座。散文曾获台湾《联合报》文学散文奖、第一届世界华文文学奖、宗教文学奖、台湾文学奖、教育部文艺创作奖、梁实秋文学奖等。小说曾获中国台湾“冰心文学奖”、宗教文学奖、“中央日报”奖等。著有散文集《莫非爱可以如此》《行至宽阔处》《擦身而过》《不小心，我捡到天堂》《雪地里的太阳花》；杂文集《爱得聪明，情深路长》《非爱情书》《红毯两端》；小说《在爱的边缘》《六个女人的画像》《残颜》《传说中的玫瑰香味》《爱在蓦然回首处》。录有《爱深路长》《单身老实说》《红毯两端》等系列录音带。

73. 朱小燕，台湾政治大学新闻系毕业。目前定居加拿大，除从事加拿大税务规划外，也从事自由写作。作品包括《烟锁重楼》《翠冷红斜》《青春》《天涯梦迴》《追逐》《浪中人》《我的灵魂不在家》《与上帝合作的人》

《住在温哥华时光飞逝》《情调》《移民路上万事通》《加拿大节税锦囊妙计》等书。

74. 石丽东，广西义宁县人。台北政治大学新闻系毕业。休斯敦大学研习西洋历史及政治课程，曾在中国台湾"中央通讯社"担任编译，美国《休斯敦邮报》资料部工作 15 年。1991～1993 年任美南华文作协首任会长，2004～2006 年任海外华文女作家评审委员，2007～2009 年任美南作协理事会召集人。现为自由撰稿人，居休斯敦东南郊明湖城。著有《成功立业在美国》（科学及人文篇两册）、《爱跳舞的女文豪》（与王明心合著）、《当代新闻报道》和《万国公报及西化运动》。1997 年获香港《明报》在纽约创刊征文比赛第二名；1998 年以《移植金山的一株兰》获世华作协及"中央日报"主办的华文创作奖第二名；2004 年以《行者无疆》获华侨文教基金会华文著述奖、新闻报道类第一名；2006 年以《成功立业在美国》（*Success Stories of Chinese Americans*）获得华文著述奖书籍类第三名。

75. 卓以玉，现居南加利福尼亚州尔湾市。伊利诺伊大学专修建筑，圣地亚哥州立大学专修室内设计、艺术史，旧金山大学博士。曾任圣地亚哥州立大学亚洲研究中心主任及该校中国研究所所长，负责中国文学与语言课程。北京师范大学珠海分校文学院名誉院长。任圣地亚哥市政府文化艺术委员会委员。获圣地亚哥州立大学杰出教授奖及最高学术奖——大学研究讲座奖；美国全国协会最杰出人道奖；圣地亚哥亚裔文化传承奖、文学艺术哲学杰出成就奖；台湾金鼎奖。曾在台北历史博物馆国家画廊、台湾省立美术馆、普林斯顿大学、联合国、珠海博物馆等举办过画展。作品有《中国美学与齐白石》《新诗的开路人——闻一多》《中国书画，千年松》《卓以玉的诗画世界》《风水与色彩大智慧》《从诗看中国文化》《玉的光辉》等。

76. 王娟，陕西省城固县人，曾任职于中国台湾"交通部"民用航空局气象中心。1974 年前往中美洲经商兼游学，美国天主教大学肄业。1979 年转往美国洛杉矶定居，目前任职于美国联邦邮局并为加州皇冠机械公司副董事长。北美洛杉矶华文作家协会荣誉会长，海外华文女作家协会永久会员。平日喜爱阅读文学书籍与写作，已发表的散文《蓝田回望》一书获得 2004 年台湾侨联总会海外华文著述散文类大奖第二名。另有短篇小说《生死恋》《断弦曲》《初恋》《维克多利亚的世界》等作品已陆续在中国大陆与台湾及海外发表。

77. 庄维敏，福建省福州市人，毕业于台湾师范大学国文系。曾任职于中国台湾台南商职，担任国文教师兼导师。1987 年赴美，写作之余，一直在洛杉矶教授中文。目前任教于美国南加州圣玛利诺中文学校及南加州雅马哈功学社中文班。从事文艺创作 30 年，曾在中国台湾“中央日报”、“中华日报”、《民众日报》、《民生报》、《宏观报》、《国际日报》、《少年晨报》、《南华时报》、《世界日报》、《彩虹宝宝》杂志、《妇女》杂志、《环球彩虹》杂志发表作品，为《南华时报》“你听我说”探讨海外华文教育专栏主笔。1994 年 9 月发表作品总集《飞梦天涯》一册，荣获华文著述佳作奖；2005 年 10 月发表作品总集《今天星期几？》一册，荣获华侨救国联合总会华文著述佳作奖。2007 年 11 月以发表著作《两代情，一生爱》一书，在台湾诚品、金石堂展售。

78. 江岚，祖籍福建永定县，出生于广西桂林。美国理海大学教育学院教育技术学硕士，现于美国圣彼得大学语言文学系教授中文，并兼任该学校中美教育文化交流项目主任。现任加拿大华裔作家协会美东联络员、火凤凰文化协会副会长。业余时间从事写作，已发表短篇小说、散文、随笔、纪实作品约 60 余万字，小说、散文曾先后多次获得各种文学奖项。作品先后被收录于 18 种不同文集，分别在美国、加拿大、新加坡和中国大陆及香港、台湾地区出版。著有短篇小说专辑《故事中的女人》，主编报道文学专辑《旅美生涯：讲述华裔》。

79. 丛甦，祖籍山东，1949 年随家至台。完成小、中、大学教育。60 年代赴美进修，拥有华盛顿大学英国文学硕士，哥伦比亚大学图书馆学硕士。曾任纽约洛克菲勒办公室图书馆主任 24 年。自 70 年代中期至 2006 年在港台、东南亚等地报纸杂志撰写文章及专栏。已发表中、英文杂文散文评论达千篇。已出版书籍（小说、散文、游记等）10 余种。目前为国际笔会（International PEN）的联合国非政府组织代表。

80. 叶文可，生于台北，祖籍福建。台湾政治大学中文系学士，曾任“中央日报”记者。其后赴西雅图华盛顿大学亚洲语文学系做研究。婚后定居加州湾区，获得加州圣塔克拉大学硕士学位。1980 年开始从事写作，著有长中短篇小说与散文，曾以长篇小说《菩提树下》获得 1987 年中山文艺奖，中篇小说《风景》曾获得台湾“中央日报”评审奖，并以长篇小说《失落的银河》获得时报优秀作家奖。其他作品有长篇小说《火莲》，散文集《另一种美》《夏日的禅味》等。今年开始从事译著，有《人生中不可不想的事》《雪洞》《慈悲》《心湖上的倒影》等。创作与译著约 20 本。

81. 美之，原籍湖南沅江，肄业于南京金陵女子大学历史系。1949 年赴台湾，曾任“复兴电台”编辑，内政部劳工司国际劳工组织员。1963 年，与美傅礼士先生结婚，婚后与夫驻非、亚两洲。1972 年回美国定居，服务于美国邮政局 19 年。1960 年开始写作小说、游记、散文，作品散见于中国的台湾、香港地区和新加坡、马来西亚及美国华文报纸和杂志，并活跃于北美华文文坛。现为美国德维文学会会长。

82. 龚则韫，祖籍福建省晋江县，生在台湾，长在台湾。美国加州大学伯克利分校公共卫生学院环境卫生科学与毒理学博士。现任美国国防医科大学辐射生物科、医科和药理科正教授。获多项科研奖章，拥有发明专利。业余爱好文学、音乐、写作、戏剧、拉大提琴、唱歌、旅行，曾应邀出演曹禺《雷雨》中的繁漪。曾任美国大华府华文作协副会长，得过多项文学奖。著有散文集《荷花梦》《种瓜得瓜，种豆得豆——遗传学之父孟德尔》《雀鸟与兰花——达尔文》《十大排毒抗癌蔬果》《你吃对维生素了吗？》《不会生病的吃法》。

83. 陈永秀，台湾成功大学化工系毕业后，在美国取得化学硕士学位。陆陆续续写了十多本儿童读物，早期有《猫咪的歌》《雪花飘》《面人的故事》《蘑菇乡》等，后期有《让天鹅跳芭蕾舞的柴可夫斯基》《孤傲的大师塞尚》《半梦幻半真实的鲁索》。喜欢画石，也喜欢写散文，在世界日报副刊发表多篇。

84. 王育梅，本名王胜璋。祖籍河北省高邑县，台湾世界新闻大学广电系毕业。自幼生长在台湾南部，曾在电台新闻部从事编辑工作、贸易公司会计等。曾替台湾《妇女》杂志写报道“艺术”，洛杉矶 AM1300 周刊写“云贵少数民族”，美国《星岛日报》写“太平洋彼岸”“海滨闲谈”“养生宝典”专栏，洛杉矶佳音社主持“文艺沙龙节目”。喜欢文学、艺术。1994 年在满庭芳出版社出版《生活与智慧》，神州出版社出版《异国生活中国情》。1999 年在 7 月 31 日在台北新生画廊举办过“衣锦绣”创作展；1999 年 10 月于洛杉矶创办“音乐艺术关怀协会”；2003 年 9 月 27 日在洛杉矶伟博文化中心举办“战争与和平作品展及感恩音乐会”。

85. 李宗恬，台湾师范大学毕业，现居美国加州。著有《共产主义的创始者马克思》，这篇文章获得美国癌症协会北加州华人分会与《世界日报》合办征文比赛第一。作品有法译中《小王子》，英译中《夏绿黛的网》等。

86. 心笛，本名蒲丽琳。江苏常熟人，出生于北平清华园，流浪海外半世纪余。美国圣玛丽学院学士、纽约大学纽约经济学硕士、纽约州立大奥本尼分校图书馆学硕士。多年来任职于美国南加州大学图书馆。著有新诗集《贝壳》《摺梦》《提筐人》等，合编《白马社新诗选：纽约楼客》。曾获 2004 年台北文艺协会海外创作五四文艺奖、2004 侨联文化基金会新诗奖第一名。散文曾发表于中国时报《人间》副刊、中国台湾“中央日报”副刊、《香港文学》、《明报月刊》、《传记文学》、《文汇读书周报》、《天津青春阅读》、《今晚报》等。诗文被收入《二十世纪中国新诗辞典》《中国诗选》《盈盈秋水》《海外华人新诗选》《海外华人散文选》《记忆辛迪》《今文观止》等。

87. 林婷婷，祖籍福建晋江，生于菲律宾马尼拉，是菲华第二代移民。获菲律宾大学文学硕士，曾任教于菲律宾拉刹大学。曾任加拿大华人笔会会长、加拿大华裔作家协会会长，现亦是国际笔会菲律宾中心理事、海外华文女作家协会会员。20 世纪 80 年代开始活跃于菲律宾华人文坛，并开始发表作品。她的散文集《推车的异乡人》曾获台湾侨联总会 1993 年获华文著述奖散文类首奖。其他华文作品散见于菲华及加华报刊并入选多种文集，也出版英文的儿童书及文学研究论述。她翻译的菲律宾话剧曾于 1988 年由台北文学艺术实验室演出。1994 年移民加拿大后继续写作并热心文学活动。曾任加拿大华人笔会会长，加拿大华裔作家协会会长，现为海外华文女作家协会会长。

88. 依娃，1965 年出生于陕西富平流曲乡。高中毕业，出国前任金融机关会计出纳多年。自幼喜爱文学，作品散见《海南日报》《文学青年》等。1993 年赴美，在马萨诸塞州克拉克大学进修 ESL 两年，做过中餐馆跑堂、中文教师，经营过小型超市等。近年以散文写作为主，以怀念童年生活的乡土乡情散文系列作品引起关注。作品见《世界日报》《侨报》《红杉林——美洲华人文艺》《走廊》等海内外报纸杂志，并由《读者》《散文海外版》《青年文摘》《散文选刊》多次转载。作品收入《世间最美丽的眼睛》《文心隽永》等散文集中。《老屋》获北美《世界日报》第一届新世纪华文文学奖“记忆文学”佳作奖;《读你》获《读者》创刊25周年“我与读者”征文二等奖。

89. 云霞，本名银代霞。四川省铜梁县人，毕业于台湾大学外文系。曾任教于私立中学，后转职于金融界。先后服务于台北美国商业银行、多伦多美国商业银行及大通银行共30年。1999年提前退休，迁居美国，现居于新墨西哥州。喜爱文学、绘画、书法、音乐、舞蹈、园艺、旅游等，更热爱且珍惜与朋友间的交往互动。2007年4月，将数年来刊登于报刊的作品汇集整理，出版了《我家赵子》一书，冀与读者分享生活中的真善美。现为海外华人女作家协会会员。

90. 周密，笔名觅舟。现居于美国密苏里州圣路易。获有美国印第安纳大学艺术史硕士（现代艺术）及中国文化大学艺术史硕士（中国艺术）。现任圣路易博物馆（Saint Louis Art Museum）亚洲艺术处研究助理，并任美国世界日报记者及台湾公视宏视电视记者。曾任《国语日报》编辑、台湾省政府教育厅儿童读物编辑小组编辑、圣路易华文作家协会会长等。现为海外华文女作家协会及世界华文作家协会会员。出版著作《海上大学一百天》、《庄子的世界》及《小龙游艺术世界》。曾获台湾省政府新闻处及新生报合办之“关怀”散文征文比赛佳作奖（1988），以及天下文化出版公司与《30》杂志主办的“星云模式的人间佛教”百万征文比赛社会组参奖（2006）。

91. 陈国英，美籍华人作家，刘子毅之妻，小说家、散文家，出版有散文集《爱的庄园》等。

92. 梦梦，又名奥依蓝。祖籍广东中山。1987年移民美国。硅谷天涯海角文学组和硅谷女性协会创办人之一。作品有《再见亲密的陌生人》等。

93. 邵丹，毕业于中国人民大学和斯坦福大学新闻系，散文与小说创作兼胜，著有《燕燕于飞》《扭转乾坤》和中篇小说《待嫁之身》等。《待嫁之身》为其代表性作品。

94. 木愉，哲学和工商管理硕士。主要作品有体育述评《NBA写真集》、散文随笔集《“天堂”里的尘世》、长篇小说《夜色袭来》和《食人族》，论著有《华尔街二百年股市风云录》，人物传记《近看金赛》。网络论坛《纵横大地》创办人之一。

95. 哈金，本名金雪飞，山东大学英美文学硕士，1985 年留学美国。1992 年获布兰迪斯大学文学博士学位。2006 年当选美国国家科学与艺术研究院院士。出版过 3 本英文诗集、4 本短篇小说集、5 部长篇小说和 1 部论文集。获得过美国全国图书奖、福克纳奖、海明威奖等。作品被译成 30 多种文字。《樱花树后的房子》《南京安魂曲》等颇受好评。

96. 阙维杭，笔名沙蒙，远航，旅美作家，资深新闻政论家。美国华文文艺界协会副会长。有《美利坚传真》《美国神话：自由的代价》《世纪之吻》《美国到底有多美》《今日美国：阵痛与变革》等专著多部。编撰点评“海外华文作家档案”。

97. 卢新华，江苏南通人，1982 年毕业于复旦大学。1978 年在《文汇报》发表《伤痕》一举成名，该作也成了“伤痕文学”的代表作，并被译成英、法、德、俄、日、西等 10 几国文字流传。美国加州大学洛杉矶分校硕士。在中美两地以自由撰稿人身份从事创作。主要作品有《典型》《表叔》《魔》和长篇小说《森林之梦》《细节》《紫金女》等。

98. 沈宁，美籍著名华人作家。南京出生，上海长大，北京读书，陕北插队，西北大学毕业。出版著作有《美国十五年》《战争地带》《美国教官笔记》《唢呐烟尘》《百世门风》《泪血烟尘》等。

99. 张慈，1962 年生于云南。回族母亲，汉族父亲，混血混教的成长经历成为她写作的源泉。1983 年毕业于云南大学中文系汉语言文学专业。1985 年加入中国作家协会云南分会。《个旧文艺》编辑部做编辑工作两年后辞职。1986～1988 年，流浪北京。1988 年出国，短居俄勒冈州波特兰市一年，夏威夷两年，长居加利福尼亚州帕洛阿图镇 10 年。主要作品有：长篇小说《浪迹美国》，报告文学集《美国女人》。译作有《游戏哲学家——得里达悼文》。纪录片有《流浪北京——最后的梦想者》《四海为家》。2003 年曾被邀请为美国西海岸杰拉西艺术基金会驻营作家。

100. 苏炜，笔名阿苍，旅美作家，批评家。1982 年中山大学毕业，美国洛杉矶加州大学硕士，哈佛大学东亚中心研究员。现为耶鲁大学东亚语言文学系讲师，专事中文教学。著有长篇小说《渡口，有一个早晨》《米谷》，短篇小说集《远行人》，散文家《独自面对》《走进耶鲁》和学术随笔集《西洋镜语》等。

101. 李彦，北京人，1987 年赴加拿大，任教于滑铁卢大学，孔子学院院长，东亚系中文主任。著有长篇小说《红浮萍》（*Daughters of the Red Land*）、《雪百合》（*Lily in the Snow*）、《羊群——李彦作品选》、《嫁得西风》等，并有传记文学《白宫生活》。

102. 范迁，上海人，1981 年赴美。艺术家，知名作家。画油画，做雕塑，以卖画为生。在《世界日报》等海内外发表过大量小说、散文和诗歌。主要著作有《错敲天堂们》《古玩街》《桃子》《白房子 蓝瓶子》《风吹草动》等。

103. 薛海翔，1951 年生于上海。从事过激光研究。1987 年赴美留学，1990 年创办《美中时报》。现居美国丹佛市。主要作品有长篇小说《早安，美利坚》《情感签证》，小说《一个女大学生的日记》；电视连续剧剧本《情感签证》《生死同行》《就赌这一次》《恋恋不舍》《栀子花白兰花》《在悉尼等我》《情陷巴塞罗那》等。

104. 少君，著名美籍华人作家，曾经以李远、未名、马奇、赵军、程路、剑君等笔名活跃于海内外文坛。海内外网络文学杰出作家。北京大学物理系毕业，留学美国，经济学者，教授，博士。主要著作有《未名湖》《大陆人》《怀念母亲》《人生自白》《阅读成都》《人在旅途》等。

105. 凡草，原名朱蓬蓬，1978 年中国社会科学院首届研究生。1980 年赴美。1985 年获得物理化学博士。资深科学家，著名作家。主要作品有《夹缝里的乡愁》《天涯忆旧时》等。

106. 董鼎山，当代著名散文家。1945 年毕业于圣约翰大学英文系。1947 年赴美，历任报刊编辑，纽约市立大学教授。2000 年获纽约国际文化艺术中心终身成就奖，国际笔会纽约华文作家笔会会长。主要作品有《纽约客书林漫步》《天下真小》《最后的罗曼史》《西窗笔记》《留美三十年》《美国梦的另一面》《纽约文化扫描》等。

107. 冰清，美国生物公司高级研究员，专栏作家。作品收录于《白纸黑字》《硅谷浮生》《他乡星辰》等文集中。主要著作《美味人生》等。

108. 陈晚，美国俄亥俄大学博士。网络编辑，专栏作家。现居美国华盛顿。主要作品有散文集《美国男女》等。

109. 王鼎钧，山东临沂市兰陵县兰陵镇人，1925 年生，抗战末期弃学从军，曾任报社任副刊主编，也当过教师。14 岁开始写诗，16 岁写成《品红豆诗人的诗》，51 岁时移居美国，一直在纽约居住。他的创作生涯长达大半个世纪，长期出入于散文、小说和戏剧之间，著作近 40 种，散文产量最丰、成就最大。被誉为“一代中国人的眼睛”“崛起的脊梁”。20 世纪 70 年代，他的《人生三书》在台湾总发行量 60 万册。当代北美散文大师。20 世纪 90 年代王鼎钧作品开始与内地读者见面，《台港澳文学选刊》《读者》等多家报纸杂志登载其作品。出版个人著作有：《大气游虹》（中国友谊公司，1994）；《王鼎钧散文》（浙江文艺出版社，1996）；《昨天的云》（中国工人出版社，2000）；《风雨阴晴》（山东文艺出版社，2004）；《情人眼》（山东画报出版社，2005）。作品《那树》被选入人民教育出版社的九年级下册语文教材。

110. 张宗子，生于河南，武汉大学毕业。赴美后长期在报社任职，现任职纽约图书馆。著有散文随笔集多种，文学论集多种。2008 年获得华语文学传媒奖。

111. 宋晓亮，山东文登人，1986 年赴美。短篇小说、影评、时评、随笔散见美国华文报刊。著有长篇小说《涌进新大陆》《切割痛苦》《梦想与噩梦的撕扯》，中篇写实小说《无言的呐喊》等。

112. 黄宗之，湖南人，医学硕士，曾任中国南华大学医学院分子生物学研究中心副主任。1995 年赴美。南加州洛杉矶华文文学协会理事，有长篇小说《阳光西海岸》、《破茧》和《未遂的疯狂》（与夫人朱雪梅合著）等问世。

113. 章瑛，美国印第安纳大学微生物学学士，天主教大学微生物学硕士。创办华美艺术推广中心，主办音乐会、唐宋诗词班。现为旧金山亚洲博物馆导览，第二春爱心基金会理事，中国侨联海外顾问。代表作《爷爷的故事》。

114. 小郎，原名郎太碧，祖籍重庆，1990 年赴美。作品散见于各种华文报刊。著有《情缘聊斋》《三代美洲移民剪影》等。北美洛杉矶华文作协秘书长，美国德伟文学会永久会员。

115. 张纯瑛，旅美作家，台湾大学外国语文学学士，美国宾州维拉诺瓦大学计算机硕士。曾任软件工程师。作品散见于北美报刊。散文集《情悟，天地宽》获得侨联总会华文著述散文奖第一名，美国环球传媒首届东方文学奖。翻译泰戈尔《漂鸟集》，有《吹奏魔笛的天使——音乐神童莫咋特》《吟诗的剧神——莎士比亚》《那一夜，与文学巨人对话》《天涯何处吴芳菲》等文集。

116. 黄河浪，黄河浪是香港当代作家，1941 年生于“榕树之乡”福建省，1975 年到香港定居，著有《大地诗情》等。1979 年，黄河浪的散文《故乡的榕树》荣获香港第一届中文文学奖散文组冠军。曾经创作过大量有影响的作品，在世界华文文坛有一定的地位。曾任夏威夷华文作家协会会长，创办《珍珠港》文学报。2002 年，出版的第一部夏威夷华文作家选集——《蓝色夏威夷》。代表作为《故乡的榕树》。

117. 陈浩泉，另有笔名夏洛桑、哥舒鹰、丁维等。出身华侨家庭，1962 年到香港与父母团聚。东亚大学新闻传播系毕业后，在新闻、出版行业从事自己喜爱的文字工作，先后任职媒体记者、编辑、电视台编剧、出版社和杂志社主编等。1992 年移居加拿大。出版诗集有《日历纸上的诗行》、《铜钹与丝竹》（三人合集）、《诗恋》；小说有《青春的旅程》《银海浪》《天涯何处是吾家》等；散文随笔有《青果集》《紫荆、枫叶》等，共近 30 种。长篇小说《香港小姐》被改编为电影剧本。长篇小说《香港九七》出版后，美国《时代周刊》亚洲版曾予以报道，这部小说 2004 年被收入香港中文大学香港教育研究所出版的《香港文学欣赏教材套·小说篇》（CD）。部分作品亦被收入香港的教科书。其生平被收入《香港文学作家传略》《中国文学家辞典》《台港澳暨海外华文作家辞典》《中国新诗大辞典》等辞书。

附录2 《美华文学》封面、栏目等展示

美華
文化人報
The Literati

我們的期望
——創刊詞

新春愉快

微笑與祝福

“黃金夢”三部曲

第一部：買店

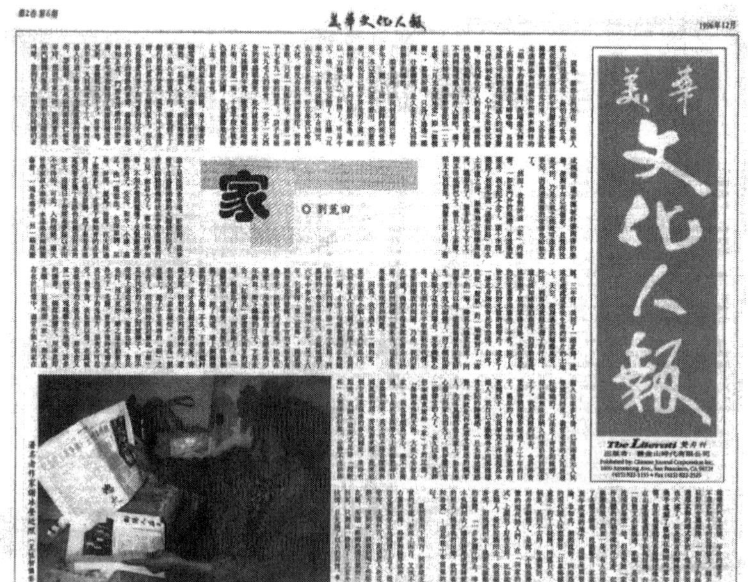

美華文化人報

家

○劉荒田

美華
文化人報
The Literati

THE LITERATI • 美國華文文藝界協會主辦
1998•6
總第21期
美華文學
雙月刊

THE LITERATI
美華
文学
美国硅谷女性联合会 美国华文文艺界协会 主办
2011年夏季号 总第78期
本期要目:
陈善壎:歌哭于斯(散文)
陈 河:怡保之夜(小说)
陈 谦:谁是眉立(小说)
怀 宇:当生命以癌的形式重逢(小说)
王性初:诗影相随(诗/摄影)

后　　记

这是我的国家社会科学基金项目“《美华文学》与北美新移民文学研究”的结项成果。三年，我按时完成了。研究的内容、做出的判断，部分已经见诸报纸和期刊，读者可以自由评说。此刻，我只想说些感念的话。

首先感谢的是小说家沙石和散文家刘荒田先生。2012 年我去美国，是沙石将他手头收集的所有《美华文学》杂志 60 多期都给了我，使我有了研究的第一手资料。2015、2016 年，刘荒田先生先后把《美华文化人报》两次寄给了我，使我有了比较完整的资料，得以将《美华文学》这本海外纯文学出版物及它引领的新移民文学研究下去。当然，我的研究重心不在传播学意义上，而在于对新移民文学作家作品的全球性主题阐释。所以我特别感谢黄运基、沙石、刘荒田、王性初、吕红、陈瑞琳、施玮、一平等海外作家，是他们将其作品的所有文本或赠予或收集后寄给我，我才得以有了欣赏和解读的基础。

陈瑞琳、陈公仲先生是新移民文学研究的旗手，我的研究受他们的影响很大。陈瑞琳大姐是我这个项目的合作者，尽管她是我的研究对象，但她对于北美新移民文学历史勾勒的框架还是奠定了我研究的基础——我是在她已经勾勒的框架下寻求新突破。在国内，陈公仲先生的“离散与文学”的理论及“大同”诗学理论是我研究的理论基础，我研究新移民文学的全球化角度和对于“跨国诗学”的部分研究源于他的启发。他们是我真正的师者，我由衷地感谢。

研究这个课题的时候，我病了一场，还做了手术，在生死线上走了一回，但我首先申明，不是如有些人所说的我太累、太投入的缘故，我没有那么死板，生命和学问的这些事儿，我还是清楚的，得病那也是个“神秘”的事情，没人能够敢保证他一生都不得病，远离死神，好在我熬过来了。这其中，我得感谢夫人秦金香，她悉心照顾了我两三个月，30 多年，一路走来，我当然知足。做这个课题的时候，查资料、校对，她很认真，有时她教训我不认真说我怎么能够把“得”和“地”区分不开呢？听到这样的谴责，我会心一笑。因为一不小心，电脑上几个同音字便交互而来，防不胜防！

研究海外华文文学，其实很难！“不在场”、资料匮乏，难以收集的问题常常存在，况且，文化、文明的事，国际政治的事，往往是宏大的事，对于如此宏大议题的叙事，把握还得有个分寸。欣慰的是，我的一些研究，已经被《文心网》《红杉林》等海外媒体传播，也得到了来自不少作家的鼓励。研究他们，他们说那是“提携”，但我对此感到惭愧，因为生命体验的不同和学术角度的限制，我对他们的理解和感知并不能完全地呈现出来，因此也就不能够充分地发掘他们，并发现他们作品中所有的生命感悟。“文章千古事，得失寸心知”“诗无达诂”，也许我能够从这些“诗论”中得到解脱。

最后，我很想感谢的还有美华文学那些辛勤的耕耘者，本书附录了120位较有影响的“北美华文作家”，算作是为他们建立的“作家创作档案”吧，这很值得做，因为是他们为北美华文文学贡献了许多的精神财富，从而促进北美华文学的长足发展，并引导着人类精神的提升！作为一个研究者，我永远崇敬他们：他们是世界上最不计名利的一类创造者，他们的创作在工余、在夜晚，但这样的默默付出却不一定能够得到相应的回报，仅仅这种淡泊名利的奉献精神就值得我们仰望。

程国君

2016年5月16日